石家庄海关年鉴

2023

《石家庄海关年鉴（2023）》编纂委员会　编

中国海关出版社有限公司
·北京·

图书在版编目（CIP）数据

石家庄海关年鉴 . 2023 /《石家庄海关年鉴（2023）》编纂委员会编 . —北京：中国海关出版社有限公司，2024.5
（中国海关史料丛书）
ISBN 978-7-5175-0804-5

Ⅰ . ①石… Ⅱ . ①石… Ⅲ . ①海关—石家庄—2023—年鉴 Ⅳ . ① F752.55-54

中国国家版本馆 CIP 数据核字（2024）第 108797 号

石家庄海关年鉴（2023）
SHIJIAZHUANG HAIGUAN NIANJIAN (2023)

作　　者：《石家庄海关年鉴（2023）》编纂委员会
责任编辑：夏淑婷
责任印制：孙　倩
出版发行：中国海关出版社有限公司
社　　址：北京市朝阳区东四环南路甲 1 号　　邮政编码：100023
编 辑 部：010-65194242-7539（电话）
发 行 部：01065194221/4238/4246/5127（电话）
社办书店：01065195616（电话）
https://weidian.com/?userid=319526934（网址）
印　　刷：北京新华印刷有限公司　　经　　销：新华书店
开　　本：889mm × 1194mm　1/16
印　　张：26　　字　　数：608 千字
版　　次：2024 年 5 月第 1 版
印　　次：2024 年 5 月第 1 次印刷
书　　号：ISBN 978-7-5175-0804-5
定　　价：220.00 元

《石家庄海关年鉴（2023）》
编纂委员会

《石家庄海关年鉴（2023）》编辑部

编辑说明

一、《石家庄海关年鉴》由石家庄海关组织编纂，是全面、客观、系统记载石家庄海关发展历程的编年史料，是集权威性、综合性、实用性为一体的资料性工具书，每年出版一卷，本卷为第二卷。

二、《石家庄海关年鉴（2023）》以习近平新时代中国特色社会主义思想为指导，载录2022年度石家庄海关工作的基本情况，包括改革发展的重要举措、重大事件以及成绩和经验，以资政育人、凝心聚力，为建设社会主义现代化海关提供精神动力和史实支撑。

三、《石家庄海关年鉴（2023）》记述时限为2022年1月1日至2022年12月31日。

四、《石家庄海关年鉴（2023）》记述范围为石家庄海关及所属职能处室、隶属海关、事业单位管辖事务。

五、《石家庄海关年鉴（2023）》采取分类编辑法，设类目、分目、条目3个层次，有特载、专记、大事记、党的建设、业务建设、综合保障、隶属海关、事业单位、荣誉·名录、海关统计资料、附录11个类目，分目下设若干条目，以条目为基本记述单元，卷首设海关专题图片。文中撰稿人按姓氏笔画排序。

六、《石家庄海关年鉴（2023）》统计数据和单位名称以及标点符号均按国家有关规定执行，计量单位采用国家法定计量单位和国际单位，技术规范、专业名词从规范要求。涉及货币单位“元”，未标明币种的，均指人民币。

海关专题图片

领导活动

2022年1月27日，石家庄海关关长闫伟东（中）主持召开2022年石家庄海关工作会议（邢兆洁　摄）

^ 2022年1月7日，石家庄海关缉私局局长刘滨生（中）参加警察节主题活动 （杨政轩　摄）

^ 2022 年 3 月 10 日，石家庄海关党委委员、政治部主任曹雷（前排右一）在秦皇岛海关调研（张宁　摄）

^ 2022 年 5 月 18 日，石家庄海关关长闫伟东（前排左一）在石家庄国际陆港调研　（邢兆洁　摄）

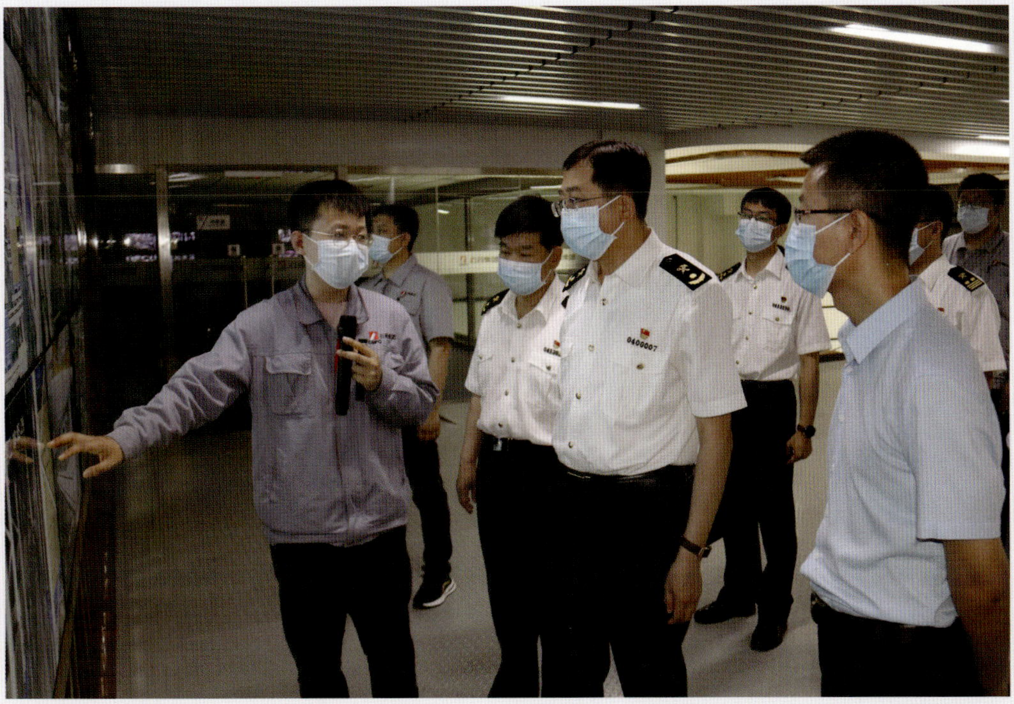

^ 2022 年 5 月 24 日，石家庄海关副关长石金峰（前排中）在石药集团欧意药业有限公司调研（赵畅　摄）

^ 2022 年 6 月 27 日，石家庄海关副关长许书良（前排中）在秦皇岛综合保税区调研（张云　摄）

^ 2022 年 9 月 15 日，石家庄海关副关长王蔚冰（左二）参加法综处党支部主题党日活动（邢兆洁　摄）

^ 2022 年 9 月 16 日，石家庄海关关长张宝峰（左二）参观清风国门作品展（董海军　摄）

^ 2022 年 9 月 20 日，石家庄海关关长张宝峰（前排中）带队到西柏坡开展主题党日活动（董海军　摄）

^ 2022 年 9 月 22 日，石家庄海关关长张宝峰（左三）主持召开重点业务工作推进及风险防范第一次例会（邢兆洁　摄）

石家庄海关举行升旗仪式

铸忠诚

ZHU ZHONG CHENG

^ 2022 年 6 月 7 日，石家庄海关与河北省人民检察院举办“喜迎党的二十大　青春建功新时代”青年理论学习小组联学共建主题活动（董海军　摄）

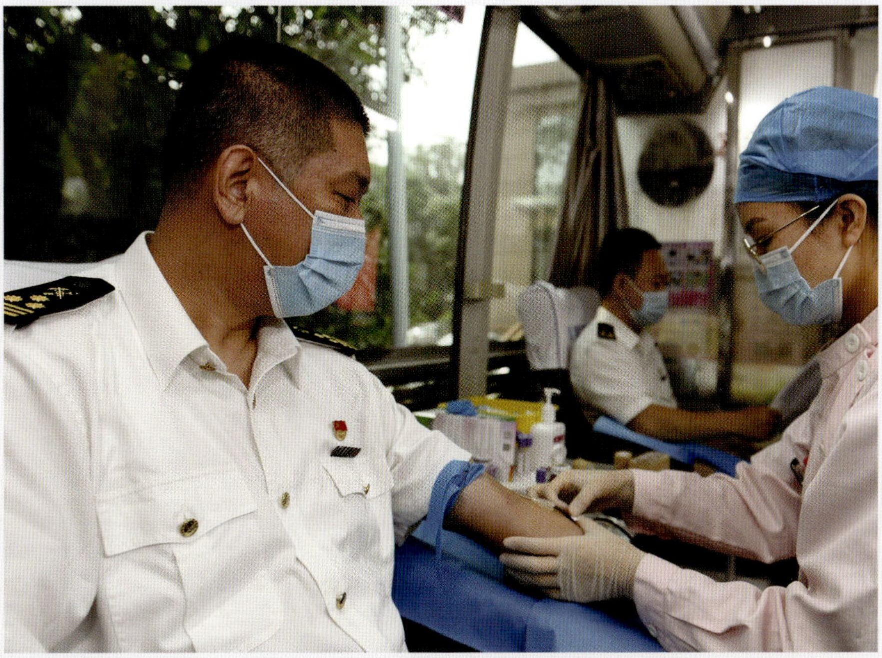

> 2022年8月4日，石家庄海关组织无偿献血活动（董海军　摄）

∨ 2022年8月6日，承德海关志愿服务队下沉社区，协助社区做好疫情防控工作（王强　摄）

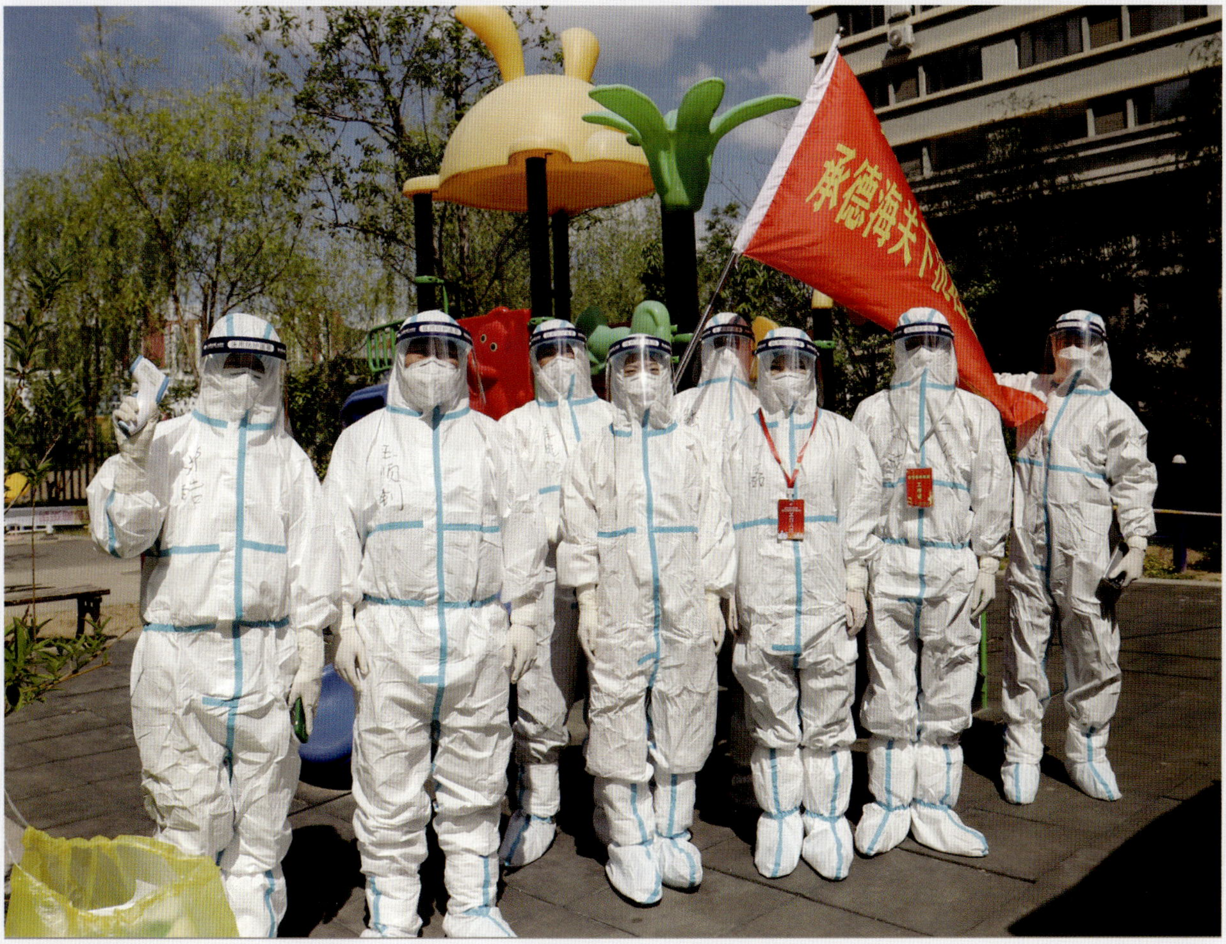

^ 2022 年 8 月 15 日，京唐港海关与唐山出入境边防检查站、唐山海事局两家口岸联检单位和唐山港集团、国投京唐港公司两家大型企业开展党建共建活动 （李龙云　摄）

^ 2022 年 10 月 19 日，正定海关组织新提任科级领导干部开展宪法宣誓仪式 （谷君毅　摄）

^ 2022 年 9 月 20 日，石家庄海关党委赴西柏坡纪念馆开展“忠诚捍卫‘两个确立’走好新的‘赶考’之路”主题党日活动（董海军　摄）

^ 2022 年 8 月 18 日，京唐港海关组织关员赴狼牙山开展主题党日活动 （任晓棠　摄）

^ 2022 年 10 月 16 日，廊坊海关组织收听收看党的二十大开幕会 （杨菲菲　摄）

^ 2022 年 10 月 16 日，张家口海关组织收听收看党的二十大开幕会（余涛　摄）

^ 2022 年 11 月 16 日，石家庄海关缉私局召开学习宣传贯彻党的二十大精神视频会议（杨政轩　摄）

曹妃甸港区中石化原油码头

担使命

DAN SHI MING

< 2022 年 1 月 1 日，鹿泉海关关员为企业签发《区域全面经济伙伴关系协定》原产地证书 （封子琪　摄）

< 2022 年 2 月 19 日，张家口海关冬奥专班办理值机柜台前移业务 （尚明广　摄）

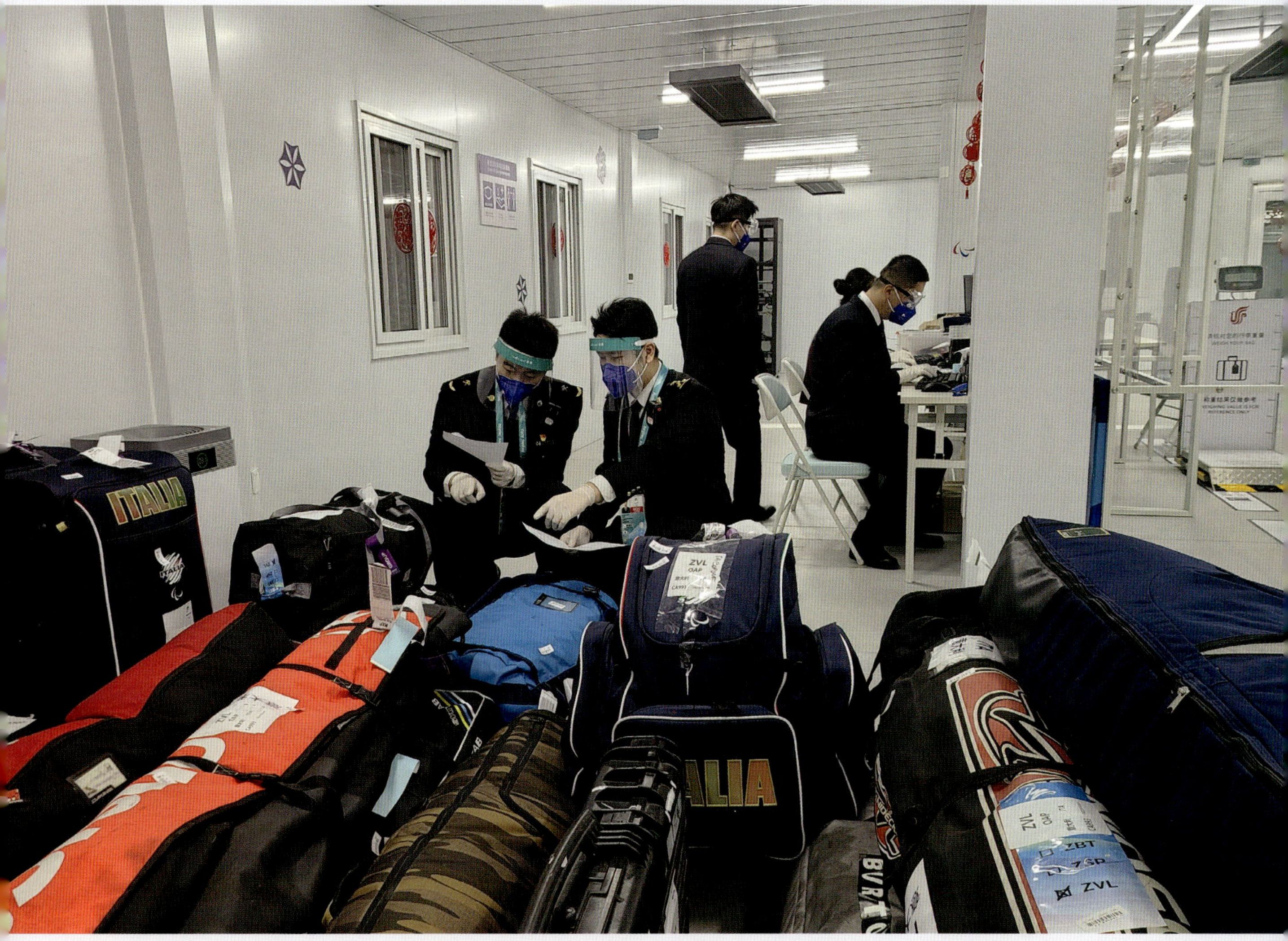

^ 2022 年 3 月 13 日，石家庄海关关员监管运动员代表团的行李物品（刘国伟　摄）

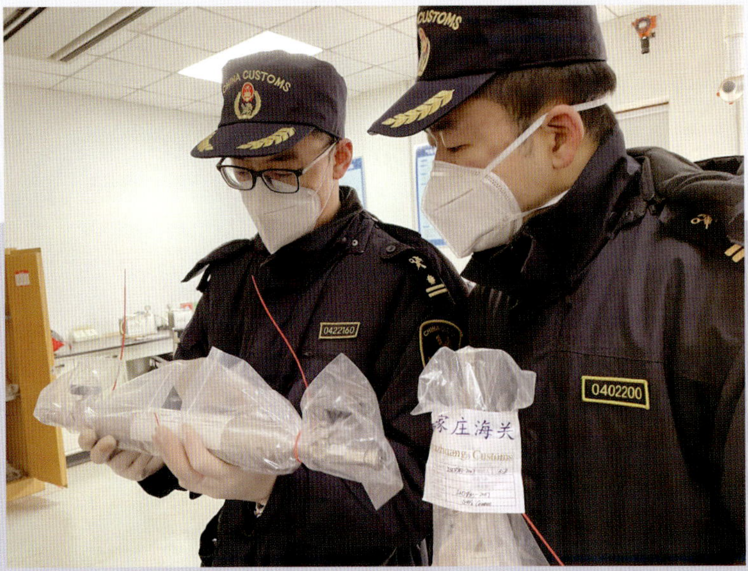

2022 年 3 月 25 日，曹妃甸海关关员在 LNG 接收站实验室检查天然气样品的气密性（高铭远　摄）

2022 年 5 月 20 日，秦皇岛海关关员圆满完成“一带一路”阿尤恩栈桥建设项目出口监管任务（张宁　摄）

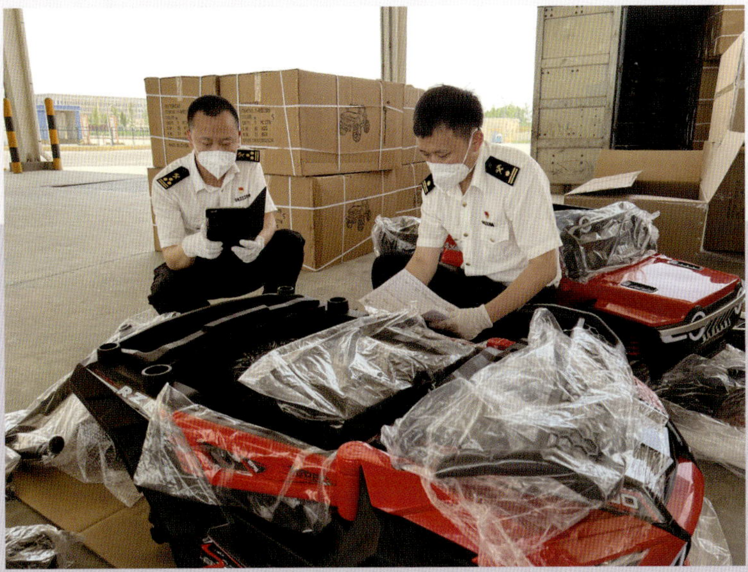

2022年5月31日，正定海关关员在石家庄综合保税区查验中欧班列出口童车（马超　摄）

2022年8月9日，鹿泉海关关员监管中欧班列（王悦明　摄）

^ 2022 年 10 月 14 日，石家庄海关与石家庄市人民政府签署合作备忘录（邢兆洁　摄）

> 2022 年 10 月 14 日，雄安海关关员在雄安跨境电商综合试验区对跨境电商 9710 出口商品进行调研（迈俊强　摄）

∨ 2022 年 11 月 23 日，京唐港海关关员查验跨境电商包裹（郎鹏荣　摄）

曹妃甸通用散杂货码头

守国门

SHOU GUO MEN

^ 2022 年 2 月 16 日，邢台海关关员在进境种鸡隔离场采样 （张婉　摄）

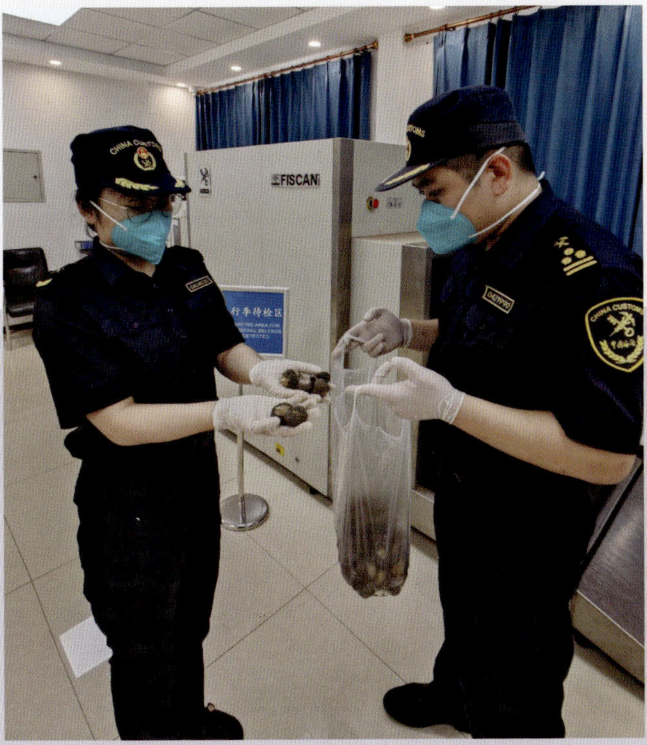

< 2022年3月7日，曹妃甸海关关员查获玛卡根茎（李开国　摄）

∨ 2022年5月16日，正定海关关员开展出口危险品查检作业（段世佳　摄）

∧ 2022年7月6日，秦皇岛海关关员在新港湾集装箱堆场为集装箱施加封志（裴卫涛　摄）

> 2022年8月1日，北戴河海关关员开展外来入侵物种普查（钱云开　摄）

> 2022年8月12日，京唐港海关关员为入境船员测量体温（崔涛 摄）

∨ 2022年8月29日，曹妃甸海关关员在曹妃甸港矿石码头实施查验工作（王琳 摄）

^ 2022 年 10 月 19 日，石家庄海关技术中心工作人员对危险化学品样品镁粉进行遇水放气试验（刘蓓蕾　摄）

< 2022 年 10 月 25 日，石家庄机场海关关员查验首票复航货物（李晗　摄）

> 2022 年 7 月 14 日，曹妃甸海关关员登临监管船舶“国远 8”轮，并为船员实施核酸采样（王琳　摄）

12-249

曹妃甸港区矿石一期、二期码头

促发展

CU FA ZHAN

^ 2022 年 5 月 26 日，京唐港海关关员对出口高粱笤帚实施现场查验（孙超强　摄）

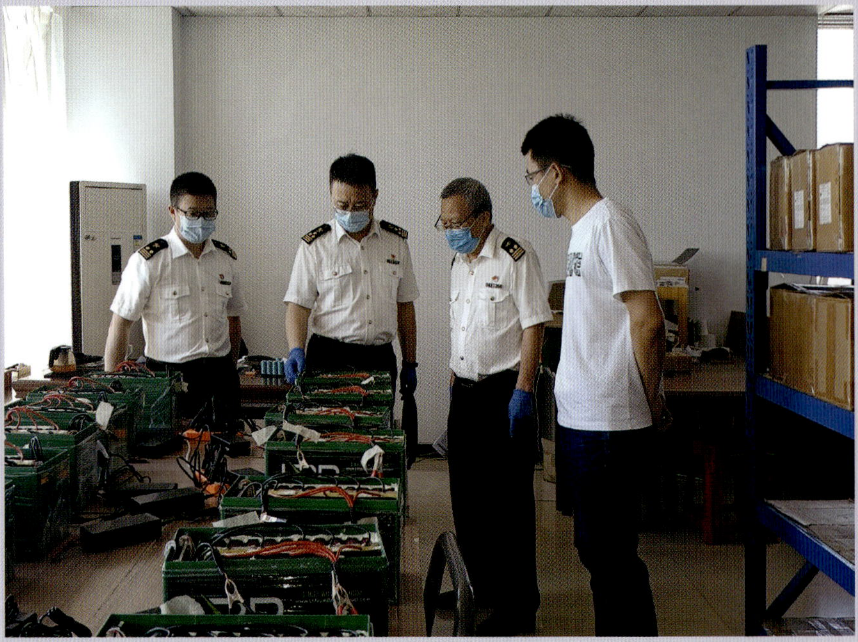

> 2022 年 5 月 30 日，唐山海关关员在唐山华熠实业股份有限公司对出口化工产品进行监管（孟翔飞　摄）

^ 2022 年 6 月 13 日，张家口海关关员在雪川食品河北有限公司查验出口马铃薯条（李晓敏　摄）

< 2022 年 6 月 22 日，保定海关关员在白沟监管场站开展知识产权保护宣传（马岚 摄）

∨ 2022 年 6 月 24 日，黄骅港海关关员烈日下查验放行重点产业链供应链“白名单”企业的生产原料（王越 摄）

^ 2022 年 7 月 10 日，鹿泉海关关员现场核实有害生物诱捕器的设置情况（高凤超　摄）

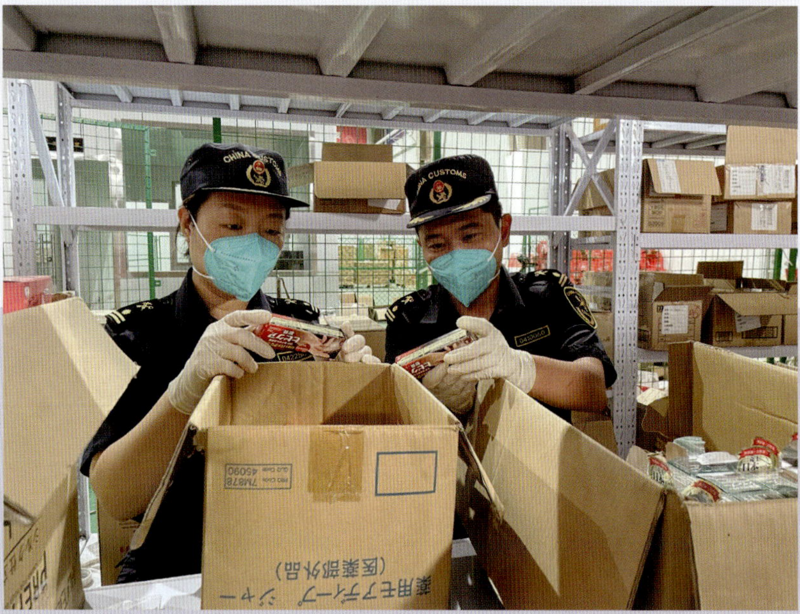

< 2022年9月1日，曹妃甸海关关员查验跨境电商商品（于佺　摄）

∨ 2022年9月7日，曹妃甸海关关员对“抵港直装”货物进行现场监管（杨炯阅　摄）

^ 2022 年 10 月 11 日，曹妃甸海关关员查验木材 （吴子晓　摄）

^ 2022 年 11 月 1 日，廊坊海关关员在新型显示器件生产企业调研 （杨菲菲　摄）

京唐港海关关员利用飞行器进行重量鉴定

齐奋斗

QI FEN DOU

^ 2022 年 9 月 6 日，黄骅港海关开展“网络安全就在身边”主题小课堂活动　（张杨　摄）

< 2022 年 3 月 20 日，曹妃甸海关关员检查管道安全（高铭远　摄）

∧ 2022 年 7 月 19 日，曹妃甸海关关员登临监管进口货轮 （王琳　摄）

< 2022 年 6 月 10 日，唐山海关关员查验出口河鲀鱼（张涛　摄）

^ 2022 年 9 月 28 日，邢台海关关员查验保税仓库出库洗净未梳山羊绒（唐存涛　摄）

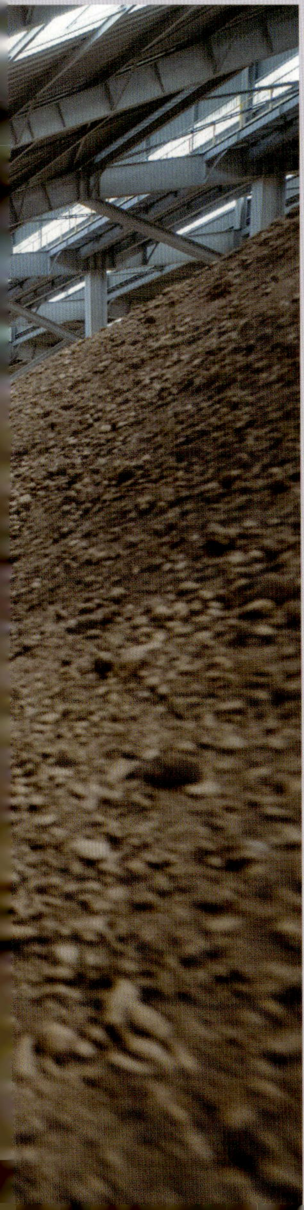

< 2022 年 9 月 27 日，邯郸海关关员在河北保税物流中心（B 型）对进口铁矿石进行现场监管（张丽粉　摄）

＜2022年10月1日，北戴河海关关员在秦皇岛综合保税区查验戴卡汽车轮毂（胡磊　摄）

∨2022年4月27日，秦皇岛海关组织团员青年开展重温入团誓词活动（张宁　摄）

^ 2022 年 10 月 26 日，张家口海关关员查验出口新加坡的葡萄酒（冯铸　摄）

^ 2022 年 4 月 20 日，衡水海关关员在机关训练场组织队列训练（张浩　摄）

目　录

第五篇　业务建设

第六篇　综合保障

第七篇 隶属海关

第八篇 事业单位

第九篇 荣誉·名录

第十篇　海关统计资料

附　录

“中国海关史料丛书”编委会

第一篇

特载

石家庄海关概况、主要职能、组织架构

一、概况

石家庄海关是直属于海关总署领导的出入境监督管理机关，于1987年2月24日经国务院批准设立，1989年8月28日经海关总署批准正式成立，为副厅（局）级直属海关。1989年9月1日，正式开关办理业务。2000年12月7日，升格为正厅（局）级海关。2018年4月16日，根据党中央、国务院机构改革的统一部署和海关总署的工作安排，原河北出入境检验检疫局管理职责和队伍划入石家庄海关。业务管辖范围为河北省全境，承担税款征收、进出境监管、查缉走私、出入境检验检疫、海关统计等工作职责。

2022年，石家庄海关坚持以习近平新时代中国特色社会主义思想为指导，以迎接、学习、宣传、贯彻党的二十大精神为主线，深刻领悟“两个确立”的决定性意义，增强“四个意识”、坚定“四个自信”、做到“两个维护”，聚焦“铸忠诚、担使命、守国门、促发展、齐奋斗”要求，强化监管优化服务，各项工作取得新的进展。

旗帜鲜明讲政治。迅速兴起学习宣传贯彻党的二十大精神热潮，组织不同层次专题研讨、理论宣讲、联学共建，印发石家庄海关学习宣传贯彻党的二十大精神工作实施方案，推动党的二十大各项任务落地落实落细；持续深化党的创新理论武装，始终坚持把学习贯彻习近平新时代中国特色社会主义思想，作为干部教育培训的首要任务、中心内容、必修课程；坚决贯彻落实习近平总书记重要指示批示精神，坚持党委会“第一议题”制度，持续完善抓落实机制，全力服务京津冀协同发展，大力支持雄安新区高标准、高质量建设，服务共建“一带一路”高质量发展，完成2022年北京冬奥会和冬残奥会（以下简称“北京冬奥会”）海关保障任务，巩固拓展脱贫攻坚成果同乡村振兴有机衔接。

慎终如始防疫情。卫生检疫防线经受住“大战”“大考”，坚定不移落实“外防输入、内防反弹”总策略和“动态清零”总方针；动植物检疫防线做到扎紧扎牢，深入开展“国门绿盾2022”等专项行动，有效防范疫情叠加；疫情内部防线严谨严密，机关政务业务平稳有序运转。

统筹推进重效能。综合治税应收尽收，有序推进税收征管改革，深化稽查改革，稳步推进“多查合一”改革；食品安全扎实推进，深入开展“国门守护”行动，严格落实境外输华食品准入管理；商品监管精准发力，压紧压实

“五级安全责任”，优化危险品检测流程，提升实验室危险化学品检测能力，持续做好核生化有害因子监测；保持打击走私高压态势，扎实开展“国门利剑2022”“蓝天2022”等联合专项行动，强力推进夏季治安打击整治“百日行动”；重大风险有效管控，深入开展安全生产整治集中攻坚，持续推进“口岸危险品综合治理”百日专项行动，组织开展“安全生产月”活动、安全生产大检查“回头看”。

全力以赴稳外贸。做优口岸营商环境，构建“1+N”模式，“一地一策”深化关地合作，与石家庄市政府签署合作备忘录，制发打造一流口岸营商环境措施，积极构建“1+3”海关通关便利化场景；建优对外开放平台，持续推进两类区域统筹发展，推进雄安综合保税区申建取得积极进展、石家庄药品进口口岸获批、石家庄国际邮件互换局顺利申建、石家庄机场T1航站楼升级改造，实现航空口岸货运航线复航；用优内外两个市场，推动关区特色优势农食产品开拓国际市场，落实大宗资源类商品“先放后检”，保障能源资源、重要产业原材料等重点商品供应；配优便民惠企机制，建立关区重点企业AEO培育库，强化与市场监管部门联合抽查，推动实现“进一次门、查多项事”，优化属地查检流程，设立进出口鲜活易腐农食产品属地查检绿色通道，推进“进口直提”“出口直装”业务，实施进口铁矿、棉花数重量鉴定依企业申请检验。

驰而不息强党建。激发基层党建活力，开通“冀语关情”微信公众号，举办“三实”文化研讨，组建文体家园，开展联学共建、支部荐书等活动，探索党建教学实训基地新模式；深挖队伍内生动力，切实加强关心关爱，制定干部荣誉退休、敬老志愿服务等多项制度；从严治党持续发力，一体推进廉洁文化建设和警示教育，形成“清风国门”廉洁文化作品成果。

二、主要职能

石家庄海关职能范围包括河北省的各项海关管理工作，负责指定口岸及相关区域范围内海关工作的运行管理、监督监控，领导隶属海关。主要职责是：

（一）负责本关区贯彻落实党中央、国务院关于海关工作的方针政策和决策部署，在履行职责过程中坚持和加强党对海关工作的集中统一领导，履行全面从严治党主体责任。

（二）负责贯彻执行与海关管理相关的法律、法规、规章、规范性文件和相关技术规范，负责本关区征税、监管、缉私、出入境检验检疫、统计等工作。

（三）监控研判本关区各类执法风险、管理风险和廉政风险并组织防范和化解，负责本关区基层党组织建设、队伍建设和日常管理工作。

（四）完成海关总署交办的其他工作。

三、组织架构

2022年，石家庄海关设内设部门19个：办公室（党委办公室）、法规和综合业务处、关税处、卫生检疫处、动植物检疫处、进出口食品安全处、商品检验处、口岸监管处、统计分析处、企业管理和稽查处、缉私局（副厅级）、财务处、科技处、督察内审处、人事处（党委组织部）、教育处、机关党委（思想政治工作办公室、党委宣传部、党委巡察工作办公室）、监察室（党委纪检组）、离退休干部办公室。

石家庄海关下设正处级隶属海关单位 19 个：石家庄机场海关、鹿泉海关、正定海关、秦皇岛海关、北戴河海关、唐山海关、曹妃甸海关、京唐港海关、廊坊海关、保定海关、雄安海关、沧州海关、黄骅港海关、衡水海关、邢台海关、邯郸海关、张家口海关、承德海关、石家庄风险防控分局。

石家庄海关所属事业单位 10 个：石家庄海关后勤管理中心、石家庄海关技术中心、河北国际旅行卫生保健中心（石家庄海关口岸门诊部）、中国质量认证中心石家庄海关评审中心、石家庄海关南戴河检测技术交流中心、秦皇岛海关后勤管理中心、秦皇岛海关技术中心、秦皇岛海关煤炭检测技术中心、秦皇岛国际旅行卫生保健中心（秦皇岛海关口岸门诊部）、唐山海关综合技术服务中心。

石家庄海关党委向隶属海关共派驻 9 个纪检组。

在2022年石家庄海关工作会议上的讲话

石家庄海关关长、党委书记　闫伟东

（2022年1月27日）

这次会议的主要任务是：以习近平新时代中国特色社会主义思想为指导，深入贯彻党的十九大和十九届历次全会精神，全面落实全国海关工作会议部署，总结工作、分析形势、明确要求，研究安排2022年关区工作。

一、全面总结回顾2021年关区工作

2021年是党和国家发展历史上具有里程碑意义的一年，在石家庄海关事业发展史上也具有特殊重要的意义。一年来，我们始终坚持以习近平新时代中国特色社会主义思想为指导，切实增强“四个意识”、坚定“四个自信”、做到“两个维护”，深入推进“五关”建设，全面开启关区社会主义现代化海关建设新征程，实现“十四五”开好局、起好步。

（一）政治建关成效更加彰显

着力加强政治能力建设。把学习贯彻习近平新时代中国特色社会主义思想作为首要政治任务，严格落实“第一议题”制度，传达学习习近平总书记重要讲话精神和重要指示批示精神18次。完善形势分析及工作督查例会议定事项滚动式督办、关领导挂牌督办等配套措施，切实突出例会的政治属性。编发学习专刊36期，及时组织全体党员干部学习贯彻习近平总书记重要讲话精神。严格贯彻落实党委理论学习中心组学习制度，围绕习近平总书记在党史学习教育动员大会上的重要讲话、“七一”重要讲话等内容，以及党的十九届五中、六中全会精神重点组织集中学习研讨。

坚持以实际行动践行“两个维护”。深入学习贯彻习近平生态文明思想，将36.38吨固体废物、30.1万吨有害元素超标煤炭以及羚羊角等濒危物种及其制品，拒于国门之外。开展3轮专项稽查行动，查发违规企业13家。以京津冀三关合作备忘录为抓手，首票应用“集疏港智慧平台”“船边直提”报关单顺利通关，首票“抵港直装”报关单顺利放行，跨境电商B2B模式正式落地。建立统一高效、协调有力的北京冬奥会监管服务工作机制，量身打造便利化监管服务措施。着力提升政治敏感度，加强风险全领域防控，对各业务领域风险隐患进行全面梳理评估。

扎实推进政治机关建设。组织开展党史学习教育，通过专题研讨、集中培训等多种形式，带动关区党员干部在学史明理、学史增信、学史崇德、学史力行上下功夫。深入开展“我为群众办实事”实践活动，梳理形成关区两级党委重点民生项目清单212项，入选全国海关“百佳项目”2项。按照“四个融入”要求抓好巡视整改，181项持续整改措施及长效机制得到落实。围绕“三个聚焦”开展巡察工作，对4个隶属海关和8个机关内设处室开展常规巡察。狠抓两级党委班子建设，修订贯彻落实“三重一大”决策制度实施办法，完善党委议事清单，更加突出“两个维护”，更加聚焦主责主业。

（二）常态化疫情防控屏障更加坚固

统筹加强组织领导。统筹新冠疫情防控和促进外贸稳增长指挥部加强指挥调度，召开30次各类会议，分析研判疫情形势，研究强化防控措施。关区各口岸共检疫查验出入境人员116642人次，航空器26架次，船舶5537艘次。命中高风险非冷链进口工业品7票，检测结果全部为阴性。全年关区未发生一线关员职业暴露感染、干部职工感染情事。

严密口岸疫情防控。建立疫情防控方案体系，总关层面形成7个方面13个方案（预案、指引），隶属海关对照细化本级方案。严格落实“三查三排一转运”“7个100%”等要求，抓实抓细各项防控措施落实。组织开展口岸公共卫生核心能力“常规能力”专项自查，确保持续达标。严格做好进口货物监测检测和预防性消毒监督。建立健全培训考核、监督管理、健康监测“三位一体”安全防护制度体系，成立“挑毛病”专家组，坚持常态化视频检查、月度自查和季度督查相结合。严格按照“四必须”“五件套”“六个不”等要求实施封闭管理。扎实做好内部疫情防控，教育引导全体干部职工严格落实个人健康管理、出差出行等相关要求，有效推动疫苗接种工作，科学应对本土疫情。

（三）监管职能作用不断强化

提升风险防控效能。人工分析布控查获率稳步提升，进口高质量查获占比位居系统前列。开发“云擎”绩效考核模型、冷链集装箱监测模型，被海关总署采纳并在全国推广。围绕非贸风险一体化防控主线，实现了由传统涉税风险向安全准入风险拓展、由涉关风险向涉检风险拓展。推动河北口岸安全风险联合防控机制实体化运作。

提高税收征管工作质量。加强属地纳税人管理，结合关区业务特点，加强大宗散货估价研究，超额完成税收目标，全年税收入库493亿元，同比增长36.47%，创历史新高。

持续加强实际监管。编写口岸环节监管业务操作手册，现场监管操作更加标准规范。持续开展核生化有害因子监测，查发处置核辐射超标情事2起。加强海关监管作业场所（场地）日常监督管理，开展跨境电商“断链刨根”专项整治行动。开展打击非法引进外来物种和种子苗木“国门绿盾2021”行动，查获检疫性有害生物839种次、40种类，非检疫性有害生物6421种次、287种类。强化进口冷链食品和农产品源头管控，对10家境外输华水产企业开展视频检查。连续3年组织危险品包装使用环节性能验证“末端抽查”，不合格率下降10个百分点。

扎实做好后续监管。持续推进稽查集约化、加工贸易集中审核、“多查合一”改革，办结核查作业1715起。完成174本遗留手

（账）册数据清理和254家加工贸易企业精准画像，强化加工贸易管理。

保持打击走私高压态势。全力推进“国门利剑2021”联合专项行动、“国门勇士2021”专项缉枪行动，坚决打击“水客”走私，刑事立案1起、行政立案3起。打击涉枪涉毒走私，查获水弹枪54支、可击发铅弹气动力仿真枪8支，连续破获7起走私毒品进境案件。打击重点涉税商品走私，查获涉嫌走私进境雪茄6万余支，查扣涉案走私香烟近18万条、涉税6541万元，查扣涉嫌走私进境的药品13000余盒、案值3000万元。推进反走私综合治理，牵头制定河北省打击走私综合治理领导小组工作规则等制度。

（四）外贸高质量发展取得新成绩

服务构建新发展格局。支持全国首个跨省级行政区划的综合保税区——大兴国际机场综合保税区（一期）正式通过开放验收。推动省内综合保税区整改提升，区内注册企业进出口值631.9亿元人民币，同比增长98.3%。支持中欧班列发展，全年运行228列，货运量17.73万吨、同比增长127%，货值6.57亿美元、同比增长161%。持续加强进境种牛检疫全链条监管，隔离检疫进境种牛82095头，占全国的27.79%。推动H2018减免税管理系统上线，扎实做好《区域全面经济伙伴关系协定》（RCEP）落地准备。充分发挥统计分析研究和监测预警作用。全年河北省实现进出口总值5418.9亿元，同比增长1.5%，增速低于全国6.1个百分点。

持续优化口岸营商环境。2021年12月进、出口整体通关时间分别为26.36小时、0.99小时，较2017年当月分别压缩83.53%、93.89%，圆满完成工作目标。推进“双随机、一公开”监管，全面实施关区出口商品生产企业核查领域部门间联合抽查工作。继续统筹推进先放后检、汇总征税等改革措施，积极推广“关银一KEY通”等项目，应用关区政务服务“好差评”系统，总体好评率近100%。

（五）全面从严治党、从严治关纵深推进

主体责任逐级压实。研究制定两级党委全面从严治党主体责任清单，建立起“季度报告、随机述职、全面考核”的履责监督考评机制，推动各级党组织把管党治党作为根本的政治担当落到实处。把常态化运用监督执纪“第一种形态”纳入落实主体责任季度报告重点内容，全年关区运用“第一种形态”223人次，持续传导责任压力，真正让监督“长牙”纪律“带电”。

党的建设工作质量稳步提高。完成直属机关党委和纪委换届选举，实现基层一线“支部建在科上”、行政“一把手”担任党支部书记、支委设立纪检委员3个“全覆盖”。修订完善关区合格党支部建设“四个清单”，开展基层党组织书记抓党建工作考核。作为省直9家模范机关示范单位之一，在省直机关党的建设工作会议上作交流发言。

清廉海关建设取得积极成效。扎实开展“现场监管与外勤执法权力寻租”专项整治，针对海关总署反馈问题制定43条整改措施，42条已整改完成，1条长期整改项取得阶段性成效，关区自查发现的111个问题全部整改完成，制定131条廉政风险防控措施并持续推进落实。把对“一把手”和领导班子监督作为党内监督重点，制定细化措施57项，统筹推进巡察监督、纪律监督、派驻监督、干部监督、审计监督全覆盖。对照9个“一律不准”等要求，开展治理违反中央八项规定精神突出问题自查。围绕重要时间节点开展专项检查、明察暗访等共112次，持之以恒纠治“四风”，对1人予以党纪立案审查。

（六）干部队伍精神面貌持续向好

树立正确的选人用人导向。落实党管干部原则，提任处级领导干部43名，处级领导班子平均年龄下降2岁。强化一线导向，抗疫一线人员中16人提任科级领导职务，28人晋升职级。提任3名高级职称人员任关区直属事业单位负责人，更加注重培养使用高层次专业人才。发挥职级晋升激励作用，晋升一至四级调研员（高级主办）16人，一至四级主任科员（主管、主办）369人。落实海关职级序列公务员规范津补贴标准，及时完成新标准兑现和补发，职级公务员待遇稳步提升。

稳妥推进人事改革。深化公务员分类管理和职务与职级并行制度改革，依规对关区81名公务员评定专业技术任职资格，对67名划转至专业技术类公务员的干部进行了职级套转，关区公务员分类管理格局全面形成。按期完成对关区未经批准设立的15家事业单位的清理，基本完成第一批培训疗养机构改革任务。

有效加强监督管理。从严落实“两项党内法规”，个人有关事项如实报告率为98.6%。对18个隶属海关开展2020年度选人用人“一报告两评议”工作。完成海关工作人员违规投资企业及在企业兼职自查和清理整改，大力整肃关容风纪。教育培训工作质效不断提升，群团工青妇组织作用充分发挥，用心用力用情做好老干部工作，积极推动文明创建，2个集体获评第20届全国青年文明号集体。

（七）综合性保障更加坚强有力

法治、改革引领性作用充分发挥。提供《中华人民共和国海关法》修订议案文稿，经河北省人大代表团在第十三届全国人大第四次会议上提出议案。完善关区业务制度体系，保障重大行政决策合法合规。常态化推动业务改革，开展“五项创新”回头看，做好改革任务分工，定期跟踪推进情况。参与全国海关全业务领域一体化专项工作，制定石家庄海关四级业务执行岗位配置清单（第二版），为全国海关提供试点样板。

科技创新基础性作用更加突出。积极开发系统应用，强化科技支撑保障作用。关区实验室由68个优化整合为57个，填补石家庄海关新冠病毒溯源方面的空白，固体废物等方面检测能力得到提升。将海关科技需求纳入河北省“十四五”科技创新规划，省级科研项目立项数量和经费额度创新高。

政务、财务支撑性作用持续强化。政务运行高效顺畅，办文、办会、办事更加规范，督查落实机制持续优化，应急值守有效强化，精文减会成效巩固，信息报送、新闻宣传、信访和12360海关热线服务质量稳步提升，政务公开、机要保密和档案管理进一步加强。落实“过紧日子”要求，坚持向业务改革重点倾斜、向基层一线倾斜，提高预算资金使用效率，财经纪律进一步严肃，后勤服务质量进一步提升。

督察审计的约束性作用取得成效。组织开展重大决策部署贯彻落实、强化监管优化服务等3项专项审计自查，对进出口危险化学品监管措施落实情况等项目开展专项督察，确保落实到位。对5名领导干部进行经济责任审计，推动问题长效整改。

以上成绩，是以习近平同志为核心的党中央坚强领导的结果，是海关总署党委正确部署的结果，离不开各有关方面的大力支持，更离不开全体干部职工的辛勤付出，在此，我代表关党委向大家表示由衷的感谢，向所有奋战在口岸疫情防控和北京冬奥会保障一线的同志们致以亲切的慰问和崇高的敬意！

二、坚决把思想和行动统一到党中央决策部署上来

当前，国内经济面临需求收缩、供给冲击、预期转弱三重压力。我们要坚持以习近平新时代中国特色社会主义思想为指导，按照立足新发展阶段、贯彻新发展理念、构建新发展格局、推动高质量发展的要求，把思想和认识统一到中央对形势的分析判断上来，按照海关总署党委工作部署，强化监管优化服务，用实干实绩让党中央放心、让人民群众满意。

（一）必须坚持一切从政治上考量

习近平总书记指出，旗帜鲜明讲政治，既是马克思主义政党的鲜明特征，也是我们党一以贯之的政治优势。党领导人民治国理政，最重要的就是坚持正确政治方向，始终保持我们党的政治本色，始终沿着中国特色社会主义道路前进。

坚强的领导核心和科学的理论指导，是关乎党和国家前途命运、党和人民事业成败的根本性问题。党的十八大以来，党和国家事业取得历史性成就、发生历史性变革，根本在于有以习近平同志为核心的党中央领航掌舵，根本在于有习近平新时代中国特色社会主义思想的科学指引。党确立习近平同志党中央的核心、全党的核心地位，确立习近平新时代中国特色社会主义思想的指导地位，反映了全党全国各族人民的共同心愿，对新时代党和国家事业发展，对推动中华民族伟大复兴具有决定性意义。

海关的政治机关属性决定了我们必须把“两个确立”作为最根本、最重要的政治标尺，坚决把思想、意志和行动统一到“两个确立”上来，更加坚定自觉做到“两个维护”，确保步调一致向前进。我们必须正确认识把握政治和业务的关系，没有离开政治的业务，也没有离开业务的政治。离开政治谈业务，就会失去正确的政治方向。离开业务谈政治，就会导致理论武装和实践要求相脱离。要牢记政治是旗帜、是方向、是所有工作根本的保障，业务是职责、是抓手、是政治要求落实的依托，对所有业务工作的政治意义、政治风险要深刻体悟、守好底线、防患未然，坚持把讲政治、抓业务统一起来。要在思想上高度统一，始终把学习贯彻习近平新时代中国特色社会主义思想作为首要政治任务，准确把握这一思想的科学内涵、核心要义、实践要求，做到学思用贯通、知信行统一。要在政治上忠诚拥护，始终将“两个维护”作为最高政治原则和根本政治规矩，始终同以习近平同志为核心的党中央保持高度一致，一切行动听从习近平总书记和党中央指挥，做到绝对忠诚、绝对可靠。要在行动上坚定坚决，始终把贯彻落实习近平总书记重要指示批示精神作为首要政治责任，经常开展对标对表、准确把握战略意图，牢记“国之大者”，自觉把海关工作放到“两个大局”中进行思考和定位，把“两个维护”体现在坚决贯彻中央决策部署的行动上，体现在履职尽责、做好本职工作的实效上，体现在党员、干部的日常言行上。

（二）必须坚持一切在大局下行动

习近平总书记指出，加快形成以国内大循

环为主体、国内国际双循环相互促进的新发展格局，是根据我国发展阶段、环境、条件变化作出的战略决策，是事关全局的系统性深层次变革。必须贯彻总体国家安全观，统筹发展和安全，统筹开放和安全，统筹传统安全和非传统安全，统筹自身安全和共同安全，统筹维护国家安全和塑造国家安全。

海关既处于国内国际双循环的“交汇枢纽”，又处于对外开放安全防控“第一线”，当前新冠疫情外防输入的压力有增无减，国门生态安全威胁与日俱增，危险化学品安全监管持续承压，毒品、武器弹药、成品油等走私屡打不止，国门安全在国家安全中的分量越来越重，外贸在高基数上实现稳中提质面临很多挑战。

面对新形势新任务，要坚定必胜信心，清醒认识到当前发展仍处于重要战略机遇期，经济持续恢复的态势和长期向好的基本面没有改变，随着高质量共建“一带一路”深入实施，RCEP生效实施，超大规模市场潜力持续释放，都将为塑造有利于发展的安全环境形成支撑。要以高标准安全保障高水平开放，强化监管优化服务，深化监管理念、模式、手段创新，继续深入实施监管能力水平提升工程，织密织牢开放安全网，牢牢守住不发生系统性风险的底线，以管得住的能力提升放得开的水平，推动更大范围、更宽领域、更深层次的对外开放。要以高水平开放推动高标准安全，打造市场化法治化国际化口岸营商环境，主动衔接国际规则、监管、标准等制度型开放需求，未雨绸缪、主动应对，在实践锤炼中动态提升开放监管能力，不断完善适应更高水平开放需求的监管模式和风险防控机制。

（三）必须坚持一切从实际出发

习近平总书记强调，坚持一切从实际出发，是我们想问题、作决策、办事情的出发点和落脚点。

我们要进一步提高政治站位，深刻把握形势，明确目标任务，锚定建设社会主义现代化海关的目标任务，坚定不移走高质量发展强关之路，完整、准确、全面贯彻新发展理念，坚持问题导向、目标导向、结果导向，用改革的思维和办法解决发展中的新情况新问题。要树立创新理念，解放思想、实事求是，加强对现行机制、做法、措施的评估，对不符合时代发展形势的要敢于破旧立新，突破惯性思维的束缚，以理念创新不断提升工作质量。要加强系统集成，加强政策配套和制度衔接，优化人力、科技、装备、财务等资源要素配置，推动改革顶层设计和基层探索互动，充分考虑关区内部差异，在扬长补短中提升整体效能，实现多目标平衡。要坚持法治思维，强化制度执行的刚性约束，必须按照制度执行，决不允许打折扣、搞变通、做选择，切实提高执法规范性、统一性，在法治轨道上推进关区制度创新和治理能力建设。

（四）必须坚持高标准、严要求

习近平总书记强调，贯彻党要管党、从严治党的方针，必须做好抓基层、打基础的工作。全面从严治党，必须坚持重心下移，推动一级抓一级、层层压实责任。

必须牢牢抓住责任制这个“牛鼻子”，推动各级党组织特别是主要负责人切实担负起全面从严治党政治责任，推动广大党员干部始终坚守党的初心使命，增强“两个维护”的政治自觉，推动全面从严治党不断向纵深发展、向基层延伸。进一步强作风。把雷厉风行、令行禁止作为鲜明特点，把执行上级指示作为刚性要求，马上就办、真抓实干，定好什么时间完成就必须什么时间完成，定好达到什么样的标准就必须达到什么样的标准。进一步强纪律。增强忧患意识，敢于亮剑、敢抓敢管，坚持严字当头、全面从严，全方位管思想、管工作、管作风、管纪律，促进准军事化管理底蕴和清廉价值观深度融合，引导党员干部知敬畏、存戒惧、守底线，以系统思维一体推进不敢腐、不能腐、不想腐。进一步强担当。要以刀刃向内的勇气和自我革命的精神加强自身建设。各级领导干部要发挥好“头雁效应”，一级带着一级干，一级做给一级看，不断提高工作落实的质量和效率，带领全体党员干部勇当攻坚克难的奋斗者。

今年主要工作思路是：以习近平新时代中国特色社会主义思想为指导，全面贯彻落实党的十九大和十九届历次全会精神，认真落实中央经济工作会议部署，弘扬伟大建党精神，深入学习领会“两个确立”的决定性意义，全面加强党的建设，持续增强“四个意识”、坚定“四个自信”、做到“两个维护”，坚持稳中求进工作总基调，立足新发展阶段，完整、准确、全面贯彻新发展理念，加快构建新发展格局，全面深化改革开放，坚持创新驱动发展，推动高质量发展，坚持以供给侧结构性改革为主线，继续做好“六稳”“六保”工作，认真落实全国海关工作会议部署，统筹关区口岸疫情防控和外贸平稳发展，持续强化监管优化服务，坚决守住系统性、区域性、行业性风险底线，马上就办，真抓实干，锲而不舍，一以贯之推进“五关”建设取得新成效，不断提升关区制度创新和治理能力建设水平，以优异成绩迎接党的二十大胜利召开。

三、扎实进取做好2022年度重点工作

（一）聚焦政治引领，把政治建关的要求一贯到底

坚持政治建关，扎实开展捍卫“两个确立”、做到“两个维护”、强化政治机关建设专项教育活动，深入学习贯彻习近平总书记关于加强党的政治建设的重要论述，认真查摆政治意识不强、政治敏感性不高等问题，切实做好整改，走好践行“两个维护”第一方阵，确保专项教育活动见成效。通过中心组学习、专题培训等形式，持续深入学习贯彻党的十九届六中全会精神和习近平总书记重要指示批示精神，持续提升全体党员干部的政治能力。将党史学习教育作为必修课、常修课，纳入教育培训计划，纳入基层党组织“三会一课”、主题党日重要内容，推动党史学习教育常态化长效化。巩固拓展党史学习教育成果，建立“我为群众办实事”常态化长效化机制，以实际行动践行“人民海关为人民”。强化政治领导，充分发挥两级党委的带头示范作用，严格执行“三重一大”事项集体决策制度，进一步提高科学决策、民主决策、依法决策水平。严格落实请示报告制度要求，确保政令畅通、指挥有力。

（二）聚焦监管效能，坚决扛起国门安全神圣职责

不断提升全领域风险防控效能。积极推进风险防控一体化，充分发挥海关业务风险协同防控机制作用，加快形成风险防控协同共治格局。推动京津冀区域风险防控功能化分工，提升布控处置效率。推进河北口岸安全风险联合防控机制常态化运转。优化布控规则，不断提高人工分析布控精准性。研究探索“涉检类高

质量查获”记入查获类型，进一步丰富涉检查获内容。强化综合数据分析，提升后续防控处置效能。大力开展“云擎”系统模型建设，提高安全风险研判、预警水平。

科学精准做好口岸疫情防控。按照“一口岸一方案”原则，不断完善疫情防控工作方案、应急处置预案，切实提高方案科学性和适用性。严格落实“三查三排一转运”等要求，确保规定动作 100% 落实到位。进一步加强联防联控，实现口岸疫情防控无缝衔接、闭环管理。毫不放松抓好安全防护，加大监督检查和长效整改。组织开展一线工作人员突发事件应急处置演练，持续提升口岸突发公共卫生事件应对和处置能力。严格落实“四必须”“五件套”“六个不”等封闭管理工作要求，继续推进疫苗接种工作，确保应接尽接。严格落实海关总署疫情防控源头管控、风险监测、预防性消毒的各项要求，不折不扣做好进口冷链食品、农产品和高风险非冷链集装箱货物新冠疫情防控工作。

完善国门生物安全治理体系。进一步优化动植物疫情风险防控体系，研究制定动植物疫情和外来入侵物种监测评估预警及应急处置管理规定。深入开展“国门绿盾”行动，强化外来入侵物种防控及进境动植物疫情截获。加强进境种牛检疫监管，严格开展供港澳活牛疫病监测和安全风险监控。推进进出境动植物检疫能力提升工程，有序推进初筛鉴定室规划布局和建设，持续强化口岸海关动植物检疫标准化建设，不断提升覆盖率。

落实食品安全“四个最严”要求。深入宣传贯彻进出口食品安全管理办法、进口食品境外生产企业注册管理规定，及时制定相关配套制度措施。加强进出口食品监督抽检、风险监测督导调研，强化风险信息分析研判，加大重点风险区域、行业及相关企业的后续监管核查力度。持续推进进口食品“国门守护”行动，严把进出口食品安全关，进一步加强境外输华食品生产企业疫情防控和食品安全管理体系持续运行情况检查，做好后续处置评估。加强培训演练，切实提升食品安全突发事件应急处置能力。

严把进出口商品检验关。修订商品检验业务操作规范，建立健全商品检验业务制度体系。持续保持打击“洋垃圾”走私高压态势，落实矿产品固体废物属性 100% 筛查要求，坚决把“洋垃圾”拒于国门之外。全面落实海关总署进出口商品质量安全监管要求，强化重点敏感商品抽查检验，加强防疫物资、危险品及其包装检验监管。积极推进落实大宗资源类商品“先放后检”，进口铁矿、棉花数重量鉴定依企业申请检验模式及第三方检验结果采信。抓好法检目录新调整商品政策落实，不断提高检验监管水平。

不断提高税收征管质量。加强税收形势分析研判，完善税收预测机制。加强综合治税各成员单位联系配合，强化涉税风险信息共享，形成税收征管合力。加强属地纳税人管理，扩大纳税企业底账范围，开展纳税遵从度评估，强化属地企业自报自缴、合规申报管理。强化主要税源商品价格管理，重点关注大宗散货估价补税。提高预裁定签发数量和签发质量，增强企业对进出口贸易的可预期性。加强特别关税措施和未实现原产地电子信息交换的优惠协定项下原产地证据文件的监控复核，有效防范化解原产地涉税风险。

切实加强口岸监管。认真落实货物检查制度，重点关注危险化学品、再生金属等敏感货物，严格按照口岸事中布控查验指令实施查验，加大实时音视频检查和事后单证抽查力度。规范开展机检审图，强化H986智能审图应用。进一步规范加强海关监管作业场所（场地）巡查及日常监督管理。强化现场物流监管，推进金关二期智能卡口上线应用。全力以赴做好北京冬奥会赛会服务保障工作，完成海关驻场监管和值机柜台前移、口岸监管环节安保工作，做好入境航班备降相关准备。持续抓好安全生产，巩固提升安全生产专项整治三年行动成效。提升知识产权海关保护工作水平。

大力强化后续监管和企业管理。开展AEO企业认证精准培育，推进落实信用差别化管理措施。深入推进稽查业务改革，充分运用大数据分析，引入中介机构、贸易调查、跨片区稽查等手段，切实提升整体稽查效能。严格执行核查作业“选、查、处”分离工作模式，进一步明确“分类核查”管理模式和工作流程。落实属地查检要求，规范查检指令执行和系统溯源，构建“部门联动、各负其责，上下贯通、齐抓共管”属地查检工作机制。以业务运行可视化监控平台为抓手，常态化开展稽（核）查等作业质量及合法合规性执法检查和集中审核。持续推进加工贸易集中审核改革，完善加工贸易企业精准画像库和风险分类防控管理机制。

保持打私高压态势。开展“国门利剑”联合专项行动，继续保持对“洋垃圾”、濒危物种、成品油等重点涉税商品、跨境电商及水客走私等突出走私问题的打击治理力度，加大对涉枪、涉毒、涉疫等走私犯罪活动的打击力度。坚持在办大案、扩大海关自主查发移交案件占比等工作上持续发力。持续深化海关全员打私，推动落实“全员打私”实施办法和工作责任清单，落实相关绩效考核要求，进一步强化部门间的联系配合和沟通协调，共同提高成案率、成刑事案件率、成大案率。统筹推进反走私综合治理，强化执法协作，推进对成品油、香烟、冻品、海上走私等问题的联合打击整治。

（三）聚焦贸易便利，助力外向型经济高质量发展

推动对外开放平台建设。抓好促进河北省综合保税区和自由贸易试验区统筹发展的22项实施举措落实，在保证有效监管、风险可控的前提下，积极开展自由贸易试验区海关监管制度创新和复制推广，促进两类区域优势互补、协同发展。持续推进综合保税区适合入区项目指引（2021年版）落地见效，督促地方政府切实履行主体责任，进一步推动综合保税区发展。支持加快雄安新区综合保税区申报进度，努力实现自由贸易试验区内综合保税区全覆盖。指导符合条件的地区按新标准、新程序申请保税物流中心。

支持外贸促稳提质。支持地方实施“项目带动”战略，继续推动稳外贸稳外资各项措施落地。加大能源、矿产、粮食等大宗商品保税仓储支持力度，扩大先进技术装备、种质资源进口，维护产业链供应链安全稳定。配合做好水果对俄罗斯、印度恢复出口及鲜梨出口厄瓜多尔等国家解禁工作，持续做好企业对外注册推荐工作，推动河北优势农产品扩大出口。助力“一带一路”共建，支持中国—中东欧（沧州）中小企业合作园区发展、冀中南智能港等枢纽站点建设。推动关企联动，优化技术性贸易措施影响调查和信息咨询服务工作，指导帮助企业积极应对国外限制性措施、及时调整经营策略。认真落实RCEP原产地规则和关税减

让措施，加大专题培训力度，帮扶企业运用关税减让、原产地累积等规则开拓 RCEP 国际市场。积极促进数字经济、跨境电商、市场采购贸易等新业态新模式健康发展。

持续优化口岸营商环境。巩固压缩整体通关时间工作成效，积极开展进口“船边直提”调研，稳步推进出口集装箱“运抵直装”试点，适时扩大推广范围。进一步推动精简随附单据，减轻企业负担。加强中国国际贸易单一窗口建设，支持地方在标准版功能的基础上，根据需要拓展特色服务功能。推动规范和降低进出口环节合规成本，持续落实口岸收费目录清单公示制度并强化动态调整。深化行政审批制度改革，精简行政许可事项，推进“双随机、一公开”监管。

提高政策研究及统计工作水平。健全完善分析研究机制，及时跟进海关总署统一部署，认真开展统计专项调查调研工作。充分用好调查数据，提升调查结果转化运用。围绕数据管控的重点、难点，持续做好统计监督等各项工作，不断提升关区统计数据质量。不断强化数据安全管理，确保安全可控。深入挖掘外贸进出口数据，进一步加强数据融合分析，提高统计分析水平。积极参与海关战略规划研究，争取署级课题立项，组织开展关级课题研究和成果转化。

（四）聚焦改革创新，持续推动治理能力建设

加强法治体系建设。深入学习贯彻习近平法治思想，推动落实“谁执法谁普法”的普法责任制，充分利用“8·8”海关法治宣传日等节点创新开展海关法律法规宣传和培训工作，积极参与完成《中华人民共和国海关法》等海关总署立法修订工作任务分工。进一步加强规范性文件管理及合法性审查，开展“存量”业务制度清理。建立健全业务制度后续执行评估工作机制，着力检验制度实施效果。加快编制关区权责清单，进一步厘清权力边界。强化公职律师队伍管理和使用，防范化解法律风险。

推进全面深化业务改革。在尊重企业意愿前提下，提升“两步申报”“提前申报”应用率。推进全业务领域一体化改革，推动京津冀海关跨关区在信息数据、业务规则和执法操作等层面更高水平融合。发挥 H2018 新一代通关管理系统对改革的支撑作用，推广检查异常处置功能模块的应用，促进关区业务系统整合优化、互联互通，提升系统集成水平。推进岗位配置清单规范性审核，开展岗位配置清单与实际业务运行适配性评估，有效加强各业务岗位的风险防控和监督管理。加强业务协调配合，完善“问题清零”制度。围绕重点领域和关键环节，加强对业务运行的监控、分析和预警。

提升科技创新应用水平。强化网络建设及安全运行保障，提升骨干网对业务、政务系统支撑能力。加强“智慧海关”建设，推广应用新一代海关信息系统平台，做好重点信息化项目建设和应用。持续开展科技人员跟班作业，有效提升一线人员科技应用获得感。推进沧州海关医学检验实验室建设，提高新冠病毒核酸检测能力，完善实验室安全管理制度建设，按期完成石家庄海关实验室建设发展三年规划（2020—2022）要求，推进实验室仪器设备资源整合，提高仪器设备使用效能。做好重要敏感时期网络安全保障，持续做好网络安全等级保护工作。组织开展署级、省级科研项目研究和成果评选，发挥科技创新对业务领域支撑促进作用。

（五）聚焦规范高效，做好关区事业发展的综合保障

提升政务服务效能。着力抓好机关效能建设，加强统筹协调，巩固精文减会措施成效，提高机关工作质效。压紧压实各级各条线督查责任，持续完善狠抓落实的闭环督查机制。高质量推进政务公开工作，切实推进基层政务公开标准化规范化建设。围绕重点工作、重大改革，拓展新闻宣传深度广度，妥善做好舆情应对。严格加强保密管理，规范做好信访工作。认真做好值班应急工作，做到反应迅速、处置高效。

提高财务保障水平。全面落实“过紧日子”要求，严控“三公”经费，压减一般性支出，建立健全长效机制。强化预算保障主体责任，重点保障重大改革、重点工作任务和建设项目所需资金。加强企事业单位制度建设，依法依规积极拓展社会委托性服务，按期完成脱钩企业产权转让有关工作。修订、完善并出台石家庄海关固定资产管理实施细则及相关配套规定，充分发挥资产效益。

提高督察审计水平。深化领导干部经济责任审计，坚持任中审计与离任审计相结合，提升督察审计工作效能。针对性开展专项审计，组织开展海关事业单位所属企业脱钩和转让产权等领域专项审计。推进重大决策部署专项督察，实施督察项目清单式管理，提升督察实效。持续深化内控机制建设，全面推广内控节点岗位清单制管理，压实岗位内控主体责任。有序开展执法评估，逐步构建以专题评估、指标体系、系统建设“三位一体”联动提升的评估工作机制。

（六）聚焦自我革命，深入推进全面从严治党

加强党建基础性建设。深化拓展“强基提质工程”，持续开展“四强”党支部建设，量质并举扩大先进党支部，做好基层党组织换届选举。深入推进党建品牌创建，总结提炼各业务条线和不同作业模式的党建工作法，宣传推广先进经验做法。认真学习落实海关总署强化支部政治功能的意见措施，深入推进党建业务深度融合发展，充分运用“三会一课”等形式抓好专题学习教育，明确把关服务政治要求，切实从政治层面强化业务工作。开展好海关史研究，不断丰富关区文化建设内涵。开展内务规范强化月活动，坚持内务规范督察、通报、约谈机制。按照海关总署统一部署开展岗位练兵和技能比武，提升业务技能。

建设高素质专业化干部队伍。有序推进干部选拔任用，选优配强各级领导班子，进一步优化年龄结构、经历结构、专业结构。大力培养选拔优秀年轻干部，统筹用好各年龄段干部。加强职级干部管理，统筹开展职级晋升和不同类型公务员队伍之间的交流。关心关爱防疫一线人员、边远海关干部，加强执法一线科长选拔、培养、交流、使用。聚焦高素质专业化要求，以开展海关专家制度为依托加强人才培养使用。畅通公务员、事业编制领导干部在调任制度轨道上常态化交流的渠道。推荐科研拔尖人才申报高级职称，加强专业技术人才梯队建设。加强干部监督管理，深入贯彻落实领导干部个人有关事项“两项党内法规”，健全日常监督管理机制。加强选人用人监督检查，认真开展选人用人专项检查和离任检查。

扎实推进党风廉政建设和反腐败斗争。强化对“一把手”和领导班子监督，督促落实全面从严治党主体责任清单，坚持并完善“季度报告、随机述职、全面考核”的履责监督考评机制，把常态化运用“第一种形态”作为重点内容，教育引导党员干部知敬畏、存戒惧、守底线。深入开展作风纪律专项整治，严格落实干部配偶、子女及其配偶从业规定，认真开展抽查核实。不断加强纪检干部队伍建设，切实发挥派驻纪检组“前哨”“探头”作用，提高监督实效。开展警示教育月活动，强化警示震慑，建立典型案例分析通报制度。抓实“现场监管与外勤执法权力寻租”专项整治问题整改，形成防范和化解执法腐败风险的长效机制。拓展“制度+科技”运用，持续完善工作机制，深化源头防腐。推进巡察工作高质量发展，按照“全覆盖”要求开展巡察工作，不断完善制度机制，做好整改“后半篇文章”，努力提高巡察监督实效。推进打私反腐“一案双查”，注重查找监管漏洞和薄弱环节，依法严肃查处各类违纪违法行为。

初心使命永不忘，继往开来再出发。新的征程上，让我们紧密团结在以习近平同志为核心的党中央周围，深刻把握“两个确立”、自觉践行“两个维护”，始终牢记“国之大者”，坚定信心、勇毅前行，稳字当头、稳中求进，以实际行动走好新的赶考之路，以优异成绩迎接党的二十大胜利召开。

在 2022 年石家庄海关全面从严治党工作会议上的讲话

石家庄海关党委书记、关长　闫伟东

（2022 年 1 月 27 日）

这次会议的主要任务是，深入学习贯彻习近平总书记在十九届中央纪委六次全会上的重要讲话精神，认真落实全国海关全面从严治党工作会议部署，总结 2021 年关区全面从严治党、党风廉政建设和反腐败工作，部署 2022 年主要任务。下面，我代表关党委，讲 3 点意见：

一、深入学习领会习近平总书记在十九届中央纪委六次全会上的重要讲话精神，准确把握 2022 年全国海关全面从严治党工作会议要求

1 月 18 日，中国共产党第十九届中央纪律检查委员会第六次全体会议在北京召开，习近平总书记发表重要讲话。

习近平指出，2021 年是中国共产党成立一百周年。党中央坚定不移推进全面从严治党，为全面建设社会主义现代化国家开好局、起好步提供了有力政治保障。今年是党的十八大以来第十个年头，十年磨一剑，党中央把全面从严治党纳入“四个全面”战略布局，以前所未有的勇气和定力推进党风廉政建设和反腐败斗争，刹住了一些多年未刹住的歪风邪气，解决了许多长期没有解决的顽瘴痼疾，清除了党、国家、军队内部存在的严重隐患，管党治党宽松软状况得到根本扭转，探索出依靠党的自我革命跳出历史周期率的成功路径。党的十八大以来，全面从严治党取得了历史性、开创性成就，产生了全方位、深层次影响，必须长期坚持、不断前进。

习近平指出，一百年来，党外靠发展人民民主、接受人民监督，内靠全面从严治党、推进自我革命，勇于坚持真理、修正错误，勇于刀刃向内、刮骨疗毒，保证了党长盛不衰、不断发展壮大。全面从严治党是新时代党的自我革命的伟大实践，开辟了百年大党自我革命的新境界。必须坚持以党的政治建设为统领，坚守自我革命根本政治方向；必须坚持把思想建设作为党的基础性建设，淬炼自我革命锐利思

想武器；必须坚决落实中央八项规定精神、以严明纪律整饬作风，丰富自我革命有效途径；必须坚持以雷霆之势反腐惩恶，打好自我革命攻坚战、持久战；必须坚持增强党组织政治功能和组织力凝聚力，锻造敢于善于斗争、勇于自我革命的干部队伍；必须坚持构建自我净化、自我完善、自我革新、自我提高的制度规范体系，为推进伟大自我革命提供制度保障。

习近平强调，党的十八大以来，我们继承和发展马克思主义建党学说，总结运用党的百年奋斗历史经验，深入推进管党治党实践创新、理论创新、制度创新，对建设什么样的长期执政的马克思主义政党、怎样建设长期执政的马克思主义政党的规律性认识达到新的高度。这就是坚持党中央集中统一领导，坚持党要管党、全面从严治党，坚持以党的政治建设为统领，坚持严的主基调不动摇，坚持发扬“钉钉子”精神加强作风建设，坚持以零容忍态度惩治腐败，坚持纠正一切损害群众利益的腐败和不正之风，坚持抓住“关键少数”以上率下，坚持完善党和国家监督制度，形成全面覆盖、常态长效的监督合力。

习近平指出，要巩固拓展党史学习教育成果，更加坚定自觉地牢记初心使命、开创发展新局。要深入学习贯彻党的十九届六中全会精神，持之以恒推进党史学习、教育、宣传，引导全党坚定历史自信，让初心使命在内心深处真正扎根，把忠诚于党和人民落到行动上，继承弘扬党的光荣传统和优良作风，为党和人民事业赤诚奉献，在新的赶考之路上考出好成绩。

习近平强调，要强化政治监督，确保完整、准确、全面贯彻新发展理念。要立足新发展阶段、贯彻新发展理念、构建新发展格局、推动高质量发展，引导督促党员、干部真正悟透党中央大政方针，时时处处向党中央看齐，扎扎实实贯彻党中央决策部署，不打折扣、不做表面文章，纠正自由主义、本位主义、保护主义，不因一时一地利益而打小算盘、耍小聪明，确保执行不偏向、不变通、不走样。

习近平指出，要保持反腐败政治定力，不断实现不敢腐、不能腐、不想腐一体推进的战略目标。我们必须清醒认识到，腐败和反腐败较量还在激烈进行，并呈现出一些新的阶段性特征，防范形形色色的利益集团成伙作势、“围猎”腐蚀还任重道远，有效应对腐败手段隐形变异、翻新升级还任重道远，彻底铲除腐败滋生土壤、实现海晏河清还任重道远，清理系统性腐败、化解风险隐患还任重道远。我们要保持清醒头脑，永远吹冲锋号，牢记反腐败永远在路上。只要存在腐败问题产生的土壤和条件，腐败现象就不会根除，我们的反腐败斗争也就不可能停歇。领导干部特别是高级干部要带头落实关于加强新时代廉洁文化建设的意见，从思想上固本培元，提高党性觉悟，增强拒腐防变能力。领导干部要增强政治敏锐性和政治鉴别力。领导干部特别是高级干部一定要重视家教家风，以身作则管好配偶、子女，本分做人、干净做事。

习近平强调，要加固中央八项规定的堤坝，锲而不舍纠“四风”树新风。形式主义、官僚主义是党和国家事业发展的大敌。要从领导干部特别是主要领导干部抓起，树立正确政绩观，尊重客观实际和群众需求，强化系统思维和科学谋划，多做为民造福的实事好事，杜绝装样子、搞花架子、盲目铺摊子。要落实干部考核、工作检查相关制度，科学评价干部政绩，促进干部更好担当作为。要加强对党中央惠民利民、安民富民各项政策落实情况的监督，集中纠治教育医疗、养老社保、生态环保、安全生产、食品药品安全等领域群众反映强烈的突出问题，巩固深化扫黑除恶专项斗争、政法队伍教育整顿成果，让群众从一个个具体问题的解决中切实感受到公平正义。

习近平指出，要加强年轻干部教育管理监督，教育引导年轻干部成为党和人民忠诚可靠的干部。要从严从实加强教育管理监督，引导年轻干部对党忠诚老实，坚定理想信念，牢记初心使命，正确对待权力，时刻自重自省，严守纪法规矩，扣好廉洁从政的“第一粒扣子”。年轻干部一定要有清醒的认识，经常对照党的理论和路线方针政策、对照党章党规党纪、对照初心使命，看清一些事情该不该做、能不能干，守住拒腐防变的防线。

习近平强调，要完善权力监督制度和执纪执法体系，使各项监督更加规范、更加有力、更加有效。各级党委（党组）要履行党内监督的主体责任，突出加强对“关键少数”特别是“一把手”和领导班子的监督。纪检监察机关要发挥监督专责机关作用，协助党委全面从严治党，推动党内监督和其他各类监督贯通协同，探索深化贯通协同的有效路径。要加强对换届纪律风气的监督，坚持党管干部原则，强化党组织领导和把关作用，特别是要严把政治关、廉洁关。

习近平指出，纪检监察机关和纪检监察干部要始终忠诚于党、忠诚于人民、忠诚于纪检监察事业，准确把握在党的自我革命中的职责任务，弘扬党百年奋斗形成的宝贵经验和优良作风，紧紧围绕党和国家工作大局发挥监督保障执行作用，更加有力有效推动党和国家战略部署目标任务落实。纪检监察队伍必须以更高的标准、更严的纪律要求自己，锤炼过硬的思想作风、能力素质，以党性立身做事，刚正不阿、秉公执纪、谨慎用权，不断提高自身免疫力，主动接受党内和社会各方面的监督，始终做党和人民的忠诚卫士。

1月24日，海关总署召开2022年全国海关全面从严治党工作会议。党委书记、署长倪岳峰同志在会上作专题讲话。

倪署长指出，习近平总书记的重要讲话，深刻总结新时代党的自我革命的成功实践，深刻阐述全面从严治党取得的历史性开创性成就、产生的全方位深层次影响，对把全面从严治党向纵深推进、迎接党的二十大胜利召开作出战略部署。讲话立意高远、思想深邃、内涵丰富，具有很强的政治性、指导性、针对性，是推进新时代党的建设新的伟大工程的基本遵循，是做好海关全面从严治党、党风廉政建设和反腐败工作的行动指南。要求全国海关要认真学习领会，深入贯彻落实。

倪署长指出，2021年在以习近平同志为核心的党中央坚强领导下，海关各级党组织以习近平新时代中国特色社会主义思想为指导，认真贯彻全面从严治党战略方针，坚持“严”的主基调不动摇，持之以恒正风肃纪，以零容忍态度惩治腐败，扎实推进清廉海关建设，全面从严治党、党风廉政建设和反腐败工作取得新进展新成效。主要表现在落实“两个维护”坚定坚决，对“关键少数”监督更加聚焦，纪律作风持续向好，权力运行监督制约机制更加完善，惩治防一体推进。

倪署长强调，海关各级党组织要以强烈的政治责任感和历史使命感认真履职尽责做好2022年各方面工作。深入学习贯彻党的十九届六中全会精神，坚定捍卫“两个确立”、坚决做到“两个维护”；压紧压实管党治党政治责任，充分发挥“一把手”和领导班子“头雁效应”；保持反对和惩治腐败的强大力量常在，坚定不移把海关反腐败斗争推向纵深；坚持党风党纪一起抓，坚决把纪律挺在前面；推动巡视巡察工作高质量发展，充分发挥利剑作用；持续深化“制度＋科技”运用，加强对权力运行制约和监督。

倪署长的讲话，总结成绩客观全面，指出问题切中时弊，部署工作政治性强、任务明确，各部门单位要切实提高政治站位，深入学习贯彻，准确把握精神实质，把思想和行动统一到党中央决策部署上来，落实到海关总署党委工作要求上来，把“严”的主基调长期坚持下去，砥砺初心、勇担使命，以高度的政治自觉把会议部署的任务落到实处，为关区事业发展提供坚强政治保证。

二、2021年工作回顾

过去一年，面对复杂的国际国内形势和艰巨的改革发展任务，关区上下以习近平新时代中国特色社会主义思想为指导，弘扬伟大建党精神，从党的百年奋斗史中汲取奋进力量，坚决扛起管党治党政治责任，坚定不移推进全面从严治党、党风廉政建设和反腐败工作，持续巩固向上向好态势，不断提升整体建设水平。

（一）践行“两个维护”更加坚决

始终把党的政治建设摆在首位，将“两个维护”作为根本原则和首要任务，切实强化维护意识、提升维护能力、增强维护效果。党委严格落实“第一议题”制度，完善形势分析及督查例会议定事项滚动式督办、关领导挂牌督办等配套措施，形成学习贯彻、推动落实的闭环机制。全年召开29次党委会、21次党委理论学习中心组学习、12次形势分析及工作督查例会，13项重点任务纳入关领导挂牌督办，编发学习专刊36期，第一时间将习近平总书记重要讲话和重要指示批示精神传达学习到位、部署落实到位。扎实开展党史学习教育，把学深悟透做实习近平总书记“七一”重要讲话和党的十九届六中全会精神摆在突出位置，开展4次专题研讨，分2批组织处级领导干部集中培训，举办专题读书班和专题学习班，关区上下以红色讲坛、专题党课、现场教学等形式推动学习教育走深走实。深入开展“我为群众办实事”实践活动，梳理形成关区两级党委重点民生项目清单212项，入选全国海关“百佳项目”2项，用心用情用力解决好企业群众急难愁盼问题。坚持以政治效果检验政治能力，在服务京津冀协同发展、雄安新区建设、筹备北京冬奥会等重大国家建设中发挥海关职能作用。全力打好口岸疫情防控“阻击战”和安全防护“攻坚战”，将36.38吨固体废物、30.1万吨有害元素超标煤炭、涉枪涉爆涉毒走私物品以及羚羊角等濒危物种及其制品拒于国门之外，用实际战果守好首都政治“护城河”。

（二）管党治党责任更加严实

狠抓党委班子自身建设，严格执行民主集中制，修订贯彻落实“三重一大”决策制度实施办法，完善关区两级党委议事清单，更加突出“两个维护”，更加聚焦主责主业。围绕全面从严治党、党风廉政建设和反腐败工作，党委会议专题研究19次，制定制度办法6项，推动完成全面从严治党重点工作任务52项，干部人事管理权限进一步明确，督导完成直属机关党委、机关纪委换届选举。建立起“季度报告、随机述职、全面考核”的履责监督考评机制，党委共听取21个部门单位“一把手”现场汇报履责情况，促进主体责任由节点监督向全程监督转变、由年终考核向过程考核转变，得到了倪岳峰署长的肯定评价。持续深化巡视整改，制定持续推动中央、海关总署党委巡视整改的181项整改措施和长效机制。组织对12个部门单位开展政治巡察，已反馈问题94个，组织对20个部门单位开展巡察整改“回头看”，确保问题不反复、件件有落实。通过修订合格支部“四个清单”将主体责任压实到“最后一公里”。持续深化“强基提质工程”，组织对关区249名党支部书记开展系统培训，不断强化党支部书记的身份意识和责任意识。评出“四强”党支部51个，党建示范和培育品牌38个，拥有全国海关党建示范品牌3个、培育品牌2个，通过互学互鉴，进一步推动党建品牌提档升级。

（三）作风纪律建设更加深入

坚持发扬“钉钉子”精神，加强作风建设，持续深化纠治“四风”和作风纪律专项整治，梳理出具有共性和代表性问题12个，制定22条整改措施并推进落实。出台深入治理违反中央八项规定精神突出问题、进一步推进清廉海关建设具体措施36条，并组织对照9个“一律不准”开展自查自纠，开展专项检查、随机抽查、明察暗访70余次，不断强化严查严纠高压态势。持续整治形式主义、官僚主义，办公用房、公有住房、公务用车使用全部落实公示管理，精文减会目标超额完成，三分之二以上的微信工作群得到清理整合，建立起基层负担常态化收集研究机制，全年督办问题反映13个，围绕基层反映集中、突出的问题研究制定6个方面、24项具体措施，通过项目化管理推进任务有效落实。运用“好差评”系统提升政务服务水平，企业群众好评率达100%。牢固树立“过紧日子”思想，全面压缩差旅、会议、培训、因公出国、公务接待等方面支出，“三公”经费无超预算情况。严格实行节能降耗指标管理，制止“舌尖上的浪费”，持续推进“节约型机关”建设。狠抓准军事化纪律部队建设，全年开展内务督察12次、视频检查14次。通过单位、家庭、个人联防联控联治，保持了关区酒驾醉驾“零发生”良好态势。

（四）风险隐患防控更加精准

深入学习贯彻习近平法治思想，推进普法责任制落实，开展业务制度文件清理备案，全面推进行政执法“三项制度”，提高权力运行法治化水平。积极运用“制度+科技”巩固“现场监管与外勤执法权力寻租”专项整治成果，制发6项工作办法、10项操作指引，编写口岸环节监管业务操作手册，推动形成防范和化解一线执法风险的长效机制。建立与河北省市场监督管理局联系配合机制，进一步提高“双随机、一公开”监管效能。优化海关执法流程，严格落实“选、查、处”分离，推动权力运行进系统、留痕迹、可追溯。加强业务数据安全体系建设，有效发挥HLS 2017内控平台监督作用。深化内部审计工作，通过审前自查自纠发现问题75个。组织开展隶属海关领导干部经济责任审计、推动重大决策部署贯彻落实情况等3项专项审计自查核查、实验室建设专项审计调研，发现问题105个，提出建议17条。完成署级专项督察2项、关级专项督察4项，发现问题13个，以督促改，以督提效的作用得到有力彰显。

（五）“三不”一体推进更加有力

保持反腐高压态势，依规依纪依法开展纪

律审查，深化运用监督执纪“四种形态”。围绕对“一把手”和领导班子监督制定落实措施 57 项。扎实开展“现场监管与外勤执法权力寻租”专项整治。制定廉政风险防控措施 131 项。对 5 个隶属海关开展选人用人检查，开展干部配偶子女及其配偶从业情况检查，对处级干部抽查比例上调至 20%，持续清理企业兼职问题。集中开展警示教育月活动，录制“基层书记、组长谈责任”视频访谈 6 期。加强元旦、春节等特殊时期廉政教育，推动干部职工树牢纪律规矩意识，进一步增强不想腐的自觉。

三、2022 年主要任务

2022 年关区全面从严治党工作的总体要求是：以习近平新时代中国特色社会主义思想为指导，全面贯彻党的十九大和十九届历次全会精神，认真落实十九届中央纪委六次全会部署，弘扬伟大建党精神，全面加强党的领导，增强“四个意识”、坚定“四个自信”、做到“两个维护”，坚持稳中求进工作总基调，立足新发展阶段，完整、准确、全面贯彻新发展理念，加快构建新发展格局，着力推动高质量发展，自觉运用党的百年奋斗历史经验，永葆自我革命精神，坚持全面从严治党战略方针，一体推进不敢腐、不能腐、不想腐，深入推进政治建关、改革强关、依法把关、科技兴关、从严治关，以“赶考”姿态持续深化清廉海关建设，为建设社会主义现代化海关提供坚强保证，以优异成绩迎接党的二十大胜利召开。

重点做好以下 6 个方面工作：

（一）坚定捍卫“两个确立”，在践行“两个维护”上见实效

海关作为政治机关，必须把“两个维护”作为政治建设的根本问题和首要任务，全面加强党的领导，持续深化政治建关。做到维护意识更牢、维护能力更强、维护效果更实。要旗帜鲜明讲政治。把握和运用好党百年奋斗历史经验，深刻认识“两个确立”的决定性意义，把牢正确的政治方向。坚持把学习领会、贯彻落实习近平总书记重要指示批示精神作为首要政治任务和“第一议题”，以坚决的态度、迅速的行动、有力的举措，不断提高抓落实的成效。扎实开展捍卫“两个确立”、做到“两个维护”、强化政治机关建设专项教育活动，将旗帜鲜明讲政治从外部要求转化为内在动力，做到所有工作都要从政治上看，对“国之大者”心中有数。把党的全面领导贯穿于促进国内国际双循环、统筹疫情防控和促进外贸稳增长等工作中，不断强化监管、优化服务，走好践行“两个维护”第一方阵。要持续强化理论武装。发挥好党委中心组领学、学习专刊导学、基层支部研学，各类监督力量督学作用，推动学习党的创新理论走深走实。聚焦学习贯彻党的十九届六中全会精神，组织开展处级以上领导干部全员轮训，分期分批灵活开展党员干部系统培训，确保学习时间和学习效果。按照海关总署党委要求，精心谋划、周密部署党的二十大精神的学习宣传贯彻。继续把学党史融入理论学习框架中，形成一批“我为群众办实事”长效机制，将党史学习教育成果惠及企业群众。要营造清朗政治生态。加强两级党委班子建设，严格落实民主集中制、“三重一大”集体决策和重大事项请示报告制度。把政治标准放在首位，加强政治审查，严格把好选人用人、发展党员“政治关”。发挥党内政治生活“熔炉”作用，提高关区党员干部思想政治觉悟，增强党员意识和组织观念。开展忠诚教育、党性教育、职业操守教育，筑牢忠诚、奉献、廉洁之魂。

（二）不断压实政治责任，在彰显政治担当上见实效

习近平总书记指出：“从严治党必须增强管党治党意识、落实管党治党责任，不明确责任，不落实责任，不追究责任，就做不到从严治党。”我们要把履职尽责体现在全面从严治党全过程、各环节，推动履责、督责、问责一体贯通。要抓好“履责”横向协同。两级党委要坚决扛起主体责任，对照全面从严治党主体责任清单，加强对全面从严治党、党风廉政建设和反腐败工作的全过程领导，通过认真调查研究、定期听取汇报、专题研究布置、强化跟踪问效，推动各项工作落地落细落实。党委书记作为第一责任人要既挂帅又出征，管好班子、带好队伍、抓好落实，做到重要工作亲自部署、重大问题亲自过问、重点环节亲自协调、重要案件亲自督办。党委委员要认真履行“一岗双责”，管好“责任田”，全面掌握情况，领导、检查和督促分管部门、联系单位全面从严治党工作。纪检部门要通过重大事项请示报告、提出意见建议、监督党委决策落实等方式履行好党内监督专责，发挥监督保障执行、促进完善发展作用。要抓好“督责”纵向传导。发挥职能部门监督管理作用，切实承担起职责范围内和管辖业务领域全面从严治党工作，始终把业务工作和党风廉政建设紧密结合起来。基层党组织要教育管理监督好党员，做到知责于心、担责于身、履责于行。要着力强化压力传导，继续深化“季度报告、随机述职、全面考核”的履责监督考评机制，推动全面从严治党主体责任清单、合格党支部“四个清单”各项要求落到实处，运用专题调研、约谈提醒、述责述廉、民主生活会等方法和手段，推动一级抓一级、层层压实责任。要抓好“问责”精准实施。严格执行《中国共产党问责条例》，准确把握问责工作的政治属性和实践要求，对全面从严治党责任落实不到位、管理宽松软、问题多发的党组织和党员领导干部严肃追究责任，让失责必问、问责必严成为常态。坚持“三个区分开来”，落实容错纠错机制，切实为勇于负责、敢于担当、敢抓敢管的干部撑腰鼓劲，防止滥用问责、不当问责，着力提高问责工作的政治性、精准性、实效性。

（三）持续培育新风正气，在狠抓纪律作风上见实效

习近平总书记强调，要加固中央八项规定的堤坝，锲而不舍纠“四风”树新风。作风建设永远在路上，必须坚持全面从严、一严到底，锻造名副其实的准军事化纪律部队。要从严从实遵守中央八项规定精神。认真落实深入治理违反中央八项规定精神突出问题、进一步推进清廉海关建设各项措施，把9个“一律不准”作为“铁规矩”“硬杠杠”长期坚持下去。坚持全面检视、靶向纠治，从严从重查处不收敛不收手、顶风违纪行为，重拳惩治风腐交织、隐形变异问题。持续整治“不作为、慢作为、乱作为”问题，让“马上就办、真抓实干”落到实处。巩固拓展精文减会成果，纠正重复检查考核、层层加码、重“痕”轻“绩”等现象，切实为基层松绑减负。坚持“过紧日子”，严控“三公”经费和一般性支出，推动形成浪费可耻、节约光荣的氛围。要发挥基层党组织教育管理监督作用。大力推进基层党组织标准化、规范化建设，深化“强基提质工程”，大力培树党建品牌，激发合格党支部、“四强”党支部的榜样作用、导向作用，实现党支部强在科上、严在科上。有序推进党支部按期换届选举，选优配强专兼职党务干部，分层分类开展培训。强化荣誉激励、突出典型引领，统筹开展“两优一先”“青年文明号”“三八红旗手”等荣誉创建，重点向疫情防控一线人员、执法一线科长等群体倾斜，引导广大干部职工在践行“两个维护”的具体实践中创先争优。要持续弘扬准军事化纪律部队作风。严明疫情防控工作纪律，以高度的责任感守好每一道防线，坚决不留任何风险隐患。增强严在日常的导向，大力整肃关容风纪，严肃工作纪律、加大问题通报问责力度。用好12360海关热线、政务服务“好差评”系统，发挥特约监督员作用，规范窗口服务环境。加大干部个人有关事项申报核实力度，加强离退职干部、干部配偶子女及其配偶等违规从业排查，严肃处理违规兼职（任职）、“裸官”“带病提拔”等问题。加强升国旗、宪法宣誓等仪式教育，增强干部职工使命感、荣誉感。

（四）一体推动巡视巡察，在强化监督效能上见实效

习近平总书记强调，要以强有力的政治监督，确保党中央重大决策部署贯彻落实到位。中央重大决策部署到哪里，政治监督就要跟进到哪里。要落实巡视巡察上下联动，有效发挥巡察利剑作用，既整改问题，又推动工作，提升政治监督质量效果。要持续抓好巡视问题整改。把中央、海关总署党委巡视问题整改纳入两级党委常态化工作，按照“融入日常工作、融入深化改革、融入全面从严治党、融入班子队伍建设”要求，持续推动，久久为功。坚决摒弃“过关”思想，做到目标不变、标准不降、力度不减，扎实推进整改项目常态化运作，经常性督导检查，定期梳理整改进展，动态分析整改成效，确保整改成果经得起时间和质量的检验。要切实提升巡察工作质量。牢牢把握政治巡察定位，聚焦捍卫“两个确立”、做到“两个维护”根本任务，围绕“三个聚焦”，结合贯彻党的十九届六中全会精神和党中央、国务院重大决策部署、实施《“十四五”海关发展规划》、落实疫情防控、严禁“洋垃圾”入境、危险化学品进出口监管、优化口岸营商环境等重点工作加强政治监督。要把常规巡察与专项巡察、机动式巡察以及巡察“回头看”贯通起来、灵活运用，完成“五年全覆盖”任务，统筹谋划好下一步巡察工作规划。要不断深化巡察工作成效。把发现问题作为生命线，把推动问题解决作为落脚点，善于归纳总结具有共性、代表性的问题并提出意见建议，将巡察成果更好地运用于海关制度创新和治理能力建设。要压紧压实巡察整改主体责任，强化纪检、组织人事部门的巡察整改日常监督责任和派驻纪检组的专责监督责任，有针对性开展实地督导和上下联动整改，推动整改成果落地见效。

（五）强化权力监督制约，在加强源头防控上见实效

党的十九届六中全会强调，要把权力关进制度的笼子里，依法设定权力、规范权力、制约权力，让权力在阳光下运行。要深化“制度+科技”运用，持续推动权力运行法治化、规范化。要扎紧制度笼子。深入学习贯彻习近平法治思想。强化法治教育，促进党员干部自觉运用法治思维、法治方式推动工作。推进石家庄海关权责清单和政务服务事项清单编制工作，明确权力运行界限。定期开展“制度体检”，结合重大业务改革进程，统筹关区制度文件立改废释，确保权力在法治轨道上运行。深化“证照分离”、保障“放管服”改革举措向纵深推进，规范行政审批工作，提高执法规范性和效能。要强化科技反腐。落实“双随机、一公开”，促进执法行为标准化、进系统、留痕迹、可追溯，用好邮递、旅检、智能审图等信息化系统，加大跨境电商风险信息化防控力度，深化内控机制建设，充分运用 HLS 2017 内控平台，推动廉政监督深度嵌入执法作业系统。对业务数据安全实行“零信任”管理，发现外部泄露海关业务数据线索一律追踪倒查，确保网络与数据安全防护到位。要加强风险管控。紧盯执法一线，深入分析职权变化、深化改革的伴生风险，强化跨部门风险联合研判，增强防控系统性、协同性、有效性，防范执法风险向廉政风险转化。紧盯重点领域和关键环节强化督察审计，抽丝剥茧发现问题，分类施策解决问题，促进公正廉洁执法。

（六）坚持“三不”一体推进，在建设清廉海关上见实效

习近平总书记指出，必须坚持以雷霆之势反腐惩恶，打好自我革命攻坚战、持久战。作为准军事化纪律部队，必须始终保持反腐定力，做到系统施治、标本兼治，一体推进不敢腐、不能腐、不想腐。要加大惩处的力度。保持惩治腐败高压态势，突出“关键少数”，紧盯问题反映集中、群众反映强烈的领导干部，紧盯重点业务条线和权力运行关键环节，紧盯执法领域和非执法领域典型问题，严肃查处、严加惩治。抓好“现场监管与外勤执法权力寻租”专项整治成果巩固拓展和“海关重点项目和财务管理以权谋私”专项整治工作，实现有效衔接、协调推进。发挥监督执纪“四种形态”惩治震慑、惩戒挽救、教育警醒的功效，常态化运用“第一种形态”，坚持挺纪在前、抓早抓小，让咬耳扯袖、红脸出汗成为常态。要深化“治”的举措。拓展打私反腐“一案双查”，深化问题线索移交、案件办理反馈等工作机制。从问题入手，查找根源、破立并举，压缩腐败现象生存空间和滋生土壤，做到查处一案、警示一片、治理一域。深化以案促改、以案促治，坚持严惩腐败和严密制度、严格要求、严肃教育紧密结合，深入分析案发原因，查找治理、监管、制度、作风等方面的深层次问题，加强整改督导和成效评估，增强以案促改实效。要提升“防”的效果。发挥正面教育和反面警示作用，利用警示教育月、法制宣传日等重要时段，集中开展党纪国法学习教育，通报曝光典型案例，以身边事警醒身边人。加强对受处分党员回访教育，彰显纪律的“尺度”和组织的“温度”。发挥廉政文化对涵养政治生态的潜移默化作用，营造崇廉尚廉浓厚氛围。用好红色资源和廉政教育阵地，深化家庭助廉，提高党员干部自身免疫力，做政治信念坚定、遵规守纪的明白人、清醒人、老实人。

新征程要有新气象，新起点要有新作为。让我们坚持以习近平新时代中国特色社会主义思想为指导，奋发进取、砥砺前行，以永远在路上的韧劲和决心，坚定不移推进全面从严治党、党风廉政建设和反腐败工作，为新时代现代化强关建设提供坚强政治保证，以良好的精神风貌和优异的工作成绩迎接党的二十大胜利召开。

在石家庄海关党史学习教育总结会议上的讲话

石家庄海关党委书记、关长　闫伟东

（2022 年 1 月 27 日）

2021 年 12 月 24 日，中央召开党史学习教育总结会议，传达学习习近平总书记关于党史学习教育重要指示精神，全面总结党史学习教育经验成效，对巩固拓展党史学习教育成果提出要求。2021 年 12 月 31 日，海关总署召开全国海关党史学习教育总结会议，全面总结海关党史学习教育工作，系统梳理成效经验，并就认真贯彻落实习近平总书记重要指示批示精神，巩固拓展党史学习教育成果，奋力建设社会主义现代化海关提出明确要求。倪署长在会上强调，要深入学习习近平总书记关于党史学习教育重要讲话和重要指示批示精神，落实中央党史学习教育总结会议要求，思想认识再深化、历史自信更坚定，深刻认识"两个确立"的决定性意义，增强"四个意识"、坚定"四个自信"、做到"两个维护"，全力推进党史学习教育总结巩固拓展工作，以强烈的历史主动精神奋进新征程、建功新时代。下面，我讲 3 点意见。

一、履行政治责任，精心组织实施，扎实推动党史学习教育深入开展

在海关总署党委坚强领导下，在海关总署第六巡回指导组的有力指导下，石家庄海关党委坚持把党史学习教育作为重大政治任务，认真履行政治责任，精心组织实施，关区各级党组织上下联动，结合庆祝中国共产党成立 100 周年，深入学习贯彻习近平总书记关于党史学习教育重要讲话和重要指示批示精神，教育引导广大党员干部学史明理、学史增信、学史崇德、学史力行，高标准高质量抓好任务落实，达到了学党史、悟思想、办实事、开新局的目的。

一是把握主题主线，层层带动示范，确保学深悟透、入脑入心。党委班子发挥带头示范作用，把学习习近平总书记在党史学习教育动员大会上的重要讲话、"七一"重要讲话、党的十九届六中全会精神作为党史学习教育的主题主线，与习近平总书记最新重要讲话和重要指示批示精神紧密结合，第一时间组织集中学习研讨，4 次扩大到机关各部门单位主要负责同志。举办学习党的十九届五中、六中全会精神专题培训班、学习习近平总书记"七一"重要讲话精神专题读书班，通过党委书记带头宣讲、参观庆祝中国共产党成立 100 周年图片文献展、邀请党校专家专题辅导、大会交流等形

式深学细悟，确保入脑入心。各基层党组织在利用好“三会一课”等载体的基础上，结合实际以“班车学习”“晨读一刻”“云端研讨”等形式灵活开展学习。组织全体党员参加“党在我心中”党史知识竞赛，结合党史学习教育专题学习班、网络培训班等开展知识测试，检验学习成效。深入实施“青年理论学习提升工程”，举办“学史力行不负韶华”学习“七一”重要讲话精神青年干部专题研讨会、青年干部线上读书班，带动关区广大青年干部争先学、深入悟、踊跃行。

二是突出特色、创新形式，推动党史学习教育热在基层、活在基层。搭建宣讲学习平台，自上而下层层传导学习热度。两级党委书记带头开展宣讲，党委班子其他成员分别深入分管部门单位、基层联系点和联系支部，与一线党员干部面对面开展学习交流，带动全体基层党组织书记为党员干部开展宣讲。组织收听收看中央宣讲团宣讲报告会，邀请省委党校专家开展党史专题讲座16场次。积极参与海关总署e课堂党史学习教育专题培训“西柏坡精神”党课制作，推荐曹妃甸海关综合业务一科党支部书记面向全国海关现场教学授课。组织理论基础好、宣讲能力强的党务工作者、老干部老党员、青年先锋、道德模范等加入宣讲队伍，各基层党组织开展“学史·铸魂”红色讲坛27场次，激发关区广大干部职工担当奋进热情。开展“永远跟党走”群众性主题宣传教育活动，石家庄机场海关、黄骅港海关两名同志在“巾帼心向党”省直女职工风采展演中荣获二等奖。充分运用河北省红色教育资源，各党支部组织党员到华北军区烈士陵园、西柏坡纪念馆、李大钊纪念馆、中央统战部旧址等革命教育基地现场教学，开展“清明祭英烈”“革命圣地讲党史”等主题党日活动98次，参与党员2231人次，以沉浸式、体验式教育缅怀革命先烈，接受思想洗礼。深入挖掘海关红色资源，组织党员干部学习《镌刻在国门上的忠诚——红色海关英模事迹》等专题片，邀请老干部、老党员录制“庆祝百年华诞讲述海关故事”专题访谈，部署开展石家庄海关关史研究工作，引导党员干部学党史、话关史，传承国门卫士红色基因。

三是践行“人民海关为人民”，扎实推进“我为群众办实事”主题实践活动。两级党委带头开展“三个走进”，带动各级党组织深入地方政府、基层一线、重点企业深入调研70余次，在找准突出问题的基础上，聚焦国门安全、便民利企、暖心聚力“三大工程”，形成总关党委重点民生项目24项，各隶属海关党委重点民生项目188项，已全部按期完成。激励基层党组织和广大党员在持续办好民生实事过程中比贡献、比担当、比作为，评选出关区“我为群众办实事‘十佳项目’”10个，“优秀案例”14个。参与海关总署“百佳项目”评选，“助力河北鲜梨出口”“解决机关干部子女入托难”两个项目入选全国海关“百佳项目”。各级党组织共收到政府和企业感谢信函、锦旗45件。完善长效机制建设，将解决基层问题、业务问题清零、安全生产、危险品联防联控、跟班作业等工作机制有效措施固化下来，持续推进落实，用心用情用力为企业办实事解难题、为基层减负担送温暖。利用党史学习教育专栏、石家庄海关12360微信平台等载体搭建学习交流平台，广泛宣传特色做法和办实事成效，61篇信息简报被海关总署政工办网站、全国海关党史学习教育网站采用。开展“党旗在基层一线高高飘扬”“我对党有话说”“画说党史”等系列宣传，10篇新媒体稿件被“学习强国”（中国海关号）采用。参与“青年心向党，我在抗疫第一线——100个抗疫故事”和红歌接力展示活动，石家庄机场、秦皇岛、曹妃甸海关和旅保中心4个视频作品在“金钥匙”微信平台播发，展示了关区党员干部凝心聚力、奋发作为，启航新征程、奋进新时代的良好精神风貌。

二、突出求实务实，坚持学用结合，党史学习教育取得明显成效

在全党开展党史学习教育，是以习近平同志为核心的党中央立足百年党史新起点、着眼开创事业发展新局面作出的一项重大战略决策。一年来，关区各级党组织强力推动落实，组织教育广大党员经受了全面深刻的政治教育、思想淬炼、精神洗礼，各级党组织的创造力、凝聚力、战斗力得到持续提升。

一是围绕学史明理，切实增强了忠诚捍卫“两个确立”、坚决走好“两个维护”第一方阵的坚定性。通过党史学习教育，关区广大党员干部深刻认识到党确立习近平同志党中央的核心、全党的核心地位，确立习近平新时代中国特色社会主义思想的指导地位，反映了全党全军全国各族人民共同心愿，对新时代党和国家事业发展、对推进中华民族伟大复兴历史进程，具有决定性意义。深刻认识到海关作为政治机关，必须更加坚定自觉地将捍卫“两个确立”内化于心、做到“两个维护”融入血脉，做到维护意识更牢、维护能力更强、维护效果更实。在党史学习教育中，关区各级党委班子持续完善“第一议题”制度，坚决贯彻习近平总书记重要讲话和重要指示批示精神以及党中央、国务院重大决策部署，全力打好口岸疫情防控“阻击战”和安全防护“攻坚战”。2021年，关区各口岸共检疫查验出入境人员11.7万人次、航空器26架次、船舶5537艘次，坚决守牢国门关口。深入学习贯彻习近平生态文明思想，保持打击“洋垃圾”走私的高压态势，持续开展“蓝天2021”“国门利剑2021”专项行动，将36.38吨固体废物、30.1万吨有害元素超标煤炭以及羚羊角等濒危物种及其制品，拒于国门之外。破获涉枪涉爆涉毒等系列走私案件，用实际战果当好首都政治“护城河”。

二是围绕学史增信，切实增强了践行初心使命、主动融入改革发展大局的积极性。通过党史学习教育，广大党员干部更加深刻认识到，红色政权来之不易、新中国来之不易、中国特色社会主义来之不易，进一步坚定了对马克思主义的信仰，对社会主义、共产主义的信念，对实现中华民族伟大复兴中国梦的信心，深刻认识到中国共产党的领导、中国特色社会主义道路是历史的选择、人民的选择，进一步坚定听党话、跟党走、做忠诚国门卫士的思想自觉、政治自觉、行动自觉。海关与国家、民族的命运息息相关，党领导下的海关奋斗史，也是海关人践行初心使命、为中华民族伟大复兴不懈奋斗的历史。在党史学习教育中，关区全体党员干部守初心、担使命，努力用好党百年奋斗的历史经验，强化监管优化服务，积极贯彻新发展理念，全力支持重大国家战略和国家大事落地实施。积极联系对接，同北京、天津海关建立北京冬奥会跨关区协作机制，扎实有序推进新冠疫情防控和通关监管服务保障工作。指导雄安新区综合保税区项目规划论证、产业定位、项目引进等工作，助力跨境电商B2B出口业务正式落地。支持共建“一带一路”和中欧班列发展，实现多种运输方式有效衔接，畅通国际贸易大通道。

三是围绕学史崇德，切实增强了弘扬伟大建党精神、传承国门卫士红色基因的自觉性。通过党史学习教育，广大党员干部深刻认识到，伟大建党精神是中国共产党的精神之源，要持之以恒从红色精神谱系中立心铸魂，做到明大德、守公德、严私德，锻造忠诚干净担当的政治品格，发扬准军事化纪律部队优良作风，奋力走好新时代的“赶考”路、长征路。党史学习教育中，关区各级党组织进一步深化“强基提质工程”，持续推动“四强”党支部建设，创建全国海关党建示范品牌 3 个、培育品牌 2 个，关区党建示范和培育品牌 38 个，形成了事争一流、梯次竞进的良好氛围。大力培树宣传先进典型，充分激发广大党员干部担当奉献热情。在口岸疫情防控工作中，特别是实行封闭管理以来，奋战在一线的党员干部舍小家顾大家，不畏艰险，勇担使命，为筑牢口岸疫情防线作出了重要贡献。在统筹推进疫情防控和促进外贸稳增长工作中，党员干部充分发挥积极性、主动性、创造性，冲锋在第一线、战斗在最前沿，主动靠前服务，让党旗在国门一线高高飘扬。

四是围绕学史力行，切实增强了坚持“人民至上”、践行“人民海关为人民”理念的主动性。通过党史学习教育，广大党员干部深入学习领会习近平总书记“江山就是人民、人民就是江山”重大论断，深刻认识到人民群众是我们党的力量源泉，要始终坚守“人民海关为人民”的理念，在实际工作中不断强化为人民服务的宗旨。在党史学习教育中，关区上下始终把维护人民利益摆在最高位置，组织开展打击跨境电商进口走私“断链刨根”等一系列专项行动。紧盯群众“菜篮子”“米袋子”，贯彻落实国家粮食安全战略部署，全面提升粮食调运监管效能，支持优良种质资源引进和种牛进口。严把进出口食品安全和商品检验关，严厉打击药品走私，有力维护人民群众生命健康安全。聚焦民生关切，全力保障京津冀地区液化天然气供应，让群众温暖过冬。依托京津冀通关一体化协作机制，用好“船边直提”“抵港直装”等贸易便利化措施，进一步提升通关效率。石家庄海关 12360 服务热线以分中心形式正式并入河北省 12345 政务服务热线，进一步拓宽为民办事渠道，不断提升企业和群众获得感、幸福感和安全感。

回顾关区党史学习教育，我们深刻感到，抓好党内集中教育，必须坚持政治引领，将深入学习贯彻习近平总书记重要讲话和重要指示批示精神放在首要位置，始终把准学习教育正确政治方向。必须结合实际、立足本职，积极融入国家战略和地方改革发展大局，推动高质量发展、高水平开放，不断开创社会主义现代化海关建设新局面。必须突出垂直管理部门特点，坚持机关带系统，上下贯通、一体推进，层层压实责任，传导学习热度，不断扩大学习教育成效。看到成绩的同时，我们也清醒看到，学习的形式上仍需大胆创新，持续激发学习动力、深化分类指导等方面仍需改进提高，将学习成果充分转化为推进关区改革发展的务实举措方面仍需深入探索，建立健全办实事长效机制，巩固深化党史学习教育成果上仍有提升空间。

三、巩固拓展成果，建立健全常态长效制度机制，把党史学习教育成果转化为推进关区事业发展的强大动力

关区上下要坚决贯彻落实习近平总书记重

要讲话和重要指示批示精神，深入学习贯彻党的十九届六中全会精神，认真落实全国和海关党史学习教育总结会议部署要求，建立常态化、长效化制度机制，推动关区党员干部持续增强历史定力、强化历史担当，奋力建设社会主义现代化海关。

一是要始终不渝捍卫“两个确立”，做到“两个维护”，坚决筑牢对党绝对忠诚的思想政治根基。把政治建设摆在首位，增强“四个意识”、坚定“四个自信”、做到“两个维护”。进一步发挥党委理论学习中心组示范作用，用好学习专刊，严格执行“第一议题”制度，锲而不舍、一以贯之坚决落实习近平总书记重要指示批示精神和党中央决策部署，确保执行不偏向、不变通、不走样。扎实开展捍卫“两个确立”、做到“两个维护”、强化政治机关建设专项教育活动，带领各级领导干部不断提高政治判断力、政治领悟力、政治执行力。将党史作为各级党组织必修课、常修课，纳入两级党委理论学习中心组学习计划，纳入读书班、培训班、基层党组织“三会一课”、主题党日重要内容，用好河北和海关红色资源，持之以恒推进党史总结、学习、教育、宣传，推动关区党员干部持续增强历史定力、强化历史担当，进一步做到学史明理、学史增信、学史崇德、学史力行。

二是要始终不渝弘扬伟大建党精神，落实管党治党政治责任，进一步营造风清气正的政治生态。持续深化“强基提质工程”，统筹抓好“四强”党支部建设和党支部品牌创建工作，推动基层党组织全面进步、全面过硬。对照“讲政治、守纪律、负责任、有效率”要求，打造让党中央放心、让人民群众满意的模范机关。持续推进干部工作“五大体系”建设，提高干部“七种能力”，建立更加科学的选人用人机制，注重实绩导向，激励担当作为。坚持严管厚爱相结合，落实对抗疫一线干部职工及家庭关心关爱措施，在政治上、思想上、工作上、生活上体现组织关怀、传递组织温暖。持续压实管党治党责任，深入贯彻落实习近平总书记在十九届中央纪委六次全会上提出的“六个必须”和“九个坚持”，抓好全面从严治党主体责任清单的贯彻落实。把对“一把手”和领导班子监督摆在管党治党突出位置，切实把“关键少数”管住用好。抓好“现场监管与外勤执法权力寻租”专项整治工作，形成防范和化解执法腐败风险的长效机制。持续加强常态化廉政警示教育，严格执行中央八项规定，用好监督执纪“四种形态”。巩固拓展打私反腐“一案双查”工作成果，一体推进不敢腐、不能腐、不想腐，打好党风廉政建设和反腐败斗争攻坚战、持久战。

三是要始终不渝坚持人民至上和为民服务，贯彻新发展理念、推动高质量发展。坚持“外防输入、内防反弹”总策略，筑牢口岸疫情防线，慎终如始、不折不扣落实海关总署各项要求，坚持“人、物、环境同防”“多病共防”，不断加强口岸公共卫生核心能力建设，坚决打赢常态化疫情防控这场硬仗。贯彻落实总体国家安全观，持续加大打击“洋垃圾”走私、濒危野生动植物及其制品走私力度，提升口岸监管环节反宣品、毒品、武器弹药、外来有害物种等查发截获能力，从严从实从细抓好安全生产三年行动各项工作的责任落实，以实际行动维护国门安全、国家安全。心怀“国之大者”，全力支持京津冀协同发展、雄安新区规划建设、北京冬奥会筹办、共建“一带一路”等习近平总书记亲自谋划、亲自部署、亲自推动的重大国家战略和国家大事在关区高质量落地落实。拓展“三智”合作新成效，助力中国—中东欧（沧州）中小企业合作区发展，释放 RCEP 等区域协定实施后带来的外经贸发展红利。支持河北优质特色农产品食品扩大出口规模，为助力乡村振兴贡献海关力量。深入推进“放管服”改革，巩固压缩整体通关时间成效。用好“业务问题清零”“解决基层问题”等良好机制，畅通海关和企业、机关和基层两个“民意直通车”，不断增强人民群众获得感、幸福感、安全感。

让我们更加紧密地团结在以习近平同志为核心的党中央周围，全面贯彻习近平新时代中国特色社会主义思想，从党的百年奋斗历程中汲取强大力量，认真贯彻落实海关总署党委各项工作部署，埋头苦干，勇毅前行，在新时代新征程上展现新气象新作为，为不断开创加快建设现代化经济强省、美丽河北新局面，全面建成社会主义现代化强国作出新的更大贡献，以优异成绩迎接党的二十大胜利召开。

在重点业务工作推进及风险防范例会上的讲话

石家庄海关关长、党委书记　张宝峰

（2022 年 9 月 22 日）

党的二十大召开在即，河北作为京畿要地，护航党的二十大胜利召开是当前必须落实的重大政治任务和政治责任。我们要深入学习贯彻习近平总书记重要指示批示精神，坚决落实党中央、国务院决策部署，坚决防风险、除隐患、遏事故，毫不放松做好口岸疫情防控，着力促进外贸保稳提质，以实际行动践行“两个维护”。下面，我讲 3 点意见。

一、坚决扛起安全稳定政治责任，为党的二十大胜利召开营造良好环境

做好安全稳定工作，确保石家庄海关和谐稳定，是不容有失的重大政治任务，我们要以随时可能出事的准备确保不出事，以一失万无的态度确保万无一失，把防范化解安全稳定风险的各项工作抓紧抓实。

（一）提高政治站位，切实增强抓好安全稳定的政治自觉

即将召开的党的二十大，是在进入全面建设社会主义现代化国家新征程的关键时刻召开的一次十分重要的大会，事关党和国家事业继往开来，事关中国特色社会主义前途命运，事关中华民族伟大复兴，举国关注、举世瞩目。习近平总书记高度重视安全稳定工作，在多个会议上强调要防风险、保安全、护稳定，为党的二十大胜利召开营造平稳健康的经济环境、国泰民安的社会环境、风清气正的政治环境。9 月 19 日习近平总书记专门对安全生产工作作出重要批示；9 月 20 日俞署长在海关总署党委理论学习中心组对维护国门安全进行再强调、再部署，河北省委、省政府也连续召开会议对安全生产工作进行安排，我们一定要提高政治站位，深入学习贯彻习近平总书记重要指示批示精神，深刻认识做好安全生产工作的极端重要性，始终保持如履薄冰的警惕，把安全稳定工作作为衷心拥护“两个确立”、忠诚践行“两个维护”的重要检验、政治考验，以我们的“时时放心不下”让党中央和人民群众“时时放得下心”。

（二）狠抓工作落实，切实增强抓好安全稳定的行动自觉

必须守牢安全稳定底线，以更实举措坚决筑牢“六个防线”。一是筑牢政治安全防线。

严防发生影响国家政治安全的重大事件，坚决维护国家政权安全、制度安全、意识形态安全。二是筑牢国门安全防线。坚决贯彻“外防输入、内防反弹”总策略和“动态清零”总方针，认真落实海关总署国庆前后下发的口岸疫情防控各项措施。严防外来物种入侵和动植物疫情跨境传播。持续保持打击走私高压态势，严禁“洋垃圾”入境。坚持“四个最严”确保“舌尖上的安全”。加强进出口商品检验，严把汽车、医疗器械等重点商品质量安全关。三是筑牢危险品安全防线，加强对进出口危险品及其包装检验监管，积极查发危险品逃漏检行为，打击危险品伪瞒报。四是筑牢实验室安全防线。构建完整的实验室安全体系，盯紧安全薄弱环节，提升实验室安全应急能力，坚决防范遏制安全事故发生。五是筑牢办公场所安全防线。重点对办公楼水电管网线路、各类消防设施进行全面检查，加强食堂水、电、气及消防设备管理，及时消除各类隐患。六是筑牢保密安全防线。有效防范失泄密案件的发生，确保党和国家秘密安全。密切关注舆情信息，正确引导，积极应对。扎实做好网络安全各项工作。

（三）坚持问题导向，切实增强抓好安全稳定的使命自觉

前期检查发现部分领导干部思想重视程度不够，存有侥幸心理和松劲心态，个别部门风险排查不实、整改不力的情况或多或少存在。安全生产是“国之大者”，各部门单位要切实增强工作敏锐性、警觉性，主要负责同志要瞪大眼睛，切实担负起“第一责任人”责任，努力做到五个必须到位：一是源头预防必须到位。切实抓好风险评估、强化安全管控，从源头上减少各类不安全不稳定因素。二是风险排查必须到位，“拉网式”开展风险隐患大排查，确保不漏掉一个问题、不放过一个隐患。三是问题整改必须到位，迅速堵塞漏洞，举一反三，切实整改，做到发现一个、整治一批、解决一类。四是应急处置必须到位，扎实做好应急处置各项准备，进一步完善应急处置体系，确保信息畅通、反应快速、指挥高效、工作到位。五是部门联动必须到位，要凝聚各部门合力，做到信息共享、联动配合、快速处置，决不允许出现职能落实空白。

二、坚持继承创新、接续奋斗，继续走好石家庄海关高质量发展强关之路

2022 年仅剩下 3 个多月的时间，完成全年工作时间紧、任务重，我们要按照年初和年中确定的工作目标，一张蓝图绘到底，继承创新，压茬推进，圆满完成全年既定任务。

一是强化政治机关建设。海关作为国家机关首先是政治机关，承担着监管服务的重要职责，各项工作有着很高的政治要求。我们必须强化政治机关意识，树牢没有脱离政治的业务，也没有脱离业务的政治理念，深刻认识海关每一项工作背后的政治考量、体现的政治要求，把政治寓于业务之中、业务寓于政治之中，使各项工作始终保持正确的政治方向。

二是主动服务大局。海关是国民经济的重要组成部门，是国内国际双循环的“交汇枢纽”，我们要立足“两个大局”审视海关工作，主动融入国家战略，积极推动京津冀协同发展和雄安新区高标准、高质量建设，主动对接经济强省、美丽河北建设，全面满足地方产业发展需求，不断提高服务河北开放型经济发展的

水平。各隶属海关也要找准比较优势，主动对接，积极服务地方经济发展，把地方发展热点变为海关工作重点，以有为赢有位，以有位促有为。

三是有效防范风险。当前国际形势严峻复杂，境外敌对势力渗透加剧，犯罪分子走私手法持续翻新，隐蔽性和危害性更强，海关在履行政治保卫职责、维护意识形态安全等方面面临更大挑战。同时伴随越来越多国家带疫解封，疫情叠加等输入性风险挑战不断增大，海关“外防输入”持续承压，我们要树立底线思维、增强风险意识，坚持系统性梳理、体制性预防、应急式处理，有效防范化解各领域风险。

四是狠抓工作落实。一分部署，九分落实。抓好工作落实关键是要扛起责任、尽责担当，关键是要踩稳脚步、跟上节奏，关键是要真抓实干、狠抓落实。各级领导干部要强化责任带头干，增强必胜之心、责任之心、进取之心，做到守土有责、守土担责、守土尽责。要扑下身子扎实干，坚决反对形式主义、官僚主义，持续整治“怕、慢、假、庸、散”作风顽疾，营造干事创业良好氛围。

五是做到严管厚爱。严管是刚性约束，是底线要求，管的是政治性、组织性和纪律性，干部要心中有戒方能言之有尺、行之有度，我们将坚持从严管理没有特殊、没有例外，坚决做到纪律从严、管理从严、监督从严、抗疫从严、保密从严、反腐从严。同时要把干部职工的主动性、创造性激发出来，厚爱同样非常重要，我们将在政治上激励，在工作上支持，在能力上培养，在生活上关怀，着力解决好干部职工“不想为、不会为、不敢为”的老大难问题。

六是坚持稳中求进。一张蓝图绘到底，这是我们稳的基础。坚持稳中求进，就是要按照俞署长要求做到政治要稳、业务要稳、队伍要稳、衔接要稳。然而工作中绝不能出现以求“稳”为借口去否定“进”、拒绝“进”，必须坚决杜绝不思进取的“躺平”状态。

行稳才能致远，我们讲的“进”是顺势而为、乘势而上的“进”，是勇于担当、敢于拼搏的“进”，是脚踏实地、提质增效的“进”，是矢志一流、全面过硬的“进”，石家庄海关有良好的发展基础，有深厚的文化积淀，有优秀的干部队伍，这是我们“进”的动力，我们要乘势而上，做到改革要“进”，开放要“进”，服务要“进”，融合要“进”。

三、充分发挥领导班子示范引领作用，激发干部职工拼搏进竞、奋勇争先的工作热情

“人不率则不从，身不先则不信。”领导干部以上率下、率先垂范，是有力的动员，也是有效的引领。新一届党委班子提出了“六个带头”，并经党委会集体研究审议通过，我们将严格按照要求履职尽责，希望大家对我们进行监督，在此我也号召石家庄海关领导干部都要严格恪守“六个带头”，身先士卒，以身作则，为石家庄海关高质量发展作出贡献。

（一）带头讲政治，做到“三个走在前列”

在树牢政治机关意识，坚决做到“两个维护”上走在前列。深刻领悟“两个确立”的决定性意义，切实增强“四个意识”、坚定“四个自信”、做到“两个维护”，在重大问题上头脑清醒，在关键时刻经得起考验，始终在思想上政治上行动上同以习近平同志为核心的党中央

保持高度一致。牢固树立“没有脱离政治的业务，也没有脱离业务的政治”理念，做到“两个维护”有表达、有情感、有行动、有成效，推动石家庄海关由政治大关向政治强关转变。

在学懂弄通做实习近平新时代中国特色社会主义思想上走在前列。要把学习贯彻习近平新时代中国特色社会主义思想作为首要政治任务，坚持更高标准、更严要求，充分发挥理论学习中心组带头作用，全面系统学习习近平经济思想、习近平法治思想、习近平生态文明思想等以及习近平总书记关于党和国家各项工作的一系列重要论述，贯通党委理论学习中心组学习、党委会学习及其他专题会议学习，在学思用贯通、知信行合一上走深走实。

在贯彻落实习近平总书记重要指示批示精神和党中央决策部署上走在前列。把贯彻落实习近平总书记重要指示批示精神作为最重要的政治任务和最根本的政治纪律，作为党委会“第一议题”深入学习研究、作出具体部署，构建起学习、传达、落实的闭环链条，确保习近平总书记重要指示批示精神在石家庄海关落地见效。

（二）带头树新风，做到“三个勇于”

勇于树正气。树立正确的权力观、地位观和利益观，以身作则、率先垂范，不徇私情、不谋私利，凡事出以公心，严格按规定办事。坚持民主集中制，在原则面前人人平等，“一碗水端平”，不厚此薄彼，营造风清气正的良好政治生态。

勇于遏邪气。带头抓早抓小，管好分管领域风气，对苗头性、倾向性问题及时教育提醒，用好用足“第一种形态”。对不良现象和问题不回避、不遮掩，敢于亮剑发声。着力解决“推诿扯皮，办事拖沓”问题，确保各项工作高效顺畅运转。

勇于易俗气。坚持从小事小节上加强修养，管好自己的社交圈、生活圈、朋友圈。持之以恒贯彻落实中央八项规定及其实施细则精神，紧盯困扰基层的形式主义、官僚主义，紧盯隐形变异“四风”突出问题，全面从严、一严到底，不断拓展巩固作风建设成效。

（三）带头促实干，做到“三实”

态度求实。提出意见主张、制定工作措施，一切从全国海关和河北实际出发，切实把海关总署要求与石家庄海关实际结合起来，把关区优势和潜力发挥出来，将区位优势、特色优势转化为比较优势，为石家庄海关高质量发展作出积极贡献。

作风扎实。以踏石留印、抓铁有痕的劲头和“钉钉子”精神，对照海关总署要求，按照“干什么、怎么干、谁来干、什么时间干成”要求，画出“路线图”、定出“时间表”、明确责任人，宁可靠前一步形成重叠，不可后退一步形成缝隙。强化考核指挥棒作用，科学设计评价指标，真正树立起比实干、重实绩的鲜明导向。

品格朴实。涵养朴实无华的作风，力求物质生活简单，人际关系简单，把更多的时间和精力用于学习、用于工作、用于深入实际、用于为基层办实事，清白做人，干净做事，推动务实、勤勉、踏实品格在关区蔚然成风。

（四）带头抓统筹，做到“三应”

强化对上的响应。在提高执行力上下功夫，执行中央的决策部署，落实海关总署的工作要求不讲条件、不打折扣、不找借口、不搞变通，把明确的各项重点工作量化、实化、细化，不折不扣落实到位。加强政策理论研究，强化成果转化，确保政令畅通。

强化横向的呼应。加强与海关总署各司局的沟通联系，对分管领域工作多请示、多汇报。加强与省直部门的协作配合，厘清职责边界，深化务实合作，确保内外联通。

强化对“下”的反应。坚持重心下移，抽出时间，静下心来，带着问题到基层一线去，到矛盾问题尖锐的地方去，问计于民、问需于民，为干部职工做好事、办实事、解难事，把总署和石家庄海关的关心关爱真正传递下去，确保上下贯通。

（五）带头保安全，做到“四个保障”

全力保障政治安全。坚持党对海关工作的绝对领导，旗帜鲜明反对和抵制各种错误政治观点。全面落实总体国家安全观，有效防范化解各类风险挑战。

全力保障意识形态安全。组织防范和打击各类渗透颠覆破坏活动、暴力恐怖活动、宗教极端活动，坚决把枪械、反宣品、黄赌毒等各类违禁物资拒之国门之外，以实际行动当好首都政治“护城河”。

全力保障国门安全。持续保持打击走私高压态势，着力推动优化反走私综合治理。毫不放松抓好常态化口岸疫情防控，严防外来物种入侵和动植物疫情跨境传播，全面保障进出口食品安全，有效加强进出口危险品及其包装检验监管，全面筑牢国门安全防线。

全力保障生产安全。全面落实安全生产责任，加强组织领导，不断完善防范机制，动态梳理排查风险隐患，常态化开展安全警示教育，有效防范各类安全事故发生。

（六）带头谋发展，做到“四个推动”

推动事业高质量发展。立足河北特点，结合关区特色，准确把握毗邻京津的区位优势，准确把握大宗散货集中的外贸特点，坚持稳中求进基调，按照“四稳”“四进”要求，科学合理制定符合自身实际的发展思路和发展规划，着力走好高质量发展强关之路。

推动外贸高质量发展。聚焦河北在国家战略中的特殊定位，主动服务地方经济和进出口企业发展，充分释放外贸发展的巨大潜力和强大动能，做到企业呼声快响应、重点产业勤对接、新出政策深解读、共性问题多研究，为服务河北构建全面开放新格局作出更大贡献。

推动队伍高质量发展。按照“信念坚定、为民服务、勤政务实、勇于担当、清正廉洁”的好干部标准，坚持“一把尺”“一张单”“一盘棋”，把想干事、肯干事、能干事、会干事的干部选出来，用起来。压紧压实全面从严治党主体责任，推进不敢腐、不能腐、不想腐同时发力、同向发力、综合发力。

推动党建高质量发展。弘扬伟大建党精神，把党的建设同中心工作、发展实践紧密结合，常抓常新、常抓不懈，不断提高党建质量水平。围绕增强基层党组织的政治功能和组织力凝聚力，深化“强基提质工程”。推动党史学习教育常态化长效化，持续深化“我为群众办实事”实践活动成效。

安全稳定重于泰山，我们要坚决贯彻落实习近平总书记重要指示批示精神，坚持人民至上、生命至上，以“时时放心不下”的责任感做好安全稳定各项工作，以实际行动迎接党的二十大胜利召开。

在关区警示教育与加强新时代廉洁文化建设研讨会上的讲话

石家庄海关党委书记、关长　张宝峰

（2022年10月13日）

党的二十大召开在即，在这样一个重要的时间节点上，党委决定召开这次会议，目的是进一步学习贯彻全国海关加强新时代廉洁文化建设暨警示教育大会精神，对关区全面从严治党、党风廉政建设和反腐败工作再部署、再落实，全面深入推进清廉海关建设，以饱满的精神状态和严实的工作作风，全力做好当前和今后一个时期各项重点工作。

刚才，9名同志代表关区各个岗位条线、不同层次类别做了很好的发言，讲得有依据、有思路、有对策，听了很受启发。说明大家围绕9个议题做了认真思考，下了一番功夫。会后要把这些发言连同一些部门单位的书面发言在网上发布一下，供大家学习参考。

9月20日，海关总署党委召开扩大会议，党委书记俞建华同志主持会议并讲话。与会党委同志一致坚决拥护党中央的决定。会议认为，中央纪委国家监委所做的决定，充分体现了以习近平同志为核心的党中央坚定不移推进全面从严治党的坚强决心，充分体现了我们党坚决反对腐败的鲜明态度，充分体现了我们党永葆自我革命精神的坚定意志。

石家庄海关党委坚决拥护党中央决定。关区各级党组织和广大党员干部要旗帜鲜明讲政治，深刻领悟“两个确立”的决定性意义，坚决做到“两个维护”，在思想上政治上行动上同以习近平同志为核心的党中央保持高度一致，坚决落实党中央全面从严治党战略方针，坚决同一切违纪违法行为做斗争，做到旗帜鲜明、立场坚定、行动有力。下面，我讲3点意见。

一、认清形势，始终保持纵深推进全面从严治党的政治定力

习近平总书记强调，对党风廉政建设和反腐败斗争，首先要从政治上看，才能看明白。关区上下要正确认识腐败问题本质是政治问题，始终保持“赶考”的清醒，时刻防止政治站位不高、政治警觉性不强、政治担当不足

等问题，以自我革命的精神纵深推进全面从严治党。

（一）要从政治上充分认识加强党风廉政建设和反腐败工作的极端重要性

习近平总书记7月26日在省部级主要领导干部专题研讨班开班讲话中再次强调，全党必须深刻认识到，党面临的执政考验、改革开放考验、市场经济考验、外部环境考验将长期存在，精神懈怠危险、能力不足危险、脱离群众危险、消极腐败危险将长期存在，全面从严治党永远在路上，党的自我革命永远在路上。海关是政治机关，也是国际公认的廉政高风险部门，必须政治站位更高、纪律意识更强、工作作风更硬。俞署长指出，每位党员领导同志都要时刻问自己：我们在哪？我们管的人在哪？我们的职责在哪？对此，大家要扪心自问，对于这三个问题，能否回答得底气十足？我们要把俞署长的“三问”当作检验干部队伍成色的“试金石”，始终保持“如临深渊、如履薄冰”的危机感和“时时放心不下”的责任感，从捍卫“两个确立”、做到“两个维护”的高度来认识加强党风廉政建设的重要意义，不断提高政治判断力、政治领悟力、政治执行力，以永远在路上的坚韧和执着，扛起管党治党政治责任，不断把全面从严治党、党风廉政建设和反腐败工作引向深入。

（二）要从案例上充分认识党风廉政建设和反腐败工作面临的复杂性

近年来，关区认真贯彻全面从严治党战略方针，“严”的主基调贯穿始终，清廉海关建设深入推进，政治生态持续优化，特别是近两年关区未发生大的廉政案件。总体上看，关区党风廉政建设和反腐败斗争形势依然比较严峻，“风腐一体”问题需要时刻防范，有的党员干部违规接受工作对象宴请，利用职权和职务影响，以人情往来之名行“四风”之实；有的党员干部与工作对象关系不清不楚，“亲”“清”不分，以“朋友”之名收受礼品礼金；有的党员干部纪法意识淡薄，无视中央八项规定精神的严肃性，对组织要求置若罔闻，仍然抱有侥幸心理，等等。在此，我代表关党委郑重表态，对违纪违法案件发现一起查处一起，绝不手软，持续推动反腐败斗争形势不断向着有利于治本的方向转化。

（三）要从根源上充分认识党风廉政建设和反腐败工作面临的艰巨性

千里之堤溃于蚁穴，从违规到违纪再到破法，往往伴随着初心的失守、管理的缺失、制度的缺位等。第一，理想信念是主因。从这些年全国海关以及关区查处的案件来看，党员干部违纪违法，最后堕入腐败的深渊，根本的原因是理想信念崩塌，思想道德防线失守。在反腐败高压态势之下，仍然有一些党员干部丧失理想信念，对纪律、法律毫无敬畏之心，依然我行我素，不收敛不收手。第二，日常管理是关键。个别单位、领导干部，特别是“一把手”，落实主体责任不严不实，对干部队伍情况底数不清、情况不明，对面临的执法风险、廉政风险和管理风险缺乏预判，甚至搞选择性忽视。一些领导干部运用“第一种形态”还存在应付心理，不想用、不敢用、不会用，“第一道防线”作用发挥不足，给“破纪”向“破法”转变埋下隐患。第三，制度建设是根本。面对机构改革后的工作变化、职能转变、队伍融合，制度建设还存在一定的滞后性，战线一旦拉长，“空白点”“结合部”的问题隐患就会暴露出来，为权力寻租留下空间。同时，制度建设重在抓执行、抓落实，一些部门单位对自身的制度缺乏梳理，形不成系统，管理靠经验、凭感觉，真正用制度管权、管事、管人还有一定距离。对此，我们要通过惩治震慑、制度约束、提高觉悟一体发力，让党员干部因敬畏而不敢腐、因制度而不能腐、因觉悟而不想腐。

二、把握要求，为政治强关建设提供强有力的纪律支撑和作风保障

推动石家庄海关由政治大关向政治强关转变，是新一届党委确立的战略目标。建设政治强关需要有廉洁文化的浸润，通过培树廉洁思想、恪守廉洁品格、践行廉洁从政，始终保持干部队伍的纯洁性和战斗力，高质量发展的强关之路才能行稳致远。

（一）要坚定理想信念，培树廉洁思想

坚定理想信念，始终是共产党人安身立命的根本，是经受住任何考验的精神支柱。要加强党性锤炼，常思常修。充分发挥关区红色教育资源，紧密结合巩固拓展“学查改”专项工作成果、深化政治机关专项教育活动，在实践中砥砺理想信念，炼就“金刚不坏之身”，时刻牢记中国共产党是什么、要干什么这个根本问题，坚决防止不信马列信鬼神、不信真理信金钱，以实际行动挺起共产党人的精神脊梁。要加强理论武装，凝心铸魂。把党的创新理论作为坚定理想信念、涵养风清气正政治生态的源头活水。以党委理论学习中心组学习、“三会一课”等方式深化学习研讨，深入学习领会习近平总书记关于党风廉政建设、廉洁文化建设的重要论述，把握好蕴含其中的科学内涵和精髓要义，以理论上的坚定保证行动上的坚定，以思想上的清醒保证用权上的清醒。要发展积极健康的党内政治文化，滋养良好生态。以“明规矩”破“潜规则”，勇于树正气、遏邪气、易俗气，敢于向形式主义、官僚主义等不正之风和逢迎拍马、团团伙伙等庸俗关系学开火，培育风清气正政治生态的廉洁文化土壤。

（二）要常修为政之德，恪守廉洁品格

近年来查处通报违纪违法典型案例，虽然表现各异，但根子都源于失德失节失守。我们要从中深刻汲取教训，不断强化政德修养，自觉做到忠诚、干净、担当。对党要明大德。对党忠诚，是共产党人的“大德”，是对党员干部最基本的政治要求。只有在大是大非面前旗帜鲜明，在风浪考验面前无所畏惧，在各种诱惑面前立场坚定，才能让组织信得过、靠得住、能放心。当前，各级领导干部要心怀“国之大者”，全身心投入到“疫情要防住、经济要稳住、发展要安全”的各项工作中，用过硬的成绩诠释对党、对人民的绝对忠诚。为政要守公德。建设政治强关，就要坚持党性和人民性的高度统一。这就要求我们必须有过硬的干事本领、扎实的工作作风、牢固的公仆意识，要让企业、群众从我们验放的每一票货物、审核的每一份单证、办理的每一起案件中，都能感受到公平正义。做人要严私德。党员干部的私德不是个人私事，搞一次特殊，就会丢掉一分威信；破一次规矩，就会留下一个污点；谋一次私利，就会失去一片民心。要正确处理好“亲”“清”关商关系，我们强调为企业纾困解难，但是不等于可以跟企业无话不谈、无事不做，与企业交往一定要坚持正当合法，干干净净，在这点上大家一定要管好自己和下属，把握好“为”与“不为”的关系，做到有交集而不搞交换、有交往而不搞交易。

（三）要常怀敬畏之心，践行廉洁从政

要做到对党敬畏。海关是政治机关，是中

央垂直管理单位，也是准军事化纪律部队，决定了对党绝对忠诚是纪律要求、职责所系、队伍本色。关区所有工作必须从政治高度谋划部署推动，自觉同党中央保持高度一致，党中央提倡的坚决响应，党中央决定的坚决执行，党中央禁止的坚决不做。要强化号令意识、阵地意识，在更高标准上推动“讲政治、守纪律、负责任、有效率”的模范机关创建，深化“强基提质工程”，一体推进合格党支部、“四强”党支部、品牌党支部建设，努力把基层党组织锻造成践行“两个维护”的坚强战斗堡垒。要敬畏法纪。始终保持零容忍的警醒和零容忍的力度强化正风肃纪，做到有案必查、有腐必惩。聚焦重点领域和关键环节，巩固“现场监管与外勤执法权力寻租”专项整治成果，深化拓展“海关重点项目和财物管理以权谋私”专项整治成效，有效防控堵塞风险和管理漏洞。持续强化制度建设，将正风肃纪反腐与完善制度、促进治理贯通起来，切实做好“后半篇文章”。要敬畏典型。不久前，海关系统有 3 名个人和 1 个集体获得全国“人民满意的公务员”和“人民满意的公务员集体”称号，海关总署号召全系统向他们学习，学习活动要持续要深入，让同志们学有榜样、行有示范、赶有目标。同时，要加强反面典型警示教育，帮助同志们算好政治账、经济账、家庭账、自由账、人生账，确保人人受教育、人人受警醒。

三、当好头雁，以上率下营造专心谋事、尽心担事、同心成事、干净干事的生动局面

习近平总书记指出，领导干部“在上面要求人、在后面推动人，都不如在前面带动人管用”。新一届党委成立之初，就明确提出了“六个带头”的要求。各位处长、关长作为一个部门、一个单位的“领头雁”，是关区加强廉洁文化建设、营造干事创业良好氛围、实现高质量发展的骨干力量，身上的责任大、担子重。所以，我在这里专门对大家强调几点要求。

（一）讲政治，重担当

要敏于判断，在政治上保持坚定清醒。时刻关心习近平总书记在强调什么、关注什么，党中央有什么部署，海关总署党委有什么要求，构建贯彻落实习近平总书记重要指示批示精神的闭环系统。我们讲牢固树立“没有脱离政治的业务，也没有脱离业务的政治”理念，不是停留在口号和文字上，而是要把自己管的“一亩三分地”真正摆进去，做政治上的明白人、老实人、有心人，多去思考工作部署是不是体现了政治站位，工作过程是不是符合政治要求、有没有政治风险，工作成效是不是取得了应有的政治效果。

要勇于担当，在破解难题中实现新发展。建设高质量发展的强关路上，有些“硬骨头”不好啃，往往需要耗费大量的心力，还可能要担风险、担责任；有些难题牵涉面广，甚至职责不够清晰，短期内很难有大的突破，却又必须破题、解题。面对这样的情况，我们该如何应对？要树立上级为下级担当、组织为干部担当、干部为事业担当的鲜明导向，一级做给一级看，一级带着一级干，当好带领同志们攻坚克难的主心骨，撸起袖子加油干、自己填写成绩单，以政治效果检验政治能力，加快推动政治大关向政治强关转变。

（二）讲安全，重风险

防风险保安全是政治责任，政治责任是

“一把手”最大的责任。关区地处京畿要地，这方面的责任更大。

要强化“忧患”意识。当前，关区总体安全稳定，但各类检查中发现的问题隐患还不少，说明我们的工作还存在短板弱项，防线还有不少死角盲区。要树牢“时时放心不下”的责任感，突出预防在先，坚决摒弃“感觉良好”的漂浮作风和“闯关过关”的侥幸心理，用大概率思维应对小概率事件，用工作确定性应对风险不确定性。

要强化“揭盖”意识。树立“有风险没有及时发现就是失职，发现风险没有及时提示和处置就是渎职”的导向，围绕“7+21”项重大、系统性风险，结合新形势新要求，在政治安全、意识形态安全、国门安全、生产安全等各方面，持续开展风险隐患大排查、大起底、大整治。要特别注意部门之间的协调问题，重视交叉地带与空白地带，宁可向前一步形成重叠，不可退后一步形成缝隙。

要强化“拔钉”意识。前期检查中发现一些问题反复发生，很重要的原因就是“钉子”没有拔净。有的风险自查列了不少问题，但很多都是容易整改的，难改的“硬骨头”不敢碰。有的查出问题表态很积极，对于如何整改却不够用心，整改起来浮在表面。如果我们自己的排查都是这样，处置就会越来越难，风险就会越来越大。大家要多问问自己，风险隐患是不是已经彻底排除，措施到不到位，制度机制完不完善，坚决守牢安全底线、监管红线。

（三）讲发展，重成效

发展是硬道理，工作干得怎么样，关键看成效，这也是关党委考察识别干部的重要标尺。

要克服老方一帖的惯性。要实现高质量发展，首先必须在工作理念、思路、方法、手段上变革创新。这段时间，关领导对服务地方经济社会发展、信息宣传、政策研究等工作强调要求比较多，大家普遍感到之前工作做了不少，却没有取得应有的成效。有的同志习惯讲“过去怎么样、一直怎么样、他人怎么样”，搞研究、定政策、做方案缺乏创新性标志性的新成果。同志们，现在是新形势、新要求，按照老思路、老方法，用平常手段对待非常形势，是做不好也做不成的。近期给大家出了不少题，要破题就要深入研究新形势、新问题、新挑战，主动塑造变革，不断创造新经验、新成果。

要增强向前一步的主动性。沾沾自喜、自我感觉良好是干工作的大敌，“躺平”心态更要不得。要坚决克服“不求有功、但求无过”“比上不足、比下有余”等错误心态，对标更高更好找差距、补短板。到关区工作以来，听到大家“吐槽”比较多的就是不少工作缺乏统筹，各干各的、运行不畅，个别同志甚至遇事能推则推。要坚决杜绝“推诿扯皮”“画地为牢”等不良倾向，主动向前一步，敢于牵头协调、勇于首问负责，齐心协力把各项工作任务抓出更大成效。

要明确增比进位的方向性。按照关党委的要求，人事处制订了处级领导班子客观指标考核框架方案，最近正在组织各部门对具体考核指标进行细化。增比进位，是指标考核的核心内容，明确了大家抓工作的方向。出发点是对各部门、各单位的工作落实成效进行排列、比较，让大家看到自己的成绩和位置，增强前有标兵、后有追兵的紧迫感，落脚点是促进各部门单位奋勇争先，先进的更先进，落后的赶超先进，从而推动关区各项事业更好更快发展。

（四）讲“三实”，重作风

作风就是战斗力、就是生产力。海关总署

党委提出要让求实、扎实、朴实成为海关文化，就是要求大家干在实处、走在前列，推动形成良好作风。

要实事求是，一切从实际出发。坚持一切工作以调研开局、用调研开路，把调查研究作为出台政策、部署工作的前置要求，把实际情况调查清楚，把问题本质和规律把握精准，把破题的思路和对策研究透彻。比如，我们讲服务地方发展，就要在总关和隶属海关两个层面上，与地方党委政府加强对接，多方位、多渠道了解情况，找准各项支持举措与河北优化营商环境、实施项目带动战略等重点任务的契合点，打造海关服务地方发展的升级版。

要真抓实干，不做表面文章。我们一直强调要务实功、出实招，但是“以会议落实会议”“以文件落实文件”的花架子在个别部门单位依然有市场，既没有工作成效，又白白浪费了同志们的精力、给基层增加了负担。大家一定要真正把心思用在干事创业上，把精力投到抓落实中，找准事业发展关键点和突破口，把上级的要求变成具体的、精准的落实措施和办法，不搞上下一般粗，真正做到对事业尽心、对工作尽力、对岗位尽责。

要忠诚老实，纯朴厚道。当领导干部，就要公道正派、胸怀宽广，识大体、顾大局。要听得进批评，容得下意见，不要小肚鸡肠、斤斤计较。要光明磊落，做老实人、说老实话、干老实事，不要当面一套，背后一套。要带好队伍，坚持一心为公、任人唯贤，反对远近亲疏、团团伙伙。在这方面，关党委的态度是鲜明的，对人对事一视同仁，坚持一把尺子量到底、一个标准贯始终，重政治、重品行、重基层、重担当、重实绩，让那些政治可靠、对党忠诚、能打胜仗的好干部有平台、有空间、有盼头、有奔头。反过来，对那些不老实、伪忠诚，不担当、假落实的干部，就是要坚决调整，决不给投机钻营者以任何舞台。

（五）讲准军，重执行

雷厉风行、令行禁止是准军事化纪律部队的鲜明特点，执行力如何，决定着工作成效、决定着事业成败。我们常说的“一分部署，九分落实”，就是这个道理。

要加大执行的力度。执行力的关键在于把上级的要求执行到位，不跑偏、不走样、不打折扣、不搞变通。在落实上级工作部署上，总体来看，大家抓得都很紧，做到了上有命令、下有响应。但是力度够不够？是机械地、被动地执行，还是充分发挥主观能动性、创造性地执行？大家还是要问问自己。目前，“等靠要”现象在个别部门和单位依然存在，遇事“等”上级的意见，“靠”上面推着干，“要”条件讲困难，对此，大家都要瞪起眼来、拉下脸来，坚决予以克服和纠正。另外，很多工作需要大力抓、持续抓、反复抓，如我们今天讲的廉洁文化建设，就要一锤接着一锤敲，如果没有持之以恒的韧劲，很容易半途而废。

要增强执行的能力。工作想干出成绩，只有干劲，能力不足也是办不到的。要学懂弄通，真正做到以习近平新时代中国特色社会主义思想武装头脑、指导实践。要加强专业学习和政策研究，注重总结提炼工作中的经验做法；要集思广益，决策环节参与面越大，越有利于形成共识、推动落实；要提高应对风险的能力，做到既干成事、又不出事。此外，还要提高带队伍的能力，大力营造勤学习爱研究的氛围，及时发现和培养素质高、本领强的干部；要注重部门间协调，强化左右呼应，提高“协同作战”能力。

要创造执行的氛围。一个单位最好的状态，就是让同志们置身其中，如同进入一个“强磁场”，变“要我干”为“我要干”，变“催着干”“推着干”为“争着干”“比着干”。大家都有责任创造和推动形成这样一种局面。要“关爱基层”强化上对下的反应。基层工作压力大、条件艰苦，直接面对各种矛盾和困难，如疫情防控工作中，很多一线的同志都在直接和病毒战斗，各级领导班子和领导干部要设身处地关心爱护、体贴体谅一线的同志们，基层提出来的问题和意见建议都要认真研究解决，形成交办反馈闭环。要“容错纠错”激励担当，这方面的政策规定都有，但整体上执行还有欠缺，要研究可操作、可落地的具体措施。不能让好干部流汗又流泪，这是组织和领导干部应有的担当。要正确使用问责手段，不能用问责代替管理、以问责推卸责任，防止“洗碗效应”，避免“干事多出错多、不干事不出错”的逆向惩罚。

（六）讲廉洁，重自律

作为领导干部，要清楚地认识自己的身份和职责，时刻绷紧自律这根弦，时时细照、深查、笃行，切实做到集干净与干事于一身、勤政与廉政为一体。

要修身自律做表率。一个单位的风气，既是抓出来的，更是带出来的。大家要坚持“要求别人做到的，自己首先做到”，以更严的要求、更高的标准约束自己，带头贯彻执行中央八项规定及其实施细则精神，带头执行对“一把手”和领导班子监督的各项制度规定，始终筑牢拒腐防变的思想防线。要带头树正气、遏邪气、易俗气，敢于激浊扬清，打击歪风邪气。要维护班子团结和权威，切实做到个人服从组织，少数服从多数、下级服从上级，个性服从党性、服从大局和工作需要。

要从严管理带队伍。严格履行全面从严治党的政治责任，把重点领域、重要部门、重要岗位的廉政风险防控到位。要克服“老好人”思想，经常与同志们谈心谈话、提醒督促，敢于板下脸来批评苗头性、倾向性问题，敢于动真碰硬处理违规违纪行为。需要注意的是，严管的目的是促进事业发展，决不能把严管和调动干部积极性分割开来，有些人熬资历，不贪不占也不干，这是不行的，不干是最大的错误。不贪不占是做人的基本条件，担当干事才是党员干部的本分。

希望大家继续努力，久久为功。要对照今天“六讲六重”的要求，认真思考接下来该怎么做，知责于心、担责于身、履责于行，以“头雁引领”带动“群燕高飞”，锲而不舍推进清廉海关建设，为守国门、促发展，走好石家庄海关高质量发展之路提供坚强政治保证，以优异成绩迎接党的二十大胜利召开。

第二篇

专记

政治机关建设专项教育活动

根据全国海关开展捍卫“两个确立”、做到“两个维护”，强化政治机关建设专项教育活动方案以及关于在海关总署和直属海关两级机关开展以机关党建推动落实习近平总书记重要指示及党中央经济工作决策部署专项工作的实施方案要求，石家庄海关党委切实扛起政治责任，统筹结合，一体推进政治机关建设专项教育活动和“学查改”专项工作深入开展，将学习教育、查找问题、整改落实贯穿始终。

一、整体工作情况

（一）加强组织领导，压实主体责任

先后印发石家庄海关开展捍卫“两个确立”、做到“两个维护”，强化政治机关建设专项教育活动方案和具体推进措施以及在石家庄海关机关开展以机关党建推动落实习近平总书记重要指示和党中央经济工作决策部署专项工作具体实施方案等文件，第一时间成立政治机关建设专项教育活动领导小组和组织机构，召开关区政治机关专项教育活动动员会议，5次召开党委会议专题研究推进，围绕政治机关建设专项教育活动细化5个方面20项具体推进措施，明确“学查改”专项工作3个方面8项重点任务，把握时间节点，先后16次发布学习教育、问题查摆、整改落实、集中督导等重点工作任务提醒，确保分工明确、稳步推进。党委主要负责同志对重要事项、重点问题直接过问、直接部署、直接指导。党委班子成员36次深入分管部门、基层一线开展实地督导，带头学习研讨发言，带头参加基层联系点党支部党日活动，带头参加12个重点部门单位的问题查摆会议，逐项指导把关，每双月在形势分析及工作督查例会上听取推进情况专题汇报，督促其改进提升。全面实施党支部党建季度考核评估，扎实开展基层党建“双提升”行动，组织263名党务干部参加岗位练兵、270名新任职党组织书记专题培训，组织召开党建品牌交流推进会，开展党建品牌复核评选，针对5类重点问题制定深化纠治“四风”和作风纪律专项整治15项措施，开展为期7个月的内务规范轮值检查，保障“两个专项”工作顺利推进。

（二）强化理论武装，提升政治能力

一是突出上下贯通。党委理论学习中心组发挥领学促学作用，带头4次集中学习习近平总书记关于加强党的政治建设和经济工作的重要论述，围绕深刻认识“两个确立”的决定性意义、“没有离开政治的业务，也没有离开业务的政治”深入开展研讨，带动两级党委理

论学习中心组围绕“两个专项”工作集中学习131次。关区各党支部以“三会一课”、主题党日等形式广泛开展学习。二是丰富形式载体。举办“思想理论学用讲坛”，2名党委委员、7名部门单位主要负责同志和青年理论学习标兵代表交流学习体会；面向关区党员干部举办“石关e课堂——习近平经济思想”视频讲座；召开女职工代表“强化政治意识、立足岗位巾帼建功”座谈会，组织青年干部代表、老干部代表围绕“国之大者”开展交流研讨；创新青年理论学习小组学习形式，与河北省人民检察院联合组织“喜迎党的二十大 青春建功新时代”联学共建主题活动，成立联学共建基地，开展理论学习分享、党建工作经验交流；做好学习成果展示，征集心得体会和理论文章并在学习专栏刊载交流，引导关区各级党组织和广大党员干部全面把握党中央关于政治机关建设的各项要求，提升忠诚捍卫“两个确立”、坚决做到“两个维护”的思想自觉、政治自觉和行动自觉。三是提升学习成效。举办学习贯彻党的十九届六中全会精神暨政治机关建设专项教育活动、“学查改”专项工作线上全员培训班，整理340道题目汇编成专题题库，开展全员学习效果测试，1800余人通过测试。贯彻落实习近平总书记重要指示精神和党中央决策部署，在整改阶段开展“疫情要防住、经济要稳住、发展要安全”专题研讨。指定11个关联度高的部门和6个业务现场海关为重点，以科室轮值主持、业务骨干重点发言等形式进行研讨，将研讨重点与“两个专项”工作整改任务清单紧密结合，谈学的收获、讲用的效果，谋划务实举措，避免学用脱节。以重点部门单位为主，业务联系紧密的部门之间、业务条线之内联合举办“思想理论学用讲坛”，对标对表党中央决策部署，结合地方外贸经济发展形势开展互动交流。5月以来，围绕主题开展专题研讨144次，征集优秀发言材料46份，在关区“不忘初心、牢记使命”宣传专栏交流展示。

（三）突出示范引领，明确政治要求

第一时间整理习近平总书记关于党的政治建设的重要论述、海关总署党委关于政治机关建设的要求，党委书记、关长在关区动员会上做专题辅导。从口岸海关、属地海关、机关处室各选取1个单位，结合自身业务特点率先列出各项业务、各个岗位的政治要求，党委委员、政治部主任组织领导小组办公室和督导组集中审核评议，提炼总结3个率先示范单位的经验做法，在关区推广学习。各部门单位党委班子带头，突出全岗位覆盖、全员参与，带动干部职工深入学习贯彻习近平总书记对海关工作和河北工作的重要指示批示精神，对标对表党中央重大决策部署，思考本职岗位与“国之大者”的联系，共列明政治要求1971条，为深入查摆问题、制定整改措施打牢政治基础。

（四）突出严实要求，全面查摆梳理

贯彻落实全国海关机关党建工作会议精神，党委书记、关长主持召开专题关长办公会议，对统筹开展政治机关建设专项教育活动和“学查改”专项工作问题查摆工作进行再部署，明确办公室、法综处、关税处、卫生处、动植处、食品处、商检处、监管处、企管处、统计处、风控分局11个部门单位为“学查改”专项工作关联度高的部门，突出以机关带基层，聚焦相关业务条线工作深入查摆问题。在前期政治机关建设专项教育活动问题查摆的基础上，各党支部以“三会一课”、主题党日等形式，对照“四个是否”和“六对照六看六查”，深入检视剖析，逐一破题解答，关党委班子召开会议专题研究审议，进一步完善本部门单位问题清单和整改措施。关党委班子成员参加12个重点部门单位的问题查摆会议，严格指导把关，抓好政治与业务的结合，带头分析问题，将讲政治摆在首位，通过梳理问题表现，研究整改措施，体现与政治要求的差距，确保问题不漏项、不走偏，措施具体化、可实践。机关各部门单位共查摆问题362个，制定整改措施530条；各隶属海关共查摆问题202个，制定整改措施384条。在此基础上，严格对照10个方面梳理查找关区层面突出问题，经关党委集体研究确定关党委层面问题22个，制定78条整改措施，明确责任部门和完成时限，形成石家庄海关政治机关建设专项教育活动和“学查改”专项工作问题整改清单。

（五）坚持问题导向，抓好整改落实

一是强化整改工作组织领导。5月13日印发中共石家庄海关委员会关于做好政治机关建设专项教育活动和“学查改”专项工作问题整改工作的通知，对整改工作进行安排部署。5月24日印发通知明确整改工作具体要求和时间节点，5月底组织机关各部门单位报送整改工作推进情况，对重点事项进行督促提醒，建立整改工作台账，发布督导工作提醒。6月10日至13日组织督导组对11个关联度高的部门单位集中督导。6月15日组织总关各部门单位报送“学查改”专项工作总结，压茬推进整改工作落实。6月23日党委主要负责同志主持召开“两个专项”整改工作推进会，听取领导小组办公室、4个督导组和11个关联度高的部门分别汇报整改工作和督导工作推进情况，审议“学查改”专项工作总结报告和问题整改清单，并就整改工作提出具体要求。建立整改工作专班，抽调11名业务骨干具体负责相关整改工作的联络、推进，并围绕重点难点问题开展联合攻关。二是围绕整改工作深入调研。紧扣关区业务特点和企业群众关切，结合整改工作，11个关联度高的部门单位和政工办选定“禁止‘洋垃圾’入境”“推动高质量实施RCEP原产地规则和关税减让措施”“创新党建品牌建设，破解党建和业务‘两张皮’的路径选择”等12个调研课题，明确了跟题关领导、责任处领导和课题联系人，以课题研究推动问题解决。三是开展整改工作集中督导。通过听取汇报、个别了解、查阅材料等方式，检查关级层面、部门层面问题整改清单落实及完成情况，督促相关部门把握时间节点、抓出整改成效。关区层面22个整改问题中，12个已办结可销账，3个党的二十大召开前完成，7个需持续整改。

（六）强化督导检查，提升工作质效

党委委员、政治部主任带队，以听取汇报、座谈调研、知识测试、查阅资料等方式对17个隶属海关单位开展实地督导。抽调16名骨干力量组建督导队伍，党委工作部门主要负责人分别担任4个督导组组长。举办督导组和领导小组办公室成员单位专题培训会议，制定督导工作指引和重点督导工作任务检查清单，明确11项督导重点，制发重点材料审核表37份，通过实地检查、材料审核、抽查测试等方式对14个部门单位开展2轮次督导，对研讨发言提纲、政治要求、问题清单及整改方案等重点材料严格审核把关，对查找问题不具体、轻描淡写、“上下一般”的一律退回修改，确保问题查摆准确、整改措施具体可操作。将政治机关建设专项教育活动和“学查改”专项工作纳入巡察重点任务，结合对2个隶属海关、

4个机关内设处室、3个直属事业单位党组织开展常规巡察，精准查找问题，督促立行立改。纪检监察部门将“两个专项”工作纳入政治监督内容，紧盯“关键少数”，推动主体责任落实。将“两个专项”开展情况纳入党支部党建工作季度考核评估内容，设定专门指标，第一季度对248个党支部全部实行计分考核，并作为年度考核、奖优罚劣的重要依据。

二、主要工作成效

（一）政治机关建设

通过学习习近平总书记关于加强党的政治建设的重要论述和习近平经济思想，系统把握了党中央关于政治机关建设的各项要求，对海关首先是政治机关的定位更加明晰，强化了从政治角度看待经济社会发展问题的意识，党员干部的政治敏锐性和政治责任感不断增强，政治执行力有了提升。坚决贯彻落实习近平总书记对海关工作、河北工作的重要指示批示精神和党中央决策部署，以实际行动为党的二十大胜利召开营造良好的政治、经济和社会环境。上半年支持中欧班列运行、推动“一带一路”枢纽站点建设，共监管进出口中欧班列175列、1.68万标准箱；累计查发进口核辐射超标货物4起，总重2.07万吨；开展打击“水客”团伙走私高档手表专项行动，查扣涉嫌走私品牌手表1090只，案值约1600万元；5月份，进口整体通关时间较全国快17.12小时，压缩比较全国高33.38%，出口整体通关时间较全国快0.37小时，压缩比较全国高4.83%；2022年1—5月税收入库202.36亿元，监管货运量1.3亿吨，进出口报关单4.7万份。坚决筑牢关区口岸检疫防线，两级关领导走进封闭管理区，实地调研指挥，与一线干在一起、想在一处，充分了解一线的业务需求，提出合理建议，制定改进措施，真正将海关总署关心关爱向一线传递；深化与地方联防联控机制协作配合，明晰海关职责边界，对口岸检疫发现“五类”人员，及时移交地方联防联控机制指定部门，实现口岸疫情防控无缝衔接，封闭管理；强化口岸核心能力建设对疫情防控的支撑保障作用，督促口岸运营单位严格按照要求配置口岸检疫查验设施设备；关区各口岸共检疫查验出入境人员4.80万人次，其中入境2.47万人次，出境2.33万人次，检疫查验出入境船舶2290艘次，发现入境有症状人员2人次。

（二）重大风险防范

防范化解重大风险隐患的制度机制进一步完善，风险防控协同性和有效性进一步提升。将落实防范化解海关重大、系统性风险工作纳入关区防范化解重大风险工作机制中，按季开展7类“重大风险”和5类“政治、管理风险”分析研判工作，按月开展7类16项“业务风险”研判处置，不断强化风险防控工作合力。排查评估关区各业务领域6个方面39个问题，逐项明确责任分工，制定整改措施，推动查摆政治问题与查找业务问题同频共振、防范政治风险与规避业务风险效果叠加。落实全员安全生产责任制，组织关区全体干部职工（包括海关雇佣人员、劳务派遣人员）结合岗位职责量身定制本人的安全生产责任书，将安全生产职责到岗到人，关区3212人实现百分之百签订要求。研究制定安全生产风险隐患信息“吹哨人”预警办法，鼓励全体干部职工查找身边安全风险隐患，向关党委提供安全风险隐患预警信息，对于经核查属实的，按照规定给予表彰奖励，推动关区人人关注安全生产的良好氛围。强化税收风险敏感意识，多渠道关注税收政策叠加引发的风险，主动对接税管局，持续加强职能管理，严格执行各项税收征管制度和操作规范，确保及时、准确、足额征税。提升大数据应用在风险防控中的辅助效能，承担开发建设海关总署“海关风险监测大数据平台”中的“海关企业纳税义务风险转移措施监测”“海关优惠政策风险监测”“国家金库中央收入退付行为风险监测”3个重点监测项目，在“云擎”平台发布站点级模型29个、平台级模型5个，其中“通过特殊区域物流规避加征关税模型”入选2022年新增4个全国海关风险业务监测预警指标目录。落实总体国家安全观，压紧压实进出口危险品检验监管“五级安全责任”，验放进出口危险化学品6004批；侦办6起邮寄走私毒品刑事案件，查获冰毒769.69克、海洛因0.66克、溴替唑仑18粒；持续加强外来入侵物种口岸防控，截获检疫性有害生物25种、580种次，非检疫性有害生物190种、3238种次。

（三）保稳提质

将“两个专项”工作与促进外贸保稳提质紧密结合，通过强化党的建设落实中央工作会议精神，把整改工作成效转化为推动高质量发展的实际举措。研究出台促进外贸保稳提质的15条具体措施，精准施策提振市场主体信心。支持矿产粮食等关系国计民生的大宗商品进口，实施农产品“优进”工程，共检疫进境粮食168.68万吨、10.3亿美元，进境木材23.12万立方米、4087.1万美元；加快推进口岸智能粮食查验设备研发，争取秦皇岛海关技术中心研究项目早日科研立项；保障煤炭进口做好迎峰度夏能源保供工作，开通进口煤炭“绿色通道”，检测时长平均压缩36%，2022年1—5月监管进口煤炭925.4万吨，同比增长59.34%。全力保障京津冀地区产业链供应链畅通，建立京津冀海关保通保畅协调工作机制，在16个主要通关现场设立咨询热线及专窗，集中快速处置跨关区通关疑难问题及应急事件。持续加强知识产权海关保护京津冀执法协作，建立京津冀地区产业链供应链重点企业名单并实现三关互认，对第一批164家重点企业开通统一的“绿色通道”。落实京津冀三关合作备忘录，跨境电商出口模式（9810）落地雄安新区。推动综合保税区高水平开放、高质量发展，2022年1—5月综合保税区注册企业进出口值259.4亿元，同比增长61.6%。综合运用业务“问题清零”机制、非业务问题协调办理机制、政务服务“好差评”系统等途径，畅通海关和企业、机关和基层两个“民意直通车”，截至2022年6月20日12360海关热线共接听各类咨询来电6271个，各类渠道收集问题128个。

（四）帮扶企业

结合“我为群众办实事”实践活动，制订“更好服务企业进一步促进外贸保稳提质”企业调研工作计划，关领导带头下沉一线。围绕推动促进外贸保稳提质有关措施高效落地，更好回应企业和政府需求，党委主要负责同志先后深入河北优果盟协会、中国五矿集团（唐山曹妃甸）矿石控股有限公司以及石家庄国际陆港，就促进外贸保稳提质进行专题调研，走进曹妃甸区政府了解政府现实需求，走进基层一线与干部职工座谈听取意见建议。两级关领导带队调研走访企业115家，解决问题133个，对关领导下基层调研实施台账管理，建立问题交办反馈闭环管理工作机制，确保有关问题得到有效落实。建立京津冀保通保畅快速协调应急机制和保通保畅咨询热线，设立40条咨询热线及专门窗口。与河北省工业和信息化厅对接，做好重点产业链供应链“白名单”企业通关保障工作。加强政策措施宣传，关区累计召开企业座谈会108场次，对各类进出口企业4136人次开展了线上培训。落实RCEP原产地规则和关税减让措施，组建自贸区（FTA）培训讲师队伍；联合河北省商务厅启动“RCEP燕赵行”活动，在全省开展“百场千企”宣传培训活动，签发RCEP原产地证书2239份，为出口企业享受RCEP各成员方进口关税优惠1129万元。梳理“一带一路”共建国家（地区）、RCEP成员方、中亚5国和中东欧国家有贸易往来重点企业，筛选“专精特新”优质企业，筛选出42家重点AEO认证培育企业。快速设立进出口鲜活易腐农食产品属地查检绿色通道，实现“即报即检，即检即放”。持续推进进口铁矿品质项目、重量“依企业申请”检验改革，2022年1—5月，共监管验放进口铁矿913批次、共计7932.9万吨，为企业节省检验经费支出160余万元，出具重量鉴定证书协助企业挽回经济损失1998万元。

服务保障2022年北京冬奥会、冬残奥会

2022年2月至3月，举国瞩目、举世瞩目的北京冬奥会、冬残奥会成功举办，中国向世界奉献了一届“简约、安全、精彩”的奥运盛世，全面兑现了办奥庄严承诺。石家庄海关在习近平总书记关于北京冬奥会系列重要指示精神指引下，坚持“四个办奥”理念，在海关总署北京冬奥会工作领导小组坚强领导下，充分发挥石家庄海关北京冬奥会领导小组作用，举全关之力高标准高质量做好北京冬奥会通关服务保障工作，为北京冬奥会和冬残奥会如期顺利举办作出贡献。

一、服务保障北京冬奥会和冬残奥会情况

（一）做好组织保障工作

成立主要负责同志任组长的石家庄海关北京冬奥会工作领导小组，设立疫情防控组、通关监管组和综合保障组3个专项工作组，统筹做好石家庄海关在北京冬奥会筹办中的疫情防控、反恐安保、人员物资通关等各项工作。抽调业务骨干组建北京冬奥会领导小组办公室和工作专班，制定议事会议、值班值守、信息报送、请示报告、对外联络和应急响应6项领导小组办公室工作制度，切实发挥领导小组办公会居中协调、上下联动作用。

（二）做好方案预案制订及完善工作

制订北京冬奥会海关工作方案及任务分工表，明确3个阶段共计21项工作任务，结合实际制订、完善卫生检疫、突发卫生事件应急处置、通关监管、涉奥航班备降保障、进驻人员内部防控、反恐安保、网络安全等18项服务保障北京冬奥会工作方案及预案，为北京冬奥会量身打造便利化监管服务措施，确保规定动作100%做到位。

（三）做好培训演练工作

参加北京海关组织的冬奥值机柜台前移工作、个人防护操作流程及柜台前置业务工作手册远程培训。与京津海关联合举办做好北京冬奥会海关监管服务保障工作培训，解读海关总署相关政策，分享北京冬奥会物资、人员海关通关流程与经验做法，进一步提高关员政策理解能力和业务操作水平。

立足关区实际，组织业务现场开展涉奥航班备降卫生检疫和应急处置演练、进驻人员职业暴露应急演练、科技保障工作方案演练、反恐安保应急处置演练等9项应急演练。通过演练，进一步查漏洞、补短板、强弱项，切实提高关员岗位实战水平以及突发事件应急处置能力。

（四）做好京津冀协同办奥工作

京津冀三地海关“一体谋划、一体实施”，制定北京冬奥会跨关区协作机制，建立协作配合、会商分析、监管协作、信息共享4项工作机制，凝聚三关合力共同做好北京冬奥会暂时进境物资中期监管等重点工作。

（五）做好通关保障工作

在张家口海关和5个口岸海关设置奥运海关专用通道、专用窗口标识，便利北京冬奥会进出境物资、人员通关。编制北京冬奥会服务保障工作手册，支持冰雪企业用好“两步申报”“两段准入”新型通关模式，简化通关手续，降低冰雪企业时间成本，进一步提升服务冰雪产业发展的通关便利化水平。

按照北京冬季奥林匹克运动会组织委员会安排，石家庄海关派员进驻北京冬奥会北京、张家口赛区开展值机柜台前移业务。现场设立协调员、现场监督员、现场安全员等工作岗位，加强与冬奥村抵离中心、航空公司等部门的沟通联系，及时了解值机柜台前移预约时间、旅客人数、行李件数等信息。2022年2月20日至22日、3月13日至15日，张家口赛区6名进驻人员累计为75名出境旅客办理235件托运行李海关手续，海关服务受到广泛赞誉。

（六）做好封闭管理工作

坚持把疫情防控作为重中之重，全面落实封闭管理。进驻前，奥运村进驻工作人员按要求做好进入封闭工作各项准备，赛前14天内严格限制与他人接触，避免进入密闭空间以及人员聚集场所，做好物资、生活用品储备。进驻期间，奥运村进驻工作人员严格执行第二版《北京2022年冬奥会和冬残奥会防疫手册》，每日开展核酸检测、体温监测和环境清洁等工作，工作期间严格佩戴一次性手套、KN95/N95医用防护口罩、医用防护面屏/护目镜，严格执行住宿管理、就餐管理和健康管理等各项要求，按规定做好个人卫生和防护，实现了海关进驻人员闭环内不发生交叉感染的预期目标。

（七）做好涉奥航班备降工作

根据北京冬季奥林匹克运动会组织委员会印发的《北京2022年冬奥会和冬残奥会航班备降保障工作指引》，石家庄正定国际机场为21个备降机场之一。石家庄海关高度重视涉奥航班备降工作，针对T1航站楼升级改造项目未完成现状向河北省有关部门提出方案修改建议和入境保障工作流程。隶属石家庄机场海关先后2次参加应对处置演练，针对实际情况和演练存在的问题不断完善工作方案和应急预案，开展安全防护专题培训考核和口岸突发公共卫生事件应急演练，全方位做好冬奥备降航班保障工作。

（八）做好值班值守工作

建立关区服务保障北京冬奥会联络员机制，明确17个部门、单位处、科级联络员，发布服务保障北京冬奥会联络员通讯录。制定关区北京冬奥会值班值守工作制度，编制工作日和节假日值班表，监管部门、科技部门、风险部门和相关隶属海关均按要求开展“7×24小时”值班值守，海关工作全时畅通无缝衔接，实现了场馆内外、闭环内外协调联动。

（九）做好风险防控工作

参加京津冀海关风险防控工作专班，成立关区冬奥风险防控专班，深化信息情报收集、分析研判、风险处置、监控评估、综合协调5个风险布控领域合作。累计采集内外部信息70余条，形成北京冬奥会主题信息汇编专刊3

期，发布北京冬奥会主题预警 11 条；贸易渠道针对侵权高风险商品下达布控规则 8 条，针对政治反宣品加载布控规则 3 条；非贸渠道下达各类布控指令规则 47 条，向缉私部门移交走私进境精神管制类药品案件线索 2 起。

（十）做好科技保障工作

制订网络安全保障工作方案，成立工作组，健全关区应急队伍，紧盯网络运行状况，发现问题第一时间处置。落实 25 项任务清单，整改 12 处漏洞、弱口令等安全隐患。严格落实封网运行和零报告要求，累计阻断外部攻击及异常访问 862 万次。北京冬奥会期间关区网络与信息系统运行平稳。

启动移动 P2+ 实验室支援机制。2022 年 1 月 25 日，沈阳海关、济南海关移动 P2+ 实验室到达张家口海关、石家庄机场海关指定地点，1 月 30 日两实验室均顺利完成资质备案等工作。北京冬奥会期间，移动 P2+ 实验室开展预实验 4 次，参加实验室间质评 1 次，顺利完成新冠病毒核酸检测保障工作。

（十一）做好关心关爱工作

春节期间，石家庄海关主要负责同志到张家口海关看望慰问北京冬奥会服务保障工作人员。北京冬奥会赛事期间，分管关领导与进驻张家口冬奥村关员进行连线、同济南海关移动 P2+ 实验室支援人员座谈，及时了解进驻关员和支援人员生活情况和工作开展情况，切实解决后顾之忧。

石家庄海关、张家口海关春节期间开展为北京冬奥会集中工作人员送温暖活动。开赛前，举行海关派驻北京冬奥会北京、张家口赛区服务保障工作专班出征仪式，该关党委班子成员为出征 7 名同志佩戴党员徽章，勉励进驻人员做好海关服务保障工作。

（十二）做好新闻宣传工作

坚持全方位宣传报道，全面、立体、生动地讲好海关关员服务保障北京冬奥会的故事，展现海关关员政治坚定、业务精通、令行禁止、担当奉献的准军事化纪律部队风貌。

二、主要做法和心得体会

（一）坚持提高政治站位，始终以习近平总书记重要指示精神统领海关筹办工作

习近平总书记先后 5 次实地考察北京冬奥会筹办情况，其中 2 次亲临张家口赛区视察，多次听取工作汇报，作出一系列重要指示，为我们做好北京冬奥会工作指明了前进方向，提供了根本遵循。石家庄海关始终把学习贯彻习近平总书记关于北京冬奥会工作的重要指示精神作为重要政治任务，进一步强化使命担当和责任意识，始终把北京冬奥会筹办和保障首都安全作为一项重要政治任务抓好，顺利完成海关服务保障北京冬奥会工作。

（二）坚持党的领导，始终做到指挥调度统一高效

深刻领会习近平总书记“加强统一指挥调度，是确保北京冬奥会、冬残奥会顺利的关键”重要指示，在海关总署北京冬奥会工作领导小组指挥框架下，成立主要负责同志任组长的石家庄海关北京冬奥会工作领导小组，不断加强指挥调度组织体系、运行机制建设，构建统一、高效、协调有力的组织体系。

北京冬奥会筹办及赛事期间，关领导亲力亲为，先后 9 次深入一线调研检查，为张家口赛区海关服务保障工作精准定向；先后召开 8 次关长办公会，传达学习习近平总书记重要指示，结合实际研究制定贯彻落实意见，细化重

点任务和具体措施，稳步推进关区各项筹办工作；先后3次同张家口海关视频连线调度冬奥会工作，详细了解筹办情况，协调解决实际问题，确保赛时海关监管服务工作顺利开展。

（三）坚持高标准高质量，始终做到直面挑战合力攻坚

深刻领会习近平总书记“要坚定信心、奋发有为、精益求精、战胜困难”的重要指示，举全关之力推进海关各项筹办工作。组建关区北京冬奥会30人服务保障梯队，从优选拔7名同志进驻冬奥村开展海关服务保障工作。成立2个北京冬奥会服务保障临时党支部，充分发挥党组织的统筹领导和战斗堡垒作用。短期选调1名同志赴张家口冬奥村担任通关货运副经理，选派1名同志赴北京海关参与服务保障北京冬奥会相关工作。

北京冬奥会筹办及赛事期间，关区北京冬奥会工作领导小组办公室和各成员单位充分发挥职能作用提供支持，构建形成了上下联动、协同推进的工作格局。张家口海关履行主办地海关责任，全方位细化明确各阶段重点任务，扎实推进各项工作。

安全生产

2022年，石家庄海关坚持以习近平新时代中国特色社会主义思想为指导，深入学习贯彻习近平总书记关于安全生产的重要指示批示和党的二十大精神，全面落实全国海关安全生产系列专题电视电话会议工作安排，按照海关系统安全生产专项整治三年行动实施方案、2022年全国海关安全生产工作要点、安全生产大检查“回头看”工作等要求，持续深入推进关区安全生产工作，深入开展安全生产大检查及“回头看”，压紧压实安全生产责任，巩固提升了关区安全生产三年行动工作成效。

一、提高思想认识，全面压实各级责任

（一）提高政治站位，学习教育全覆盖

石家庄海关党委中心组带头2次集中学习习近平总书记关于安全生产的重要论述，各隶属海关党委将学习贯彻习近平总书记关于安全生产重要论述纳入党委学习和干部培训内容，推动学习教育全覆盖。安全生产领导小组办公室开展警示教育，制发8起重大事故警示通报、1期学习专刊，在“钉钉”平台上线5部安全生产教育片，关区共3113人次观看学习，引导全员将习近平总书记关于安全生产的重要论述学深悟透、入脑入心。

（二）压实“五级安全责任”防范化解安全风险

建立了从石家庄海关党委、职能处室、隶属海关党委、隶属海关科室和一线查验人员全覆盖的“五级安全责任”制度，分解安全责任清单34条，将责任明确到每一个层级、传导到每一个末梢、压实到每一个岗位，实现关区进出口危险品检验监管各层级、全链条、闭环式管理。组织关区全体干部职工（包括海关聘用人员、劳务派遣人员）共计3212人百分之百签订安全生产责任书。

（三）第一时间落实海关总署各项工作部署

按照关区安全生产领导小组工作机制要求，召开安全生产领导小组全体会议1次，安全生产领导小组专题会议2次、关长办公会2次、关区安全生产电视电话会议7次，持续传达贯彻习近平总书记关于安全生产的重要论述以及全国海关安全生产电视电话会议精神，第一时间落实海关总署署长俞建华批示要求。印发石家庄海关2022年安全生产工作要点，明确下一阶段安全生产重点工作任务，推动各部门单位结合工作实际制定细化措施，确保工作

要点落实落地。

（四）强化工作考核“指挥棒”作用

完善工作考核责任体系，在权重设计、考核细则方面分解目标任务，将安全生产责任落实情况纳入各级领导班子年度考核要求，通过考核压实责任。鼓励和鞭策各部门单位履行岗位职责、解决实际问题、创造工作实绩，让事实说话，用实绩检验，聚焦重点任务、重要工作和重大举措开展考核，争取作出更多工作亮点和经验。

二、结合关区实际，“四化”把控重点环节

（一）精准化“两重”风险研判

增强“重点时段、重点地区”敏感性。在全国两会、北京冬奥会和党的二十大期间，加大排查整治力度。在暑期针对秦皇岛地区专门部署口岸消防和暑期安全生产工作。共分析研判各项风险 35 条，其中，高风险 0 条、中风险 10 条、低风险 25 条，制定防范化解措施，消除风险隐患。

（二）规范化工作制度建设

制定关区进出口危险品风险识别及防范治理、进口冷链食品疫情防控和预防性消毒工作等 26 项工作制度，进一步明确各领域安全生产工作机制。

（三）具体化“安全生产月”活动

充分利用“七个一”活动形式，“讲一次主题党课，组织一次专题展览，开展一次警示教育，做一次集中宣传，开展一次现场安全培训，部署一次专项检查和走访一次辖区企业”，深入系统宣传贯彻安全生产工作。开展“送法上门”走访活动，运用普法座谈等形式推动企业“第一责任人”守法履责。

（四）常态化“吹哨人”预警

制发安全生产风险隐患信息“吹哨人”预警办法，开展宣传培训、电话随访活动，推动“吹哨人”制度落地。“吹哨人”制度在关区干部职工中知晓率已达 100%，有效形成了人人关注安全生产的良好氛围。该制度建立以来，关区共“吹哨”32 次，涉及问题已全部整改完毕。

三、聚焦重点领域，精准化解重大风险

聚焦危险化学品检验等 11 个重点领域，实行每月隶属海关自查、专项工作组抽查、关区安全生产办公室通报制度，并将安全生产纳入季度重点工作综合性督查。持续动态更新问题隐患和制度措施“两个清单”，共完成 15 项问题隐患整改，建立健全 11 项制度措施。

（一）口岸卫生检疫领域

一是持续完善口岸疫情防控技术方案体系，严格规范落实“三查三排一转运”等各项疫情防控措施，做到入境人员全部移交转运形成闭环。二是严格落实“三位一体”3+2 安全防护制度体系，全面提升安全防护能力。三是全面加强风险研判，组织开展“多病同防”等专题风险评估 3 次、日常风险评估 15 次。四是在常态化应急演练基础上，重点围绕入境人员有症状、突发疾病，检疫关员突发疾病、防护服破损、采样时职业暴露 5 项场景开展关区汇报演练，提升口岸突发公共卫生事件应急处置能力。五是严格落实督查自查机制，采取“四不两直”等方式，发挥季度督查、外防输入月度抽查、“挑毛病”专家组作用，加强日

常工作监督检查、自查排查。2022 年入境人员检疫发现有传染病症状者 11 人次，检出新冠病毒核酸阳性 12 人次。

（二）进出境动植物检疫领域

一是扎实开展进出境活动物检疫监管工作。截至 2022 年 12 月 31 日，共进境种牛 10 批 62296 头，检出二类疫病阳性 91 头，全部进行了扑杀并做无害化处理。二是做好进境粮食查验检疫安全防护工作。截至 2022 年 12 月 31 日，共进境粮食 407.34 万吨，检出检疫性有害生物 1167 种次，非检疫性有害生物 6883 种次。三是组织做好外来入侵物种普查工作。组织开展口岸外来入侵普查工作督查，分别于 6 月和 8 月对秦皇岛海关等 8 个隶属海关开展实地督导检查。四是扎实推进“跨境电商寄递‘异宠’综合治理”专项行动。

（三）进出口食品安全

开展《中华人民共和国进出口食品安全管理办法》《中华人民共和国进口食品境外生产企业注册管理规定》2 部规章实施情况书面调研。修订进口冷链食品新冠疫情防控工作操作指引，组织各隶属海关开展模拟演练 18 次。持续开展进口食品“国门守护”行动。强化风险信息分析研判及协同监管，与河北省市场监督管理局、河北省卫生健康委员会联合下发依法查处生产经营含金银箔粉食品违法行为的通知，组织开展排查，未发现进口含金银箔粉酒类等食品。针对关区 20 家出口食品及中药材企业被国外通报产品不合格事宜，及时组织开展核查。

（四）进出口危险品检验领域

按照海关总署党委“长短结合”的工作思路和“以严治乱、以快防患、依规履职、综合治理”的工作原则，锲而不舍做好口岸危险品综合治理工作。强化石家庄海关出台“十条”加强版措施执行，确保常态化工作落地落细。按照危险化学品检验监管模式调整试点工作方案，在石家庄关区推进试行各项制度，及时评估反馈。按照海关总署要求全面开展危险品检验监管模式改革，完善相关配套制度。一是深入开展“口岸危险品综合治理”百日专项行动。构建进出口危险化学品、出口涉危商品等 3 个风险监测模型，向海关总署风险防控局（青岛）移交硝酸盐和浸渍沥青 2 类产品涉危伪瞒报线索；编发 4 期危险品专题风险信息汇编，发布风险预警 8 条，梳理建立石家庄海关危险品影子商品库及伪瞒报高风险企业名单。出台“十条”措施，打造加强版危险品安全监管体系。报送工作动态 21 篇，被海关总署采用 12 篇。通过比对分析舱单和报关单商品信息，查发进口电解液商品涉危不报线索。开展联合风险研判 5 次，判别出氰乙酸乙酯等涉及出口涉逃漏检高风险企业 9 家，稽查查发 5 家出口危险化学品企业存在出口未按照危险品规定申报、未取得危险货物包装使用鉴定等违规行为，涉及危险品 1811.71 吨、货值 6011.14 万元。二是开展危险品及包装督导检查，加强资质管理和教育培训。组织开展 2 期培训考核工作，123 人通过考核；发挥教学实训点“教、学、练、战”一体化优势，共有 26 名关员报名参加。三是强化危险品包装质量监管。2022 年度出口危险品包装质量安全抽查，共检出 6 批次不合格。

（五）监管作业安全领域

深入开展海关监管作业场所安全隐患排查，加强口岸监管作业现场个人防护，加强进出口货物监管区外存放审批管理，最大限度压缩危险品口岸暂存监管时间。利用关区监控指挥中心开展口岸监管作业视频巡查。举办关区口岸监管环节反恐工作系列培训。举办总体国家安全观、走私枪支及其散件监管查缉、生物有害因子监测、化学有害因子监测、核辐射监测和门户式核辐射监测设备校验6期培训班。海关监管作业场所实地巡查中发现1批非海关监管货物危险品超资质存储，货物为油漆、底漆、固化剂等商品，共计1290件、650吨，立即通报地方政府，并要求企业立即提离海关监管作业场所。

（六）涉案财物仓储领域

对关区涉案财物普通仓库、精品仓库开展仓储安全检查20余次，对涉案财物精品仓库和普通仓库中的UPS电源进行了维修更换。制发涉案财物管理实施细则，要求涉案财物仓库需符合防火、防水、防疫、防盗、防腐等安全需求。

（七）海关实验室安全领域

一是建立石家庄海关三级实验室检测质量安全管理体系。二是编制实验室安全管理规范及监督机制，其中安全管理规范11篇，监督检查机制1篇，共指出关区实验室安全风险点76个，其中，高风险点9个、中风险点33个、低风险点34个。三是针对关区实验室常用的31种危险化学品，组织编制化学品安全说明书（MSDS）。四是开展专题专业技术培训11次、应急演练10次。五是对实验室各环节进行全面梳理，共发现风险隐患26个，开展生物安全每日安全巡查活动，共发现各类问题19个。所有问题均已落实责任人，整改完毕。

（八）海关特殊监管区域和保税监管场所安全领域

一是开展自查和专项督查。共发现消防验收备案资质、现场设施设备等17个问题，除1个问题外均已整改完成。二是对保税仓库和出口监管仓库（以下简称“两仓”）、综合保税区、保税监管场所进出及储存货物情况进行摸底，准确掌握危险品的数量、经营许可期限范围，严防超期、超范围开展业务和伪瞒报风险。

（九）办公场所安全领域

一是深入开展办公场所领域专项检查。重点对办公场所涉密文件安全处理、计算机网络媒介安全、计算机机房安全、节日期间应急值守、食堂安全、用电安全、地下空间等关键环节开展隐患排查，共开展检查7次，开展专项督查2次，共发现安全隐患14个，全部整改到位。二是建立健全办公场所安全生产长效机制。三是加强值班值守强化应急处置。严格落实值班期间突发事件报告制度，遇紧急事件、重特大突发事件第一时间电话报告，按照时限要求及时进行书面报告。

四、深入组织开展安全生产大检查“回头看”

（一）高度重视，严密组织落实

关党委高度重视安全生产大检查“回头看”工作，落实“防风险、保稳定、迎二十大”要求，立即作出部署，各部门、各单位主要负责同志亲力亲为、靠前指挥，其他负责同志主动履责、落实分管领域的安全管理责任，进一步落实落细工作方案。充分运用座谈交流、重点谈话、明查暗访等方式方法，掌握一手情况；系统梳理安全生产大检查前期工作，聚焦发现的突出问题、薄弱环节、明显短板，有针对性地开展“回头看”。综合运用通报、警示、考核等手段，强化责任落实，确保问题隐患整改到位。以高标准、严要求深入推进各项工作。

（二）完善“回头看”制度措施

为更好推动安全生产大检查“回头看”走深走实，推出9个领域25条具体措施。包括办公场所评选“内务规范样板间”并悬挂流动红旗；结合实际加密外防输入月度抽查频次；对海关监管作业场所每日实地巡查，对涉危作业码头泊位、存储场所的安全生产资质档案进行全面排查，及时更新提醒；建立危险特性分类鉴别库；分别组织开展进出口食品安全、属地查检执法作业安全和实验室安全检查“回头看”；对进境种牛视频检查全覆盖，提升关区安全生产大检查“回头看”工作成效，压紧压实安全生产责任。

（三）聚焦重点时段加严检查

在党的二十大召开前和召开期间，关领导带队开展网络和实验室安全生产检查；自国庆节前开始，将外防输入月度抽查频次调整为每周1次，对口岸卫生检疫全流程作业特别是安全防护作业，累计开展4轮次口岸全覆盖监督检查；分别针对3个海关进境种牛、5个涉案财物仓库开展远程视频督导检查；组织11个主管海关对关区24个“两仓”、4个综合保税区、5个保税物流中心反复排查，发现问题隐患10个，均已整改完成；每周向海关总署汇报海关房产危房整改情况，开展值班检查抽查5次；2022年10月每日对关区所有海关监管作业场所实地巡查和视频检查，共开展海关监管作业场所实地巡查1977次，视频检查24次，未发现违规存放危险品情事，涉危海关监管区资质档案均在有效期内。

第三篇

大事记

2022年石家庄海关大事记

1月

1日 鹿泉海关签发河北省首份RCEP原产地证书，为关区某企业出口日本的一批中药材，货值约9万美元，在日本将享受零关税待遇。

6日 石家庄海关组织收听收看全国海关专题会议，学习贯彻习近平总书记重要批示精神，在关关领导在分会场参会。

14日 石家庄海关召开捍卫“两个确立”、做到“两个维护”、强化政治机关建设专项教育活动动员会议。党委书记、关长闫伟东作动员讲话，对开展好专项教育活动提出要求。石家庄海关党委班子成员，总工程师，机关各部门、风控分局、各直属事业单位党政主要负责人在主会场参加会议，石家庄海关机关各部门、风控分局、各直属事业单位班子成员和党员代表，各隶属海关党委班子成员、科室负责人及党员代表在分会场参加会议。

关长闫伟东召开石家庄海关北京冬奥会工作领导小组视频调度会，组织学习1月4日习近平总书记在考察北京冬奥会筹办备赛工作时重要讲话精神，听取张家口海关关于服务保障北京冬奥会筹办工作汇报，就最后阶段做好北京冬奥会张家口赛区海关保障工作进行部署，并提出要求。

25日 石家庄海关召开2021年度隶属海关党委书记、机关党支部书记述责述廉述党建会议，党委书记、关长闫伟东进行点评并提出工作要求。

副关长石金峰参加省政府新闻办召开的2022年首场新闻发布会，介绍2021年河北省外贸进出口情况和石家庄海关发挥职能作用促进外贸稳增长有关工作情况。法综处、关税处、统计处负责同志参加发布会，并回答记者提问。

27日 石家庄海关以视频会议形式召开2022年石家庄海关工作会议。总结回顾2021年关区工作，分析当前关区工作面临的新形势新任务，明确2022年关区工作的主要思路，对2022年重点工作做了安排布置。

石家庄海关以视频会议形式召开2022年石家庄海关全面从严治党工作会议。党委委员、副关长王蔚冰主持会议并作会议小结。党委委员、党委纪检组组长刘学惠传达赵乐际同志在十九届中央纪委六次全会工作报告精神以及驻署纪检监察组王林组长在2022年全国海关全面从严治党工作会议的讲话、全国海关纪检监察工作会议和省纪委十届二次全会精神，并就学习贯彻落实提出要求。

石家庄海关召开党史学习教育总结会议。党委书记、关长闫伟东提出相关要求。

2月

1—20日 张家口海关强化与北京海关、崇礼冬奥村场馆运行团队协作联系，第一时间了解值机柜台前移出境人员预约时间、旅客人数、行李件数等信息，及时沟通业务办理需求。北京冬奥会期间，累计为巴西等18个奥运代表团、75名出境旅客办理235件托运行李海关验核手续。

9日 石家庄海关召开2022年关区缉私工作会议。关长闫伟东出席会议并提出要求。缉私局局长刘滨生提出工作要求。在关关领导，有关部门、单位主要负责同志，缉私局内设处室主要负责同志在主会场参加会议；各隶属海关党委班子成员，相关科室主要负责同志，石家庄海关缉私局及各缉私分局全体民警在分会场参加会议。

缉私局查私处被评为全国“扫黄打非”工作先进集体，唐山海关缉私分局尹刚被评为全国“扫黄打非”工作先进个人。

16日 京唐港海关高建功被海关总署党委评选为“百名优秀执法一线科长”。

24日 石家庄海关召开关区2022年动植物检疫工作会议。副关长石金峰出席会议并讲话，总结回顾2021年关区动植物检疫工作取得的成绩，深刻分析当前关区动植物检疫工作面临形势任务，并提出工作要求。会议传达全国海关动植物检疫工作会议精神，关区6个隶属海关作动植物检疫工作经验交流。石家庄海关各有关部门负责同志及科级干部，各隶属海关分管关领导和动植物检疫岗位相关人员参加会议。

3月

2日 石家庄海关召开“海关重点项目和财物管理以权谋私”专项整治工作动员部署视频会议。关长闫伟东提出工作要求。党委纪检组组长刘学惠主持会议，传达驻署纪检监察组组长王林在“海关重点项目和财物管理以权谋私”专项整治工作动员部署会上的讲话精神，通报关区专项整治工作实施方案。

3日 河北国际旅行卫生保健中心被全国妇联授予“全国三八红旗集体”称号。

4日 副关长王蔚冰出席中国（河北）自由贸易试验区贸易便利化发展论坛，代表石家庄海关与河北省商务厅、国家外汇管理局河北省分局、中国工商银行河北省分行共同签署《推动中国（河北）自由贸易试验区贸易便利化备忘录》，协同推进中国（河北）自由贸易试验区高质量发展，提高跨境贸易便利化水平。

10日 石家庄海关召开关区2022年进出口食品安全、商品检验、科技工作会议。副关长石金峰出席会议并讲话，总结回顾2021年关区食品安全、商品检验、科技工作，对做好2022年关区食品安全、商品检验、科技工作进行安排部署，对下一步工作提出要求。总工程师，相关处室负责同志，食品处、商检处、科技处科级以上领导干部，各隶属海关主管关长和相关科室负责人参加会议。

13—15日 石家庄海关顺利完成北京冬奥会值机柜台前移服务保障工作。组建支援北京冬奥会服务保障梯队和临时党支部，进驻奥运村工作人员严格执行住宿管理、就餐管理和健康管理等各项要求，按规定做好个人卫生防护；设立现场协调员、现场监督员、现场安全员等工作岗位，加强与冬奥村抵离中心、航空公司等部门的沟通联系，及时了解值机柜台前移预约时间、旅客人数、行李件数等信息，累计为瑞典等8个代表团38名出境旅客办理127件托运行李海关手续。

28日　石家庄海关《卫浴噪声多元评价及精准测试关键技术研究与应用》项目荣获2021年度河北省科技进步奖二等奖。

30日　石家庄海关召开关区2022年卫生检疫工作会议。副关长许书良出席会议并讲话，肯定2021年卫生检疫工作，并提出工作要求。机关各部门主要负责同志，各隶属海关分管关领导和相关科室工作人员参加会议。

4月

1日　缉私局局长刘滨生出席2022年关区缉私部门警示教育动员部署会议，做动员部署讲话，对扎实开展好警示教育提出要求。副局长薛令军摘要传达全国海关缉私部门警示教育动员部署会议精神，通报警示教育典型案例并作会议小结。缉私局全体民警、辅警参会。

2日　石家庄海关组织收听收看海关总署党委理论学习中心组（扩大）学习专题辅导。海关总署署长倪岳峰主持会议，中央党校经济学部副主任曹立教授作《习近平新时代中国特色社会主义经济思想》辅导讲座。关党委委员、一级巡视员，机关各部门单位主要负责同志、隶属海关党委班子成员及党员代表收听收看。

5日　《人民日报》报道海关支持雄安新区建设发展情况。在当日头版报眼位置刊发的《构筑开放新高地——5年来雄安新区着力建设开放发展先行区》一文中，对京津冀海关签署支持雄安新区全面深化改革和扩大开放合作备忘录、海关应用集疏港智慧平台推行“船边直提”“抵港直装”等便利化创新举措进行报道。

19日　食安处吕红英被中共河北省委、河北省人民政府授予“2022年冬奥会、冬残奥会河北省先进个人”荣誉称号。

20日　技术中心连素梅申报的科技项目被新疆维吾尔自治区人民政府评定为新疆维吾尔自治区科学技术进步奖二等奖。

26日　石家庄海关召开关区2022年口岸监管工作会议。副关长许书良出席会议并讲话，充分肯定2021年关区口岸监管工作，对做好2022年关区口岸监管工作进行安排部署，并提出要求。相关处室负责同志、监管处全体干部、各隶属海关分管负责同志和相关科室负责人参加会议。

29日　石家庄海关召开党建品牌创建工作交流推进会。7个全国海关和关区党建示范（培育）品牌党支部书记进行交流汇报。党委书记、关长闫伟东提出工作要求。政治部主任曹雷对7个党建品牌创建经验进行点评，并就近期党建重点工作提出意见。机关各部门、风控分局、各直属事业单位党组织书记，各隶属海关党委书记、机关党委（党总支）书记、分管人事政工工作负责人，全国海关党建品牌、关区党建品牌支部书记参加会议。

5月

12日　副关长许书良主持召开关区强化

固体废物排查打击“洋垃圾”入境工作专题视频会，听取秦皇岛、曹妃甸、京唐港、黄骅港海关强化固体废物排查，打击“洋垃圾”入境工作汇报，提出工作要求。商检处、监管处、科技处和风控分局相关负责同志在主会场参会，秦皇岛、曹妃甸、京唐港、黄骅港海关主要负责同志通过视频连线在分会场参会。

5月26日至8月23日 审计署兰州特派办对石家庄海关开展履行监管职责和税收征管情况专项审计。

7月

5日 石家庄海关以视频会议形式召开2022年石家庄海关年中工作会议。会议认真贯彻落实全国海关年中工作会议部署，全面总结回顾上半年工作成效，科学分析当前关区工作面临的形势任务，对下半年重点工作进行安排布置。

7日 京唐港海关物流监控二科、石家庄机场海关旅检二科、河北国际旅行卫生保健中心3个党支部被海关总署党委评定为“全国海关党建示范品牌”。曹妃甸海关综合业务一科、黄骅港海关查验一科、秦皇岛海关物流监控一科3个党支部被海关总署党委评定为“全国海关党建培育品牌”。

18日 卫检处刘利辉被国家卫生健康委、海关总署、国家中医药管理局多部委联合授予“全国消除疟疾工作先进个人”荣誉称号。

21日 党委书记、关长闫伟东主持召开石家庄海关2022年上半年全面从严治党暨党风廉政建设工作会议。关长闫伟东就进一步抓好全面从严治党、党风廉政建设和反腐败工作提出要求。纪检组组长刘学惠围绕监督执纪问责、政治部主任曹雷围绕全面从严治党和党风廉政建设，分别通报了关区上半年工作情况及成效，并就下半年重点工作提出意见。

26日 副关长石金峰参加石家庄海关在河北省政府新闻办召开的新闻发布会。通报2022年上半年河北省外贸进出口和石家庄海关助力企业用好RCEP促进外贸保稳提质有关工作情况。关税处、统计处主要负责同志参加发布会，并回答记者提问。新华社、中央广播电视总台、《河北日报》、河北广播电视台等主要新闻媒体到会报道。

8月

2日 秦皇岛海关联合相关单位共同研制的“智能在线可视化消杀船舶携带的病媒生物的蒸熏系统”装置获得国家知识产权局授予专利权并颁发实用新型专利证书（专利证书号：第17095723号），填补了石家庄海关在卫生检疫科研工作的一项空白。

11日 秦皇岛海关报关大厅、唐山海关报关大厅、石家庄海关技术中心食品理化实验室被共青团中央认定为“一星级青年文明号”集体。

15日 石家庄海关召开关区信访和值班工作专题视频会议。政治部主任曹雷传达学习习近平总书记重要讲话和重要指示批示精神，通报河北省防范化解重大风险专项工作推进会会议精神，部署加强和改进关区信访工作的具体措施。关长闫伟东就加强关区信访工作提出牢牢把握政治属性、紧紧压实主体责任、持续提升能力水平、切实强化考核问责等要求，就加强关区值班应急工作提出不断提高政治站位、坚持底线思维防范化解风险、加强组织领导抓实抓细工作措施等要求。机关各部门单位、各隶属海关主要负责同志及办公综合科室负责人参加会议。

26日　石家庄海关以视频会议形式召开关区贯彻落实全国海关加强新时代廉洁文化建设暨警示教育大会精神推进会。会议集中学习习近平总书记在省部级主要领导干部专题研讨班上的重要讲话精神，传达全国海关加强新时代廉洁文化建设暨警示教育大会精神，分析当前关区党风廉政建设和反腐败工作形势，对关区加强新时代海关廉洁文化建设作出安排部署。

29日　河北首批两家企业通过RCEP“经核准出口商”资格认定。经石家庄海关审核认定，唐山惠达卫浴股份有限公司和衡水京华化工有限公司顺利通过“经核准出口商”资格认定，成为河北省首批RCEP项下“经核准出口商”。

9月

1日　海关总署下发《国家药监局　海关总署关于增设石家庄航空口岸为药品进口口岸的公告》（2022年第71号），增设石家庄航空口岸为药品进口口岸。

13日　石家庄海关召开关区促进外贸保稳提质工作推进会。法综处通报前期工作，部分处室及隶属海关作重点发言。副关长王蔚冰提出工作要求。石家庄海关机关各部门单位、风控分局、数据分中心主要负责同志在主会场参会；各隶属海关主要负责同志、相关科室人员在隶属海关分会场参会。

16日　海关总署政治部主任、党委委员许大纯出席石家庄海关关长张宝峰任职仪式。宣读海关总署任免职文件，充分肯定石家庄海关工作成效，并提出要求。张宝峰同志、闫伟东同志分别作表态发言。

20日　党委书记、关长张宝峰带队赴西柏坡纪念馆开展“忠诚捍卫‘两个确立’走好新的‘赶考’之路”主题党日活动。向五大书记铜像敬献花篮，重温入党誓词，参观西柏坡纪念馆，观看《新中国从这里走来》专题片，瞻仰毛主席旧居、中央军委作战室和七届二中全会旧址，深切感悟党中央在西柏坡期间波澜壮阔的奋斗历程，深切缅怀革命先辈的优良作风和丰功伟绩，重温毛主席提出的“两个务必”号召和“进京赶考”命题，深入学习习近平总书记到西柏坡考察时作出的重要指示精神。

22日　石家庄海关召开重点业务推进及风险防范第一次例会。学习贯彻习近平总书记关于安全生产工作的重要讲话和重要指示批示，传达海关总署及河北省委、省政府关于安全生产工作的系列会议精神，围绕“守国门、保平安、促发展　迎接党的二十大”主题，听取重点工作汇报，研究部署下阶段主要任务。

23日　石家庄海关党委班子成员参加海关系统“防风险、保稳定、迎二十大”专题电视电话会议。会议传达全国安全生产电视电话会议精神，海关总署署长俞建华讲话精神。会后，关长张宝峰立即组织召开关区会议，贯彻落实海关总署会议精神，并结合重点业务工作推进及风险防范例会部署，提出要求。

27日　关长张宝峰主持召开统筹口岸疫情防控和促进外贸稳增长工作指挥部会议。会议学习贯彻习近平总书记在出席上海合作组织成员方元首理事会第二十二次会议时的重要讲话精神以及关于疫情防控系列重要指示批示精神，传达学习海关总署及河北省委、省政府关于疫情防控的相关要求，听取石家庄海关关指挥部 11 个工作组牵头部门工作汇报，并对做好国庆前后相关工作进行研究部署。

28 日　缉私局局长刘滨生主持召开关区缉私部门党的二十大安保维稳工作动员部署会议。传达全国海关缉私部门夏季治安打击整治“百日行动”总结暨党的二十大安保维稳攻坚动员大会精神，就关区缉私部门党的二十大安保维稳工作提出要求。

29 日　党委书记、关长张宝峰主持召开党委理论学习中心组（扩大）学习会议。组织学习习近平总书记在省部级主要领导干部专题研讨班上的重要讲话精神、《习近平谈治国理政》第四卷和《习近平生态文明思想学习纲要》，关党委委员结合实际开展研讨交流。关长张宝峰提出相关要求。

10 月

10 日　河北省政府副省长高云霄听取石家庄海关工作汇报。关长张宝峰汇报关区基本情况，重点汇报 2022 年以来服务全省开放型经济发展情况和下一步工作思路和举措，提出推动更高水平开放的工作建议。副省长高云霄肯定石家庄海关 2022 年以来的有关工作成效。

13 日　石家庄海关以视频会议形式召开关区警示教育与加强新时代廉洁文化建设研讨会。关长张宝峰就进一步学习贯彻全国海关加强新时代廉洁文化建设暨警示教育大会精神，抓好关区全面从严治党、党风廉政建设和反腐败工作提出要求。

14 日　石家庄海关与石家庄市政府签署合作备忘录。石家庄海关关长、党委书记张宝峰，石家庄市委副书记、市长马宇骏出席并致辞，石家庄海关副关长王蔚冰、石家庄市副市长管云天分别代表双方签署合作备忘录。

16 日　石家庄海关组织收听收看党的二十大开幕会盛况。聆听习近平总书记代表第十九届中央委员会在大会上所作的报告。党委书记、关长张宝峰就深入学习宣传贯彻党的二十大精神作出部署。关党委委员、一级巡视员、总工程师和机关各部门单位主要负责同志，各隶属海关党委班子成员、各科室主要负责同志和党员代表分别在机关和各隶属海关集中收听收看；关区各基层党组织、封闭管理一线党员干部、老干部和青年理论学习小组以线上线下等多种形式组织收听收看。

18 日　关长张宝峰主持召开 2022 年第 14 期统筹口岸疫情防控和促进外贸稳增长工作指挥部会议，强调相关要求。

21 日　石家庄海关关长张宝峰、副关长许书良参加 2023 年中国廊坊国家经济贸易洽谈会四方视频会议。在听取全球化智库理事长王辉耀介绍中国廊坊国家经济贸易洽谈会总体方案策划后，张宝峰关长对会议的组织形式、参与范围、论坛筹办、领导出席等方面提出了建设性意见。

11 月

14 日　石家庄海关举办党委理论学习中心组（扩大）学习暨处级主要负责同志学习贯彻党的二十大精神专题培训班。党委书记、关长张宝峰作开班动员辅导讲话，党委委员、副关长王蔚冰主持会议。关党委委员，一级巡视员，总工程师，机关各部门单位、缉私局各内设处室主要负责同志，各隶属海关党委班子成员，各派驻纪检组组长，各缉私分局局长、政委，党员群众代表分别在主会场和各隶属海关分会场参加会议。

12月

2日　石家庄海关召开封闭管理专题会议。政治部主任曹雷受关长张宝峰委托对封闭管理工作进行再强调、再部署。

7日　副关长许书良主持召开加强口岸安全防护和封闭管理工作专题视频会议，传达学习海关总署近期关于疫情防控的相关文件精神，听取各口岸海关落实情况汇报，就进一步做好口岸安全防护和封闭管理工作提出工作要求。

16日　石家庄海关召开重点业务工作推进及风险防范第四次例会。

18日　党委书记、关长张宝峰主持召开党委会，学习贯彻中央经济工作会议精神。

30日　关长张宝峰主持召开2022年第16期统筹口岸疫情防控和促进外贸稳增长工作指挥部会议。会议听取6个部门单位工作汇报，对关区优化调整疫情防控措施进行具体安排部署。

第四篇

党的建设

党建工作

【概况】2022年，石家庄海关以习近平新时代中国特色社会主义思想为指导，以迎接党的二十大、学习宣传贯彻党的二十大精神为主线，深入贯彻落实关党委的决策部署，推动理论武装、全面从严治党、机关党的建设、思想政治工作等各项工作不断取得新成绩。做好党的二十大精神学习宣传贯彻，关党委带头示范，带领部门单位主要负责同志和青年理论学习标兵同台讲学。制发石家庄海关学习宣传贯彻党的二十大精神工作实施方案，举办党委理论学习中心组（扩大）学习暨处级主要负责同志学习贯彻党的二十大精神培训班。开展政治机关建设专项教育活动和“学查改”专项工作，发布重点工作任务提醒18次，列明各业务各岗位蕴含的政治要求1971条，查摆关区层面问题22个，制定整改措施78条，引导党员干部切实把讲政治落实到关区工作各领域、全过程。

▲2022年11月14日，石家庄海关举办党委理论学习中心组（扩大）学习暨处级主要负责同志学习贯彻党的二十大精神专题培训班（董海军　摄）

【宣传思想文化】2022年，石家庄海关抓好党委中心组示范学习，组织党委理论学习中心组（扩大）学习12次，围绕学习宣传贯彻党的二十大精神、《习近平谈治国理政》第四卷、习近平总书记在省部级主要领导干部专题研讨班上的重要讲话、政治机关建设专项教育活动和“学查改”专项工作等开展专题交流研讨5次。办好“思想理论学用讲坛”，关党委带领部门单位主要负责同志和青年学习标兵同台讲学，开展“强化政治意识、传承红色基因，我为二十大作贡献”思想理论学用讲坛。以“疫情要防住、经济要稳住、发展要安全”为主题开展党支部联学。与河北省人民检察院联合组织“喜迎党的二十大青春建功新时代”主题活动。强化青年理论学习提升工程。完善青年理论学习小组学习规则，评选年度青年学习标兵，提升青年理论素养。以书面调研、开展座谈、问卷调查等形式定期开展干部队伍思想动态调研分析，针对封闭管理人员开展常态化调研，建立问题收集办理反馈机制，针对反映集中的问题召开视频会议面对面进行反馈，及时解决干部职工关心的子女入托、养老保险、单身青年婚恋等问题，及时解疑释惑，凝聚共识。在“三八”妇女节举办巾帼建功座谈会，在八一建军节组织复转军人开展“重温军旅岁月汲取奋进力量”主题党日活动，组织离退休干部为党的二十大建言献策，凝聚强大正能量。做好对疫情防控一线人员关心关爱和心理疏导工作。印发石家庄海关凝心聚力深化为疫情防控一线党员干部职工办实事活动工作安排，聚焦口岸一线封闭管理人员常态化开展思想动态调研，建立问题“收集—交办—反馈”机制。协助240人次开通爱奇艺视频账号和掌上阅读账号，指导相关口岸海关添置健身器材、书刊杂志等丰富封闭隔离期间的文化生活。组织130余名疫情防控一线封闭管理人员分批次赴西柏坡、塞罕坝等红色教育基地开展主题党日活动。依托“心灵驿站”微信群发布心理健康知识50余期；邀请专家开展心理健康讲座，组织开展心理疏导经验交流座谈会，收集意见建议18条，面向全关区人员上线心理疏导课程，增设匿名咨询邮箱，为封闭管理人员家庭提供采买、跑腿等志愿服务。在春节、中秋、国庆等重要节日期间面向疫情防控一线人员及家属进行家庭走访、制发慰问信、发放慰问金（品）；开展情绪压力测试和评估2批次共计191人次、心理问需283人次、心理辅导33人次、谈心谈话397人次。落实海关总署“求实、扎实、朴实”要求，举办两场“三实”文化建设座谈研讨会，开展“三实”文化建设课题研究。用好河北省丰富的红色教育资源，强化理想信念教育和爱国主义教育。围绕“海关重点项目和财物管理以权谋私”专项整治，一体推进政治教育、纪法教育、警示教育。发挥好文化协作区华北片区年度牵头单位作用，开展“清风国门”廉洁文化创意作品征集活动。举办扣好廉洁从政“第一粒扣子”青年干部演讲比赛。修订内务督察实施细则，狠抓日常纪律作风养成。完善宪法宣誓、党员入党宣誓、过“政治生日”等政治仪式，重大节日升国旗仪式。开展“喜迎二十大·永远跟党走”书画摄影作品征集展览，组织拍摄《领航》视频，参加省直“云上”运动会，开展亲子阅读、支部荐书、建设书香驿站等活动。开通思政新媒体“冀语关情”，推文234篇，关注用户达2462人，单篇最高阅读量达7406人次；用好“石关战疫党旗红”宣传专栏等载体广泛开展宣传，并向海关总署政工办网站等载体推报。组织“全国三八红旗集体”“河北省抗击新冠疫情先进集体”旅保中心开展先进事迹宣讲，开展封闭管理一线人员家属访谈，多角度讲好石关战疫故事，营造担当奉献、创先争优的浓厚氛围，凝聚起石关战疫强大正能量。

【学习宣传贯彻党的二十大精神】2022年10月16日，石家庄海关组织关区党员干部收听收看党的二十大开幕会，第一时间制发石家庄海关学习宣传贯彻党的二十大精神工作实施方案。举办党委理论学习中心组（扩大）学习暨处级主要负责同志学习贯彻党的二十大精神培训班，关党委开展两轮学习研讨，各隶属海关党委理论学习中心组集中学习88次，各级党组织以党委理论学习中心组学习、“三会一课”、主题党日、思想理论学用讲坛、联学共建等多种形式开展学习。组建党委班子、党支部书记、先进典型3个层级宣讲团，深入基层开展党的二十大精神宣讲。制发3期工作提醒，组织开展“铸忠诚、担使命、守国门、促发展、齐奋斗”专题大讨论活动，在办公网开设学习宣传贯彻党的二十大精神专栏，在“冀语关情”微信公众号等平台开设学习宣传党的二十大精神专刊，持续营造学习宣传贯彻党的二十大精神的浓厚氛围。

【精神文明建设】2022年，家庄海关印发石精神文明建设工作安排，开展“思想理论学用讲坛”和国门生物安全主题实践活动。学习贯彻习近平总书记给“中国好人”李培生、胡晓春的回信，制订石家庄海关关于“我是文明市民、要为城市争光，我是燕赵儿女、要为河北争气”活动实施方案，成立应对疫情心理援助志愿服务队、“金钥匙”党员志愿服务队、青年志愿服务队，结合“迎冬奥、讲文明、树新风”“喜迎二十大先锋志愿行”“不忘初心敬老情”活动，开展疫情防控知识宣传、美化环境卫生、关爱老党员等志愿服务，组织驻石单位开展无偿献血。唐山海关学雷锋志愿者服务队获评河北省青年志愿者优秀组织奖。开展“喜迎二十大·奋进新征程”系列活动，组织拍摄《领航》视频，落实新时代全民阅读部署，进一步活跃关区文化氛围。开展文明单位创建工作，指导各隶属海关对照省级和全国文明测评体系指标夯实工作基础，与地方文明办沟通联系，做好文明单位年度创建资料上传和迎接实地检查测评准备工作。开展“擦亮青年文明号职业青年投身三统筹三扩大四创建主题活动”“喜迎二十大向祖国报告”青年文明号开放周活动，秦皇岛海关报关大厅、石家庄海关技术中心食品理化实验室两个青年文明号集体在往届全国青年文明号星级认定工作中被认定为“一星级全国青年文明号”。

【基层组织建设】2022年，石家庄海关持续深化拓展“强基提质工程”，组织开展基层党建“双提升”行动，强化基层党组织政治功能，促进组织力、凝聚力提升，强化党员干部政治意识，促进党建工作能力提升，推动基层党建全面进步全面过硬。印发党支部党建工作季度考核评估办法，围绕党建重点工作6个方面制定22项考核指标，组织开展关区党支部党建工作季度考核，持续加强基层党支部标准化、规范化建设。全年，共召开直属机关党委委员会议11次，研究审议换届选举基层党组织98个，任中调整基层党组织37个，成立北京冬奥会服务保障临时党支部2个、疫情防控督查组临时党支部1个，发展党员21名，督促指导关区事业单位所属6个国有企业完成党建工作入章程。深化开展党建品牌创建和“四强”党支部评选工作，经过全国海关和石家庄海关两级党建品牌复核评选，共评选出全国海关党建示范品牌3个、党建培育品牌3个，关区党建示范品牌12个、党建

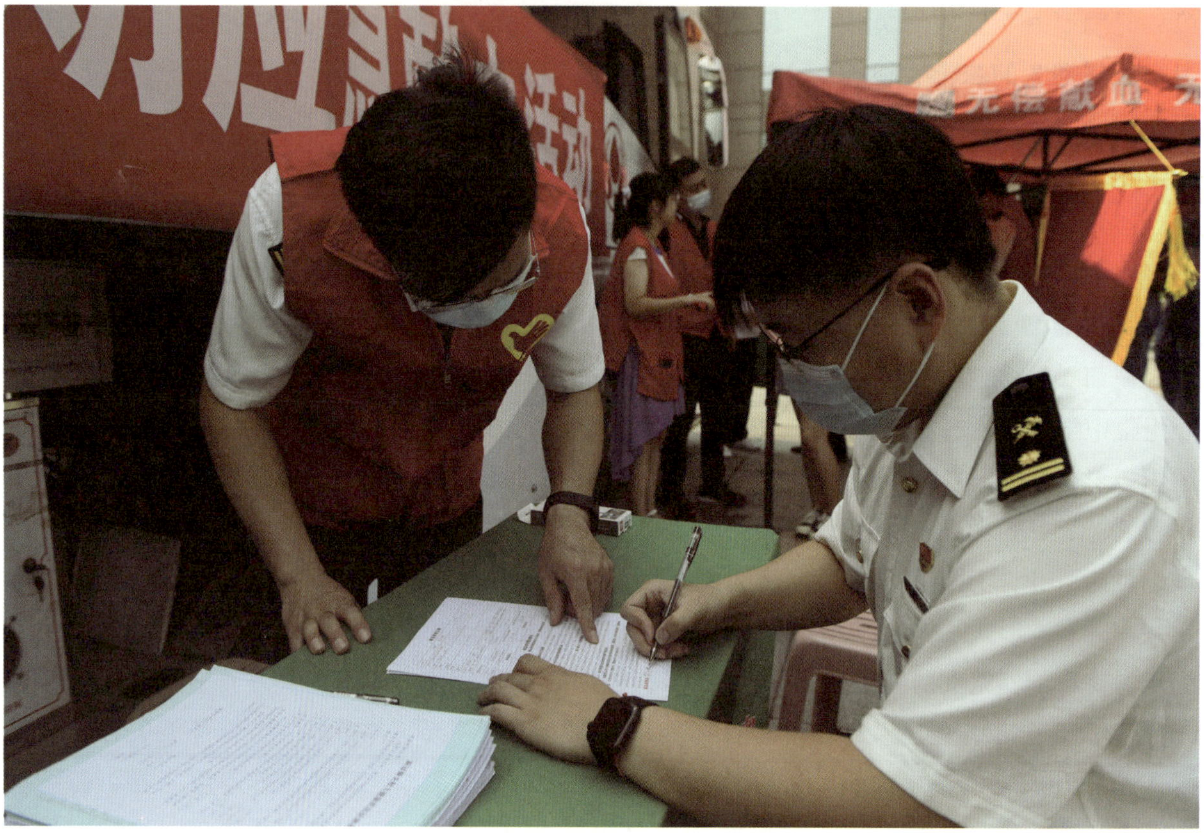

▲2022年8月4日，石家庄海关组织开展无偿献血活动（董海军 摄）

培育品牌20个，关区“四强”党支部75个。年内，石家庄海关基层党建品牌见表1。参加海关总署和省直机关各项评优表彰工作，1个隶属海关获评全国海关系统先进集体，1名党务干部获评全国海关“党务之星”，1个基层党支部事迹获评全国海关党建创新案例，4个党支部获评省直机关“五好红旗党支部”，7名党员获评省直机关“共产党员先锋岗”。年度共有党建文章（视频）7篇（部）入选海关总署基层党建“双提升”工作专刊；组织开展关区“两优一先”评选表彰，评选产生优秀共产党员35名、党务干部15名、先进基层党组织30个，进一步营造出比学赶超的氛围。深化拓展“书记项目”课题研究工作，关党委班子带头第一批次先行确定39个项目进行课题攻坚，着力破解关区层面改革发展难题。组织关区263名党支部书记和党务干部开展党务干部岗位练兵活动，先后围绕机关党建工作开展和基层党支部标准化、规范化建设，开展基层党组织书记培训班2轮次，270余名党组织书记参加培训。印发石家庄海关基层党组织书记任职谈话实施办法，组织召开新任职党组织书记集体谈话暨基层党组织书记培训班，进一步加强新任职党组织书记谈话工作落实。

表 1　2022 年石家庄海关基层党建品牌一览表

党建品牌类别	基层党支部名称	支部品牌名称
全国海关党建示范品牌（3 个）	石家庄机场海关旅检二科党支部	国门磐石
	京唐港海关物流监控二科党支部	阳光党支部
	旅保中心党支部	“五心”耀医路
全国海关党建培育品牌（3 个）	曹妃甸海关综合业务一科党支部	一马当先
	黄骅港海关查验一科党支部	沧海冲锋号
	秦皇岛海关物流监控一科党支部	监管卫士　服务标兵
石家庄海关关区党建示范品牌支部（12 个）	办公室党支部	三过硬　三服务
	法综处党支部	法治综枢　改革先锋
	关税处党支部	工匠达人 · 关税标兵
	监管处党支部	监管前哨先锋
	机关党委（政工办）党支部	金色号角
石家庄海关关区党建示范品牌支部（12 个）	鹿泉海关综合业务一科党支部	忠诚尽责　担当奉献
	正定海关综合业务科党支部	e 通 · 心服务
	唐山海关查检二科党支部	保险丝精神
	京唐港海关进出境运输工具监管一科党支部	“启明星”党支部
	保定海关查检科党支部	查检先锋
	衡水海关办公室党支部	蚁力前行
	张家口海关综合业务科党支部	心服务 · 新速度
石家庄海关关区党建培育品牌支部（20 个）	动植检处党支部	绿盾红樱
	监察室党支部	啄木鸟
	风控分局风险防控二科评估管理科党支部	“微风”党支部
	机场海关旅检一科党支部	国门鹰眼
	秦皇岛海关查验一科党支部	疫情捕手
	秦皇岛海关进出境运输工具监管一科党支部	国门卫士 · 港口先锋
	北戴河海关旅检科党支部	空港先锋
	唐山海关综合业务一科党支部	改革先锋队
	曹妃甸海关人事政工科党支部	“四心”党支部
	曹妃甸海关办公室党支部	12360
	京唐港海关进出境运输工具监管二科党支部	“萤火虫”党支部
石家庄海关关区党建培育品牌支部（20 个）	廊坊海关查检一科党支部	执法用心　效劳先锋
	保定海关综合业务二科党支部	红星战队
	雄安海关党支部	雄关漫道党旗扬
	沧州海关查检二科党支部	火眼金睛党支部
	黄骅港海关技术科党支部	国门之盾
	邢台海关查检一科党支部	查检先锋　报国为民
	邢台海关办公室党支部	五心
	邯郸海关查检科党支部	查检先锋　国门卫士
	承德海关综合业务科党支部	紫塞关哨

【党风廉政工作】2022 年，石家庄海关推进清廉海关建设，全面从严治党、党风廉政建设和反腐败工作取得新进展新成效。党委班子恪守“六个带头”，推动干部职工做到“六讲六重”，年初全面从严治党工作会议部署工作、年中党风廉政建设工作例会加压发力、年底述责述廉述党建考核质效，推动 54 项全面从严治工作任务全部落实到位。巩固深化“季度报告、随机述职、全面考核”履责监督考评机制，党委共听取 18 个部门单位“一把手”现场汇报履责情况，压实隶属海关党委和机关党支部全面从严治党主体责任。深入开展纠治“四风”和作风纪律专项整治，查摆问题 11 个，清单式推动 42 项整改措施落实到位。开展网络行为排查、从严整治酒驾醉驾，有效遏制问题发生。对外公开服务作风“履职践诺”4 项内容，政务服务“好差评”好评率保持 100%。组织领导干部配偶、子女及其配偶从业行为抽查，及时规范 1 人。开展关区“一把手”和领导班子成员重点事项监督自查报告工作，实现处级领导干部自查全覆盖。

加强新时代廉洁文化建设，明确关区加强新时代海关廉洁文化建设 31 项具体任务。开展警示教育月活动，明确 5 个方面 12 项工作措施，出台 9 条贯彻全国海关加强新时代廉洁文化建设暨警示教育大会精神落实措施，组织对全国海关警示教育大会精神开展研讨，25 篇优秀研讨文章进行现场交流、网上展示，形成提高一体推进“三不腐”能力和水平课题研究成果 26 篇，先后召开关区推进会、研讨会，录制“书记组长谈责任”廉政访谈视频 6 部，形成墙体布展、网上展示、集结画册“三位一体”的“清风国门”廉洁文化成果。组织观看警示教育片，开展警示教育。开展“海关重点项目和财物管理以权谋私”专项整治学习教育，先后组织 3 次线上答题测试，累计参加 3478 人次，完成 860 份个人剖析材料撰写及抽查复核，梳理提炼问题风险 13 项。健全监督执纪“第一种形态”运用机制，制发运用监督执纪“第一种形态”实施试行细则，推动实践运用监督执纪“第一种形态”精准化、规范化、常态化。

【群团工作】2022 年，石家庄海关深化青年理论提升工程，持续强化青年干部理论武装。修订青年理论学习规则，制发学习宣传贯彻党的十九届六中全会工作指引、青年学习宣传贯彻党的二十大精神工作指南等，对青年干部理论武装提升工作制度化、规范化、具体化。围绕中国共产主义青年团成立一百周年开展“我们正青春系列活动，举办“思想理论学用讲坛”暨学习贯彻党的十九届六中全会精神青年线上读书班、“传承红色基因　强化政治意识　我为二十大做贡献”思想理论学用讲坛、“铸忠诚、担使命、守国门、促发展、齐奋斗”专题大讨论等专题活动，组织参加践行习近平新时代中国特色社会主义思想冀青工作调研大赛 2 篇调研课题获取立项批准。

加强人文关怀凝心聚力，巩固“我为群众办实事”实践活动。作为华北文化协作区 2022 年度牵头单位组织开展“喜迎二十大　永远跟党走”为主题的清风国门书画摄影展览征集比赛，共向海关总署报送 114 件优秀作品，获得一等奖作品 1 件、二等奖作品 2 件、三等奖作品 2 件。同河北省人民检察院开展“喜迎党的二十大 青春建功新时代”为主题的青年理论学习小组联学共建活动，在交流共建中进一步增强青年学习实效。开展全民阅读活动，广泛开展青年读书分享会、青年讲坛“学党史 悟初心 共奋进”读书分享等活动；在“冀语关情”微信公众号刊发“书香石关”专题文章，推动关区形成浓郁书香。针对年轻干部反映集中的子女“入托难”问题，关领导带队走访省直机关事务管理局，机关党委（政工办）对机关和驻石隶属海关干部子女入托需求进行摸底梳理。经多次跑办协调，解决干部职工子女入园问题。

撰稿人

于天辰 王 建 许春燕 郭 洵 郭 琳

巡视工作

【概况】2022年，石家庄海关强化巡视整改主体责任，对照巡视整改方案，聚焦海关总署党委巡视6个方面19个主要问题和4个方面的意见建议，制定时间表、任务图，强化巡视整改监督，强化成果综合运用，推进党的十九大以来中央及海关总署党委两次巡视78个整改事项的销账清零。在海关总署巡视办制发的巡视整改集中清查工作情况通报中，点名表扬石家庄海关党委巡视整改工作。

【巡视整改主体责任强化】2022年，石家庄海关关党委始终把党的政治建设放在首位，带头深入学习习近平新时代中国特色社会主义思想，深入贯彻落实习近平总书记关于巡视整改“四个融入”的重要指示精神，把巡视整改融入日常工作，定期听取牵头部门落实巡视整改工作情况汇报；把巡视整改融入深化改革，将巡视整改作为海关制度创新和治理能力建设的重要内容；把巡视整改融入全面从严治党，将落实巡视整改工作任务列入全面从严治党责任清单；把巡视整改融入班子队伍建设，通过巡视整改促进日常工作，以日常工作深化整改落实。党委书记、关长同志作为第一责任人，对持续整改工作直接部署、直接过问、直接推动；关党委狠抓督促检查，通过专题会议研究部署、巡视整改领导小组主动作为；办公室、人事处、政工办、监察室4个巡视整改统筹督导部门各司其职、各负其责，采取多种形式跟进督查，及时通报督查情况，促进巡视整改；各巡视整改责任部门单位主动督促检查和指导，推进各项整改措施扎实落实；各隶属海关党委紧跟部署，主动加压，传导压力，上下联动推动整改措施落实。

【销账清零】2022年，石家庄海关党委着力推进巡视整改事项销账清零，全面梳理持续推动中央巡视整改事项工作台账、持续推动海关总署党委巡视整改事项工作台账，评估78项问题，确定72个可立即销账问题，由各责任部门逐项确认并填报党委巡视整改工作销账评估表，经主管党委班子成员、党委书记依次逐项把关签字后完成销账工作；剩余6个问题列入年度巡视整改事项清单，制定整改措施，逐月推进落实。7月底，经海关总署巡视办及天津特派办审核通过，中央及海关总署党委巡视78项问题销账清零工作全部完成，相关资料按要求归档。

【情况报告】2022年，石家庄海关加强汇总分析，5月底向海关总署巡视办、天津特派办报送了关于海关总署党委巡视整改自查情况的报告，从落实主体责任和监督责任、巡视反馈问题整改情况、问题线索处置情况、巡视整改成效、群众满意度、存在问题不足6个方面进行自查，并以附件形式提供了石家庄海关关于选人用人方面问题的巡视整改情况的报告、石家庄海关党委纪检组关于巡视移交问题线索处置情况的报告、石家庄海关关于海关总署党委巡视反馈重点事项整改清单、石家庄海关持续推动海关总署党委巡视整改事项工作台账等内容，完成巡视整改销账清零前各项基础工作。

撰稿人

王　建

巡察工作

【概况】2022年，石家庄海关坚持以习近平新时代中国特色社会主义思想为指导，突出政治引领，强化自身建设，坚持标本兼治，顺利完成五年巡察全覆盖任务，扎实推进巡察整改和成果运用。

【政治责任】2022年，石家庄海关党委严格履行巡察工作主体责任，专题研究制定进一步强化巡察整改责任的具体落实措施，明确和强化巡察整改各方责任。党委书记严格履行“第一责任人”职责，全年对巡察工作批示25次。党委其他班子成员坚持“一岗双责”，带队进行巡察反馈，压实被巡察党组织巡察整改主体责任。党委巡察工作领导小组全年召开会议5次，审定巡察工作计划、巡察监督重点、巡察“回头看”工作方案，审议巡察情况报告，研究巡察成果运用，对重点事、重点人、重点线索提出处置意见26项；强化对巡察组的管理和监督，严格巡察干部特别是组长的选用条件，对4名表现优秀的巡察干部进行及时奖励。

【巡察全覆盖】2022年，石家庄海关坚守政治巡察职能定位，把“两个维护”作为根本任务，聚焦“国之大者”，围绕落实党的路线方针政策和党中央重大决策部署、海关总署党委工作要求及总关党委工作安排情况，落实全面从严治党主体责任和监督责任情况，落实新时代党的组织路线情况，落实巡视巡察及审计整改和成果运用情况分3轮对9个党组织开展常规巡察，有针对性地运用不同方法开展实地检查，通过延伸调研、召开座谈会、制作并发放调查问卷以及民主测评表等方式重点了解被巡察党组织班子建设以及履职尽责情况，共发现问题83个，向被巡察党组织提出意见建议33个。截至2022年8月，顺利完成五年巡察全覆盖任务。

【巡察“后半篇文章”】2022年，石家庄海关督促被巡察党组织建立健全巡察整改工作机制，组织被巡察党组织围绕13方面内容开展巡察整改情况自查，对4个党组织开展巡察“回头看”；开展巡察整改集中清查，全面评估41个被巡察党组织巡察整改情况。坚持职能部门联动整改，巡察办全年移交共性问题及建议6件、问题线索2件，有效推动了相关职能部门举一反三、整改提高，其中监管处、稽查处等部门围绕“新一代查验管理系统业务操作环节使用不规范”“核查作业档案不完整”等共性问题，开展调研并组织相关单位自查，机关党委针对“基层党建标准化建设有短板”问题，制定石家庄海关党支部党建工作季度考核评估办法，按季度对253个党支部进行考核。

【制度和队伍建设】2022年，石家庄海关制发被巡察党组织配合石家庄海关党委巡察工作实施办法、巡察办与人事处协作配合机制等5项制度；动态管理巡察干部人才库，全年组织4次巡察动员部署暨培训会，在石家庄海关管理网站设置巡视巡察工作学习园地，围绕“巡察发现问题的难点和对策探究”“以具体化、精准化、常态化为目标提升巡察整改质效”等课题开展政策研究。

撰稿人

王　瑜

纪检监察

【概况】2022年，石家庄海关党委纪检组以习近平新时代中国特色社会主义思想为指导，把准监督执纪问责定位，切实履行协助职责和监督责任，助推全面从严治党从严治关取得新进展新成效。紧盯“国之大者”，为服务好京津冀协同发展、雄安新区建设等国家战略提供坚强纪律保障；对两级党委“一把手”和领导班子开展监督，推动令行禁止、政令畅通；开展常态化疫情防控监督、做好安全生产工作专项监督，推动关区治理能力提升；紧盯“关键节点”纠治“四风”，切实强化纪律作风建设。巩固“现场监管与外勤执法权力寻租”专项整治成果，扎实开展“海关重点项目和财物管理以权谋私”专项整治，扫除影响海关职能发挥的顽瘴痼疾；坚持“执纪后墙”屹立不倒，保持“露头就打”的高压态势，强化执纪审查工作力度；紧扣“探头前哨”定位作用，持续提升派驻监督工作效能；锚定“纪检铁军”建设目标，锻造政治过硬、本领高强的纪检监察干部队伍。

【政治监督】2022年，石家庄海关加强对“一把手”和领导班子监督。紧紧围绕“三讲清、两送达、一交换”对两级党委“一把手”和领导班子开展监督。“三讲清”，即以廉政工作谈话为抓手，讲清全面从严治党政治责任和主要任务；讲清履行管党治党政治责任、巩固反腐败斗争成果方面存在的问题；讲清落实全面从严治党要求、深入推进党风廉政建设和反腐败工作建议。“两送达”，即党委纪检组组长每半年向石家庄海关党委领导班子成员、各派驻纪检组组长每半年向驻在单位党委领导班子成员送达其分管部门和联系单位领导干部遵守党章党规、廉洁自律等情况的通报；党委纪检组每季度向石家庄海关党委送达监督执纪工作情况报告。“一会商”，即党委纪检组、党委派驻纪检组每半年分别与关党委、驻在单位党委就全面从严治党、党风廉政建设和反腐败工作进行会商。

【专项监督】2022年，石家庄海关持续开展常态化疫情防控监督，关区各级纪检部门广泛赴一线业务大厅、港口、封闭酒店等现场一线靠前监督，通过视频监督、个别谈话、跟班监督、座谈交流等各类形式强化监督检查，为疫情防控工作提供坚强保障。扎实做好安全生产工作专项监督，紧盯组织领导、工作落实、自查检查3个环节，采取党委纪检组、监察室、派驻纪检组“1+1+9”模式上下联动开展监督检查，主管关领导带队对机关配电室、防疫物资仓库等重点部位开展拉网式排查，监察室实地抽查口岸监管处、技术中心工作落实情况，9个派驻纪检组对18个隶属海关开展全覆盖监督检查，通过监督检查推进落实安全生产措施，筑牢安全生产防线。

【日常监督】2022年，石家庄海关紧抓“关键节点”监督。元旦春节、五一端午、中秋国庆期间，通过明察暗访、实地检查、随机抽查、走访调研等多种形式开展检查，锲而不舍纠“四风”树新风。紧扣“探头前哨”定位作用，持续深化提升派驻监督工作效能。加强指导管理，每月召开纪检监察工作例会，向派驻纪检组组长拎重点、讲不足、提要求，健全完善“室组”联动机制，对派驻纪检组参与核实问题线索等工作加强指导和规范，在纪检条线内搭建分享平台、交流经验智慧、共同成长提高，持续提升履行监督职责能力水平，充分释放监督效能。

【专项整治】2022年，石家庄海关聚焦非执法领域腐败问题及廉政风险，扎实开展“海关重点项目和财物管理以权谋私”专项整治工作。制订实施方案，明确4个工作阶段，细化52项具体任务；成立领导小组，组建包括9个领域24名专家在内的人才库，抽调10人成立工作专班，压茬推进任务落实；公开专项整治重点和举报途径，在门户网站和微信公众号广而告之，在办公场所和业务现场张贴公示海报79张，设立专门举报信箱60个，自觉接受群众监督。党委书记、党委班子成员带队深入基层开展督导检查21人次，关长和党委纪检组组长主持召开推进会8次，综合组组织碰头会12次，编发工作提示30期；编发纪法教育学习资料4类28项，组织集中观看警示教育片，制定个人剖析材料撰写标准，组织学习教育网上答题测试活动，累计答题2684人次，将学习教育贯穿始终；梳理汇总5类重点项目清单880项，制发4类6个表格财物管理工作清单模板，审核1500余条财物管理数据；运用“模型筛选+人工分析”方式深入开展筛查分析，命中298个存疑项目，确定高风险项目、重点关注人员；调阅调取排查相关领导干部个人事项报告、领导干部亲属从业、离岗离职人员就业等情况1146人次，查找问题集中的重点项目和易被利用谋私的管理薄弱环节，对背后的风险进行深入摸排，列出问题及廉政风险清单，制定相应防控措施。围绕督导检查、全面自查发现的问题，查摆廉政风险59项，制定整改措施210项，用好线上线下方式跟进督促整改落实；针对视频督导检查指出的12方面32个问题，完成整改31个，1个问题取得阶段性整改成效并持续推进；专项整治工作推动制定规章制度3项、修订规章制度1项、完善作业流程10个，切实扎密防范制度笼子。

【执纪审查】2022年，石家庄海关持续深入推进反腐败斗争，持续保持“露头就打”的高压态势，全年接收信访举报、受理问题线索同比大幅下降，“遏增量”成效明显。针对线索核实、案件查办发现的问题，运用或督促运用“第一种形态”。发挥“多方联动”的制度优势，进一步加强与缉私部门的协作配合，全年召开联席工作会议2次，共同分析实际工作中遇到的新问题、新动向。用好“组地关”协作机制，监察室和9个党委派驻纪检组主动实地走访、电话走访所在地纪委监委，进一步拓宽问题线索渠道。针对线索核实中发现的制度漏洞和薄弱环节，制发纪律检查建议书4份，倒逼存在问题的部门单位及时堵塞监管漏洞、健全机制体制。针对2012年以来关区查处的4起非执法领域典型案件开展警示教育，用身边事教育身边人，做实以案促改“后半篇文章”。按照“海关重点项目和财物管理以权谋私”专项整治工作有关要求，做好专项整治问题线索起底、信访举报受理、问题线索处置和案件办理等工作。

撰稿人

毕文佳

干部队伍建设

【概况】2022年，石家庄海关坚持以习近平新时代中国特色社会主义思想为指导，深入学习贯彻党的二十大精神，围绕关区工作会议和全面从严治党工作会议确定的目标任务，马上就办、真抓实干，组织协调落实海关总署党委关于海关干部人事工作的各项决议决定，全面推进石家庄海关干部队伍建设，组织落实关区领导班子建设、公务员管理、工资机构编制管理、干部监督管理、事业人事管理、教育培训等工作，为关区改革发展提供坚实组织保证。

【处级领导班子建设】2022年，石家庄海关增强处级领导班子整体功能，落实党管干部原则，坚持新时代好干部标准，牢固树立重政治、重品行、重基层、重担当、重实绩的正确用人导向，提任正处级领导干部2名、副处级领导干部2名，对13名处级领导干部进行交流，关区处级领导班子年龄结构、经历结构、专业结构进一步优化。结合干部选拔任用统筹开展职级晋升工作，晋升二级巡视员及相应职级干部7名、一至四级调研员及相应职级干部15名，进一步畅通干部成长渠道。聚焦领导干部队伍长远发展，组织开展处级领导干部培养选拔对象调研工作，104名优秀干部进入入库人员名单，梯队培养、优进绌出机制更加健全。

【科级领导干部队伍建设】2022年，石家庄海关注重选准用好科级领导干部，结合基层科级领导干部管理权限调整至隶属海关党委的实际，落实“一线考察干部”要求，加强对隶属海关党委的督促指导，根据干部管理权限有序开展科级领导干部选任工作。年内，石家庄海关机关提任科级领导干部29名；各隶属海关党委提任科级领导干部53名，包括执法一线科长18名，其中35岁左右的4名。关区科级领导干部队伍整体结构更加均衡，凝聚力、战斗力得到进一步增强，重一线强一线的选人用人导向更加彰显。

【干部交流培养】2022年，石家庄海关持续做好干部交流培养锻炼，注重多岗位历练、全方位成长，坚持交流培养和防范风险有机结合，完成关区高风险执法一线科级领导干部交流工作，交流任职满2年的高风险执法一线科级领导干部有168名；充分发挥干部调配工作的促进作用，加大机关和基层纵向交流力度，安排6名干部进行上下交流，同时安排10名干部在隶属海关间横向交流，进一步补齐经历短板、提高能力水平。加大优秀年轻干部培养锻炼力度，积极选派优秀干部参加海关总署党委巡视、北京冬奥会服务保障等工作，不断优化干部特别是优秀年轻干部的培养路径。

【公务员管理】2022年，石家庄海关规范开展公务员队伍管理，贯彻《中华人民共和国公务员法》及配套法律法规，完成1613名公务员的信息采集和统计，11名新进公务员的登记，3批次、540名干部的关衔集中调整，10名新录用公务员的试用期满考核。做好公务员招录，“从零开始”研究开展录像面试工作，7月2—3日面试录像考生104人，6月1日、7月7日分2批面试评分考生76人，经过体检考察录用35人，同时还承担其他关区30名考生的委托考察任务，安全、有序、顺利完成2022年度招录任务。科学设置2023年度招录计划，拟招录32个职位、40人，确保持续为基层一线补充人力资源。

【健全完善人事制度体系】2022年，石家庄海关制发职级晋升和职级公务员管理试行办法，规范职级公务员管理。制发内部遴选试行办法试行、干部调配工作试行办法，进一步扩展基层干部成长空间；制发专项集中工作管理试行规定、跟班作业管理试行规定，推动干部培养锻炼和规范管理有机结合；修订工作人员考勤休假管理办法，进一步规范工作秩序。

【干部考核】2022年，石家庄海关以考促行抓好干部考核工作，落实海关总署党委对海关各级领导班子政治建设和领导干部政治品质的考核要求，效仿海关总署客观指标考核方式，在研究制定处级领导班子客观指标考核框架方案基础上，印发处级领导班子客观指标考核评分表及评分办法，建立考核客观指标体系，健全完善考核机制，发挥“三位一体”干部考核体系作用，提高考核准确度公信力。积极配合海关总署开展好“百名科长百日督查”及防范化解重大系统性风险等专项考核。发挥“三位一体”干部考核体系作用，提高考核准确度公信力。加强考核结果运用，对关区11个年度考核被评优秀等次领导班子的部门，单位核增优秀名额各1名；对在“我为群众办实事”实践活动等重点工作中表现突出的人员核增优秀名额5名。严格落实海关总署关于年度考核优秀名额单独核算的相关要求，关区执法一线科长优秀比例达到41.7%，疫情防控一线人员优秀比例达到34.7%，考核导向作用得到进一步彰显。

【干部奖励】2022年，石家庄海关发挥奖励工作激励作用，贯彻海关工作人员奖励试行规定及量化标准体系，对年度考核评优人员统筹开展定期奖励，42名干部记三等功或记功，389名干部给予个人嘉奖。聚焦统筹口岸疫情防控和促进外贸稳增长、推动落实河北“三件大事”等政治性、时效性、影响力较强的重要专项任务，组织开展及时奖励推荐，细致对标量化标准体系，将受海关总署职能部门表扬、获领导批示肯定作为重要参考，2个集体、3名个人记三等功，6个集体、75名个人给予嘉奖，1个集体、34名个人给予通报表扬，进一步表彰先进、鼓舞士气。

【一线人员关心爱护】2022年，石家庄海关做好一线人员关心爱护，出台石家庄海关进一步推动海关总署党委关心爱护疫情防控一线人员措施落地见效工作方案等3项关爱制度，为做好关心关爱工作提供制度指引。加强人力资源保障，周密开展对口支援，将80%以上新招录公务员分配至口岸隶属海关。建立封闭管理人员健康状况定期摸排机制，根据摸排情况有针对性地增加体检次数和体检项目；落实“一对一帮扶”服务机制，每名封闭人员安排一名帮扶联络员，累计解决家属就业、子女入学等各类问题困难46个。结合年度考核工作，对75名未能评优的封闭管理人员全部给予个人嘉奖。持续抓好临时性工作补助测算发放，及时将一线人员待遇落实到位。

【机构编制管理】2022年，石家庄海关做好机构改革“后半篇文章”，聚焦机构改革以来关检业务深度融合、新兴业态不断发展带来的新情况新问题，结合“书记项目”开展关区“三定”执行情况评估和优化完善工作，赴10个隶属海关开展实地调研，研究形成课题报告。开展深化改革融合构建“三应”运行机制课题研究，深入查找在“决策指挥、运行监控、执行反馈”三级事权配置、“中心—现场式”业务运行模式、“三应”机制运作等领域中存在的问题，收集167条问题建议，形成构建“三应”运行机制提升海关综合治理能力课题报告。完成年度机构编制实名制统计工作。

【养老保险改革相关工作】2022年，石家庄海关推进养老保险改革相关工作，针对河北省养老保险工作的新政策新要求，加强同河北省社会保障服务中心的沟通协调，邀请专家授课，选派精干力量成立养老保险专班实时跟进落实相关工作。全力解决“欠费期”历史遗留问题，积极推进关区退休“中人”新待遇计发，自2022年5月起全部纳入社保统筹发放。高效开展“二次清算”工作，一揽子解决多缴保费和代发养老金退回等问题。率先推进“二次贴息”工作，会同河北省社会保障服务中心全程跟踪解决各环节问题，成为河北省首家顺利完成职业年金贴息、缴费和到账的中直驻冀单位，切实发挥先试先行和典型示范作用。

【社会保险管理】2022年，石家庄海关规范关区社会保险管理，指导石家庄海关技术中心、旅保中心、石家庄机场海关、鹿泉海关、正定海关开设医保账户，指导石家庄机场海关、正定海关、雄安海关开设养老和工伤保险账户，向离退休干部办公室划转离退休人员养老和医疗保险管理职能，完成海关医保账户和原河北出入境检验检疫局账户合并。按时组织年度公务员体检。

【工资管理】2022年，石家庄海关根据国务院关于调整基本工资标准的整体安排，及时、规范开展关区各单位基本工资调标兑现和补发等工作，有序完成工资晋级晋档。根据海关总署部署，按时完成年度工资统计工作。

【领导干部个人有关事项集中填报和查核】2022年，石家庄海关从严贯彻“两项党内法规”，聚焦对党忠诚，完成年度领导干部个人有关事项集中填报，制发常见问题提示卡，严明政策界限、填报口径和纪律约束。设立咨询答疑热线，周密开展政策解答，对再婚家庭、家庭资产数额较高的干部进行重点辅导，开展报告表校验，提高填报质量，完成关区210名干部的个人有关事项报告表集中填报、初审、录入、校对和汇总分析上报。严格按照政策要求开展个人有关事项查核工作，对3名查核结果“基本一致”的干部进行提醒谈话，严明纪律红线。全年完成个人有关事项查核4批次、33人次，完成不如实报告率“归零”的年度目标。

【选人用人监督检查】2022年，石家庄海关开展选人用人监督检查，汇总分析近年关区选人用人检查情况，印发选人用人监督检查情况通报，督促各隶属海关对照开展自查自纠，发现整改基层选人用人问题13项。结合石家庄海关党委巡察工作和隶属海关关长离任审计，对3个隶属海关开展选人用人专项检查、2个隶属海关开展选人用人离任检查，进一步提高选人用人规范化水平。落实选人用人“一报告两评议”工作制度，强化群众监督，对排名靠后的单位提出整改要求，2022年度石家庄海关机关和隶属海关选人用人群众满意度实现“双提升”。

【干部日常监督管理】2022年，石家庄海关规范干部日常监督管理，持续深化企业兼职长效治理，开展2轮次违规投资企业和兼任职自查整改，清理规范问题25项，做到全员覆盖无死角。加强因私出国（境）常态化监督，针对关区存在的4类17项管理风险，各隶属海关开展自查，整改问题11项。规范辞职人员从业管理，研提石家庄海关辞去公职人员管理措施及从业限制清单，研究制定石家庄海关限制从业的平台企业名单，对5名从业限制期内的辞职人员进行回访、1名申请辞职人员进行从业风险等级研判，有效防范政商“旋转门”风险。

【事业人事管理】2022年，石家庄海关优化提升事业单位管理，加强专业技术人才梯队建设，规范开展年度职称评审工作，12人获评初、中级专业技术职务任职资格，从严从优向海关总署高级职称评审委员会推荐12名申报高级专业技术职务任职资格人选。制发石家庄海关所属事业单位绩效工资实施方案，指导所属事业单位在绩效工资总量内制定2021年度绩效（目标完成）奖金分配方案。对石家庄海关后勤管理中心等6个事业单位的领导职数和岗位设置进行调整，在石家庄海关后勤管理中心和石家庄海关技术中心增设党委专职副书记和专职纪委书记职数；重新明确秦皇岛海关、北戴河海关下属4个事业单位的管理权限，事业单位领导体制、工作机制更加顺畅。

【教育培训】2022年，石家庄海关贯彻落实“十四五”海关教育培训发展规划，精准制定培训计划并组织实施，为事业发展提供人才保障和智力支持。开展党的十九届六中全会精神学习培训，推动党史学习教育常态化长效化。参加海关系统学习贯彻党的十九届六中全会精神网上专题班，举办3期处级及以上领导干部学习贯彻党的十九届六中全会精神线上集中轮训班，实现处级及以上领导干部全覆盖。举办石家庄海关学习贯彻党的十九届六中全会精神暨政治机关建设专项教育活动、“学查改”专项工作线上全员培训班，关区1931人参训。细化完善关区学习宣传贯彻党的二十大精神培训方案，举办关党委理论学习中心组（扩大）学习暨处级主要负责同志学习贯彻党的二十大精神培训班，邀请河北省委党校教授专题辅导。分级分类做好各层级干部培训，开展口岸疫情防控教育培训、安全生产专项培训、新提任处科级干部培训和处科级领导干部专业化能力提升培训、一线执法科长（基层党支部书记）

专题培训、新录用公务员初任培训和拟晋升关衔人员培训、教育培训工作者与兼职教师能力提升培训。关区12人参加2022年全国海关动植物检疫高级签证官资质统一考试，全员通过。选派1名同志作为海关总署第十二批支教志愿者前往河南省卢氏县进行支教。“石关讲堂”突出政治主线、聚焦业务主责，兼顾综合主旨，内容涵盖传统文化、健康养生等多个领域，年内共征集各类特色课程45门，举办6期，6200余人次听课。打造“教学练战”新模式，结合关区业务实际，在黄骅港、秦皇岛、正定、保定等隶属海关设立出口危险品、进境粮食检疫监管、进境种牛监管、党建政工实训教学点8个，开展情景式、模拟式、体验式、案例式教学展实训20次，参训305人次。

▲2022年8月16日，石家庄海关举办第一期“石关讲堂”（邢兆洁　摄）

▲2022年5月6日，石家庄海关第一个实训教学点挂牌（谷君毅　摄）

撰稿人

王晓庚　尹志永　申劭萌　曲鑫鑫　杨　柳　郭　浩

第五篇

业务建设

法治建设

【概况】2022年，石家庄海关以习近平新时代中国特色社会主义思想为指引，深入学习宣传贯彻党的二十大精神，深入贯彻落实习近平法治思想，全面落实海关总署和河北省委、省政府法治工作部署，充分发挥党政主要负责人在推进法治建设中的主要领导作用，依法履行海关职能、坚持法治合力共建、完善制度机制建设、防范重大执法风险、加强法治宣传教育，坚持运用法治思维和法治方式筑牢法治根基。

【法治体系建设】2022年，石家庄海关参与海关法律体系建设，集中专业团队，广泛征集意见建议，为《中华人民共和国海关法》修订、海关新制度研究等工作建言献策；组织对保税区检验检疫监督管理办法等2部规章进行执行评估，形成较高质量评估报告；对海关总署、地方17件法律文件研提意见建议。完善关区业务制度体系，制定实施规范性文件管理办法、内部业务制度管理办法，进一步健全业务制度管理体系；统筹推动关区业务制度"立改废释"，定期开展业务制度集中评估清理，关区现行有效规范性文件8件、内部业务制度65件。深化"三项制度"建设成效，制发"三项制度"操作指引，统一关区执法标准，持续提升海关执法透明公正、规范合法。

【依法行政】2022年，石家庄海关选派骨干参加海关总署《中华人民共和国国境卫生检疫法》的修订、权责清单编制等工作，承担海关总署上报中央法治建设情况报告起草工作，派员参加海关总署公职律师以干带训工作。参与法治河北建设，针对地方立法机构和司法部门的立法征求意见、"放管服"改革举措、简政放权部署、执法监督协调等各项法治任务，研究反馈、协调落实。在2022年度河北省依法行政工作考核中，石家庄海关获评优秀单位等次。关区1名同志被评为全国行政执法先进个人，获司法部通报表彰。

【执法风险防范】2022年，石家庄海关做好涉法情事处置，对各业务条线反馈的涉法疑难问题进行会商，及时出具法律意见，对本关对外订立的合同、协议进行合法性审查并提供审查意见。全年为法院协查、协助司法机关执行、追补税款法律适用、进口设备逃漏检举报等涉法疑难问题出具法律意见10余份，完成对外合同审查90余份。

【行政争议化解】2022年，石家庄海关充分认识到新时代"枫桥经验"在保障人民群众合法权益、推进法治海关建设、促进外贸保稳提质、促进行政争议实质性化解、提升工作一线执法效率、树立人民海关为人民良好形象等方面的重大意义，加强组织协调和保障，整体提升本关争议化解处置能力，防范化解行政争议风险。建立健全行政争议化解工作机制，推行“谁执法谁普法”责任制，探索统筹推进化解行政争议。依托石家庄海关重要法制节点收集反馈工作办法前置复议关口，及时发现矛盾节点，加强对执法一线的服务和指导，解决执法一线遇到的实际问题，规范执法行为。具体实施环节由石家庄海关法综处统筹协调各业务部门分工协作，对执法疑难问题及纠纷进行介入，“上下联动、左右呼应”，发挥关区最大合力，形成多元预防调处化解综合机制，将矛盾纠纷化解在萌芽阶段、化解在基层、化解在复议应诉前的行政程序中。培育践行新时代“枫桥经验”示范点，组织具备相关基础的隶属海关因地制宜，在纠纷多发的执法一线探索设立新时代“枫桥经验”工作室及配套制度，及时发现矛盾、耐心解释说明、加强沟通协调、快速解决问题，通过与执法相对人的面对面沟通，得到理解与支持。统筹各方力量促进多元共治，在客观研判本关区行政争议的类型、特点的基础上，结合现有资源和执法现状，有所侧重地开展工作。发挥专业人才的作用，整合关区人力资源，探索建立“专职＋兼职＋队伍”模式，吸收公职律师、法学专业人员及相关领域的专家骨干参与，重视听取行政相对人陈述申辩意见，对争议较大执法行为进行合法性、合理性、程序的正当性等多角度审核把关。组织开展执法培训、以案释法、“模拟法庭”等多项活动，整体提升关区争议化解处置能力，做好执法风险防范工作。年内 9 个隶属海关建立了新时代“枫桥经验”工作室，11 个海关建立了由主管关长、公职律师、法治骨干组成的新时代“枫桥经验”工作专班，妥善化解 25 起执法争议，为石家庄海关提升执法水平，防范化解执法风险提供了有效载体。全年各隶属海关无行政复议及行政诉讼案件。

【**法治宣传重点**】2022 年，石家庄海关在“民法典宣传月”期间重点宣传民法典实施以来在保障人民群众合法权益、促进社会主义市场经济繁荣发展等方面的成效。外聘律师开展《中华人民共和国民法典》相关知识线上讲座，组织公职律师及法治骨干参加海关法治协作区《中华人民共和国民法典》联学联讲，组织关区各单位、部门开展《中华人民共和国海关综合保税区管理办法》《中华人民共和国海关办理行政处罚案件程序规定》解读。对内通过“线上＋线下”方式，要求各党支部结合“三会一课”等形式，加强对《习近平法治思想学习纲要》等权威读本及党内法规等内容的教育培训。对外强化法治宣传，组织关区业务专家举办“石家庄外贸大讲堂”等公开课程，重点围绕保稳提质“10+15+6”条措施、优化营商环境“1+3”、RCEP、国门生物安全等政策措施向关区进出口企业开展宣讲，推进海关政策落地见效，帮助企业用足用好政策红利。“宪法宣传周”期间，以“学习宣传贯彻党的二十大精神，推动全面贯彻实施宪法”为主题，以“关键少数”为重点，以习近平法治思想及宪法法律知识为内容，在关区范围内开展学法活动。整合公职律师及业务骨干等普法力量，开展宪法法律咨询解答活动。以考促学，组织全体关警员

▲2022 年 7 月 25 日，保定海关开展 RCEP 政策宣讲（刘斌　摄）

参加全省干部宪法法律知识考试。举办公职律师暨执法骨干法治能力提升培训班。在“河北普法”微信公众号发布石家庄海关宪法宣传活动成果。开展新任领导干部宪法宣誓活动，激励和教育海关领导干部忠于宪法、遵守宪法、维护宪法。

【普法方式优化】2022 年，石家庄海关在管理网网站首页开设“法治”工作专栏，专栏下设“习近平法治思想”“新法速递”“以案释法”“图片新闻”“执法研究”“常用工具”6 个子栏目，及时更新法治宣传活动情况、法治文化建设工作成果及执法典型案例等内容，更新 150 余篇法治相关内容，为关区普法宣传与法治文化建设开辟新阵地。用实景展现方法开展关区首届“模拟法庭”活动，提升海关执法规范性、统一性。邀请河北省高级人民法院行政庭庭长到场观摩并点评，关区近千名关警员现场或以视频形式观看，通过展现行政诉讼案件法院审理过程，剖析海关行政诉讼典型案例，强化执法人员法治意识及应诉能力，着力防范化解重大执法风险隐患，使法治信仰和理念真正入脑入心。加强以案普法、以案释法，定期开展海关执法案例收集整理，通过对具有代表性、普遍性的典型海关执法案例进行分析并上传“法治”工作专栏，充分发挥典型案例的指导作用。落实国家工作人员旁听庭审制度，结合警示教育月活动，选取了诉行政机关不作为、诉国家工作人员违纪违法两个典型庭审案例，组织关区公职律师及执法骨干观看网上庭审活动，提高执法风险防控能力和行政执法水平。

【普法责任制强化】2022 年，石家庄海关夯实年度普法责任清单制度，不断深化落实海关“谁执法谁普法”普法责任制实施办法。制定普法

▲2022 年 8 月 8 日，石家庄海关举办首届模拟法庭（邢兆洁　摄）

▲2022年8月4日，邯郸海关向办事群众发放宣传资料 （冯晓宁 摄）

责任清单，明确16项工作内容和20项具体普法任务，组织相关单位部门开展普法和培训，加大清单事项完成情况的督导力度，各单位部门已全部完成普法工作任务。树立并践行“执法即普法”理念，推行“嵌入式”普法，在执法过程中精准嵌入普法，引导行政相对人理解法律和海关制度，从而预防性化解执法矛盾，有效防范执法风险。推行“说理式”执法，阐明执法行为的合法性依据，解释执法裁量的正当性理由，让法律从“纸上的法”变为“现实的法”，实现执法过程的全程普法。

【法治人才培养与应用】2022年，石家庄海关在一线执法和普法活动中发挥法治骨干和公职律师中坚作用，通过专项研究、集中工作、跟班作业等多种方式培养提升专业人员能力。推荐公职律师参加海关总署以干代训、协作区研讨等活动。关区有公职律师43名，队伍规模位居海关系统前列，其中1名公职律师获评全国海关优秀公职律师。组织关区公职律师及执法骨干对新时代海关法治理论的应用性、对策性开展深入研究，主要理论研究内容包括：“新行政处罚法中的‘主观过错’条款在海关处罚实务中的理解与运用”“改革开放以来历次党代会上的法治历程”“从法治视角谈海关行政执法监督”等，及时在“法治”工作专栏更新海关系统最新执法研究成果。2022年石家庄海关在海关相关执法研究刊物上发表理论研究文章2篇。

▲2022年4月24日，黄骅港海关登轮检疫人员为国际航行船舶船员普及《中华人民共和国国境卫生检疫法》《中华人民共和国传染病防治法》相关法律知识 （秦帅 摄）

撰稿人

李宗喜 邱明甲 陈 柏

业务改革与发展

【概况】2022年，石家庄海关以习近平新时代中国特色社会主义思想为指导，学习宣传贯彻党的二十大精神，围绕对外贸易服务国家政治大局，发挥统筹作用，提升业务运行效能，优化口岸营商环境，促进外贸保稳提质，服务社会主义现代化海关建设。

【"1+3"通关便利化场景】2022年，石家庄海关制订中国式现代化河北篇章（海关通关便利化）场景建设方案，以党的二十大精神为指引，以"铸忠诚、担使命、守国门、促发展、齐奋斗"为要求，以"促进河北高质量发展和高水平开放，全面建设中国式现代化河北场景"为使命，以"全面优化口岸营商环境，全面深化海关通关便利，全面服务促进重点项目发展"为发力点，重点推进"优化口岸营商环境10条措施""提升通关便利化水平18条措施"及"促进外商投资服务举措工具箱25条措施"3项具体任务，形成"1+3"的海关通关便利化场景框架。印发"打造一流营商环境　服务高水平对外开放"10条措施，制订优化口岸营商环境工作方案，成立优化口岸营商环境关级工作专班和各地工作小组。印发加快提升通关便利化水平工作方案，学习借鉴全国10个跨境贸易便利化试点城市的典型做法，围绕服务河北省外资外贸保稳提质，把巩固、完善、提升贯穿进出口通关全流程，加大改革创新力度，对标京津海关，努力打造线上线下"一站式"通关服务，助力河北省口岸营商环境持续优化和整体提升。印发促进外商投资服务举措工具箱，从促进外资扩增量、稳存量、提质量3个方面的6个服务类别，制定服务举措25条。上述支持举措形成石家庄海关"1+3"通关便利化场景的蓝图。

【重点业务工作推进及风险防范】2022年，石家庄海关印发重点业务工作推进及风险防范例会试行制度，例会聚焦习近平总书记重要指示批示精神和党中央、国务院决策部署，围绕海关总署党委和河北省委、省政府重点工作安排，紧盯当前一个时期关区重点业务工作实际，确定会议主题，从维护国家安全和核心利益的高度审视和推动海关工作。年内召开4次重点业务工作推进及风险防范例会，研究迎接党的二十大召开、推动河北省综合保税区高质量发展、安全生产、筑牢国门生物安全屏障、打击"洋垃圾"走私、优化口岸营商环境、促进通关便利化、防范化解海关重

▲2022年9月22日，石家庄海关召开重点业务推进及风险防范第一次例会（邢兆洁 摄）

大系统性风险监督检查等工作。

【署省合作备忘录筹备】2022年，石家庄海关建设深度融入地方的“1+N”合作新模式，推动海关总署、河北省人民政府合作备忘录的签订。完成备忘录初稿起草任务。河北省人民政府办公厅向各市政府、雄安新区及省有关部门征求意见，收集意见35条，采纳23条。河北省人民政府向海关总署征求意见2次，共收到反馈意见25条，同意修改24条。该备忘录通过河北省司法厅合法性审核。

【促进外贸保稳提质】2022年，石家庄海关制定促进外贸保稳提质的15条具体措施，从保障京津冀地区产业链供应链畅通、持续推进“两步申报”“提前申报”改革、巩固压缩整体通关时效、加大进出口企业信用培育力度、帮助企业适用RCEP优惠政策、帮助企业应对国外限制性技贸措施、重点支持出口特色产品及进口大宗产品、促进两区建设、共建“一带一路”等方面促进外贸保稳提质。印发关于落实第十次全国深化“放管服”改革电视电话会议精神的实施方案，将促进外贸保稳提质工作纳入关区统筹口岸疫情防控和促进外贸稳增长工作指挥部工作机制一体安排布置，统一推进落实。

【业务改革】2022年，石家庄海关梳理汇总各隶属海关人员配置情况，评估岗位配置清单与实际业务运行适配性，形成评估报告。以现行业务执行岗位为切入点，分析存在问题及原因，提出解决对策和建议，推动改革融合深化。

【“问题清零”机制】2022年，石家庄海关印发业务“问题清零”机制操作试行细则，配套组建涉及14个海关业务领域、包含121名关区业务专家的专家团队，并在HB2012办公平台上加挂问题提交系统应用。建立关领导调研收集意见建议交办反馈闭环机制，健全问题提

▲2022年6月17日，石家庄海关关员在企业调研 （胡博 摄）

交系统应用功能，确保关领导下沉调研收集的问题件件有反馈。年内通过“问题清零”机制收集问题64个并全部解决。

【保通保畅】2022年，石家庄海关联合北京海关、天津海关制定京津冀三地海关新冠疫情期间通关工作保通保畅措施，建立京津冀保通保畅快速协调应急机制，设立保通保畅咨询热线，三关在16个业务现场共设立40条咨询热线及专窗。与北京海关、天津海关共同梳理确定257家三关互认重点企业，其中河北省企业101家。

【“两段准入”】2022年，石家庄海关开展“两段准入”工作总结评估，面向关区8个重点业务现场和46家重点企业开展调研并撰写调研报告。参加海关总署“两段准入”改革评估工作视频研讨会，汇报石家庄海关“两段准入”工作基本情况并反馈建议5条。开展检查异常处置功能模块的推广应用，开通10个业务现场试点运行。

【通关运行管理】2022年，石家庄海关持续巩固压缩整体通关成效。以对标京津、优于全国平均水平为目标，推广“两步申报”“提前申报”“两段准入”等改革措施，运用大数据手段，设置关区整体通关时间监测模型，按周开展通关时效监控，2022年进、出口整体通关时间分别为33.43小时、0.90小时，较2017年分别压缩79.11%、94.43%，较2021年分别压缩10.88%、43.75%，均优于全国平均水平。

▲2022年7月28日，石家庄海关关员在京唐港海关跟班作业，了解“两段准入”监管模式及查验异常处置业务 （胡博 摄）

【技术性贸易措施交涉应对】2022年，石家庄海关制定技术性贸易措施工作指引，设立综合管理组、通报评议组、动植物检疫组、食品化妆品组、商品检验组、统计分析组6个工作组，细化职责分工和工作措施，夯实技术性贸易措施工作基础。强化信息咨询服务力度、提升政策宣传贯彻水平，广泛收集境外国家和地区的法规和标准，通过石家庄海关12360微信公众号发布技术性贸易信息12篇，印发技术性贸易措施宣传手册，为河北省出口企业开拓海外市场提供信息政策服务。对关区611家企业开展技术性贸易影响统计调查并撰写调查报告。开展通报评议工作，研提评议意见23条。

【药品口岸设立】2022年，石家庄海关推进药品口岸申建工作，学习其他药品口岸海关管理经验，与河北省相关部门协同配合，高质量推动药品口岸建成落地。8月26日，经国务院批准，石家庄航空口岸增设为药品进口口岸，这是河北省首个药品进口口岸，结束了河北省没有药品进口口岸的历史。

【禁限管理】2022年，石家庄海关向海关总署报送禁限管理工作建议8条，反映禁限管理执行过程中的问题，提出参数调整建议。在禁限管理事后核查中，发现重复使用两用物项出口许可证线索1条，涉及货值约937.36万元，移交缉私部门后，立案对涉事企业进行行政处罚。

▲2022年3月17日，邢台海关关员到阀门企业开展技术性贸易宣传（董利华　摄）

【技术规范制修订】2022年，石家庄海关组织落实海关技术规范制修订工作任务，提升海关业务的规范化水平。完成《国际航行船舶携带输入性病媒生物采集方法　蚋类》《Q热检疫技术规范》《稻水象甲检疫鉴定方法》等8项海关技术规范的送审工作，以及2项待发布海关技术规范材料的报批工作。

【知识产权保护执法】2022年，石家庄海关组织召开加强知识产权保护工作会议，专题部署知识产权海关保护工作。印发贯彻落实海关总署“十四五”时期加强和完善知识产权保护工作的意见的实施方案，强化顶层设计。制发“龙腾行动2022”“蓝网行动2022”专项行动工作方案和量化考核表，细化制定5个方面共计26条工作措施，强化组织推动。加大对侵权高风险商品的监管力度，重点关注中欧班列、市场采购等新型贸易渠道侵权行为，开展实地调研走访，研判分析侵权态势。撰写专题报告，加载布控指令，保持打击侵权高压态势。

【知识产权能力建设】2022年，石家庄海关落实北京海关、天津海关、石家庄海关推动京津冀协同发展工作实施方案，组织开展京津冀海关知识产权保护联合线上培训，邀请专家解读《知识产权强国建设纲要（2021—2035年）》，组织国内外知识产权权利人代表讲解侵权鉴别技巧，从理论和实操等不同角度、不同层次努力打造高素质知识产权海关保护的执法队伍。推广新一代查验管理系统移动端商标智能识别应用，通过移动查验单兵作业系统拍照直接识别对比近似商标图形，努力提升现场查验环节打击侵犯知识产权能力和水平。开展京津冀海关联合培训、知识产权执法技能培训、出口优势知识产权企业专题培训等各类培训22次，参训人员900余人次，选派1名同志为河北干部网络学院进行知识产权海关保护专题授课，2个优秀集体和5名先进个人获得河北省保护知识产权联席会议办公室通报表扬。

【知识产权企业服务】2022年，石家庄海关以开展“全国知识产权宣传周”活动为抓手，围绕“全面开启知识产权强国建设新征程”主题，结合地方产业发展和特色优势，选取各县市区重点知识产权企业，建立关区扶持培育名单，主动“送法上门”，深入调研了解关区重点企业在风险防范、异地维权等方面的需求以及企业知识产权状况，鼓励引导企业进行知识产权海关备案，为企业自主创新、便利维权提供坚实保障。年内，新增备案企业59家，新增备案知识产权243项。截至2022年年底，河北省197家企业在海关总署进行知识产权备案，同比增长23.9%，备案知识产权

▲2022年4月26日，邯郸海关开展“全国知识产权宣传周”活动（冯晓宁 摄）

1050项，同比增长30.1%。知识产权及企业备案总量、2022年度新增知识产权及企业备案数量均位列全国第8名。组织开展"'专精特新'企业知识产权海关保护宣传贯彻"专场活动，联合地方市场监管部门及科研院所组织知识产权"云直播"，实施"一企一策"个性化指导与服务，开展专题企业宣讲会10余场，知识产权调研40余次，覆盖河北省内500余家进出口企业。

撰稿人

牛 涛 尹 飞 李 越 狄晓燕 张双琦
张晨宇 胡 博 贾爱军

自贸区和特殊监管区管理

【概况】2022年，石家庄海关贯彻落实党中央、国务院重大决策部署，结合关区发展实际，以推动自由贸易试验区、综合保税区统筹协调发展为重点，推进自由贸易试验区各项改革任务，有效发挥改革创新“试验田”作用，4个综合保税区实现进出口值750.9亿元，同比增长18.7%，连续四年实现增长。

【改革试点经验复制推广】2022年，石家庄海关制发促进中国（河北）自由贸易试验区建设发展工作安排、关于复制推广两项海关监管创新制度的通知，在关区全面推广保税维修、融资租赁、保税展示交易等制度，新增复制推广“企业集团加工贸易保税监管模式”“国际航行船舶转港数据复用模式”2项海关监管创新制度，推动复制推广工作开展有序、落地有效。通过推广应用第三方检验结果采信、AEO企业认证、货物贸易“一保多用”等制度，为企业提供特色化政策服务，帮助企业更好应对市场变化，扩大市场份额。进境粮食检疫全流程监管、优化进境保税油检验监管制度、引入中介机构开

▲中国（河北）自由贸易试验区曹妃甸片区（张婷婷　摄）

展稽（核）查等具体措施有效提升海关监管效能。全年检验进口粮食230亿元、进境保税油15.4亿元。

【监管制度创新】2022年，石家庄海关回应地方政府和企业诉求，联合河北省口岸管理部门和地方政府建设部署口岸物流车辆服务平台，将疏港车辆数据申报时间由2~3分钟缩短到30秒，有效破解车辆疏港难题。接受申报数据19万条，货运量800万吨。参与京津冀海关协同创新，与北京、天津海关共同研究上报“未经联网核查的进口医疗器械风险防控京津冀协同新模式”创新举措，开展核查作业4次。

【开放平台建设】2022年，石家庄海关参与雄安综合保税区申报建设，赴雄安新区调研3次，就功能定位、产业布局、项目引进等提出发展建议，推动雄安新区管委会加快雄安综合保税区基础和监管设施合规建设。与北京海关协商签订两关推动北京大兴国际机场综合保税区协同工作机制，在企业信用培育、政策宣传培训、监管制度创新等方面共同服务大兴机场综合保税区高质量发展。配合河北省有关部门，推动

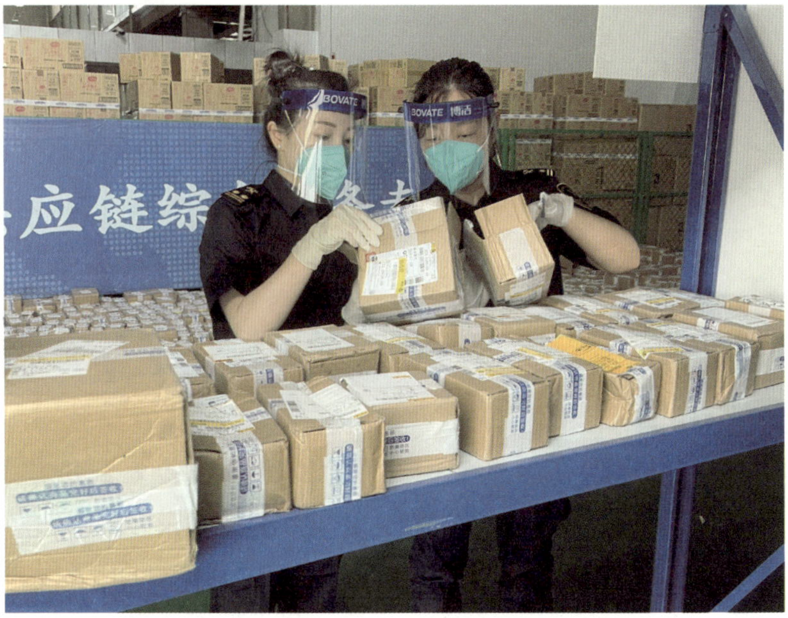

▲2022年8月5日，曹妃甸海关关员在曹妃甸综合保税区内跨境电商零售进口退货中心仓查验跨境电商退货包裹（孙涛　摄）

石家庄进口药品口岸获批，业务落地。在曹妃甸片区综合保税区内建立跨境电商进口退货中心仓，优化跨境电商退货流程，符合二次销售标准的待退货件向海关一次申报、一次审核、即时上架，最快当日就能再次进入流通环节；指导曹妃甸片区汽车进口企业建设“保税＋检测＋展示＋销售”贸易一体化平台。全年一线进口整车399辆、货值1.66亿元。

【政策研究】2022年，石家庄海关会同河北省主管部门成立工作专班，牵头各综合保税区管理机构研究起草河北省综合保税区高质量发展的实施意见，对功能定位、产业引进、发展目标等进行了全面设计，提出9项重点工作和3项保障措施，是河北省首个综合保税区指导性文件。依托“关领导调研收集意见建议交办反馈闭环机制”，收集各综合保税区调研收集问题8个，并全部研究解决。成立“新时期综合保税区高质量发展”调研课题组，采取问卷、实地等方式开展调研，收集问题建议，形成“推动新时期综合保税区高质量发展的调研报告”并上报海关总署，获署领导批示。

【创新业态】2022年，石家庄海关贯彻落实《国务院关于促进综合保税区高水平开放

高质量发展的若干意见》系列政策，全面推广21项政策措施，落地见效12项。研究解决综合保税区跨境电商进口食品入区布控问题，有效提高通关效率。落实海关总署各项便利化措施，“四自一简”“简化进出区管理”“便捷货物流转”等贸易便利化措施在各综合保税区普遍落地。创新业态有序开展，4个综合保税区跨境电商网购保税合计申报71.63万单次，货值6936万元；曹妃甸综合保税区开展整车保税仓储，货值1.66亿元；秦皇岛综合保税区开展委内加工业务，货值598万元；石家庄综合保税区1家企业开办增值税一般纳税人业务。全年，曹妃甸综合保税区注册企业进出口490.9亿元，同比增长29%；石家庄综合保税区注册企业进出口128.7亿元，同比下降7.6%；秦皇岛综合保税区注册企业进出口76.3亿元，同比增长12%；廊坊综合保税区注册企业进出口55.1亿元，同比增长22.4%。

【政策宣传】2022年，石家庄海关会同河北省主管部门，举办全省综合保税区政策宣讲会2次，介绍全省综合保税区发展情况和存在的问题，从提高思想认识、压紧压实主体责任、实现错位发展、加强整体规划和抓好政策落地等方面对下一步工作提出建议。充分利用石家庄海关12360微信公众号宣传推动综合保税区发展的措施，解读《中华人民共和国海关综合保税区管理办法》《综合保税区适合入区项目指引（2021年版）》等文件，助推各地综合保税区发展和招商引资工作。精准回应企业需求，协调管委会和税务部门，通过召开企业对接会，指导区内增值税一般纳税人资格试点企业规范设立账册。

▲2022年8月18日，曹妃甸海关关员在曹妃甸综合保税区内进口汽车查验场地查验进口汽车（孙涛 摄）

【服务地方政府】2022年，石家庄海关深入分析绩效评估结果和河北省综合保税区发展情况，针对弱项短板提出科学发展建议，向河北省政府专题报告2次，获省领导批示肯定，送各相关地市研办。注重与河北省商务厅加强联系配合，召开工作推进会议10次，结合综合保税区设立评估及发展导向，研究提出意见建议，推动综合保税区发展向“量质并举、以质为先”转变。结合海关总署考核指标，制定关区综合保税区发展考核指标，引导各主管海关主动支持服务综合保税区建设发展。各主管海关深入分析所辖综合保税区发展滞后的现状，及时向地方政府提出建议，推动综合保税区提升能级水平。

【防范化解风险】2022年，石

▲ 石家庄综合保税区 （张培　摄）

家庄海关加强风险研判，分析综合保税区政策叠加、固体废物处置风险，向海关总署专题报告 2 次，关区制发文件 3 份，专项排查综合保税区危险化学品存储和进出情况 4 次。各区主管海关建立台账，定期开展巡查和摸排，按期更新问题隐患和制度措施“两个清单”，发现问题及时通报地方政府。全年无危险化学品存储和进出情况。

撰稿人

康　锋

风险管理

【概况】2022年，石家庄海关以习近平新时代中国特色社会主义思想为指导，深入学习贯彻党的二十大精神，以政治建设为引领，以贯彻总体国家安全观为主线，树牢底线思维，全面落实“铸忠诚、担使命、守国门、促发展、齐奋斗”和“12个必”工作要求，不断完善风险防控体系，提升防范“洋垃圾”入境、涉濒危物种、知识产权、危险品等重点领域风险防控效能。推动风险防控体制机制创新，有序开展业务现场即决式布控、高新技术货物布控查验模式试点改革工作，建立健全关区风险防控“一会两机制”，扎实推进防范化解重大、系统性风险工作，组织召开2022年度河北省口岸安全风险联合防控工作会议，深化口岸安全风险联合防控机制应用，风险防控实战效能不断提升。

【风险信息情报】2022年，石家庄海关对内组织推动关区各单位撰写、收集、报送业务风险信息，发挥现场海关见单见货专业优势，注重查发风险信息的及时报送与转化应用。对外广泛拓展开源信息情报收集应用，切实发挥风险信息情报精准制导作用。全年发布业务风险信息311条，报署信息244条，信息转化30条。编发固体废物、危险品、濒危动植物等专题风险信息汇编专刊26期，16篇专题风险信息被海关总署风险信息周报采编，为业务现场一线执法和职能部门提供参考。加强风险情报工作，对防控目标准确画像、为后续办案提供“精准制导”。深入开展海关数据挖掘和延伸分析，通过开源风险情报、兄弟海关提供情报以及自主分析，联合稽查、缉私等部门开展加工贸易羊绒、危险品逃漏检等专项行动。羊绒专项移交14家企业，办结9家，有效6家，涉税358万元；危险品专项移交3家企业，均为查发出口危险化学品未报检情事。提炼精品情报产品2条，报送海关总署风险管理司。

【风险预警】2022年，石家庄海关以风险信息预警为主要抓手，统筹做好重点领域风险防控工作。在固体废物、濒危物种、国门生物安全、安全生产、政治性有害出版物等重点领域项项有落实。突出信息预警先导作用，强化重点领域自主分析风险预警发布。全年发布风险预警119条，其中，提示告知类预警113条、风险排查类预警6条。统筹内部业务部门风险预警需求，切实将风险预警作为有效的海关风险处置手段。持续更新完善关区固体废物和危险品影子商品库。

【风险分析处置】2022年，石家庄海关按照精准分析、规范布控、全程跟踪的原则，加强风险甄别、指令下达以及同现场的沟通联动，确保人工分析布控精准性。全年进出口人工分析查验报关单446票，进出口人工分析查获报关单66票，查获报关单票数同比增长24.53%。加强涉税风险防控，重点关注商品归类错误伪瞒报、出口骗退税、低报价格风险，优化税收风险分类处置，主动同税务部门开展信息互换、资源共享，充分利用数据资源优势开展重点商品监控和风险分析，提升风险防控精准性。全年，查获相关报关单12票，涉及再生铜、花岗岩路缘石、镀锌铁丝、工业盐等商品。依托舱单申报数据，关联船舶航线、物流信息等原始数据开展风险甄别，对比报关单数据，对重点企业和商品进行分析监控，利用大数据平台，提高人工分析布控精准性。全年，通过舱单加锁、布控货物213票，查获21票。利用监控模型加大出口骗退税风险分析，查获出口钢铁制品和沙发等商品骗退税立案2起，提交海关总署风险管理司协调天津海关处置1起，移交税务部门开展后续稽查5家，案值1400余万元。

加强综合数据分析，聚焦精准性，加大线索移交力度，推进跨部门协同处置，提高后续防控处置成效。2022年，下达风险处置类稽（核）查指令339家，启动320家，办结302家，有效205家、有效率67.88%，案值（结案且有效）61806.23万元，涉税（结案且有效）5546.15万元。研究制定石家庄海关风险防控分局与石家庄海关缉私局工作联系配合办法，向缉私局移交并立案36条线索，立案28家，涉案值1.78亿元。

【非贸风险防控】2022年，石家庄海关在非贸领域持续不间断开展枪爆、毒品、国门生物安全、象牙等濒危野生物种及其制品、政治类反宣品的查缉，非贸领域打私效能量质齐升。扭住情报信息和大数据两大抓手，提升分析效能，围绕北京冬奥会、海南离岛免税套代购、“清邮”、“异宠”等开展专项防控，以算法提效率、以算力增人力，深挖案件线索，为打击走私和风险布控提供精确制导。推动好内联和外合两类发展，拓展工作格局，加强与国安、地方禁毒等部门的信息共享协同处置，加强与海关总署风险管理司、兄弟海关的协作配合，参与海关总署涉毒品精神药品集群作战。全年，移交各类案件9起，同比增长125%，案件范围由精神药品、涉税案件扩展到冰毒、淫秽物品等领域，移交破获邮递渠道走私枪支配件案件1起，查扣枪支配件65件；毒品案件7起，查扣查证冰毒600余克，精神药品200余片，淫秽物品案件1起，查扣淫秽书刊1000余本；在跨境电商领域拦截非正面清单商品、涉濒危物种成分化妆品等共计8批次，移交跨境电商简易程序案件1起。

加强非贸领域数据分析和情报信息收集，向海关总署提交一级情报式风险布控指令，非贸领域信息情报工作取得实质性进展。通过一级情报式布控在全国范围内查获2起邮递渠道违规进境一类管制精神药品情事，查扣羟基丁酸132.2克。石家庄海关运用四方联动模式查发邮递渠道走私冰毒案、石家庄海关运用五度工作法分析查发邮递渠道淫秽书刊案两起案例入选全国海关2022年度邮快跨旅边渠道风险防控典型案例汇编。

【知识产权侵权风险防控】2022年，石家庄海关落实海关总署“龙腾行动2022”部署，有效打击进出口货物侵权违法行为。加强对关区重点领域、重点商品数据分析力度，针对市场采购贸易、中欧班列、出口防疫物资等重点领域以及箱包、鞋、汽车和摩托车配件等高侵权风险商品类别开展分析处置。全年，通过自主分析下达针对知识产权侵权规则12条，根据职能部门提出的布控需求转化布控规则22条，共34条；查获2票男士衬衫归类有误，罚款处理（非侵权）。

【危险品伪瞒报风险防控】2022年，石家庄海关强化运用“云擎”大数据资源，建立并发布3个海关总署平台级应用，其中“进口危险化学品伪瞒报逃漏检风险监测模型”被“云擎”业务管理组评为优秀模型。强化人工精准布控，从组分或部件含危、申报要素涉危、高危企业进出口情况等多个角度开展监测分析，持续更新完善关区危险品影子商品库，防止危险品违法行为跨关区、跨渠道转移漂移。全年，在运行规则13条，布控查发进口电解液未申报危险化学品检验逃检情事1起，2起黏合剂因规格、包装标签申报错误作警告和技术整改处理。参加海关总署风险管理司贸易渠道危险品伪瞒报风险防控专班，负责情报、信息收集、研判分析处置等工作。年内，向海关总署风险防控局（青岛）移交硝酸盐、浸渍沥青涉危伪瞒报线索2起，根据该线索海关总署风险防控局（青岛）已向全国11个关区移交硝酸盐逃检线索涉及28家企业、货物24.3万吨、货值4.05亿元，向南京关区移交浸渍沥青逃检线索涉及货重2667吨，货值约770万元。

【特殊区域风险防控】2022年，石家庄海关查发2起正定综合保税区进口加工贸易洗净未梳山羊绒低报含绒率、高报单耗、低报价格情事。经梳理分析关区所有羊绒在执行手册，针对出口成品筛查出7家重点企业，向海关总署风险防控局（黄埔）提出一级布控需求。布控查发曹妃甸综合保税区出口贴片电阻因规格、数量申报不实移交缉私2票，因标签违反一个中国原则做“销毁＋技术”整改9票。布控正定综合保税区4票出口熏蒸散，申报单价每千克5690元，货值577余万元，高度怀疑其主要成分为大枣粉，涉嫌高报价格骗取补贴和退税，现场海关根据取样送检结果对4票熏蒸散作出不予出口处理。

【现场即决式布控试点】2022年，石家庄海关按照“先行先试、稳步推进”原则，选取秦皇岛、黄骅港海关2个具有代表性的口岸业务现场作为试点单位开展业务现场即决式布控工作。组织开展业务培训和实操教学指导，细化系统操作指引，定期开展监控评估，发现问题及时提醒纠正，提高即决布控指令规范性和有效性；联合职能部门成立业务现场即决式布控试点推进工作组，不断完善风险布控格局，协调推进试点工作，强化监管合力。年内，试点运行4个月，由现场海关下达即决布控指令8票，其中2票申报信息有误，做改单处理。

【真空包装等高新技术货物布控查验模式试点】2022年，石家庄海关落实海关总署业务改革工作部署，主动对接一线，深入企业开展实地调研，通过石家庄海关12360微信公众号宣传改革政策，对不宜在进境口岸海关实施查验的真空包装、防光包装、防尘包装、恒温存储等货物，通过“口岸外观查验+目的地综合处置”的联动模式，建立事前风险评估备案、事中两段布控处置、事后风险验证管理的工作机制，帮助开展真空包装等高新技术货物布控查验模式试点申报，解决高新技术企业进口环节的实际困难，降低查验拆除包装对货物质量产生的影响，进一步优化营商环境，释放改革政策红利。年内关区2家企业90项商品纳入试点范围。

【建立健全风险防控“一会两机制”】2022年，石家庄海关按照海关总署和关区工作部署，推动成立石家庄海关风险管理委员会，出台石家庄海关风险管理委员会实施细则，统一研究部署关区业务风险管理工作，统筹国门安全和通关便利，提高决策科学性，建立健全业务风险排查机制。制发石家庄海关业务风险跨部门联合研判机制工作方案，畅通各部门间的研究交流、信息共享、评估反馈和协调配合，并通过组织各相关成员会商合议的方式，加强对海关业务风险防控事项的联合研判。依托风险管理委员会、石家庄海关防范化解重大风险防控协同机制、石家庄海关业务风险跨部门联合研判机制，织牢织密关区风险防控网络，落实好“三应”工作要求。年内，在组织召开石家庄海关风险防控例会2次，跨部门联合研判会议1次，发布月度业务风险报告6篇。

【大数据海关应用】2022年，石家庄海关完善大数据应用工作机制，强化统筹指导，提升应用成效。组织成立关区大数据工作领导小组和工作专班，印发石家庄海关贯彻落实“十四五”大数据海关应用规划工作方案，全面推进关区大数据应用。探索联合建模机制，开展业务培训，扩展应用场景，推动各部门参与大数据应用建设，辅助职能部门开展联合建模11个。全年，在“云擎”平台发布站点级模型84个、同比增长近3倍，发布平台级模型15个，其中1个模型入选2022年全国风险业务监测预警指标目录，大数据应用分析趋向常态化。参与完成海关总署课题，作为海关总署风险管理司“云擎”应用组长单位，承担建设海关总署风险监测大数据平台中的9个重点业务指标、3个数据中台。注重精通海关业务与信息技术的大数据专业型人才培养，多名专家参加海关总署市场采购风险防控方案

▲2022年6月30日，石家庄海关风险防控分局举办关区大数据应用分析平台（“云擎”）建模分析和应用的培训 （武丽娟 摄）

▲2022 年 11 月 11 日，河北省口岸安全联合防控工作会议在石家庄海关召开 （赵巍 摄）

起草等 4 个工作专班，开发大数据风险分析模型全国应用 3 个，发布全国风险监测指标 1 项，形成专项风险分析报告。

【口岸风险联合防控】2022 年，石家庄海关组织召开 2022 年度河北省口岸安全风险联合防控工作会议，邀请河北省发改委、河北省公安厅、河北出入境边防检查总站、河北省税务局、河北省国家安全厅、河北省市场监督管理局等相关单位参加会议，交流口岸安全风险防控工作进展，探讨加强跨部门联合研判和协同处置等事宜，并对下一步工作提出建议，推进口岸安全风险联合防控机制常态化运转；与多个成员单位就重点商品和企业风险开展研判，配合税务部门开展线索核查，联合打击出口骗退税行为；与安全部门签订联合防控合作备忘录。进一步深化防控措施，强化口岸安全风险防控合力。

撰稿人

王亚丽　牟健辉　张晓东　赵　巍　侯梦龙

税收征管

【概况】2022年，石家庄海关以党的政治建设为统领，统筹通关便利与依法科学征管，深入推进综合治税，有效防范税收风险，服务地方经济发展，推动关区税收征管质效稳步提升，全年实现税收入库461.43亿元。

【税收入库】2022年，石家庄海关税收入库461.43亿元，同比下降6.4%，继2021年首次超过450亿元取得历史性突破后，继续保持在高位。关区税收前5位隶属海关为曹妃甸海关、京唐港海关、黄骅港海关、鹿泉海关、秦皇岛海关。前5位税源商品为铁矿、原油、煤、天然气、大豆。前5位税源企业为中国国际石油化工联合有限责任公司、中国首钢国际贸易工程有限公司、河钢集团有限公司、河北中石油国际事业有限公司、迁安市九江线材有限责任公司。

【综合治税】2022年，石家庄海关强化综合治税能力，进一步优化服务，加强对税源企业的调研，深入了解企业进口计划和市场预期，密切跟踪大宗商品国际市场行情，创新税收征管方式，努力发掘税收增长点，加强重点税源商品涉税要素风险监控分析，强化对企业经营状况分析跟踪，建立完善分层次多角度税收风险协同防控体系，提高征管质量，量质效并举开展税收征管工作，确保税款应收尽收。

【报关单审核和数据监控】2022年，石家庄海关持续开展报关单审核和数据监控。每月组织关区开展业务统计数据审核上报工作，全面核查与检控业务统计数据，审核关区业务统计数据4万余条，发现差错72条。

【缉私补税】2022年，石家庄海关开展“国门利剑2022”“蓝天2022”等打私专项行动，强力推进“百日行动”，始终保持对突出涉税走私问题等的打击治理力度。全年，立案侦办“水客”走私手表案2起，涉税约400万元；侦办低报价格走私兔皮案2起，涉税700万元；侦办跨境电商走私奶粉案1起，涉税26.35万元。立案查办行政违规案件13起，案值1.1452亿元，涉税1114万元。对需要补税的案件做好应补税款的追缴工作，确保税款及时入库，提高打私成果补税转化效率。

【税款入库管理】2022年，石家庄海关制定税费财务管理实施细则，落实税款入库情况通报制度。强化税款入库核销及保证金资金管理工作，与国库协调配合，在保证金收缴转退、上线行邮税联网核销、审计迎审与整改、年底税收统计等工作中协调一致，顺利完成年度综合治税任务。

【涉税专项督查】2022年，石家庄海关开展“税收政策及税收风险防控落实情况”专项督察，重点围绕税收政策落实情况、税收风险防控落实情况等情况进行自查和实地督察。通过HLS 2017平台调取电子数据11000条、纸质单证51份，共发现问题2个。调取分析进出口数据，重点关注低报价格、归类异常等风险，布控处置高风险商品。涉及涉税因素的查获报关单28票，其中，补（退）税21票、罚款6票、一般行政或刑事立案1票。

【税政调研】2022年，石家庄海关立足河北经济发展，围绕完善关税结构、优化关税政策开展税政调研，广泛征集外贸企业意见建议，了解政策诉求。全年上报税政调整建议3项，与乌鲁木齐海关、济南海关共同开展税政调研，联合上报税政调整建议5项，参加全国行业调研2项。

【归类管理】2022年，石家庄海关加强归类管理工作，各项归类业务有序开展。加大归类预裁定推进力度，提高预裁定签发数量和签发质量。全年签发归类预裁定19份，涉及化工品、钢铁制品等商品；办理归类认定11份，涉及食品、化工品、机电产品、钢铁制品等商品。

【估价管理】2022年，石家庄海关夯实制度基础，提升价格管理规范化水平。结合关区业务实际、估价薄弱环节和审计重点，完善日常监控清单，建立价格领域差错易发问题管理台账，包含大宗商品二次结算、运保费、无成交价格贸易方式进口货物、加工贸易内销、修理物品等10项监控内容，明确监控途径和监控频率，制发估价联系单10份，通过监控查发滞期费漏征风险，督促公式定价报关单及时结算50票。聚焦关区重点大宗商品价格风险，开展价格审核。严把估价业务执法程序，夯实规范操作的制度基础。针对海关总署关税征管司新制度规定，制发关区规范公式定价估价征补税有关通知，组织关区估价人员学习研讨审价业务知识。针对关区估价文书的规范性操作开展常态化监控，处置不规范文书16份，年内关区审价作业无纸化规范率为100%。规范完善“双特”征税管理，对属地企业的转让定价及特许权使用费支付情况进行全面摸底、重点企业上门指导，对8家在账“双特”台账企业定期开展纳税情况排查，引导企业主动依规申报特许权支付情况，确保税款及时入库。对特许权使用费、羊绒等重点敏感行业商品开展研判。

【估价政策研究】2022年，石家庄海关以占关区税收八成以上的前6位主要税源商品为重点抓手，跟踪铁矿、原油、煤、大豆、铜精矿、液化天然气的国际价格趋势，深入20家大宗商品进口企业开展估价政策调研，分析大宗商品价格变化对关区税收影响及风险，形成价格风险分析报告予以提示，做好关区税收风险预警。针对全球供应链紧张情况下可能存在的滞期费风险、运费附加费风险，组织开展核查，所提建议和采取措施为全年价格管理工作打下良好基础。配合海关总署税收征管局等单位完成关区原油等大宗商品滞期费征收、公式定价新规实施情况、境内运费扣减情形、航空运输业清单管理等5项调研，为相关领域改革决策提供参考。

【税收征管改革】2022年，石

家庄海关深入开展税收征管改革，多元化税收担保、属地纳税人管理工作成效显著。深入推进创新税收担保业务发展服务企业，引导企业通过担保方式担保放行，降低企业融资成本，对重点企业开展“一对一”政策指导，帮扶企业用好对美加征关税商品市场化采购排除等政策，缓解企业资金周转压力。持续推动新一代电子支付、“汇总征税”、“自报自缴”等各项税收征管改革纵深化发展，助企业便利通关、减负提效。年内备案总担保229份，担保金额43.84亿元。关区通过“自报自缴”方式申报报关单12588票，占同期关区应税报关单74.53%，采用“汇总征税”方式申报报关单3472票，税款金额37.02亿元。优化属地纳税人管理，扩大关区属地纳税人纳税企业底账范围，开展纳税遵从度评估，完善“双特”价格管理台账，进行纳税遵从度评估，运用差别化合规管理服务引导企业提高纳税遵从度；严格属地企业规范申报，通过培训指导、约谈调研等方式不断提高企业合规申报水平。开展合规申报管理，协同海关总署税收征管局共同防范税收风险。

【进口税收优惠政策】2022年，石家庄海关严格执行进口税收优惠政策。向企业宣讲海关税收优惠政策，及时了解政策执行过程中享惠单位所遇困难和诉求，优化海关作业流程，实施“一企一策”专项帮扶，保障享惠单位应享尽享。贯彻落实支持科技创新税收优惠政策，会同河北省发改委推荐国家级企业技术中心，持续开展河北省企业技术中心认定和评价，会同河北省科技厅确定省级科研院所名单，为支持河北省科技创新提供了支撑。与财政、国库等部门协调联系沟通，紧密对接审批退税各个环节，打通审批环节中的痛点难点，稳妥落实进口天然气先征后返政策，全力支持河北省能源保供。年内为享惠主体减免税款2.6亿元，返还政策性退税14.06亿元。

【税收风险排查处置】2022年，石家庄海关持续强化税收风险排查处置工作，验估时效性、有效率显著提高。强化验估指令反馈管理，提高验估反馈时效，防范验估超期反馈和超3个月反馈情况。加强验估现场与海关总署税收征管局的联系沟通，提高验估指令反馈有效性。验估风险排查处置及时率为100%，验估风险排查处置有效率达到71%；关区处置事后验估指令111条。

【税收风险防控】2022年，石家庄海关加大征管制度执行力度。开展税收征管迎审自查和审计整改，综合运用审计成果，防范征税漏洞。开展担保、税单打印核注、退运货物、归类差异等监控，发现问题及时通知业务现场核实整改。组织开展规范申报核查和合规申报管理。及时分析提炼关区税收风险，上报税收风险参数9条。组织各隶属海关开展12期税收风险核查，发布税收风险点和验估操作指引30份。构建与海关总署税收征管局错位互补、协同治理的有机整体。以提升价格验估效能为着力点和切入点，协同海关总署税收征管局和隶属海关成立铁矿砂风险防控小组2个，开展联合研判。通过多渠道获取价格指数，提交报关单价格咨询19票，为提升自主查发风险能力提供数据和技术支持。开展特殊关系影响成交价格审核，报送税收风险参数建议。定期监控

▲2022年7月15日，邢台海关对关区外贸企业开展进出口享惠培训（程军 摄）

石家庄关区业务现场审核确认的征免税证明，重点关注征免性质、商品编码、进出口货物征免税通知书有效期、审核确认时效、原产国（地区）、商品受限情况等关键信息。开展对美加征原产地风险联合研判和协同处置，针对关区进口大豆等大宗商品对美加征原产地涉税风险开展分析，撰写《石家庄关区进口大宗货物对美加征原产地风险分析报告》。强化关区优惠贸易协定项下进口、反倾销税反补贴税等原产地领域涉税风险的日常监控和抽查，发现的问题及时要求现场核查处置。全年，关区自主查发原产地涉税问题报关单30票。

【原产地证书签发】2022年，石家庄海关全面推行各类原产地证书申领“线上办理+智能审核+自助打印”签证便利化措施。年内，签发各类原产地证书108303份，签证金额88.74亿美元；签发各类区域优惠原产地证书76131份，签证金额54.57亿美元，合计为企业出口产品减免进口方关税3亿美元。

【RCEP实施】2022年，石家庄海关建立石家庄海关原产地条线“培训讲师”队伍，助力更多企业利用RCEP契机开拓海外市场，指导各隶属海关持续跟踪RCEP原产地规则和关税减让措施实施情况，“一对一”专项帮扶企业，开展培训和宣讲20余次。与河北省商务厅、河北省工商业联合会、中国国际贸易促进委员会河北分会等部门建立河北省RCEP宣介工作联席机制，举办“RCEP燕赵行——百场千企”宣传培训活动，引导地方政府和企业抢抓机遇用好RCEP优惠政策红利。召开新闻发布会，专题发布海关助力企业用好RCEP促进外贸保稳提质有关情况，现场答疑解惑。向河北省政府报送《石家庄海关关于推动高质量实施〈区域全面经济伙伴关系协定〉（RCEP）有关情况的报告》。年内签发RCEP原产地证书4966份、企业自主出具RCEP原产地声明39份，货值共23.94亿元，为河北省出口企业享受RCEP其他成员方进口关税减让超2800万元。申报进口RCEP项下享惠进口货值3.41亿元，为进口企业减免进口税款1716万元。

撰稿人

王东兴 张 诚 张少普 郭潇爽 陶 静

卫生检疫

【概况】2022年，石家庄海关坚决贯彻落实习近平总书记重要指示批示精神，按照海关总署“口岸疫情防控海关必坚守”要求，把党的领导落实到卫生检疫工作的各方面、全过程，确保党中央重大决策部署在海关卫生检疫领域落实落细落地。不断强化“多病同防”意识，结合风险研判、流行病学调查等情况做好各类重大传染病排查工作，切实防范传染病疫情风险叠加。持续强化口岸食品生产经营、饮用水供应、公共场所、出入境交通工具、储存场地和固液体废弃物处理卫生监督，并聚焦口岸公共卫生风险较高的监督对象和场所，重点做好国境口岸病媒生物和病原微生物超标等重点指标的监督工作，推动关区卫生检疫事业高质量发展。

【检疫管理】2022年，石家庄海关切实抓好口岸中东呼吸综合征、拉沙热、埃博拉病毒病等各类传染病的疫情防控工作。及时跟进国务院联防联控机制和海关总署工作要求，不断修订完善关区口岸疫情防控工作方案，更新国际航行船舶船员突发事件应急处置方案以及航空口岸、海港口岸操作指引等，形成并完善了以1个防控技术方案为总纲，以工作方案、应急预案、操作指引、工作手册4类形式为依托，“一本册一套表”2个目录为索引的技术方案体系。口岸海关按照“一口岸一方案”原则，结合口岸实际不断完善口岸疫情防控工作方案，保障口岸疫情防控科学有效。运用“三应”机制，建立“五沟通”方法强化业务指导，开展安全防护、应急处置、经验交流研讨和实地调研，推广机场、曹妃甸海关创新经验做法。围绕海关总署最新版防控技术方案、流行病学调查、安全防护操作等重点内容，结合疫情发展态势及疫情防控最新要求，及时通过视频、在线平台等方式培训一线疫情防控人员、机关梯队人员。年内开展培训8次，1000余人次参训。围绕登临检疫、安全防护、职业暴露等开展应急处置演练40余次，不断提升一线人员应急处置能力。坚持“多病同防”，严格落实健康申明卡核验、体温检测、医学排查等检疫查验措施，特别是对有症状人员，根据流行病学调查结果，有针对性地实施采样检测，严防埃博拉病毒病、中东呼吸综合征、黄热病、拉沙热、登革热、鼠疫等重大传染病跨境传播。妥善处置河北省首起船员聚集性疫情以及紧急就医船员意外死亡等突发状况。关区各口岸共检疫查验

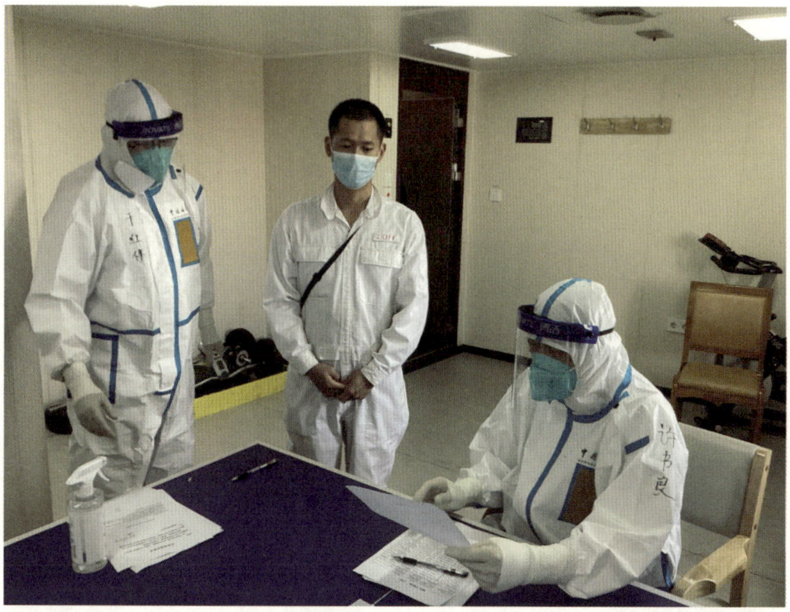

▲2022 年 5 月 18 日，石家庄海关参加“关领导进封闭管理区”的副关长在曹妃甸开展登轮检疫作业（谭明可 摄）

出入境人员 116453 人次，其中，入境 60536 人次、出境 55917 人次；检疫查验出入境航空器 36 架次，其中，入境 18 架次、出境 18 架次；检疫查验出入境船舶 5507 艘次，其中，入境 2861 艘次、出境 2646 艘次。发现入境有症状人员 11 人次。

【保障口岸公共卫生安全】2022 年，石家庄海关做好北京冬奥会举办和党的二十大召开等重要时间节点的口岸公共卫生安全工作。制订入境备降航班卫生检疫工作方案和应急处置预案，细化工作方案，优化工作流程，组建卫生检疫工作专班，选派卫生检疫专家实地指导，组织开展涉奥入境备降航班卫生检疫应急处置演练，做好“赛前热身”；落实入境政要人员快速通关机制，做好重要外事活动卫生检疫保障。严格落实海关总署从严从实全力以赴做好党的二十大召开期间疫情防控相关工作的各项要求，在关区范围内开展全面自查，梳理卫生检疫全流程、各环节可能存在的风险隐患，逐项落实整改。加密国庆和党的二十大前后外防输入月度抽查频次，尤其是在国庆假期、党的二十大召开期间针对口岸卫生检疫全流程作业尤其是安全防护作业的抽查力度，共对口岸检疫作业实施 5 轮次全覆盖式检查，毫不放松抓好口岸疫情防控各项工作。

【公共卫生风险评估】2022 年，石家庄海关建立口岸公共卫生风险评估工作机制，组建风险评估专家组，探索建立了石家庄海关职能处室组织管理、隶属海关牵头负责、专家组具体实施的轮值专家组长制，加强石家庄海关对风险评估工作的“垂直”管理，强化隶属海关之间的“横向”互动交流，提升精准检疫。年内关区共组织专题风险评估 3 次，开展日常风险评估 20 次。

【特殊物品检疫管理】2022 年，石家庄海关切实履行海关生物安全管理职责，严格落实出入境特殊物品监督管理工作要求，审批出入境特殊物品 572 批次，其中，出境 541 批次、入境 31 批次，A 级特殊物品 2 批次、B 级 0 批次、C 级 63 批次、D 级 507 批次，审批平均用时 2 个工作日以内。推广海关特殊物品卫生检疫审批与分析系统应用，组织完成新旧系统切换过渡有关工作，实现出入境特殊物品审批全流程通过海关特殊物品卫生检疫审批与分析系统网上办理。加强高风险特殊物品监管，与中国检验检疫科学研究院签署风险评估合作协议，委托其开展出入境高风险特殊物品风险评估工作，年内开展高风险特殊物品风险评估2批次。7月25日，制发防范寄递渠道个人自用新冠快筛试剂出境相关风险有关要求的通知，从加强风险研判、强化口岸监管查验、提高违法惩戒力度、积极开展普法宣传等角度，对规范新冠快筛试剂出境监管、防范寄递渠道个人自用新冠快筛试剂出境带来的生物安全风险提出明确要求。

▲2022年8月10日，曹妃甸海关关员开展病媒生物监测工作（刘惠瑜　摄）

【生物安全】2022年，石家庄海关成立石家庄海关生物安全工作领导小组，强化关区生物安全工作的统筹协调、统一指挥。系统推进海关生物安全体系建设，建立了上下联动、内外协同、立体高效的生物安全防控体系。召开石家庄海关生物安全工作领导小组会议，专题学习习近平总书记关于国家生物安全的重要讲话精神，审议通过并印发石家庄海关生物安全体系建设方案，方案涉及10方面32条工作任务，明确关区各部门、单位职责分工，强化协作配合，推动生物安全各项工作任务落实，全面推动提高生物安全治理能力，切实筑牢国门生物安全屏障。全年组织各隶属海关、旅保中心以专题学习、专题宣传、线上线下结合的形式开展“守牢生物安全底线，保护人民健康，保障国家安全”为主题生物安全法宣传活动。

【口岸核心能力建设】2022年，石家庄海关制订口岸公共卫生核心能力自查考核工作方案，采取自查、互考、整改、问效的封闭管理方式完成对秦皇岛、京唐港、曹妃甸、黄骅港4个海港口岸自查考核，发现问题16项，及时补短板、强弱项、堵漏洞。指导石家庄机场海关对照考核指引，督促机场集团完善口岸功能区域和设施设备，为石家庄机场口岸复航打好基础。

【传染病监测】2022年，石家庄海关严格按照属地要求，在确保疫情防控到位的前提下，依法依规有序开展出入境监测体检、预防接种、国际旅行健康咨询和技术支撑等各项工作，支持企业复工复产、助力务工人员返岗。全年，出入境监测体检15391人次，接种疫苗共计18803剂次，开展艾滋病监测13791人次，共检出传染病120例（肺结核4例、乙肝89例、丙肝6例、HIV抗体阳性2例、梅毒19例）。组织参加“防止疟疾输入再传播能力维持”网上培训，培训涵盖疟疾诊治规范、实验室检测技术规范、消除疟疾策略和工作规范、媒介监测等内容，进一步提升关区工作人员防止疟疾输入再传播的能力，进一步强化关区防止疟疾输入再传播的技术支撑和人才保障，关区共160余人参训，1人获评全国消除疟疾先进个人。结合国家安全日、全国疟疾日、世界艾滋病日等组织口岸海关、旅保中心通过悬挂横幅、摆放展板、张贴主题海报、发放宣传资料等形式，对出入境旅客和体检人员开展现场宣传、健康咨询等活动；结合工作实际向码头工人、船舶服务企业开展知识宣讲、发放宣传资料。利用口岸报关大厅、旅保中心业务大厅等业务现场的电子大屏幕、微信公众号、微信工作群等宣传阵地线上进行新媒体宣传，线上线下同频共振，发挥宣传辐射效应。全年开展线下宣传32次，通过微信、QQ等媒体宣传24次，覆盖受众4800余人次。提升出入境人群及体检人员传染病防治知识知晓率，增强其安全防护意识，营造良好的社会环境。

【卫生监督】2022年，石家庄海关推进关区国境口岸卫生监督和口岸食品安全抽检工作，分别制订关区口岸卫生监督工作方案和关区口岸食品安全抽检工作实施方案。对卫生监督工作目标、工作要求、工作范围、工作原则以及工作任务等进行明确。对各类监督对象，包含食品生产经营单位、出入境交通

▲2022年7月15日，石家庄机场海关关员在食品经营单位开展日常卫生监督（张子欣　摄）

工具及其食品供应单位、饮用水供应单位、公共场所、储存场地等的监督内容和监督频次进行细化；明确食品抽检范围包括交通工具食品、餐饮食品2个食品大类，14个食品细类（热食食品、冷食食品、水果、坚果等）；明确开展实验室检测或快速检测相关要求，根据工作任务结合关区各口岸海关实际对抽检数量和抽检类别进行细化分工。修订2021年制定的关区口岸卫生监督“双随机、一公开”抽查工作指引中的抽查频次和抽查方式等，进一步规范国境口岸卫生监督“双随机、一公开”抽查工作。全年，办理口岸卫生许可43份，开展卫生监督501次，“双随机”检查37次，口岸食品抽检390次，发现并整改44个问题。规范关区国境口岸病媒生物监测工作，着力解决因特殊天气导致监测计划无法实施的问题，对关区病媒生物携带病原体检测进行统一，避免工作“缺项”。8月16—17日，组织口岸海关、旅保中心口岸病媒生物监测、鉴定工作人员参加海关总署口岸病媒生物监测及鉴定培训，关区共69人参训，切实提升口岸一线病媒生物监测控制能力。全年，各口岸海关开展病媒生物监测257次，监测捕获鼠、蚊、蝇等病媒生物共6大类15554只，掌握关区口岸病媒生物本底数据资料。

撰稿人

刘利辉　狄　楠　张　帅

动植物检疫

【概况】2022年，石家庄海关坚持总体国家安全观，完善监测预警体系，加强重大动植物疫情疫病预警和安全风险应急处置，开展关区突发重大动物疫情应急处置演练，严格落实重大动植物疫病疫情防控要求，强化全链条监管，严格口岸入境检疫，严防疫病疫情在口岸环节跨境传播，筑牢口岸检疫防线。推动农产品“优进优出”工程，支持种牛、种子苗木等优质动植物种质资源和粮食、木材等资源型农产品进口，服务保障农产品供应链、产业链安全稳定，助力乡村产业提档升级。推动鲜梨、饲料及饲料添加剂、竹木草制品、非食用动物产品等优势农产品出口。全年，河北省出口农产品142.7亿元，同比增长16.7%，进口农产品449.4亿元，同比增长18.3%。

【国门生物安全】2022年，石家庄海关坚持人病兽防、关口前移，严格落实非洲猪瘟、高致病性禽流感和口蹄疫等重大动物传染病疫情防控工作要求，强化系统治理和全链条防控，加强入境检疫，密切关注国外重大动植物疫情动态，严防疫情在口岸环节跨境传播。细化隔离场防控措施，加强进境活动物隔离场检疫监管，做好进境种牛种禽隔离检疫工作，规范进境种牛检疫监管，确保不发生疫情传入风险。全年，检疫监管进境种禽3批共9.3万羽，进境种牛10批共62296头，检出二类传染病阳性91头，全部扑杀并进行无害化处理。做好国门生物安全监测和安全风险监控工作，制发国门生物安全监测工作方案，组织开展国门生物安全监测、现场查验技术等专项业务培训网上学

▲2022年10月11日，曹妃甸海关关员对进境木材进行检疫查验（吴子晓　摄）

习，及时开展工作指导和督促，按照时间节点和任务分工，按时完成年度工作任务，总结形成进出口饲料及饲料添加剂、粮食及转基因水果、食用陆生和水生动物等5大类安全风险监控报告。对进境活动物、非食用动物产品、供港澳活牛和外来有害生物等开展监测。强化进口松原木、板材和木质包装材料的检疫监管，严防松材线虫疫情传入。制发石家庄海关关于开展主要入境口岸外来入侵物种普查工作的通知，组织系统内专家举办外来入侵物种普查培训班，开展口岸外来入侵物种普查工作督导，出动351人次，对100余个地点开展踏查，普查发现54种外来入侵物种，基本摸清口岸外来入侵物种种类、数量和发生分布等情况，为外来入侵物种防护打下坚实基础。

▲2022年8月11日，石家庄海关动植检处关员组织赴塞罕坝机械林场参加外来有害物种普查活动（沈灿章　摄）

【塞罕坝机械林场生态安全保护】2022年，石家庄海关始终牢记习近平总书记的嘱托，深入学习贯彻习近平生态文明思想和总体国家安全观，把保护好塞罕坝机械林场生态安全作为一项重要的政治任务，深刻把握塞罕坝精神形成的历史逻辑，深入挖掘塞罕坝精神的时代内涵，挖掘红色基因，推动塞罕坝精神转化为海关“筑牢口岸检疫防线”、维护国门生物安全的行动自觉，切实把塞罕坝精神传承好、发扬好、宣传好。研究制订塞罕坝机械林场及周边地区外来入侵物种普查实施方案，成立塞罕坝机械林场外来入侵物种普查工作组，明确普查、鉴定、技术支持、咨询等工作分工。深入塞罕坝机械林场，结合林场地理结构和树种分布，优化监测点选取和装置布置，针对9种监测物种设置监测点50个，覆盖林场总面积的67%，提升监测普查的针对性和有效性。定期派出业务专家对塞罕坝机械林场和周边地区进行实地踏查，开展风险处置后续跟踪。通过实地踏查和周边口岸外来入侵物种普查，初步摸清林场生态安全和生物多样性保护的基本情况。搭建与塞罕坝机械林场合作平台，签署不同层级合作备忘录4个，在党的建设、保护林场生物安全和生物多样性、提供外来入侵物种鉴定技术支撑、促进承德农林产品出口和优质种苗种子进口等方面开展合作。

【“国门绿盾2022”行动】2022年，石家庄海关深入开展“国门绿盾2022”行动，在寄递、旅客携带、跨境电商直购等非贸渠道组织开展打击非法引进外来物种和植物种子种苗行动，严防外来物种通过口岸入侵，维护国门安全。建立完善关区“国门绿盾2022”行动工作机制，强化非贸渠道检疫监管，强化外来入侵物种防控及进境动植物疫情截获，强化口岸检疫，严防动植物疫情疫病和外来物种以及其他禁止进境物通过口岸传入。拓展与河北省农业农村厅、河北省林业和草原局的务实合作，统筹协调打击非法引进外来物种和种子种苗等违法违规行为。国家安全教育日期间，关区各业务大厅通过在显著位置张贴宣传海报、电子显示屏上滚动播放宣传语等形式，宣传国门生物安全法律法规和政策要求，提高公众国门生物安全意识，凝聚国门生物安全共识。全年，截获检疫性有害生物29种1167种次，非检疫性有害生物249种6883种次。

【“跨境电商寄递‘异宠’综合治理”专项行动】2022年，石家庄海关成立“跨境电商寄递‘异宠’综合治理”专项行动工作组，制发开展“跨境电商寄递‘异宠’综合治理”专项行动实施方案，成立“异宠”信息收集小组，强化跨境电商平台及寄递运营企业的主体责任，加强对跨境电商寄递“异宠”的风险监测、风险分析和处置、查验监管、非法行为打击力度、潜在危害宣传教育和普法宣传。10月9日，召开第一次“跨境电商寄递‘异宠’综合治理”风险信息研判会，部署“跨境电商寄递‘异宠’综合治理”专项行动重点工作。面向关区79家跨境电商平台企业召开视频会，宣讲相关工作要求，督促企业对违法违规售卖的“异宠”下架处理，制作明白卡一份，发挥信息预警先导作用，加强内外部信息交流和全国查发案例采集工作，围绕重点来源国（地区）、航线、商品等梳理影子商品敏感词55条次，及时向一线发布风险舆情，通报典型案例，辅助现场监管。发挥风险布控的威慑作用，按照精准布控原则，统筹在快件、跨境电商等渠道加载预定式布控指令规则6条，强化正面监管。开展“跨境电商寄递‘异宠’综合治理”专题培训1次，向海关总署报送刊发“异宠”综合治理信息10条，通过海关总署12360微信公众号、海关发布微博、河北交通广播、石家庄海关12360微信公众号和长城新媒体等向社会公众进行广泛普法宣传8条，开展以防范“异宠”为核心的国门生物安全进校园、进社区宣传活动8次，发放资料1000余份，受众3000余人。会同河北省农业农村厅、自然资源厅和生态环境厅等部门联合发布关于做好《外来入侵物种管理办法》贯彻落实的通知，进一步明确指导思想，强化责任落实，做好监管执法，形成监管合力，防范外来物种入侵。

【农产品优进优出】2022年，石家庄海关服务农产品产业链供应链安全稳定，积极支持种牛、植物种子、苗木等优质种质资源和粮食、木材等资源型农产品进口，满足国内市场需求，配合海关总署完成4家新建进境种牛隔离场验收。统筹做好强化监管与优化服务，按照海关总署授权，完成进境农产品检

▲2022 年 6 月 18 日，黄骅港海关关员夜间巡查进境种牛运输车辆（袁野　摄）

和乡村振兴。与河北省农业农村厅联合印发服务乡村全面振兴推动农业对外开放高质量发展合作实施方案、促进河北省农产品出口十条硬核措施，推动河北农业对外开放高质量发展。服务保障北京冬奥会，制订石家庄海关北京冬奥会动植物及产品检疫监管工作方案、石家庄海关北京冬奥会动植物检疫突发事件应急预案，保障北京冬奥会相关动植物及其产品顺利、快速通关。

疫审批，推动进境非食用动物产品、粮食等行政许可高质高效，对符合申请要求的动物检疫许可证随报随批，审批检疫许可证 2016 批。服务国家粮食安全，推动进境粮食智能化监管项目，检疫进境粮食 407.34 万吨、货值 32.94 亿美元，进境木材 73 万立方米、货值 1.17 亿美元。做好企业对外注册推荐，配合海关总署实现恢复中国仁果类、核果类水果等对有关国家的出口，推动 13 家出境非食动物产品企业向欧盟贸易管控专家系统（TRACES）和英国注册，推动河北省优势农产品扩大出口。规范检疫审批，深化“优果盟”模式，推动出口农食产品优质优价，推动出口鲜梨，惠及关区百万梨农。利用进出口鲜活易腐农食产品属地查检绿色通道，推动优势特色农产品便利通关，紧盯平泉食用菌、安国中药材、黄骅冬枣和泊头鲜梨等优势特色出口农产品，做好“土特产文章”，推动县域经济发展，打造靓丽河北农产品出口名片，服务农民增收

【智慧动植检建设】2022 年，石家庄海关积极推进“大宗进境粮食智能查检关键技术与装备研发及示范应用”项目研究，推动项目视频影像、近红外光谱、AI 机器视觉、互联网通信、组合机械、自

▲2022 年 5 月 20 日，石家庄海关关员在出口注册梨园开展工作调研（张文国　摄）

▲2022年10月18日，黄骅港海关关员保障冬枣抢“鲜”出口“一带一路”共建国家阿联酋（王雪娇 摄）

动控制和大数据处理等多维先进技术集成，降低检验成本，解决不等转、不接触查验以及船舱中下层取样、留样和漏斗装卡车取样、留样等各项问题，研究开发一系列即卸、即检、即报、即放的进口粮食智能查检技术及配套设备，推动实现远程数据监管和大数据统计分析，实现工作全程可追溯；积极向海关总署申报立项，探索以智慧动植检设备研发保障进境粮食口岸检疫安全，努力打造国门生物安全石家庄海关场景。推进进出境动植检能力提升工程建设，提升口岸动植检基础设施水平，海关总署批准石家庄海关动植检能力提升项目经费、采购设备。规范设备采购及项目实施，增强口岸把关基础设施和装备保障能力，口岸初筛鉴定、查验执法、监测监控、隔离检疫和检疫无害化处理等设施设备配备更加齐全、规范，增强口岸检疫查验能力和技术支撑水平，为筑牢口岸检疫防线，保障国门生物安全打下坚实基础。

【夯实动植检工作基础】2022年，石家庄海关夯实动植检制度基础，推动制发石家庄海关进出境动植物检疫除害处理监督操作指引、石家庄海关进境活动物全链条检疫监管工作指引（第二版）、石家庄海关进境粮食全链条检验检疫监管工作指引（第一版）等工作制度；动态更新石家庄海关重大进出境动物疫情应急处置预案，探索建立关区动植物检疫工作领域点对点联络机制，了解基层急难愁盼问题，及时解决业务问题、化解业务风险。持续做好动植检领域安全生产工作，紧盯重大节假日、口岸检疫和样品采集等关键节点，采用“四不两直”方式对秦皇岛海关、北戴河海关、沧州海关、黄骅港海关和唐山海关的动植物检疫领域安全生产工作进行实地或远程视频检查，压实关区动植物检疫工作安全生产基础。优化动植物疫情风险防控体系，研究制定动植物疫情和外来入侵物种监测评估预警及应急处置管理规定；配合海关总署撰写进境动物源性中药——牛黄风险分析报告、进境牛黄检疫要求、小动物皮张采样及阳性样品处置建议和进境蟒蛇皮检验检疫风险分析等报告。

撰稿人

王朝华　石　磊　陈向阳　盛　林　靳倡盛

进出口食品安全监管

【概况】2022年，石家庄海关全面学习贯彻党的二十大精神，以习近平新时代中国特色社会主义思想为指引，深入贯彻“四个最严”总要求，严格执行海关总署关于进出口食品安全工作的各项安排部署，锚定“政治强，业务精，作风优”强关目标，把政治要求贯穿于进出口食品安全监管全领域各方面，构建起“以落实政治要求为主线，以健全完善进出口食品安全监管基础工作体系、持续推动政策法规研究、防范化解重大系统性风险为抓手，着力促进地方经济高质量发展”的进出口食品安全监管工作格局。全年未发生区域性、系统性进出口食品安全风险及重大安全事件。

【进出口食品安全监督抽检和风险监测计划实施】2022年，石家庄海关严格执行海关总署下达的进出口食品、食用农产品、化妆品安全监督抽检和风险监测计划，承担进口食品监督抽检、出口食品监督抽检、跨境电商进口食品风险监测、出口动物源性食品安全风险监测、供港蔬菜专项监测5项任务。根据关区出口食品备案企业分布和2021年食品出口业务情况，制订了具体实施方案，明确工作要求并监督指导规范执行。按照进口食品新查管系统及出口食品电子底账系统布控指令要求，对抽中实施监督抽检的样品，规范实施抽样、送样和实验室检测。全年，实施进出口食品化妆品监督抽检计划样品254个，检验项次数1580个。其中，出口食品样品数235个，检验项次数1343个；进口食品样品数19个，检验项次数237个。在出口食品化妆品安全监督抽检计划实施过程中，坚果和籽类及其制品、粮谷、粮食制品、蜜饯、食品加工用植物蛋白、乳基幼儿配方食品、干制水果、食用菌、蔬菜、调料、冷冻饮品、糖果、植物性调味料等14类食品中的121项次有检出，检出项目主要是污染物、微生物、色素、二氧化硫、三氯丙醇、硫酸铝钾、农药残留等，未出现检出不合格情况。在进口食品化妆品监督抽检计划实施过程中，坚果及籽类、食用菌、蒸馏酒、加工油脂、食用植物油、乳粉6类食品中的32项次有检出，检出项目主要是氰化物、甲醇、重金属以及过氧化值、酸价等品质项目，未发现不合格样品。

【出口动物源性食品风险监测】2022年，石家庄海关承担出口动物源性食品安全风险监测计划采样数290个，其中肉类产品计划采样数229个，包括鸡产品130个、鸭产品 14 个、羊产品 21 个、肠衣 64 个，监测项目主要为兽药、污染物、生物毒素；水产品计划采样数 23 个，包括养殖贝 16 个、养殖虾 4 个、养殖鱼 3 个，监测项目主要为农兽药、污染物、生物毒素和水生动物疫病；蜂产品计划采样数 15 个，禽蛋 23 个，监测项目主要为农兽药等。因石家庄关区仅 1 家出口禽蛋企业，且该企业 2022 年度无生产计划，经海关总署同意，石家庄海关调整出口动物源性食品安全风险监测计划，取消 23 个禽蛋样品的监测计划，总监测任务数调整为 267 个。实际监测样品数 267 个，检测项目集合 267 项次，按计划完成全部监测任务，样品检测结果均未超限。

【供港蔬菜专项检查】2022 年，石家庄海关承担供港蔬菜专项检查计划采样数 15 个（其中，生菜 2 个、胡萝卜 2 个、彩椒 2 个、大白菜 5 个、绿甘蓝 4 个）。由于原计划 11 月底收获的甘蓝推迟至 2023 年 1 月份，故 12 月份从该种植基地采集 1 个菠菜代替绿甘蓝，最终实际完成采样 15 个，每个样品检测项目 245 项，检验项次总数 3675 个，100% 完成任务。生菜、胡萝卜、彩椒和菠菜 4 种蔬菜共 7 个样品检测项目，结果均为未检出；3 个绿甘蓝样品分别检测出铬，5 个大白菜检出吡虫啉、嘧菌酯、烯酰吗啉合计 13 项次，未出现超标项目。

【进口食品“国门守护”行动】2022 年，石家庄海关严格落实我国境外输华食品准入管理制度，严防未获准入的食品及未获注册的企业生产的食品流入国内市场。依法依规开展进境动植物源性食品检疫审批。落实进口食品“源头管控”要求，按照海关总署部署要求，组织开展进口食品境外输华企业评审。年内共对境外输华水产品、肉类、蜂产品、燕窝等食品生产企业开展注册、变更评审 53 家次，参与境外水产品、肉类及冷冻水果等食品生产企业视频检查 5 家次，就发现的相关问题提出整改要求并跟踪落实。

【建立健全进出口食品安全监管工作体系】2022 年，石家庄海关以《中华人民共和国进出口食品安全管理办法》《中华人民共和国进口食品境外生产企业注册管理规定》两部规章全面实施为契机，在充分开展调查研究的基础上，结合关区业务实际研究制定石家庄海关进出口食品安全监督管理工作实施试行细则、石家庄海关强化进出口食品安全监管专项监督检查工作实施试行办法，着力构建关区进出口食品安全全链条监管体系，统筹协调机制不断优化完善，推动“响应、呼应、反应”机制高效运行。强化业务运行监督管理，定期对 9 类进出口食品安全监管重点工作开展专项监督检查，共查发并整改问题 3 类，在确保政策执行准确性和规范性、全面提升进出口食品安全综合治理能力及水平方面取得实效。

【境外食品安全法律法规研究】2022 年，石家庄海关充分调动发挥关区进出口食品安全业务专家作用，持续深入推进印度、巴基斯坦、孟加拉国、尼泊尔、不丹、斯里兰卡和马尔代夫 7 个南亚国家食品安全管理体系及准入研究。对 2020—2023 年间被欧盟国家持续关注并通报的印度食品环氧乙烷超标问题进行长期跟踪研究并形成专题分析报告。高质量完成巴基斯坦输华干辣椒风险评估以及对秘鲁、印度尼西亚、印度等国家（地区）输华水产企业整改材料及输华水产品卫生证书及议定书的翻译评估等任务，协助拟定《巴基斯坦干辣椒输华检验检疫要求议定书》，完成对《斯里兰卡输华野生水产品检验检疫要求议定书》修改意见的评估工作。

【食品安全社会共治】2022年，石家庄海关持续加强与河北省市场监管、农业农村、卫生健康、公安等职能部门的协作配合，就食品安全风险信息、隐患分析及综合治理情况进行交流沟通，定期参与河北省食品安全风险防控联系机制联席会议，形成食品安全部门共治的良好格局。组织开展“全国食品安全宣传周”活动，期间共发放宣传材料1200余册，举办各类活动23场次，制作展板35块，开展现场咨询226余人次，展现海关在维护进出口食品安全方面的举措和成效，营造食品安全社会共治的良好氛围。协同河北省市场监督管理局、河北省卫生健康委员会等部门开展多次联合执法检查，组织依法查处生产经营含金银箔粉食品违法行为专项行动，督促食品进口商切实履行食品安全主体责任。向河北省政府食品安全委员会提供《河北食品安全研究报告（2022）》中有关进出口食品安全管理方面内容，撰写《2022年河北省进出口食品质量安全监管状况分析及对策研究》。

▲2022年8月30日，石家庄海关组织开展“全国食品安全宣传周”活动（陶菲 摄）

【支持石家庄辛集进口肉类指定监管场地开展进口业务】2022年，石家庄海关以“积极支持、科学调度、稳妥实施”为原则，充分发挥职能技术优势，支持河北省内陆唯一进口肉类指定监管场地——石家庄辛集进口肉类指定监管场地的建设及开办进口业务。从制度建设及业务衔接等方面加强指导，督促地方政府和企业压紧压实“四方责任”，保障辛集进口肉类检验检疫业务顺利开展，为河北省承接北京非首都功能要素和产业转移，扩大京津冀地区肉类进口，推动地方外向型经济快速发展贡献海关力量。

【进口冷链食品常态化疫情防控】2022年，石家庄海关持续加强规范指导及宣传贯彻培训，根据政策调整更新情况，修订印发石家庄海关进口食品口岸环节新冠病毒核酸检测和预防性消毒工作操作指引（第三版）；针对进口商品及包装新冠病毒检测采样作业指导书（第六版）和进口商品口岸新冠病毒消毒处理作业指导书（第三版）等组织开展专题视频培训3次，关区参训人员达513人次。修订石家庄海关进口冷链食品应急处置演练脚本（第二版），并组织开展应急

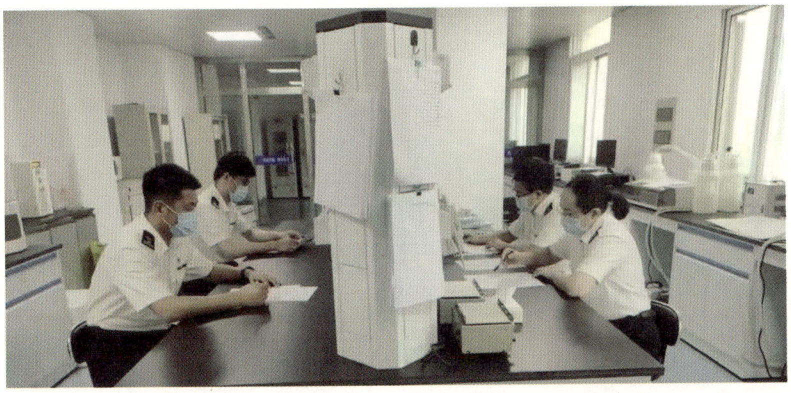

▲2022 年 5 月 31 日，石家庄海关组织开展进出口食品安全应急处置桌面推演（任瑞瑶 摄）

处置演练 18 次，提升口岸应急处置能力。加强督导检查，研究制定石家庄海关进口食品业务领域疫情防控工作安全防护督查要点，组织开展针对关区冷链食品相关疫情防控工作人员安全防护情况的专项检查。

撰稿人

吕红英　朱金娈　李树昭　李晓龙　陈　茜

商品检验

【概况】2022年，石家庄海关商品检验工作以习近平新时代中国特色社会主义思想为指导，坚决贯彻落实习近平总书记关于安全生产和打击“洋垃圾”的重要指示精神，牢固树立总体国家安全观，将禁止“洋垃圾”入境和保障进出口危险品安全作为重点工作，突出机制建设，强化全链条监管；落实海关总署商检业务改革要求，继续推进落实进口铁矿、棉花、重量鉴定依申请检验，进口矿产品和原油“先放后检”检验模式；强化煤炭监管，落实宏观调控要求；探索推动“智慧商检”建设，加强治理能力，提升监管效能，完善商检业务管理；持续优化检验模式，保障能源资源、重要产业链供应链稳定；统筹落实进出口商品质量安全发展规划和质量安全风险预警与快速反应监管体系，加强风险管理；筑牢商品检验口岸防线。

▲2022年6月9日，京唐港海关关员开展进口矿产品现场查检（段乃满　摄）

【进口矿产品、原油检验】2022年，石家庄海关严格执行海关总署关于进口铁矿检验监管方式相关要求以及《关于调整部分进口矿产品监管方式的公告》（海关总署公告2018年第134号）要求，持续推进落实对部分进口矿产品、原油等继续实施“先放后检”，对进口铁矿、棉花品质依申请检验等改革措施，全年实施“先放后检”进口铁矿3108批、23048.112万吨、货值244.78亿美元，进口铁矿石品质依企业申请检验2191批、16261.2万吨，为企业节省费用11959.4万元；进口原油“先放后检”208批次、2112.10万吨，为企业节省费用2417.51万元。

【进口商品固体废物筛查】 2022年，石家庄海关持续保持打击“洋垃圾”高压态势。落实进口大宗矿产品100%固体废物筛查政策，筛查水运铁矿3013批、2.2亿吨；检验进口再生金属原料143批、6.07万吨。修订3个制度文件，全面规范再生金属原料检验和鉴别工作流程，强化一线执法规范性；组织进口矿产品固体废物排查业务培训1次，再生金属原料培训考试1次，培训126人次，检验现场研判会1次，与宁波海关、青岛海关共同开展固体废物筛查监管创新线上交流研讨会1次，持之以恒强化固体废物筛查把关能力；开展关区再生金属原料检验情况和进口汽车启动机、发电机再制造原料检验工作调研，撰写关区再生金属原料检验监管风险分析和再制造检验工作调研报告。

【进出口危险化学品综合治理】 2022年，石家庄海关深入贯彻落实习近平总书记关于安全生产重要指示批示精神，严格按照海关总署相关决策部署，压紧压实危险品检验监管“五级安全责任”，全力防范化解重大安全风险，推动危险品综合治理常态化。按照海关总署统一部署，7—10月全面开展落实“口岸危险品综合治理”百日专项行动，建立危险品通关日报告制度，推动“抵港直装”和“船边直提”。设立危险品通关绿色通道，通关时长由114.17小时降至69.08小时；优化危险品检测流程，检测周期从7个工作日压缩至3个工作日。打击危险品伪瞒报，建立3个大数据风险监测模型，发布预警信息8条，提交2类产品线索，查发一起口岸进口电解液涉嫌伪瞒报，制定危险品综合治理“加强版”10条具体措施，全面提升风险防控水平。建立从石家庄海关党委、职能处室，隶属海关党委、隶属海关科室和一线查验人员全覆盖的“五级安全责任”制度，分解安全责任清单34条，实现关区进出口危险品检验监管各层级、全链条、闭环式管理。发布石家庄海关进出口危险品及包装查验安全防护装备配备指引，提供基本、直观、易操作的技术参考，指导各隶属海关在实际查验工作中进行防护装备选取。进一步明确合格评定具体程序和要求；制发进一步加强进出口危险品及包装检验不合格处置工作的通知、进一步强化出口危险化学品合格评定工作的通知、石家庄海关进出口危险品及包装检验领域风险识别及防范治理工作试行指南

▲2022年9月16日，京唐港海关开展进口铁矿固体废物筛查工作（段乃满　摄）

等规范性文件，指导各隶属海关规范相关工作，防范业务风险，并对关区进出口危险品及包装检验监管安全生产领域“吹哨人”制度进行深化和细化，提出10个重点适用范围。先后组织了2022年第1期、第2期进出口危险货物及其包装检验监管岗位资质培训考核工作，123人通过考核，确保查验队伍持续满足“双随机”、双人持证上岗等要求。充分发挥正定和黄骅港海关教学实训点“教、学、练、战”一体化优势，共有26名关员参加实操培训，围绕“口岸危险品综合治理”百日专项行动和人员能力提升，为关区300余人进行培训，增强一线执法人员查发危险品“滞”与“瞒”的敏感性及处置能力。

【进出口危险品检验监管】 2022年，石家庄海关检验监管进出口危险品及包装34258批次，检出不合格89批次，其中危险化学品重量1826.94万吨，货值135.37亿美元。年内，石家庄关区共有进出口危险品及包装企业293家，其中，进出口危险品（包括危险化学品和危险货物）生产企业192家、危险货物包装生产企业101家；出口量（以批次计）排名前三的海关分别为黄骅港海关、正定海关、衡水海关。以批次计算，出口量前三的品种分别为甲苯二异氰酸酯、三氯异氰脲酸、氰化钠。关区进口危险化学品使用Ⅰ类包装的品种主要为吲哚美辛、氰化钠、三氯氢硅等12种物质，涉及10家企业，分别位于正定海关、邯郸海关等5个关区。

▲2022年11月16日，黄骅港海关关员在关区危险化学品企业现场查验（翟华东 摄）

【进口机动车检验】 2022年，石家庄海关不断探索优化完善检验监管模式，实施进口汽车安全性能采信第三方检验结果制度，借助第三方检测机构专业技术优势，为检验监管工作提供合格评定依据。严格把控产品质量安全，完善进口机动车质量安全风险预警和快速反应监管体系，构建覆盖车辆认证准入、入境验证、进口检验、后续监管等环节的监管链条。年内关区进口整车399辆，摩托车326辆，货值共计1.72亿元，同比增长超过200%。

【进口大宗散商品重量鉴定】 2022年，石家庄海关共依企业申请和布控指令完成进出口重量鉴定3138批，鉴定重量19030.05万吨，货值233.73亿美元，未申请重量鉴定1422批次，重量为9163.52万吨，申请海关实施重量鉴定批次、重量分别占全年进出口重量鉴定总量的68.82%和67.50%。产品主要有铁矿、铜精矿、原油、煤炭、LNG天然气、散装化工品、粮谷、豆类、动植物油脂等。发现短重1753批、30.59万吨，帮助企业挽回损失约5313.61万美元，维护了企业利益，防范了重量鉴定领域贸易欺诈。

【商品质量安全风险监测】2022年，石家庄海关持续开展京津冀区域进出口商品质量安全风险信息采集共享和预警合作，制订落实京津冀三地海关跨区域风险信息采集共享和预警处置机制工作方案、建立京津冀三地海关跨区域风险信息采集共享和预警机制工作计划，整体推进京津冀区域进出口商品风险信息共享共用。全年京津冀三关共享进出口商品质量安全风险信息788条，梳理医疗器械、矿产品等典型案例40起；对欧盟通报的4起出口商品质量安全不合格情况进行调查，将相关调查结果反馈海关总署；对因产品质量不符合标准或合同要求的46票出口退运货物开展调查，未发现涉及安全、卫生、环保项目不合格；录入并提交相关进出口质量安全不合格信息514条。

【法定检验商品以外的进出口商品抽查】2022年，石家庄海关组织开展法定检验商品以外进出口商品抽查检验10批次，均为轻纺类商品，检出不合格8批，不合格率为80%，检出不合格项目50项次，包括安全卫生项目24项次，标志及使用说明26项次。其中，儿童自行车4批次，经检测均不合格，不合

▲2022年5月11日，京唐港海关关员运用无人机开展重量鉴定工作（王译 摄）

格项目21项次，均为物理机械安全性能类不合格；电动童车2批，经检测均不合格，不合格项目13项次（电性能类8项次、物理机械安全性能类5项次）；儿童滑板车2批次，经检测均不合格，不合格项目16项次（电性能类10项次、物理机械安全性能类6项次）；毛绒玩具2批次，经检测均合格。开展跨境电商进口消费品安全风险监测抽查检验5批次，涉及商品为进口牙刷、奶瓶、奶嘴，未检出不合格。对检验不符合标准要求的抽查样品，经合格评定判定该商品不合格的，向出口企业签发了进出口商品风险监测结果通知单，将检测结果告知生产企业，并约谈相关企业负责人。企业无法进行技术处理的，按照《中华人民共和国进出口商品检验法》及其实施条例、《进出口商品抽查检验管理办法》相关规定，对涉及不合格批次的商品作“不准出口”处置。

撰稿人

刘　庆　闫雄伟　杨　洋　屈志鹏

口岸监管

【概况】2022年，石家庄海关以习近平新时代中国特色社会主义思想为指引，坚决贯彻习近平总书记重要指示批示精神，落实海关总署党委决策部署，口岸监管工作强化正面监管，高质量推进综合治理，树牢总体国家安全观，口岸疫情防控、口岸监管环节反恐怖工作提质增效。服务地方高水平对外开放，推动市场采购贸易、跨境电商健康有序发展。服务保障北京冬奥会、共建“一带一路”高质量发展，持续深化“放管服”改革。提升口岸监管现代化水平，成立关区“船边直提”“抵港直装”业务协调推进小组，探索制定关区监管流程，明确现场海关业务职责和监管要点，实现船舶和工厂“两点一线”快速验放。针对关区进口以大宗散货为主的监管特点，开展金关二期卡口系统皮带疏港应用改造，年内验放车辆35万余辆。提高查发能力，规范货运舱单电子数据，视频监控监督检查作用凸显。统筹发展与安全，完善安全生产责任体系，有效化解重大风险隐患。

【货物口岸检查】2022年，石家庄海关严格落实口岸货物检查作业制度。制定“双随机、一公开”监管现场操作指引，规范查验移动单兵、音视频执法记录仪等查验装备佩戴使用，加强实时音视频检查和事后单证抽查，开展复查复验、科长实货复核和规范性自查，推进固体废物排查仪应用尽用，强化对进口危险化学品、再生金属等重点敏感货物的口岸查

▲2022年7月5日，鹿泉海关关员进行查验作业（耿百成 摄）

验。全年开展货物口岸检查5163票，发现异常移交综合处置部门92票。发挥集中审像中心集约化审图优势，加强H986设备绩效管理和智能审图应用，全年共计实施机检查验（含机检加人工）252票。

【进出境旅客行李物品及非贸物品监管】2022年，石家庄海关办理暂时进出境货物报关单1810票，无ATA单证册业务。关区免税品销售额为962.77万元，同比减少0.35%。其中机场免税店无销售额，同比减少100%；供船免税店销售962.77万元，同比增长0.06%。关区办理非居民长期旅客自用物品36票，驻外使领馆进境车辆5辆，留学回国人员购买免税车250辆。

【口岸疫情防控】2022年，石家庄海关坚决贯彻落实习近平总书记重要指示批示精神，把筑牢口岸检疫防线作为重中之重。持续加强口岸新冠疫情防控，严格依布控指令实施登临检疫，开展入境客运航空器终末消毒和废弃物处理监督。强化与属地联防联控机制配合，切实做好入境人员移交转运工作，确保各环节无缝衔接，形成闭环管理。依职责做好入境人员卫生检疫岗位工作人员封闭管理的监督检查，督促各口岸海关做好封闭管理的组织实施，通过自查、督查等方式加强对一线检疫作业人员安全防护的监督检查，及时发现并纠正现场操作方面存在的问题，“挑毛病”专家组共开展视频监控检查891次，人防（船舶登临检疫）方面累计发现并处置问题98个，物防方面（高风险非冷链集装箱货物采样、普货监管）累计发现并处置问题9个，各口岸海关问题发生率明显下降，口岸作业封闭管理期间“关员零感染”。组织开展关区常态化报送疫情防控工作周报工作，每周及时报送石家庄海关统筹口岸疫情防控和促进外贸稳增长工作指挥部领导成员及工作组牵头单位。每日向海关总署口岸监管司报送入境运输工具及司乘人员情况、健康申明卡及入境人员情况，每周两次上报水运口岸预靠船舶信息。严格落实进口冷链食品、高风险性非冷链集装箱货物检测采样和预防性消毒工作、进口非冷链物品采样监测工作相关要求。年内开展高风险性非冷链集装箱货物检测采样和预防性消毒工作7票、进口非冷链物品采样监测工作1票，检测结果均为阴性。2022年12月1日，在关区4个水运口岸全面推广电子化健康申报。

【海关口岸监管环节反恐】2022年，石家庄海关组织开展关区口岸监管环节生物涉恐突发事件应急处置演练，举办6期口岸监管环节反恐怖工作培训班，进一步提升关区口岸监管环节反恐怖工作能力和水平；部署开展打击枪支走私专项行动，深入开展打击整治枪爆违法犯罪行动，切实防范枪支及其零部件非法进境；持续做好核生化有害因子监测工作，年内关区共查发核辐射超标情事2起，总重20700.93吨。

【场所监管】2022年，石家庄海关持续加强对海关监管作业场所日常监督管理，提升海关监管作业场所规范化管理水平。组织开展对海关监管作业场所和现场海关的监督检查，加大对海关监管作业场所实地巡查力度，持续对海关监管作业场所开展全面安全隐患排查工作，及时发现问题并责令现场海关整改。进一步深化“放管服”

改革，全年共办理监管作业场所注册2个、变更7个，对有意向申请指定监管场地的经营企业提供政策支持和业务指导。持续规范海关监管作业场所“双随机、一公开”巡查工作，加强对海关监管作业场所的日常监督。年内共开展监管作业场所“双随机、一公开”实地巡查366次。

【运输工具监管】2022年，石家庄海关规范海关运输工具及货运舱单电子数据管理，组织开展常态化舱单数据核查，重点规范船代、货代、理货公司及监管作业场所经营人的申报行为，在核查比对发现申报不实及超出时限问题时如实记录，并按照有关规定进行行政处罚。严格依布控指令开展登临检查，年内监管进出境运输工具5743艘/40（架）次，其中进境2946艘/20（架）次，出境2797艘/20（架）次。依指令开展运输工具登临检查2571次。处理后未见异常的46起，主要为中国籍船员健康证过期、发现来自非洲猪瘟疫区的猪肉制品、发现检疫性有害生物、发现过期食品等，均进行了相关处置；转异常处置6起。针对舱单传输人未按规定传输数据行为予以处罚15起，其中4起给予警告并处罚款，11起给予警告。接受舱单申报累计42682票，其中进口原始舱单12445票，出口预配舱单30237票；对系统提示的超期未核注原始舱单按海关总署要求及时开展核查。针对问题舱单制发业务处置单，组织现场及时开展问题核查并进行整改。参与石家庄国际机场国际货运航班复航相关准备工作，参加地方政府现场调度会提出海关意见建议，支持河北省开辟更多国际航线。现场查看航空器服务人员检疫通道和检疫方舱建设情况，提出改进要求，指导有关企业做好航空器海关备案，确保准备到位。现场调度复航首班执飞，确保航空器申报和监管各项工作正常开展。2022年10月25日，俄斯特拉发（捷克）—塔什干（乌兹别克斯坦）—石家庄（中国）HY887/8国际货运航班开航。

【“口岸危险品综合治理”百日专项行动】2022年，石家庄海关深入贯彻落实习近平总书记关于安全生产重要指示批示精神，落实海关总署开展“口岸危险品综合治理”百日专项行动的部署要求，根据以严治乱、以快防患、依规履职、综合治理的原则，紧盯口岸滞留危险品和危险品伪瞒报2个重点环节，构建坚决、科学、安全、高效的口岸危险品监管机制，抓好抓实关区安全生产工作。

▲2022年8月2日，鹿泉海关关员对运输工具进行封志管理（曹晓炜 摄）

成立专项行动工作组，统筹、指挥、督促、推进专项行动各项工作。制订“口岸危险品综合治理”百日专项行动方案，结合关区大宗散货为主要货物特点，分阶段对关区重点隶属海关开展全面督查，统筹、指挥、督促、推进专项行动各项工作，确保专项行动措施取得实效。结合报关单、舱单和运输工具信息，压实海关监管作业场所等经营企业主体责任，掌握每日危险品通关情况。引导危险品进口企业开展提前申报、提前缴税、卸前放行、落地提离，全力缩短危险品口岸滞留时间。指导各口岸海关强化危险品实货物流监管，优化业务流程，最大限度压缩危险品口岸暂存监管时间。实现危险品口岸积压“动态清零”，危险品伪瞒报行为得到有效遏制。全年向海关总署报送的危险品综合治理有关信息有13篇被采纳。

【口岸运行监控指挥】2022年，石家庄海关二级监控指挥中心严格落实海关总署工作部署，组织开展新冠疫情防控常态化值守、应急演练、连线会商及“7×24小时”备勤工作，发挥职能作用，加强关区口岸监管业务运行监控检查力度，开展监管作业场所视频巡查，发现并纠正隶属海关在卡口管理、码头作业区域管理、监管仓库管理等方面12个问题。完善工作机制，统筹口岸疫情防控视频监控检查“挑毛病”专家组开展人防、物防视频监控检查工作，制定视频监控检查要点清单，统筹开展常态化视频监控检查，口岸疫情防控工作进一步规范。对视频监控系统资源进行动态管理维护，完成京唐港海关、黄骅港海关视频监控系统重新搭建推送工作，加强业务指导，促进各口岸海关监控指挥工作协同发展。参与全国海关三级监控指挥体系建设。

【贸易新业态】2022年，石家庄海关推进市场采购贸易优化升级，建立“海关—地方政府—企业”联动机制，全链条强化海关知识产权保护。推动河北唐山国际商贸交易中心市场采购贸易试点工作，促进跨境电商新业态新模式健康发展，建立关区跨境电商进口及邮件快件监管长效工作机制，明确9项工作任务，巩固完善打击跨境电商进口走私“断链刨根”专项整治行动成果，开展跨境电商海关监管政策宣传贯彻工作。制订业务和技术保障方案、应急处置操作指引，牵头做好“618大促、双11”跨境电商业务和技术保障工作，活动期间关区跨境电商网购保税清单累计10.53万单，货值1171.03万元。年内完成跨境电商专题报告1份、课题调研1份，办理北部协作区转办的寄递监管长效机制工单3份，以“揭榜挂帅”方式承办协作区内1项问题清单。着力培育外贸发展新动能。做好关区跨境电商企业对企业出口监管（B2B）试点复制推广工作，在海关总署、石家庄海关12360微信平台进行政策宣传，年内开展跨境电商出口海外仓业务备案登记企业8家，均为租赁海外仓。组建跨境电商课题组，面向关区38家电商企业进行书面调研，完成专项课题报告；撰写的《石家庄海关关于河北省跨境电子商务业务发展问题分析及对策建议的报告》呈报省政府，得到分管省领导的肯定批示；《跨境电商9810出口模式落地雄安新区》，被《河北日报》、河北新闻网、长城网等媒体广泛引用。

【支持中欧班列发展】2022年，石家庄海关落实海关总署支持中欧班列发展措施，主动对接地方政府、铁路部门和石家庄国际陆港等班列运营企业，优化监管流程，提升班列通关便利化水平，推动重大国家战略落地。指导隶属海关依托预约通关、预约查验制度，通过制订班列监管预案等措施，压缩班列查验等待时间，按班列发车进度，提前安排监管人员到场开展查验施封等监管作业，提升监管效能。支持“+石欧”班列开行模式，指导铁路类海关监管作业场所建设，支持石家庄国际陆港申建中欧班列集结中心。支持班列所载货物出口企业“多点集货、集中发运”。提供“出口二次转关”业务模式供企业自主选择，企业可以在货物产地完成海关报关、查验和转关手续，最大程度简化流程，节省成本。加强对企政策宣讲及业务指导，引导有需求的企业加大“铁路快通”模式应用规模，进一步提升班列国内通行效率，简化班列进出境监管手续。强化与二连浩特、满洲里等班列进出境口岸海关的联系配合，共同做好河北省班列监管工作，进一步提升中欧班列国内段通行效率和便利化水平。支持运营企业发展，指导开展海关监管作业场所扩容工作，具备条件后第一时间进行海关监管作业场所扩容验收，同时通过增加现场巡查频次等措施，在保证监管的同时，助力企业在场所调整过程中原有业务不受影响。年内关区开展中欧班列业务的隶属海关包括鹿泉海关、正定海关、保定海关、京唐港海关、曹妃甸海关，张家口海关，出境线路为二连浩特、满洲里、霍尔果斯、阿拉山口、凭祥/磨憨铁路口岸出境，通达德国、波兰、俄罗斯、白俄罗斯、乌兹别克斯坦、越南等国家的“一带一路”重要节点城市。全年关区中欧班列运营企业共组织发送进出境班列515列、承载50624标箱，同比分别增长125.88%、131.85%，其中石家庄海关监管及接受申报324列、26177标箱。出境班列货源遍布国内除港澳台以外的所有省（自治区、直辖市），贸易伙伴涉及43个国家及地区。全年按贸易额出境班列目的地前三分别为俄罗斯、白俄罗斯、乌兹别克斯坦，主要出口商品为汽车整车及零配件、日用品、服装等。回程班列的回程货源稳步提升，进口商品以原木、板材、荞麦壳、大麦、亚麻籽等植物产品为主。

撰稿人

白　云　杨飞飞　怀　晓　张田心　张亚鹏
张会宾　梁元渊

政策研究与统计

【概况】2022年，石家庄海关政策研究与统计工作以习近平新时代中国特色社会主义思想为指导，深入学习贯彻党的二十大精神，落实海关总署工作部署，按照署领导“首报、首发、首用”和“加强、加密、加深”分析研究等工作要求，固本强基，深化改革创新。围绕贸易大国向贸易强国的重大转型，充分发挥统计监测分析和数据服务等作用，推动外贸实现量的合理增长和质的有效提升；发挥国内国际双循环交汇枢纽作用，深入开展“一带一路”、能源资源、产业链供应链等的分析研判，为领导决策提供参考；广泛深入开展各项政策研究，加强高水平制度供给；持续加强业务数据安全管理，不断提升统计数据质量。

【调查调研】2022年，石家庄海关扎实做好统计调查调研工作，完成每三年一次中国外贸出口先导指数样本企业轮换工作，核定新一轮企业63家。全年，按时完成中国外贸出口先导指数报送工作，关区样本企业1—7月份为58家，8—12月为63家，逐月及全年填报率、及时率均达到100%。完成中国海关贸易景气（进口）试点调查5期，关区30家样本企业，逐月及全年填报率、及时率均为100%。开展对中国外贸出口先导指数调查数据及中国海关贸易景气（进口）试点调查的分析研究工作，年内共向海关总署统计分析司上报调查情况报告7篇。完成2021年全年及2022年上半年跨境电商平台统计调查工作，对关区跨境电商样本企业进行清查，核实问卷信息并上报。完成2022年中国外贸出口先导指数调查样本企业轮换情况调研、口罩及防护服价格调研、出口订单情况专项调研等临时性调研任务。组织统计岗位人员及相关业务人员参加全国海关统计调查工作培训班。

【制度方法及参数维护】2022年，石家庄海关参与海关总署组织的集中工作，撰写2022年1月份中国外贸出口先导指数监测运行报告，完成《海关统计》月报地区口径核定工作以及境内目的地、货源地代码调整工作，完成《中华人民共和国海关统计商品目录（2022年版）》征求意见及反馈工作。组织统计岗位人员及相关业务人员参加全国海关统计制度方法培训班。

【业务统计】2022年，石家庄海关夯实业务统计基础，保障数据质量。按月定时审核关区业务统计数据，并上报海关总署，确保业务统计工作及时准确。每月3日之前

▲2022年10月1日，石家庄海关关员审核报送业务统计数据（宋婧然 摄）

审核上报业务统计数据5万余条，审核过程中发现并纠正差错72条，确保关区业务统计数据质量。加强业务统计分析，根据关区口岸进出口大宗散货多、货运量在全国排名靠前的特点，选取货运量和货运值等重点指标，在关区组织开展月度监测分析，对运行趋势、特点和变化原因进行深入分析，形成12篇月度运行情况分析报告，全面展现了关区业务运行情况。针对关区业务特点，撰写《2021年石家庄关区业务统计分析报告》《2021年石家庄海关进出口食品情况分析报告》《2022年1—3月石家庄关区业务统计分析报告》《2022年上半年石家庄海关业务运行情况报告》《2022年1—9月石家庄关区业务统计指标分析报告》《2022年1—10月石家庄关区梨出口统计分析报告》6篇业务统计综合分析报告。编辑石家庄海关业务统计工作交流5期，梳理、分析业务统计数据审核过程中发现的问题，提出相关意见建议，编辑石家庄海关业务统计监督信息9期。深入开展关区业务调研，总结梳理调研工作情况，上报“长城汽车调研报告”等3篇调研分析报告。

【贸易统计与数据管理】2022年，石家庄海关依托报关单数据审核工作机制，开展关区数据审核，每月审核报关单数据超万票。不定期整理汇总数据审核经常使用的海关相关公告及执行规定，归纳总结关区错误报关单实例，在关区统计岗位人员中开展学习交流，促进审核能力提升。结合各业务现场报关单申报情况，在严格遵守海关业务数据安全管理要求的前提下，通过远程办公、线上沟通等多种方式，运用会议讨论、经验介绍等多种手段，

▲2022年10月1日，石家庄海关关员审核报送贸易统计数据（王璠 摄）

有针对性提升兼职统计人员数据审核能力和技巧，保障关区报关单数据质量，形成了报关单数据质量审核情况报告。根据进出口纸质报关单证档案管理办法要求，定期组织开展关区纸质报关单证档案自查工作，按规定及时开展年度纸质报关单证档案销毁工作，保证报关单证档案管理安全。接受企业咨询，配合党政、司法机关做好纸质报关单证档案查阅工作。

【数据安全】2022 年，石家庄海关强化海关业务数据安全管理，持续推动业务数据安全管理工作贯彻落实，坚决维护国家安全和发展利益。日常工作中做好《中华人民共和国数据安全法》学习宣传贯彻工作。推荐 4 名数据安全工作骨干加入海关总署数据安全人才库。

【课题研究】2022 年，石家庄海关深入组织开展课题研究，取得良好成效。参与完成“RCEP 实施对我国经贸发展影响研究”“借鉴国际海关智能化建设及合作良好实践服务‘三智’建设与发展研究”2 项署级课题研究任务。立项研究关级课题 6 项，研究范围覆盖防范外来物种入侵、RCEP、科技融合、属地查检等各业务条线。

▲2022 年 10 月 20 日，石家庄海关开展政策研究培训 （贾权公 摄）

【政策研究】2022 年，石家庄海关向海关总署政研平台报送各类政研文章 32 篇，多类优秀政研文章获海关总署平台刊载。其中，关领导撰写的 2 篇文章被海关总署相关信息载体采用刊发。石家庄海关统计处，隶属正定海关、唐山海关撰写的多篇研究报告被海关系统信息载体采用。全年，石家庄海关政策研究工作取得良好成效。石家庄相关刊物共刊发 94 期，内容涉及落实“六讲六重”、综合保税区发展、统计数据质量提升、督察审计问题整改等多个方面，提出了许多促进海关发展的新思路和新方法；设立“学习党的二十大大讨论专刊”，面向关区党员干部广泛征稿，在关区掀起了学习贯彻党的二十大精神热潮，专刊共计刊发 70 期，充分展现关区党员干部学习贯彻党的二十大精神的学习成果和生动实践。

【监测分析】2022 年，石家庄海关紧紧围绕党的二十大报告中的构建新发展格局、在更高水平上扩大对外开放等要求，聚焦全省重点进出口商品和重点贸易国别（地区），深入开展监测分析，形成各类选报信息 101 篇，被海关总署相关信息载体采用 15 篇。参与海关总署全球贸易监测分析中心相关工作，配合海关总署课题组做好对俄出口贸易金融课题调研，牵头完成三次全国铁矿砂及其精矿进口统计监测分析、一次全国钢材出口统计监测分析。撰写河北省进出口专报 11 期。

【外贸形势分析】2022 年，石家庄海关修订外贸形势分析会议制度，年内召开 2 次外贸形势分析会议，专题研究河北省外贸形势。充分发挥海关各业务领域优势，深入分析关区的业务运行态势和面临的形势，为海关促进外贸保稳提质找准目标，提出合理可行政策建议；从宏观、中观、微观多角度拓展分析研究视野，提高分析报告参考价值；逐步形成“专报 + 条线拓深分析”的“1+N”多种成果转化模式，及时捕捉数据的异动变化，深入挖掘异动背后的逻辑关系，向海关总署和河北省报送高质量的分析或建议，为领导决策提供有效参考。

▲2022 年 3 月 17 日，石家庄海关接受河北电视台外贸新闻采访（陈梅娟　摄）

【统计服务】2022 年，石家庄海关按月定期在石家庄海关互联网门户网站发布河北省外贸统计数据。在严格落实海关业务数据安全管理要求的同时，优化数据提供方式，开发海关与商务厅的数据专网传输，更好发挥统计数据服务作用，满足关区及地方政府部门对河北省企业级外贸数据需求；开展对社会公众数据咨询服务，解答社会公众数据咨询问题，提供数据服务 70 人次。

撰稿人

王　璠　王拴科　任晓爽　杜乐乐　狄　萌
宋婧然　鲍盛民　解博匀

企业管理和稽查

【概况】2022年，石家庄海关企业管理和稽查工作坚持以习近平新时代中国特色社会主义思想为指导，全面学习、掌握、落实党的二十大精神。坚决贯彻习近平总书记重要指示批示要求，严格落实两级海关工作会议、全面从严治党工作会议部署，铸忠诚、担使命、守国门、促发展、齐奋斗，紧紧围绕海关总署党委“12个必”重点任务和“1+1+6”重点工作，坚持稳中求进工作总基调，强化监管，优化服务，深入落实“三智”建设要求，大力推进海关信用、稽查等重点领域改革，积极推行海关企管“制度+科技”应用。聚焦政治机关建设和党建高质量发展，扎实开展强化政治机关建设专项教育活动和“学查改”专项工作，严格梳理岗位政治要求，对照查摆问题并制定整改台账，全面推进关区企业管理和稽查工作高质量发展。

【企业管理】2022年，石家庄海关贯彻2022年1月1日开始实施的《中华人民共和国海关报关单位备案管理规定》，大幅精简申请材料，压缩办理时限，固化海关“放管服”改革成果。年内，报关单位新备案5699家，注销1877家，累计报关单位50951家。办理出口食品生产企业备案115家，注销35家，累计备案出口食品生产企业969家；完成对日本、蒙古国等国家（地区）出口食品生产企业推荐注册3家，助力河北省优质出口食品生产企业走出去。

【信用管理】2022年，石家庄海关积极参与和承担海关总署AEO国际互认工作，有

▲2022年8月2日，石家庄海关组织认证人员对中车唐山机车车辆有限公司开展实地认证工作（殷学飞 摄）

序做好海关总署交办的与RCEP成员方新西兰的AEO通关效益评估工作形成评估报告。持续做好AEO认证工作，进一步聚焦新兴产业、高端制造业类的“专精特新”企业挖掘培育重点，开展AEO认证培育工作，完善“重点企业培育库”。全年，通过视频会议或现场会开展信用培育宣讲92次，参加企业1498家；开展“一对一”AEO认证培育62家，新增AEO企业29家；企业信用等级动态调整99家次，因人去楼空移入双失联企业名录4家。为河北省6家大型外贸骨干企业提供“一企一策”服务，收集解决企业问题15项；为关区78家AEO企业提供“一对一”协调员服务，进一步提高通关便利化水平，充分利用海关AEO国际互认政策享受跨国便利措施，提升企业国际市场竞争力。

【加工贸易及保税监管】2022年，石家庄海关在保税监管领域修订石家庄海关加工贸易集中审核作业联系配合办法、保税业务执法规范检查机制、加工贸易保税监管领域分析监控机制等制度，进一步强化海关各单位在加工贸易业务各个环节的配合衔接，及时发现并解决加工贸易保税领域问题风险，提升保税监管业务执法规范性，提高防范化解安全风险处置能力。进一步推进加工贸易业务，全年设立电子化手册898份，同比增长2.28%；加工贸易进出口总值256亿元，同比下降16.3%。为石家庄关区359家企业建立精准画像数据库，全面掌握加工贸易企业的生产经营状况、潜在风险及监管重难点，提高保税监管风险防控能力。保税监管场所及海关特殊监管区域监管效能增强，全年审批保税监管场所行政许可事项20个，组织现场验收4次，关区新增保税仓库、出口监管仓库各1家，注销保税仓库4家，出口监管仓库1家。进一步强化安全生产监管，从严落实各项制度，加强海关特殊监管区域和保税监管场所内企业资质档案台账管理，落实长效机制；严格执行企业自查、主管海关月巡查、直属海关每季度督导的三级检查机制；扎实开展海关总署专项排查，发现问题64项，全部整改完毕；梳理综合保税区五大类风险，逐一明确防范措施；扎实开展安全生产月活动，印发海关特殊监管区域和保税监管场所“安全生产月”活动方案，组织各现场海关利用微信群、公众号等新媒体开展安全生产政策宣讲，增强企业主体责任感，提高安全风险防范意识。定期召开保税监管与核查风险联合研判工作会，提升风险协同防控能力，针对22家两仓企业提出核查建议并转化指令，排查实货监管、安全生产等方面风险隐患；对13家涉及区外不作价设备和区内免税设备且价值较高的企业提出核查建议并转化指令，排查设备的违规出区及抵押风险，均已办结。

【跨境电商新兴业务】2022年，石家庄海关支持石家庄综合保税区、秦皇岛综合保税区、廊坊综合保税区、曹妃甸综合保税区和京唐港区保税物流中心（B型）开展跨境电商网购保税（1210）业务；支持设立跨境电商零售进口退货中心仓，有效解决跨境电商零售进口退货堵点问题，推进跨境电商零售进口退货中心仓模式复制推广，降低企业经营成本。在曹妃甸综合保税区设立1个退货中心仓，全年退货343单，货值

▲2022 年 9 月 22 日，邢台海关稽查人员对某企业实施稽查 （侯朝晖　摄）

2.98 万元。

【企业稽查】2022 年，石家庄海关共办结稽查作业 165 起，稽查查发问题作业 125 起，稽查查发率 82.78%，同比提高 23 个百分点，其中移交缉私、涉检处罚等作业 70 起，稽查追补税同比增长 133.34%。全年关区共办结主动披露作业 59 起，同比增长 63.89%，追补税款同比增长 67.42%。深入贯彻习近平生态文明思想，落实国家全面禁止进口固体废物政策，始终将打击“洋垃圾”走私作为稽查工作的首要政治任务，查发 2 家进境再生金属企业目的地申报不实和漏报运费违规情事。坚持以查发问题为导向，强化内设部门联合研判和自主分析，统一研判下达稽查指令，统筹开展挂牌督办、跨片区稽查及重大稽查行动，不断深化稽查业务改革，大力实施“金钥 2022”专项行动，对 2 起漏报特许权使用费情事追征税款。打击加工贸易领域违法违规行为，查发 6 家羊绒加工贸易企业存在擅自串换保税料件、擅自外发加工违规情事，全部移交缉私部门立案处理，涉案货值约 2775.38 万元，涉税约 360.42 万元。在保护国门安全方面，首次通过稽查方式在货运渠道查发违反一个中国原则的违法情事，移交地方国安部门处理。开展进出口危险化学品企业专项行动，稽查查发 5 家企业存在出口未进行检验检疫、未取得危险货物包装使用鉴定等违规行为，涉及危险品 1811.71 吨，货值 6011.14 万元，相关查发情事被海关总署“口岸危险品综合治理”百日专项行动工作简报第 94 期采编。持续加强检验检疫稽查，查发 4 家进境皮张定点加工企业未在指定加工场所加工等检疫违规情事。积极开展重点行业调研，撰写“进口驴皮贸易调查报告”“加工贸易进口羊绒贸易调查报告”等报送海关总署。坚持人才赋能稽查查发，关区 2 名稽查专家入选全国稽查百人专家库，8 人组成关区稽查专业人才库。召开两次关区稽查业务交流会暨培训，邀请黄埔、济南等海关稽查专家进行授课，关区 42 人次参与交流培训。狠抓岗位练兵比武提升稽查全员素养，关区 61 人参加全国海关稽查岗位练兵技能比武并全部合格。制发石家庄海关企业管理和稽查人员廉洁自律和安全保密承诺制度、石家庄海关稽查准备阶段工作试行指引、石家庄海关稽查部门跨片区稽查实施细则、石家庄海关稽查即时报告制度等多项制度，完善再生金属、出口危险化学品、羊绒加工贸易等多项稽查标准化作业表单，规范作业标准和流程，防范执法、廉政和管理风险。

【企业核查】2022年，石家庄海关全年共办结核查作业1947起，查发问题作业1560起，核查查发问题率为80.12%。开展7个业务领域核查工作，全年核查作业涉及保税监管业务作业201起，涉及企业管理业务作业292起，涉及关税业务作业30起，涉及统计业务作业20起，涉及动植物检疫监管业务作业647起，涉及商品检验监管业务作业14起，涉及进出口食品安全监管业务作业743起。开展进境驴皮指定生产加工存放企业专项核查行动，涉及2个隶属海关、4家企业，经实地核查，其中3家企业不同程度存在防疫措施不到位的问题，均要求企业进行规范整改，企业整改通过。开展保税仓库专项核查行动，涉及6个隶属海关、21家保税仓库，经实地核查，发现保税仓库基础设施不符合要求、已放行保税货物未及时提离、实际库存与海关底账库存不一致等共14个问题，已要求企业整改或将问题移交相关部门处置。制定石家庄海关“网上核查”内部操作试行指引，统一执法行为，防范执法风险。根据保税货物特性，建立石家庄海关风险类保税核查指令快速反应试行机制，按照“急用先行”的原则，对部分要求时效性的核查指令开设“快速通道”，提升关区风险类保税核查工作时效和工作质量。开展海关与市场监管部门联合抽查，制订联合抽查工作方案，随机选取检查企业和检查人员，组织14个隶属海关联合当地市场监管局完成联合实地检查，涉及出口备案食品生产企业核查等3个核查事项、32家企业，联合抽查企业数占具备相关资质企业总数的比例由2021年的1%提高到3%。检查过程中，共要求21家企业对不规范事项进行整改，企业整改通过。通过“进一次门、查多项事”，减少对监管对象的干扰，在联合检查时及时收集市场主体在运行过程中遇到的困难和问题，按照管辖权限及时上报，进一步提高河北省市场主体运行质量和效率。

▲2022年6月16日，鹿泉海关关员在出境水果注册果园开展管理类核查（乔旭函　摄）

【属地查检】2022年，石家庄海关加强属地查检工作强化制度建设，提升监管效能。制订石家庄海关关于推进进出口货物属地检查工作实施方案、属地查检领域部门间联系配合试行办法、石家庄海关属地查检作业试行指引，加强资源配置，整合人力资源有序开展工作，构建“部门联动、各负其责、上下贯通、齐抓共管”属地查检工作机制。规范统一执法标准、提升作业安全防护水平、防范执法风险。全年属地查检实施进出口货物监管40903批次，查发问题176批次。其中查检进出口危险品及包装29239批次，查发问题91批次。查检动植物及其产品、食品、工业品等11664批次，查发问题85批次。开展“口岸危险品综合治理”百日专项行动，应用动态“画像”锁定查检目标。以企业资质、产品特性、检验和防护要求等要素精准“画像”，结合实际查检情况灵活选择合格评定方式，将查获率、不合格情况列入考核内容，压紧压实危险品属地查检责任。行动期间共查检出口危险品及包装25574批，查发危险品包装不合格的问题72批，其中34批不予出口，涉及危险化学品重量157.8吨、货值44.3万美元，有效防范化解潜在安全隐患，保障出境危险品的出口安全。优化属地查检人才管理，创新属地查检人才协作工作机制，制发石家庄海关属地查检专业人才管理实施试行细则，确定评选标准方式及工作机制。组建关区属地查检专业人才队伍32人，推荐署级属地查检专业人才5人。开辟进出口鲜活易腐农食产品属地查检绿色通道，在报关大厅综合窗口明确标识并公布属地查检预约电话，多种形式公布、宣传预约查检联系人及电话，积极向企业宣传相关政策，为外贸企业提供节假日属地查检服务，实行优先查检、“5+2”预约查检等快速通关模式。年内169家企业享受预约查检服务，实施绿色查检出口鲜梨、蔬菜、水产品、活动物1604票，货值4.72亿元。

【检验检疫行政处罚】2022年8月1日，石家庄海关承接检验检疫行政处罚职能。制发涉检行政处罚职能调整工作方案，成立关区涉检行政处罚工作专班，建立专家队

▲2022年8月25日，沧州海关关员对出口美国鲜梨进行现场查检（金聪　摄）

伍，稳妥有序做好职能调整工作。梳理关区涉检行政处罚办案人员底数，归纳3种岗位设置模式，对现场办案人员进行系统授权并解决疑难问题。发挥业务专家“点对点”支持作用，建立关区典型案例示范库，定期更新涉检行政处罚法规知识库，关区办案质效稳步提升。年内共立案涉检行政处罚案件8起，涉案金额307.97万元，罚款金额18.1万元，案件渠道分别为货运渠道、后续管理和其他。

【审核监督】2022年，石家庄海关建立稽查、核查、属地查检外勤执法作业全覆盖常态化检查机制、海关总署稽查专项行动和疫情防控专项检查机制，全年开展常态化执法作业检查6次，发现稽查作业问题19个，核查问题74个，属地查检问题12个。组织对第二轮进口再生金属专项稽查行动执法检查，发现问题19个并完成整改。对稽查外勤执法疫情防控工作采取“四不两直”方式开展进行督导，发现问题2个。不断完善和优化“制度＋科技”常态化监管机制，综合运用分级审核、集体审核等方式，让“网上电子审核”试点工作落地生花。运用业务运行可视化监控平台开展日常监控，全年共制发预警作业单384份，自动制发监控作业单22份，人工制发8份，均已核实整改，有效防范系统风险。

撰稿人

马　强　王　琨　闫荣会　杜　浩　张文龙
岳　韬　润青婵

查缉走私

【概况】2022年，石家庄海关坚持以推动关区缉私工作高质量发展为导向，紧扣党的二十大安保维稳这一主线，聚焦推动缉私高质量发展这个主题，抓好守卫国门安全这个主业，以强力推进“国门利剑2022”联合专项行动为主线，着力补强短板弱项、着力优化机制制度、着力增强打私能力、着力消除风险隐患，始终保持高压严打态势，坚决筑牢国门安全屏障。

【专项打击】2022年，石家庄海关为贯彻落实习近平总书记重要指示批示精神，全面落实党中央、国务院决策部署，围绕“中央关注、社会关切、群众关心”的突出走私问题，锲而不舍、一以贯之保持高压严打态势，全力以赴完成好常态化疫情防控形势下打击走私各项工作，按照海关总署要求并结合关区监管实际，按照上级统一部署，组织开展了打击走私“国门利剑2022”“蓝天2022”等打私专项行动，强力推进夏季治安打击整治“百日行动”。全年，共立案侦查刑事案件36起，案值5841万元，涉税1326.4万元；移送起诉刑事案件7起，案值10344.7万元，涉税6948.6万元；立案调查走私行为及违规行政案件171起，案值17217.3万元，涉税1351.8万元；结案走私行为及违规行政案件175起，案值14889.9万元，涉税2064.8万元。

【全员打私】2022年，石家庄海关压紧压实打私责任，强化部门协同作战，进一步严密监管查缉链条，牢固树立打私“一盘棋”意识。修订印发案件线索移交反馈工作办法，推动口岸监管异常情况处理机制工作指引制度落实，进一步畅通案件线索移交反馈渠道，提升数据共享、资源共享的实效性，缉私、稽查、监管、关税、风控等业务部门各环节定期互联互通情报信息，联合开展重点商品走私问题研判、联合处置异常情况、及时反馈案件进展情况，共同提高线索查发及证据固定能力。全年关区缉私部门立案侦办36起刑事案件中，海关各业务部门移交4起，占刑事立案总数的11.1%，同比下降68.1%；关区各基层单位和职能部门共移交案件线索65条，同比下降73.8%，成案38起、成案率58.5%，同比提高23.1%，缉私部门反馈48条。

【智慧缉私】2022年，石家庄海关不断探索合成作战机制建设，积极推进信息化科技项目建设，整合公安信息网、海关管理网、互联网等网络环境下的信息平台，运用合成作战理念统筹情报大数据资源及外脑资源，不断深化大数据作战应用。充分发挥司法鉴定中心的作用，为6起刑事案件提供技术支持，出具司法鉴定报告6份；完成公安部统一组织的全国公安系统刑事技术实验室能力验证活动，获得“满意”成绩；完成中国合格评定国家认可委员（CANS）年度复审的网上远程评审工作。完成了一项技术标准升级工作，相关备案材料已获得河北省市场监督管理局和CNAS批准备案。

【综合治理】2022年，石家庄海关贯彻落实全国打击走私综合治理部际联席会议第二次全体会议和全国打私办主任会议精神，起草报送河北省打击走私综合治理领导小组办公室关于贯彻落实全国打私办主任会议精神加强河北省打私综合治理工作的相关报告，推动下发河北省打击走私综合治理工作要点。按照全国打私办工作部署，会同海警、公安等部门积极配合兄弟省份开展打击治理粤港澳海上跨境走私第二轮联合行动。推动优化打私办运行模式，就设立打私办专职机构事宜积极联系全国打私办等部门，会同省政府办公厅召开专题会议进行研究，提出意见建议。主动强化执法协作，会同海警部门联合下发防范打击海上走私协作配合办法，强化执法协作，提高综合治理工作常态化、规范化、实战化水平。秦皇岛海关缉私分局积极联系中国反走私全国调研中心秦皇岛分中心，强化与打私成员单位的执法合作，推动反走私综合治理的方式举措，做好借力打私、联合打私。唐山海关缉私分局联合市委政法委、市公安局和唐山海警局成立联合督导组，对沿海县区打私冻品走私工作开展专项联合督导5次。通过实地走访、听取报告等形式了解关区内走私形势，严打严防海上偷运及绕关走私活动，筑牢口岸安全防线。廊坊海关缉私分局与廊坊市国家安全局、廊坊市公安局刑侦、禁毒、经侦等部门开展座谈交流，建立长效协作机制。

撰稿人

王浩志

第六篇

综合保障

政务管理

【概况】2022年，石家庄海关政务管理工作注重加强统筹协调、参谋辅政、督促落实，强化机关效能建设，更好服务中心工作。聚焦风险防控，科学精准做好疫情内部防控，守牢安全生产底线，抓好应急值守工作。统筹综合保障服务，建立关地协作新机制，健全督查督办工作机制，夯实机要保密基础。提升参谋辅政水平，加强调查研究工作，信息编报求精求实，新闻宣传亮点频出。优化服务群众能力，提高政务公开质量，及时回应企业合理诉求，巩固为基层减负成效。

【应急值守】2022年，石家庄海关落实值班管理规定，做好日常值班交接班、值班记录、值班检查等工作，对重大情况、敏感情况、突发情况等第一时间报送值班信息，做到应报尽报、及时续报，全年无迟报、漏报、瞒报等违规情事发生。全年向海关总署报送值班信息20期。加强值班工作生活保障，落实值班工作待遇，确保值班补助按时发放到位。组织开展内部工作人员感染新冠病毒应急处置演练，进一步规范相关应急处置程序。将海关工作纳入社会治安综合治理和平安建设工作大局来统筹谋划推进，明确责任领导部门，制定平安建设任务分解表，推动平安建设各项工作落实落地。

【政务信息】2022年，石家庄海关信息编报工作坚持精品意识，建立信息选题台账，加大信息约稿力度，强化与海关总署司局和其他直属海关沟通协作。全年编发关区每日快报249期、工作简报94期、石家庄海关情况交流14期，选报海关总署和河北省委省政府政务信息252期，

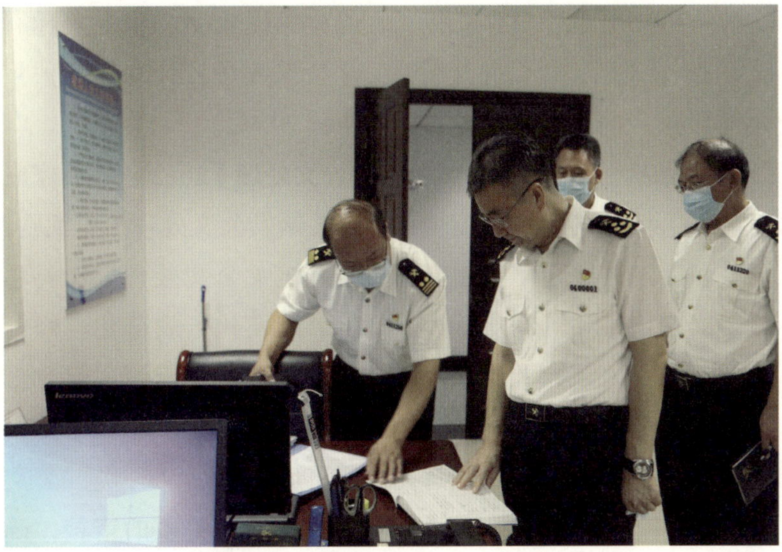

▲2022年9月19日，石家庄海关检查值班工作（邢兆洁 摄）

中央采用政务信息9.5篇、互联网信息20余篇，海关总署相关信息载体采用89篇。互联网信息获中央领导批示3篇次，政务信息获署领导批示3篇次。

【督查督办】2022年，石家庄海关突出督查政治属性，第一时间研究学习习近平总书记重要讲话，结合关区工作实际研究提出贯彻落实措施，全年编发学习专刊30期，把贯彻习近平总书记重要指示精神体现到制定政策、部署任务、推动工作的实践中。修订督促检查工作管理细则，在明晰责任、完善机制、加强统筹方面进一步细化完善。推动压实督查责任，畅通两级督查体系，确保压力传导到位。坚持点面结合，对落实全面从严治党主体责任、疫情防控、促进外贸保稳提质等16项重点工作任务开展关领导重点督办，对156项形势分析及工作督查例会议定事项、44项统筹口岸疫情防控和促进外贸稳增长指挥部会议议定事项等开展持续督办。建立关领导调研收集意见建议交办反馈闭环机制，交办跟进66条非业务领域意见建议。

【会议管理】2022年，石家庄海关坚持厉行节约、反对浪费、规范简朴、务实高效的原则，严控会议数量、规模、人数和时间，加强关区会议统筹管理。严格会议分类管理，三类会议参会人数控制在150人以内，四类会议参会人数控制在50人以内，会期均不超过1.5天。严格年度会议计划管理，年度会议计划一经批准，原则上不得调整，未列入年度会议计划的会议原则上不得召开。严格会议审批流程，会议主办部门在会议召开前起草签报，写明会议具体事项，会签相关部门后报主管关领导审批。严格控制会议支出，会议费开支实行综合定额控制，反对铺张浪费，充分运用电视电话、网络视频等现代信息技术手段改进会议形式，降成本、提效率。年内实际召开会议数量较计划召开数量压减29.4%。

【公文处理】2022年，石家庄海关制发公文处理工作细则，推进机关公文处理工作科学化、制度化、规范化。修订内设机构、隶属海关行政排序及规范化简称、发文代字。加强对公文种类、公文格式、行文关系的审核，确保公文质量。巩固精简发文工作成效，定期通报机关各部门发文额度使用情况。年内正式发文（以党委、机关名义制发）92件，同比下降28.13%；非正式文件（便函、部门函）1088件，同比下降30.3%，完成年度精简发文目标任务。规范做好收文签收、初审、登记、拟办、批办、分送、承办、转办、催办、答复、办结等环节工作，提高收文办理效率和质量。加强收文办理督办，特别是急文和各隶属海关上报石家庄海关的请示。年内在HB2012运转关级收文7460件、督办132件。

【保密管理】2022年，石家庄海关落实保密管理要求，做好保密管理工作，年内未发生失泄密情事。制定石家庄海关工作秘密事项清单及石家庄海关国家安全人民防线建设的指导意见任务分工表，加强和规范海关工作秘密保护和管理，维护国家安全和利益，保障依法履职。召开年度关保密委员会（密码工作领导小组）工作会议，总结2021年机要保密工作，研究部署2022年机要保密重点工作，传达学习海关总署保密委扩大会议精神。组织开展1999年以前国家秘密事项解密工作，对10件原国家秘密进行解密。通过海关总署组织的对石家庄海关涉密信息系统风险评估第三次现场测评。组织海关政务办公子系统（石家庄海关）印章管理系统验收工作，实现系统规范化管理。加强对涉密人员、涉密网络、涉密载体及信息公开保密审查等工作的日常管理，抓好保密宣传教育培训，向河北省国家保密局及海关总署保密委员会办公室推报京唐港海关、黄骅港海关制作的微视频作品。开展保密自查自评及各类专项整治检查，及时整改问题隐患。办公室机要保密科刘琳同志获得河北省保密机要工作先进工作者称号。

【档案管理】2022年，石家庄海关规范档案收集整理，按时完成2021年度文书档案归档工作，做好日常档案查询服务工作、统计年报填报工作。加强档案安全工作，落实每日巡库要求，开展3次档案安全专项检查。上半年开展隶属海关档案轮训，下半年开展关区档案管理专项排查整改工作，采用抽调隶属海关档案管理人员实地互查的方式，全面排查18个隶属海关档案管理工作薄弱环节，并提出整改建议，指导其尽快补齐短板，提升关区档案管理工作整体水平。推进1999年前永久文书档案向海关总署档案馆移交工作，电子档案和纸质档案整理完毕并通过海关总署预验收。开展第十五个国际档案日宣传活动，参加国家档案局组织的主题征文活动、设计主题海报、制作短视频，增强关区全员档案意识，形成主动关心支持档案工作氛围。升级原检验检疫检档案管理系统并备份电子档案。

【政务公开】2022年，石家庄海关加强组织领导，健全工作机制，推进重点领域信息公开，优化平台建设，加强政策解读回应，政务公开工作有序有效推进。制定政务公开工作要点、全面推进基层政务公开标准化规范化工作方案等，及时调整更新各项工作制度，全面梳理完善各项工作机制，筑牢政务公开工作基础。严格落实信息发布审核制度，对拟公开政府信息进行审核，确保内容准确，表述规范，杜绝出现表述错误和易引发负面舆情的有害信息。加强政务公开平台建设，推进政府网站优质规范发展，充分发挥门户网站作为政务公开第一平台作用，优化丰富信息公开栏目设置。以公众信息需求为导向，立足群众视角，围绕守国门促发展、优化口岸营商环境、统筹疫情防控和外贸稳增长、“双随机、一公开”等重点领域工作，加强信息公开和政策解读。推进政务新媒体健康有序发展，利用“石家庄海关12360”“冀语关情”等微信公众号，提升信息发布水平，全年发布信息519条。推进载体创新做好政务服务，通过12360服务热线、政策说明会、关企微信群、现场公示栏、咨询窗口等方式，及时公开政策文件，主动宣传具体贯彻落实措施，增进社会公众对海关业务职能的了解，搭建海关与社会公众的良性互动桥梁。

【新闻宣传】2022年，石家庄海关新闻宣传工作围绕中心、服务大局，结合喜迎党的二十大、服务保障北京冬奥会筹办、促进外贸保稳提质等亮点工作开展对外宣传，营造良好舆论氛围，讲好海关故事。全年对外发稿225篇，被《人民日报》、新华社、《法治日报》、《河北日报》、河北电视台等新闻媒体刊发1175篇次，其中，海关总署网站刊发43篇次、《河北日报》刊发97篇次、河北电视台播放53条、《中国国门时报》刊发48篇次。《石家庄海关：切实当好“护城河”》《石家庄海关：履职尽责助力高水平对外开放》等7篇稿件在《中国国门时报》头版刊发，《深耕沃土结硕果——石家庄海关助力河北外贸高质量发展》在《中国国门时报》专版刊发。石家庄海关12360共发布文章285篇，被海关总署海关发布微信、微博、抖音采用77篇，海关总署网站《海关影像》采用微视频2个；在河北省新闻办新闻发布厅举办新闻发布会2次，达到较好宣传效果。加强日常舆情监测，防范化解舆情风险，利用舆情监测软件对互联网开展全天候舆情监测，各隶属海关网评员配合石家庄海关办公室开展舆情监测、处置、报告等工作，年内完成舆情监测日报214份、舆情监测周报45份。召开舆情风险防控工作协调会，各隶属海关加强互联互通，共同做好关区舆情风险监测、研判、应对等工作。做好舆情引导，组建70人关区网评员队伍，收集网络舆情线索，有序开展网评引导。强化新闻安全意识，年内未发生敏感信息发酵为负面舆情的情况。

【调查研究】2022年，石家庄海关印发领导干部带头开展调查研究工作的通知、进一步加强领导干部调查研究报告报送工作的通知，统筹推动关区围绕中央关心、社会关注、群众关切的重点、热点和难点问题，围绕海关落实国家战略支持服务共建“一带一路”、京津冀协同发展、雄安新区高标准高质量建设等战略目标，围绕事关海关改革发展、重点敏感商品、促进河北省外向型经济发展的热点和难点问题开展调查研究。将调查研究作为推动“三应”运行机制运转的纽带，推动关区领导干部更好履行“六个带头”和

▲2022年1月25日，石家庄海关在河北省新闻办召开2021年河北外贸进出口情况新闻发布会（邢兆洁　摄）

“六讲六重”要求，不断提升决策水平和领导能力，拿出破解难题的实招、硬招，推进石家庄海关事业高质量发展。年内向海关总署报送调研报告4篇，均获署领导批示。

【疫情内部防控】2022年，石家庄海关根据海关总署和属地最新规定要求，动态更新疫情内部防控措施。加强各级各类人员日常管理教育，落实海关总署党委“内控关键是自控，自己要成为自我防疫的第一责任人，失责的也要追责”要求。落实“四早”要求，将干部职工共同居住人纳入“日报告、零报告”范围，做好疫情内部防控各类台账管理。根据属地疫情防控要求开展机关封闭管理各项工作，建立顺畅、高效的指挥调度体系，制发石家庄海关封闭管理工作试行方案，加强应急处置、办公楼管理、封闭人员管理、返岗人员管理各项工作，统筹疫情防控和保障机关政务、业务工作正常开展。

【为基层减负】2022年，石家庄海关建立基层单位周期性报送数据表格材料正面清单机制，推动392项事项精简合并为82项，严格控制新增事项，动态调整正面清单，开设基层意见反馈专栏。按照“统筹安排、各司其职，一次进驻、分头检查”的原则，统筹疫情防控系列督查、安全生产各条线检查以及其他须实地进行督导检查的项目，组织“四不两直”综合性督查2次。规范微信等网络工作群管理使用，对建群、管群、用群提出明确要求，落实讲政治、严保密、促便利、抓规范的要求。

【信访工作】2022年，石家庄海关制定加强和改进关区信访工作的23条具体措施，从夯实制度基础、压实各方责任、加强源头治理等方面进一步明确信访工作任务和要求。按照“属地管理、分级负责”的工作原则，建立一级抓一级、层层抓落实的信访工作责任体系。强化信访工作“一盘棋”思想，建立健全疑难信访事件处置机制，对于出现3次及以上的重复信访事项，通过专题会议，一事一议、一事一策，确保问题彻底化解，坚决避免小事拖大、大事拖炸。常态化落实领导干部接访下访制度，制定石家庄海关关长接待日细则，石家庄海关及各隶属海关按月开展“关长接待日”活动。坚持预防与化解并重，建立信访工作台账，定期梳理化解信访积案和重复信访事项。落实“督查+通报+问责”工作机制，将疑难复杂信访事项纳入督查范围，确保信访事项件件有落实、事事有回音。细化完善关区信访应急处置预案，增强信访应急处置和协调能力。

【关史研究】2022年，石家庄海关推进《河北省志·海关志·检验检疫志（1898—2005）》编纂工作，初稿、复审稿先后送河北省地方志办公室审核审。复审稿约111余万字（综合内容约12万字、原海关部分约55万字、原出入境检验检疫部分约44万字）、228张表格、203张图片，包括卷首照片、概述、大事记、机构、海关监管、税费征管、进出口商品检验、进出境动植物检验检疫、卫生检疫、监督管理、查缉走私、海关统计、法治建设、科技应用、附录、后记16部分内容，记述石家庄海关、原河北出入境检验检疫局从清末萌芽到中华人民共和国成立后至2005年的发展历程。启动首部年鉴《石家庄海关年鉴（2022）》编纂工作，该部年鉴设类目、分目、条目3个层次，包括特载、专记、政治建设、业务建设、综合保障、隶属海关、事业单位、大事记、附录9个类目、46个分目、465个条目，约41.5万字、130张图片，记载石家庄海关2021年事业发展新业绩、新经验，发挥年鉴存史、资政、育人的作用。

【关地合作】2022年10月14日，石家庄海关与石家庄市政府签署合作备忘录，进一步深化合作，共同建设发展更加安全、通关更加便利、贸易更加繁荣、功能更加完善的一流开放环境，加快建设现代化、国际化美丽省会城市。关长、党委书记张宝峰，石家庄市委副书记、市长马宇骏出席并致辞，副关长王蔚冰、石家庄市副市长管云天分别代表双方签署合作备忘录。副关长许书良、石金峰出席签署仪式。根据合作备忘录，石家庄海关在自由贸易试验区与综合保税区开放创新发展、对外开放口岸功能提升、跨境贸易便利化水平提升、对外开放业态产业健康发展4方面16项重点工作上支持石家庄高水平对外开放；石家庄市政府在海关监管执法、打击走私综合治理、“单一窗口”建设、办公条件改善等方面给予支持帮助。

撰稿人

成　岩　刘卅男　刘亚楠　吴　龙　吴　迪
张　超　郑惠华　黄　杰　崔国强　董利驰

财务管理

【概况】2022年，石家庄海关紧紧围绕强关建设，全面落实“过紧日子”要求，以“调查研究、统筹协调、开源节流和风险防控”为抓手，进一步健全财务保障和管理机制，集中财力优先保民生、重点保运转、精准保发展，有序推进财务重点工作，做到财务运行更加平稳、财务保障更加有力、财务管理更加有效、财会监督更加到位。全面保障常态化新冠疫情防控物资平稳充足，稳步推进海关查获走私冻品及固体废物由地方归口处置，有序推动国有企业改革，盘活利用闲置房地产5.9万平方米，总体处置利用率达到89.48%。关区14家单位荣获全国“节约型机关”称号。正定技术业务用房项目荣获中国建设领域最高奖——国家优质工程奖。

▲ 2022年1月17日，石家庄海关财务处召开会议研究关区财务工作（陈盛捷 摄）

【预算管理】2022年，石家庄海关坚决落实“过紧日子”要求，收入预算安排工作全面统筹财力资源，通过盘活存量资金、争取地方财政应有支持，推动事业单位合法经营创收等方式，进一步统筹资金，保障“过紧日子”的基本需要。认真测算关区2023—2025年支出需求，对预算项目的可行性和前瞻性进行分析和论证，从严从紧安排一般性支出，大力压减非刚性、非重点、非急需支出，坚持向业务改革重点倾斜，坚持向基层一线倾斜，精准保障关区中心工作。通过建立预算执行动态监控机制、完善预算执行督促机制，进一步压实预算执行主体责任，细化预算执行的时间表、路线图，强化预算刚性约束，切实加快执行进度，提高资金使用效益。

【部门决算管理】2022年，石

▲2022 年 10 月 17 日，石家庄海关财务处关员学习研究党的二十大报告中“健全现代预算制度”相关内容（张静 摄）

家庄海关通过狠抓收支管理，不断提升理念、夯实基础、完善机制、推进改革，全力服务改革发展大局，及时平稳有序做好 2021 年部门决算及公开工作，公开质量稳步提升。2 月 18 日，编制石家庄关区 2021 年度中央行政事业单位住房改革支出决算。3 月 21 日，编制石家庄关区 2021 年度部门决算。5 月 24 日，编制石家庄关区 2021 年度政府部门财务报告。7 月 29 日，批复石家庄关区 2021 年度部门决算并开展关区 29 个预算单位决算公开工作。

【国库集中支付管理】2022 年，石家庄海关积极推进财务内部控制和资金支付动态监控有机结合，对财政支付疑点信息进行逐条核实、做好政策解释和问题整改，强化监管效能，防范财政资金使用风险。开展 2021 年国库集中支付年终结余资金核定表核对工作，将 2021 年国库集中支付年终结余资金核定数据与结余资金表进行数据比对，确保生成的结余资金数据比对无误，完成年终结转。基本支出用款计划按照年度均衡性原则，项目支出用款计划按照项目执行进度和均衡性原则上报用款计划。

【税费财务管理】2022 年，石家庄海关制定税费财务管理实施细则，增加税款入库时效监控等内容，着力提升税费财务工作质量。税费工作正常有序开展，每日对海关税收、罚没收入、其他收入等入库情况进行核对，完成保证金款项的收缴转退工作。税款入库、保证金资金管理、非税收入收缴管理依规圆满完成年度工作任务。全年完成两税（关税、进口环节税）入库 461.43 亿元，船舶吨税入库3.91亿元，其他收入入库0.11亿元，上缴非税收入0.13亿元。

【机关财务管理】2022年，石家庄海关严格经费支出审批权限、程序。严控一般支出，按照石家庄海关包干管理办法对差旅、办公、耗材等部分实行包干管理，进一步规范“三公”经费，严控会议、培训等支出，把“过紧日子”理念渗透到日常工作中，提高关员节约意识，营造勤俭建关的良好氛围。定期对预算执行进行分析，加大资金统筹力度，做好各项支出执行统计、分析工作，提高专项项目执行率。强化缉私综合保障，合理安排各项支出，预算执行率较好。

【企事业财务管理】2022年，石家庄海关进一步强化企事业单位管理。全年召开事业单位监委会4次审议企事业单位重大事项，检查各单位制度落实及财经纪律遵守情况。坚定不移落实国企3年改革工作任务。其间共计注销企业2家，转让股权4家，完成公司制改革1家。现有企业均已建立现代化企业管理机制，按要求配齐董事、监事，正常履行岗位职责。

【涉案财物管理】2022年，石家庄海关修订石家庄海关涉案财物管理实施细则。5月17日，向河北农业和农村厅移交涉案砗磲制品。5月24—27日，接收缉私局移交的涉案手表。7月26日，会同河北省市场监督管理局销毁涉案药品。9月23日，会同石家庄市烟草专卖局共同销毁涉案卷烟。11月1日，向河北省林业和草原局移交象牙制品、犀牛角制品、羚羊角、沉香木制品等。

【装备管理】2022年，石家庄海关按照动态调整、采储结合、科学储备的原则，科学设定储备警戒线，统筹调配口罩、防护服、手套、鞋套、

▲2022年7月26日，石家庄海关财务处关员在销毁现场监督涉案药品销毁工作（董璐　摄）

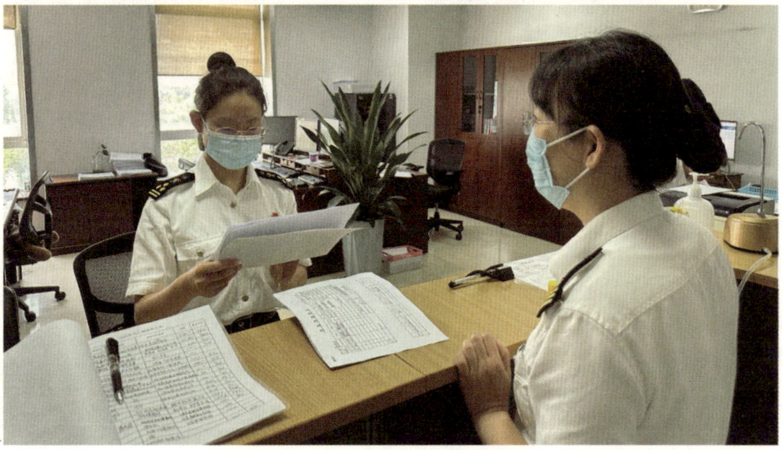
▲2022年8月22日，石家庄海关财务处关员提供报销服务（杨珊　摄）

防护面屏、护目镜等防疫物资23.85万件/套，有效保障疫情防控各项工作物资需求。全年，石家庄海关同比上一年同期节水1.86万立方米，节电4.32万千瓦时，节油2.05万升，石家庄海关本级及隶属海关共14家单位荣获全国“节约型机关”称号。修订石家庄海关公务用车使用管理办法，报废处置5辆执法执勤用车，更新购置5辆执法执勤用车。

【资产管理】2022年，石家庄海关大力推进闲置房地产整合利用工作，指导审批邢台海关、邯郸海关、衡水海关等单位闲置房地产整合利用项目，以点带面提高资产整体使用效率，确保闲置房产资源利用依法依规，防止国有资产闲置浪费。至12月31日，关区盘活利用闲置房地产5.9万平方米，闲置房地产总体处置利用率达到89.48%，逐步建立了适应新海关发展需要的优质房地产资源保障体系。开展房产安全专项整治工作。组织关区各单位对所属办公区、住宅区，特别是高层建筑、地下空间、消防通道、空置院落、老旧小区等重点区域的安全隐患全面排查；排查出安全制度执行问题2项，存量房产安全隐患5项，涉案财物仓库安全问题1项。通过举一反三，逐条制定整改措施，按时上报危房安全检查周报，从源头上化解风险隐患。

【基建管理】2022年，石家庄海关基建管理工作按照“质

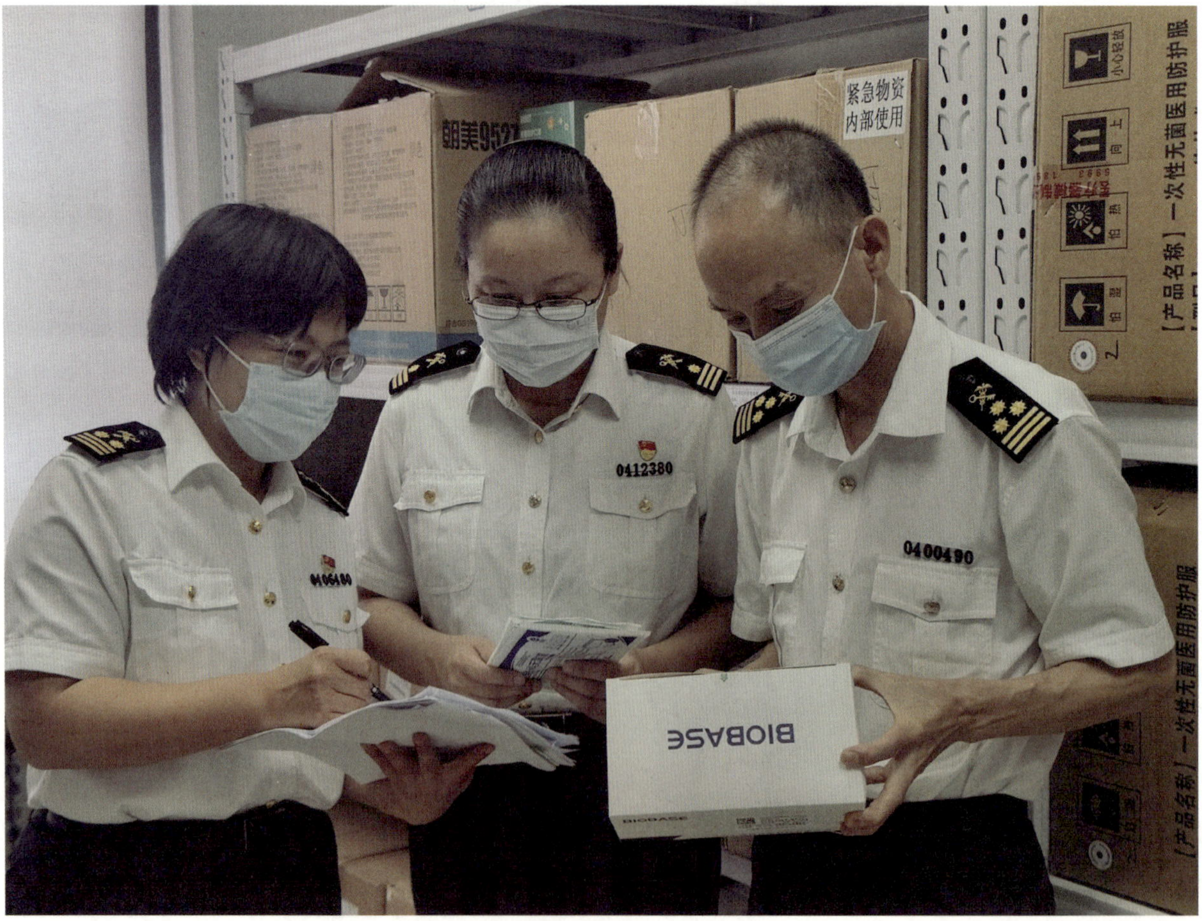

▲2022年8月29日，石家庄海关财务处关员实地检查防疫物资储备库（赵鑫 摄）

▲2022年8月17日，石家庄海关财务处关员商议关区资产闲置整合利用方案（赵鑫　摄）

量是主线、投资是上线、纪律是红线、安全是底线”的原则，严格管理各级施工队伍，对监理单位进行督促、检查和提醒，严把施工材料质量关，优中选优。通过优化施工方案，节约资金570万元。年内，正定技术业务用房项目顺利通过竣工验收并办理不动产登记证，该项目入选2022—2023年度第一批中国国家优质奖工程名单，荣获中国建设领域最高奖——国家优质工程奖。

▲2022年6月22日，石家庄海关正定技术业务用房外景图（王金博　摄）

撰稿人

王伟平　王志勇　任　萍　祁晓英　李成刚
杨艳红　吴　瑕　谷一萍　陈盛捷　赵　昕
赵襄玲

科技发展

【概况】2022年，石家庄海关坚持以习近平新时代中国特色社会主义思想为指导，把讲政治贯穿科技工作始终，坚持系统观念，统筹发展和安全，聚焦国门安全和智慧监管，深入推进科技创新，强化信息化系统安全管理，夯实科技支撑保障基础，提高科技治理水平，整合优化科技资源，为关区事业发展提供坚强科技支撑。

【重要敏感时期科技保障】2022年，石家庄海关把做好北京冬奥会和党的二十大召开期间科技保障作为重要政治任务，扎实有序推进。强化组织引领和制度保障，制订工作方案，按照石家庄海关北京冬奥会实验室检测能力应急保障机制要求，建立检测人员四级梯队和检测设备预备梯队，选派食品安全检测及核酸采样人员4名入驻张家口海关现场保障实验室生物安全。与沈阳、济南海关建立应急联系机制，做好移动P2+实验室转运、安置、安装、验收等工作。提高应急处置能力，开展移动P2+实验室核酸检测预实验4次、新冠病毒检测和进口食源性兴奋剂检测应急演练5

▲2022年3月10日，石家庄海关科技处关员在张家口海关开展北京冬奥会期间现场网络安全保障工作（张振宁 摄）

次、移动P2+实验室核酸检测全流程全要素应急演练2次，参加国家卫生健康委员会临检中心2022年全国奥密克戎变异株核酸检测室间质评活动1次。成立党的二十大石家庄海关网络安全保障工作领导小组，制发工作方案，建立工作推进组，对照74项要点开展评估检查，通过海关总署科技发展司网络安全督导组远程在线督导评估，配合属地公安部门完成年度网络和数据安全监督检查工作。北京冬奥会和党的二十大召开期间，严格落实“7×24小时”值班值守，累计在岗值守51天，派员赴张家口海关现场跟班38天，圆满完成各项科技保障任务。

【国门安全】2022年，石家庄海关高度重视国门安全工作，多措并举推动关区实验室建设。加强实验室安全生产管理，健全完善关区三级实验室检测质量安全管理体系和实验室安全“吹哨人”制度，做到早发现、早处置。建立实验室监督检查工作机制，定期开展监督检查和生物安全巡查，全年共向海关总署科技发展司报送新冠疫情检测情况统计表365份，发现各类安全隐患36项，均已立行立改。提高实验室仪器设备使用效能，开展关区实验室2021年仪器设备绩效考核工作，调拨使用率较低的设备19台套。完成2022年仪器设备购置和疫情防控常态化专项预算执行工作，做好2023—2025年仪器设备购置专项预算编制工作。打击“洋垃圾”专项工作成果斐然，参与ISO 6331国际标准国内工作组相关工作，在核心期刊发表固体废物领域论文2篇。申请《固体废物鉴别标准 通则》（GB 34330—2017）等4个标准的扩项与变更。全年共完成87个样品的固体废物属性鉴别工作，结果均无异常。口岸危险化学品综合治理颇见成效，推进重点检测项目攻关，扩展化学品检测项目24项。优化危险品检测流程，检测工作全周期时长压缩57%。强化实验室新冠疫情防控，统筹经费为新冠病毒核酸检测实验室购置PCR仪、高压灭菌锅、空气消毒机等设备。印发石家庄海关进口商品新冠病毒实验室核酸检测复核工作程序，制定进口冷链食品农产品安全防护作业指导书，开展专题培训和技术交流3期，开展演练活动5次。

【网络安全】2022年，石家庄海关强化网络安全管理手段，完善技术措施，加强宣传教育，全年未发生三级及以上网络安全事件，关区网络与信息系统运行平稳。7月25日至8月8日参加年度网络攻防实战演习，开展“7×24小时”在岗值守15天，关区网络与信息系统未被攻破。举办网络安全宣传周系列活动和“坚持党建引领 筑牢安全防线”为主题的思想理论学用讲坛，开展网络安全意识e课堂培训，拍摄网络安全教育宣传视频，组织关警员参与网络安全知识答题，“网络安全为人民，网络安全靠人民”的理念深入人心。开展网络安全事件应急演练，通过演练石家庄海关互联网网站被篡改、正定海关遭受钓鱼邮件攻击、秦皇岛海关感染勒索者病毒、京唐港海关网络设备故障4个科目的应急响应和处置工作，增强网络安全意识，提高网络安全事件的应急处置和协调配合能力。加强机房安全管理，规范机房进出管理登记。提高思想认识，做好节假日机房值班和工作日机房巡检工作，全面检查信息化核心设备、UPS、空调、监控等运

▲2022 年 9 月 28 日，石家庄海关举办网络安全事件应急演练（邢兆洁　摄）

▲2022 年 9 月 9 日，石家庄海关举办网络安全宣传周活动（刘鹏　摄）

行情况，排除安全隐患。加强沟通协调，落实应急机制，要求运维单位“7×24 小时”响应，提高机房保障水平。加强汛期机房值班工作，密切关注天气情况，确保恶劣天气 24 小时人员在岗值守。全年处理机房设备异常情况 103 次，进出人员 1611 人次。

【科普与宣传】2022 年，石家庄海关以科技周、科普讲解比赛为抓手，全力做好科普及宣传工作。围绕“走进科技　你我同行”科技活动周主题，组织 9 家单位举办了食品安全进校园、科普知识讲座等活动。完成“海关科技资源科普化及关地科普资源一体化发展路径及政策支撑研究”“海关科技融入地方科技创新体系的发展路径及政策支撑研究”2项海关科技资源科普化关级政研课题。以“外来入侵物种狙击战”为主题推荐选手参加河北省科普讲解比赛并进入半决赛。推出“石家庄海关2022年科技活动周”微信公众号1期，取得良好宣传效果。

【科研项目】2022年，石家庄海关坚持问题导向，精准发力，不断提升科技创新能力，关区各专业领域科研团队强化协作攻关，取得历史性新突破。完成省部级科研项目申报工作，共推荐申报项目8项，“冷链食品储运过程中关键劣变化学标志物和菌群多样性变化的研究”“大宗进口粮食智能查检关键技术与装备研发及示范应用”“进口矿产品中有害元素系列标准物质的研制”“进出口蜂产品质量安全与真实性鉴别关键新技术研究与应用（Ⅱ期）”等5个项目立项。督导“牛羊新发及再现重要疫病病原快速精准检测技术研究”“基于光谱滴定理论的进出口食品快速检验技术及装备研发”“基于MALDI-TOF MS技术的海关系统病原微生物鉴定平台的建立”“牛羊重要疫病重组酶聚合酶扩增快速检测技术研究与应用”等5项省部级科研项目通过专家验收。

【科技奖励】2022年，石家庄海关纺织品科技成果取得新突破，由石家庄海关技术中心牵头完成的科技成果“再生纤维素纤维定性定量检测技术体系的研究与应用”获河北省科技进步奖三等奖。该成果针对纺织服装面料成分不合格率高、欺诈等多发问题开展再生纤维素纤维定性定量检测技术研究，可有效解决因再生纤维素纤维间定性定量技术手段缺失而导致的出口纺织品遭遇退货等贸易壁垒以及国内市场以次充好等问题；创建了再生纤维素纤维定性定量检测技术体系，研制配套实验装置4套，提高了实验室安全性和工作效率，促进了我国再生纤维素纤维的生产及产品的深度开发，提高了我国纺织产品在国际市场上的竞争力。

【揭榜挂帅】2022年，石家庄海关研发传染病病原监测新模式新机制，由石家庄海关所属秦皇岛海关二级高级主办牵头，联合全国相关海关专家共同完成的海关总署“揭榜挂帅”科研项目“中国国境口岸输入性病媒生物图谱”（2021HK005）通过专家验收。该项目全面掌握了我国口岸输入性病媒生物种群组成和输入规律特征，并对其危害我国国门生物安全的影响开展了风险分析评估，结合口岸执法把关实际工作

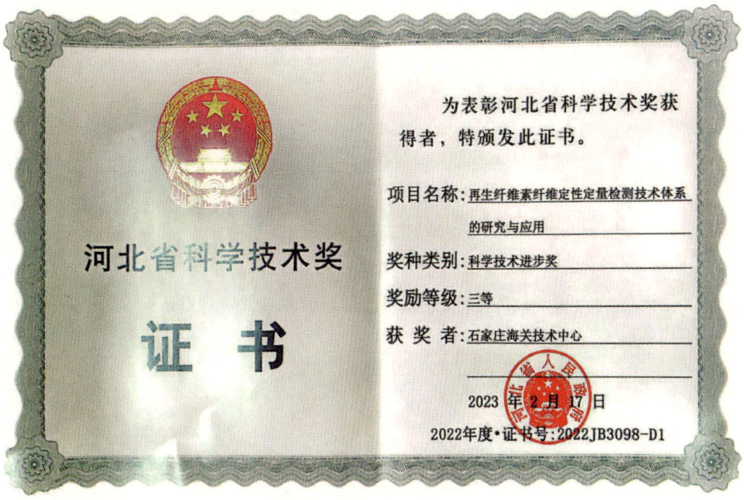

▲2022年12月13日，石家庄海关技术中心牵头完成的科技成果获河北省科技进步奖三等奖（孟祥振 摄）

需要，制定输入性病媒生物监测通用技术规范，完成中国国境口岸输入性病媒生物图谱（初稿）和中国国境口岸输入性病媒生物数据库的编写研发工作，较好地解决了全国口岸输入性病媒生物数据资料存在的孤岛化和碎片化等问题，填补了我国海关卫生检疫工作一项空白。

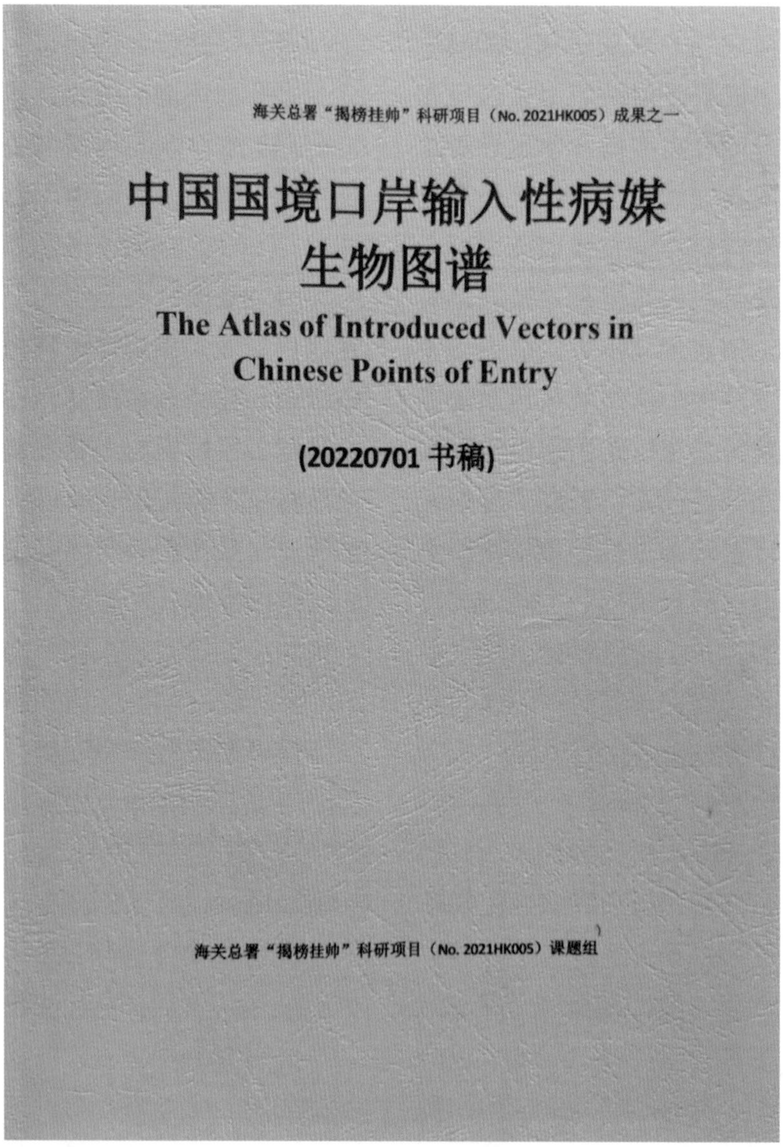

▲2022年12月6日，秦皇岛海关牵头完成的海关总署首批“揭榜挂帅”项目通过专家验收（李文杰 摄）

【科技冬奥】2022年，石家庄海关围绕口岸一线执法现场技术需求，开展国产装备研究。10月，旅保中心参与的科技部“科技冬奥”重点专项“冬奥会口岸快速通关智能监管技术及装备”项目子课题“冬奥会口岸传染病监测预警与快速检测技术研究”“冬奥会口岸快速通关智能监管技术及装备”“冬奥会口岸综合风险应急处置技术及装备”通过科技部组织的专家验收，成功开发10种病媒生物携带传染病的病原体RPA检测试剂盒，研制集消毒、熏蒸、喷淋、检测为一体的多功能生物生化污染因子检测处置车。

【壁垒应对】2022年，石家庄海关对食品接触材料中的新化学物质、新生物材料和物质的技术标准及技术措施加强研究，秦皇岛海关技术中心在中国蜂蜜苦参碱分析与溯源方面取得重要研究进展，相关研究成果《中国蜂蜜苦参碱类生物碱含量和来源的全面研究》(*Comprehensive Investigation of the Content and the Origin of Matrine-type Alkaloids in Chinese Honeys*)发表于国际顶级期刊(*Food Chemistry*)(中国科学院一区，TOP 期刊，IF=9.23)。该研究是迄今为止对中国蜂蜜中苦参碱类生物碱含量水平及分布规律较为系统和全面的研究，建立了同时测定蜂蜜中苦参碱、氧化苦参碱、槐果碱和槐定碱的液相色谱－串联质谱法（HPLC-

MS/MS），并应用于567批中国不同植物源和地理源的蜂蜜样品，为蜂蜜中苦参碱类生物碱的安全风险评估及蜂蜜国际贸易提供了重要支撑。

【科技创新】2022年，石家庄海关加强进出境动物检疫科研创新，由石家庄海关技术中心承担的署级科研项目“牛羊新发及再现重要疫病病原快速精准检测技术研究”于2022年12月通过海关总署科技发展司组织的专家验收。该项目以口蹄疫、牛病毒性腹泻、牛支原体、小反刍兽疫和牛结节性皮肤病等牛羊新发及再现重要疫病为研究对象，建立了针对口蹄疫病毒、牛病毒性腹泻病毒、牛支原体、小反刍兽疫病毒和牛结节性皮肤病病毒的实时荧光重组酶聚合酶扩增方法和微滴式数字PCR方法，能够对我国进境牛羊及产品中可能携带的新发及再现病原进行快速、精准检测，提高疫病的检出率，为我国牛羊活动物及产品进口检测提供有效技术支撑。

【智慧查检】2022年，石家庄海关加强进出境植物检疫科研创新，由秦皇岛海关技术中心牵头申报的署级科研项目“大宗进口粮食智能查检关键技术与装备研发及示范应用”获批立项。该项目针对大宗进口散粮监管中普遍存在的查检时效低、通关时间长及滞港费高等突出问题，开发即卸、即检、即放的进口粮食智能查检系统，重点开展基于近红外光谱、机器视觉、大数据等多维技术融合的不同粮种（大豆、大麦）中特征粒与检疫性杂草及昆虫的信息抓取、特征库构建、智能识别研究，同时与传统查检方法进行比对研究，进而研发智能表层检疫系统、在线检测装置、漏斗装卡车检测装置、实验室循环板链检测装置等相关智能化配套装备，应用于不同港口环境和场景中，提升大宗进口粮食查检的智能化水平，提高通关效率、降低企业成本。

【信息化支撑与建设】2022年，石家庄海关深入推进“科技兴关”，靶向施力提升信息化支撑能力和信息系统智能化水平。优化营商环境，提升口岸监管效能，完善关企联网服务，做好海关特殊监管区域货物分类监管系统推广应用，保障系统在曹妃甸综合保税区上线运行；上线企业货物放行信息推送系统，为唐山港集团、河钢乐亭钢铁有限公司等企业提供数据服务，打通监管场所与海关间数据通道，提升信息化交互水平和信息互联共享能力。支持黄骅港散货矿石码头皮带秤卡口管理系统上线，实现以皮带秤无间断方式替代车辆进出卡口，满足企业自身信息化系统集成需求，提高港区生产运作效率和通关时效。开发疫情防控每日上报程序，实现疫情数据自动汇总、智能生成报表，减轻疫情防控一线人员录入负担。梳理关区数据资产，完成H2018、H2010、舱单运输工具、数字实验室等10个数据库资源目录整理，实现数据资产底账清晰、集中汇聚、统一分发，建立关区数据资源目录管理系统，为发挥大数据应用做好基础支撑。在“口岸危险品综合治理”百日专项行动中，拓展数据服务功能，充分挖掘数据价值，利用H2018和新舱单系统数据开发危险化学品防控模型，实现H2018和新舱单系统自动比对、关联、分析。完成海关“认证、账号、授权、审计”（H4A）管理系统授权统计子系统上线部署和功能变更升级工作，持续做好应用系统业务授权管理工作。将新技术、新装备引入基层海关，关员在实景中体验 5G、AR 智能眼镜等新技术、新装备，实现技术与业务现场融合，共同探索科技创新在现场监管工作的适用场景。按照工程建设管理规定，满足海关机房建设标准及使用单位未来 5 年对机房及网络的发展需求，综合考虑维护和能耗成本，开展正定技术业务用房机房改造项目建设。为隶属海关配发便携式计算机 28 台，解决业务一线科技装备配置不足的问题。确保关区视频监控、政务业务平台等重要信息系统安全稳定运行，做好监控指挥中心值守工作，完成各类会议保障 587 次，接听热线电话 1822 个，完成终端运维 2118 次，安全管理平台和运行管理平台日常监控处理异常情况 1521 次。

撰稿人

刘　鹏　刘春华　李文杰　李旭峰　张　蕾
张峻峰　周宏杰　耿　剑

督察内审

【概况】2022年，石家庄海关以习近平新时代中国特色社会主义思想为指导，贯彻落实党的二十大精神，聚焦重大决策部署开展跟踪督察，开展审计监督和配合国家审计，推进督察审计发现问题整改，围绕内控前置审核、内控节点维护、内控培训等一体推进内控体系化建设，综合运用“数据＋指标＋调研＋分析”持续完善执法评估工作模式。全年开展署级督察2项、关级督察5项，配合国家审计1项、经济责任审计4项、专项审计3项，全面履行督察审计监督职责，有效发挥督察审计在推动重大决策部署落实、服务海关改革发展中的保障作用。

【署级督察】2022年4月，石家庄海关开展口岸检查作业规范情况督察，发现各类问题2个，提出建议3条，并督促相关现场整改完毕。8月，组织各隶属海关自查关区支持外贸促稳提质措施落实情况，通过远程督察、问卷调研、实地督察等方式，共发现各类体制机制风险2个、提出督察建议3条、收集来自企业意见建议9条。

【关级督察】2022年，石家庄海关确定年度关级督察项目5个：科学精准做好口岸疫情防控落实情况、“国门绿盾2022”行动落实情况、进出口食品安全“四个最严”要求落实情况、税收政策及税收风险防控落实情况与海关事业单位所属企业脱钩和转让产权专项督察。针对26个方面140个督察要点，组织相关部门和隶属海关开展自查，并结合综合检查和经济责任审计项目对4个隶属海关开展了实地督察，发现各类问题6项。

【配合国家审计】2022年3月至8月，石家庄海关组织开展配合国家审计工作。制发迎审自查工作方案，召开迎审自查办公会，拟制迎审自查指导，围绕6个自查重点，从“有没有、干没干、好不好”3个角度全面开展自查。在海关总署清单20个类别、76个要点分类、446个具体风险描述的基础上，补全76个要点分类，补细446个具体风险描述，补明业务主管部门，形成石家庄海关迎审自查清单699项，得到海关总署督察内审司肯定。开展配合审计署驻兰州特派办现场审计工作，成立配合国家审计工作领导小组，制订工作方案并建立迎审联系单和联络员制度，召开关区视频会部署配合国家审计工作。召开迎审准备会，商讨落实系统授权、文件资料、办公条件、生活保障等审计资料清单事项，配合审计组到曹妃甸、黄骅港等海关和相关企业开展延伸审计，做好沟通、取证、审计报告征求意见稿反馈等各项工作，完成审计组提出的36项系统授权和46项文件资料需求，制发迎审联系单196份，协助审计组办理审计需求清单101份，涉及具体资料855份次，编发迎审动态44次，办理取证单56份，联系相关部门单位填写审计组沟通情况表149份。强化审计整改，成立审计整改工作领导小组，全面梳理国家审计查出问题，制订问题整改工作方案，明确整改责任部门单位、整改类型、整改要求、整改时限等要素。按照立行立改、分阶段整改、持续整改，建立审计整改问题清单、审计整改任务清单、审计整改结果清单，实行台账管理、对账销号，稳步持续推进分类整改，直至问题全部整改到位。抓好审计整改成果转化和运用，深入分析审计发现问题产生的原因，深入研判风险，举一反三、分类施策，建立长效机制，对制度性问题完善相关制度机制，对系统性、普遍性问题或屡审屡犯问题，强化整改源头治理，对执行层面问题，强化责任落实，加强日常监督检查，完善内控机制。

【**经济责任审计**】2022年，石家庄海关组织开展4项经济责任审计项目。组织相关隶属海关开展审前自查自纠，以审促控，发现问题49个，其中执法领域29个，非执法领域20个。有序开展现场审计，明确财务管理、招标采购、工程建设、资产管理、实验室设备和耗材管理等方面作为审计重点，延伸审计3次，发现问题46个。跟踪督导问题整改，并推动审计成果转化，提升监督效能。

【**专项审计**】2022年，石家庄海关组织开展海关事业单位所属企业脱钩和转让产权专项审计1项、大金额差错报关单和贸易管制措施落实情况专项审计调研2项。成立关区海关事业单位所属企业脱钩和转让产权专项审计自查工作领导小组，制订自查方案，明确自查时限，每季度梳理审计动态进展情况和审计结果，发现问题7个，并完成整改。对照海关事业单位所属企业脱钩专项审计工作第一阶段中其他海关发现的35个问题逐项开展自查，结合经济责任审计，现场核查关区企业脱钩情况。开展大金额差错报关单和贸易管制措施落实情况2项专项审计调研。成立审计调研组，专题分析修改海关总价后未重新计税、报关单申报不规范等情况，制发相关数据清单，各部门逐一核实自查未覆盖范围。成立贸易管制措施落实情况关区专项审计调研工作领导小组，成立禁止“洋垃圾”入境措施落实情况、对美加征关税措施落实情况、进口冷链食品和高风险非冷链食品集装箱货物监管措施落实情况与贸易管制相关风险防控机制运行情况4个工作专班，梳理涉及的法律法规、政策规定、制度规范、操作流程，建立文件列表、问题列表、流程列表，形成重点问题清单、主要风险清单，并提出风险防范措施。

【**内控示范科室**】2022年，石家庄海关积极推进创设“内控示范科室”活动，结合关区实际，形成涵盖政治建设、科室管理、内控工作、否定性情形、其他加分项5大类32小项内容的内控示范科室创设标准，组织关区29个科室申报创设材料，其中执法领域科室18个，非执法领域科室11个，参加海关总署督察内审司内控示范科室建设线上推进交流会2次。经过创设科室自评，问卷调查、谈话了解、实地调研等综合性复核，重点筛选，最终推报执法领域科室京唐港海关综合业务一科、非执法领域科室秦皇岛海关财务装备科为石家庄关区内控示范科室创设典型，并参评全国海关内控示范科室。打造内控科室“样板间”，推动在执法领域基层科室形成理清岗位设置、摸清作业链条、搞清业务难点、记清异常处理“四清”工作法，在非执法领域基层科室构建事前风险防范机制、事中风险监控机制、全过程风险处置机制“三机制”工作法，充分发挥科室单元在内控机制“三道防线”中基础性作用。

【HLS 2017 内控平台】2022年，石家庄海关制发监控核查联系单905条，处置异常数据1611条，处置异常数据有效数1293条，处置异常有效率为80.26%；查发补证情事4宗，补税情事420宗；移交稽查4宗，移交缉私线索5条，案值合计1191.84万元。综合运用“制度+科技+人工”手段，发挥内控在海关制度创新和治理体系现代化中的重要作用。

【海关进出口食品安全监管情况专题评估】2022年，石家庄海关开展年度自选专题执法评估项目“海关进出口食品安全监管情况专题评估”。采取“数据+指标+调研+分析”评估方式，以“云擎”大数据建模创建指标、数据分析为主要手段，在关区18个隶属海关、21家进口企业和36家出口企业中开展问卷调研，收集意见建议13条，从不同维度了解海关和企业对进出口食品安全监管情况的不同看法、感受，查找进出口食品监管中存在的安全风险和监管盲区，归纳总结出3个方面存在的问题，并提出对策建议。

【署级专题评估】2022年，石家庄海关参与署级课题执法评估指标体系建设专题研究，主要负责稽（核）查模块指标体系的指标文件梳理、指标设置、模型创建工作，涵盖稽查、核查、企业管理和属地查检4部分内容，对全部指标数据开展互相验证。完成全国RCEP专题评估、进出口危险化学品监管、跨境电商监管措施、跨境贸易便利化、属地查验5项专题执法评估问卷调查及书面调研，开展企业问卷调查350余次，并按时上报相关文件和数据。承办海关总署督察内审司2022年首批3个专题业务指南编制试点工作，完成“进出口食品安全监管情况专题执法评估指南”的编制。

撰稿人

安　杰　侯婷婷　韩彦兆　樊书新

离退休干部工作

【概况】2022年，石家庄海关离退休干部工作坚持以习近平新时代中国特色社会主义思想为指导，全面学习贯彻党的二十大精神，深入学习贯彻新时代党的建设总要求，紧紧围绕年度重点工作任务，践行精准服务工作理念，树立求真务实工作作风，不断推动石家庄海关离退休干部工作迈上新台阶。

【党的建设】2022年，石家庄海关切实加强离退休干部思想理论武装，搭建多种平台，凝聚思想共识，深入推动离退休干部学习贯彻党的二十大精神走深走实。落实“三会一课”、主题党日组织生活制度，充分发挥老干部活动中心、党建活动室的理论学习阵地作用，组织广大离退休干部党员深入学习新时代党的创新理论，严守政治纪律政治规矩，提升政治判断力、政治领悟力、政治执行力。党的二十大胜利召开后，创新“党建联建+党的二十大精神学习”模式，在职党支部与离退休党支部开展线上“联学共建”学习活动，以“同屏共学”形式推进党的二十大精神学深走实。推行“上门送学、微信助学、电话促学”活动，通过党支部微信群、海关“智慧银海”老干部系统等网络平台推送学习资料，确保学习教育全覆盖、无遗漏。将政治要求贯穿离退休党的建设工作始终，严格落实中共中央办公厅《关于加强新时代离退休干部党的建设工作的意见》和海关总署党委关于加强新时代海关离退休干部党的建设工作的实施意见精神。将离退休干部党建工作纳入关区党的建设总体布局，研究制定并印发石家庄海关关于落实关于加强新时代离退休

▲2022年6月30日，石家庄海关组织召开“光荣在党50年”纪念章颁发仪式（李亚男　摄）

▲2022年6月22日，石家庄海关开展“喜迎二十大　礼赞新时代”主题党日活动（李慧敏　摄）

干部党的建设工作的意见的细化措施14项68条。推动党支部标准化、规范化建设，规范党组织设置，各离退休党支部顺利完成支部换届选举工作，支部书记和委员工作补贴得到全面落实。充分发挥老干部、老党员独特优势，举办“光荣在党50年”纪念章颁发仪式、离退休党支部委员专题培训，邀请离退休党员为在职党员干部讲党课，为27名“光荣在党50年”纪念章获得者录制专题感言视频，开展红色教育基地参观学习、老同志座谈访谈、过“政治生日”等主题活动，其中，石家庄海关党委参加老同志专题座谈及主题党日活动2次。以建设离退休党员“组织之家”为抓手，规范打造离退休党建活动室，配套完善活动阵地基础设施，构建集“学习教育、支部活动、文体健身”为一体的多元化服务平台，切实做到让党员“学习有依托、活动有阵地、作用有发挥”。

【主题活动】2022年，石家庄海关搭建平台，创新载体，充分发挥老同志优势、切实体现老同志价值。在广大离退休干部中开展“喜迎二十大”“我看中国特色社会主义新时代”“亲爱的祖国　我想对您说”“弘扬革命精神　赓续红色血脉”等专题调研、主题党日、艺术视频录制等系列主题活动32场，老同志参与人数539人次。录制“喜迎二十大”文艺节目5个，其中《再唱山歌给党听》入选全国海关离退休干部优秀作品汇演。党的二十大胜利召开之际，开展“学习党的二十大　离退休干部这样做”系列活动，组织老同志多种形式收听收看党的二十大开幕会盛况，发表心得体会。组织开展石家庄海关老同志“礼赞新时代　银发颂党恩”线上文化艺术作品展活动，征集书画、摄影、诗歌等各类文艺作品293件，评选优秀作品62件，对优秀作品进行集中展出及同步线上展播。

▲2022年10月14日，石家庄海关录制的离退休干部《再唱山歌给党听》节目参加“喜迎二十大　奋进新征程”全国海关老同志线上文艺汇演（李亚男　摄）

【**服务管理**】2022年，石家庄海关强化服务保障，建立“关心关爱”长效机制，每逢重大节日、重要时间节点，关党委带队上门走访慰问。落实离休干部“一人一策”及离退休干部“三必访”制度，及时协调解决老同志实际困难和问题。全年，共慰问离退休人员215人次，上门走访84人次，电话联系慰问245人次。持续深化“我为群众办实事”实践活动，充分发挥石家庄海关离退休干部工作领导小组合力作用，针对普遍关心关注问题，离退休干部工作领导小组成员单位成立工作专班，开展专题调研。年内召开情况通报会3次，探索建立为老同志解决“急难愁盼”新举措新机制6个。根据国内及属地疫情防控形势，及时向老同志转发疫情防控各项决策部署，做好疫情期间精准服务，年内向广大离退休干部发出疫情防控安全提示69次，发

▲2022年5月10日，石家庄海关召开离退休干部“建言二十大　我看中国特色社会主义新时代”离退休干部党员座谈会（李亚男　摄）

▲2022年9月30日，石家庄海关“金钥匙”志愿服务队开展“不忘初心敬老情”志愿服务活动（杨政轩　摄）

放防疫物资542人次。

【建章立制】2022年，石家庄海关以制度建设推进工作规范，通过建章立制确保政策落实落地落细。年内制定完善服务管理办法、荣誉退休、志愿服务等多项离退休干部工作服务管理工作制度，调整石家庄海关离退休干部工作领导小组，进一步体现石家庄海关党委对离退休干部工作的重视，形成党委领导、责任明确、齐抓共管的新格局。建立离退休干部与年轻干部结对共建机制，组织开展老同志宣讲党的二十大精神、老党员为在职党员讲党课等活动。探索建立石家庄海关志愿服务机制，在职党员组成“金钥匙”志愿服务队，在老人节期间，开展“不忘初心敬老情”志愿服务活动。建立关怀帮扶制度建设，加强思想政治关怀，对年老体弱、行动不便老同志老党员开展送学上门服务36人次。建立高龄、重病、生活困难等特殊困难人群信息库，实行动态调整管理，开展走访慰问、困难帮扶等活动。年内，关怀慰问生活困难等老同志17人，发放特困补助。

撰稿人

李亚男

第七篇

隶属海关

石家庄机场海关

【概况】2022年，石家庄机场海关把政治建设摆在首位，发挥领导核心作用，旗帜鲜明讲政治，一切从政治上考量、在大局下行动，突出政治自觉、思想自觉、行动自觉，全面组织推动政治机关建设。石家庄机场海关深入贯彻落实习近平新时代中国特色社会主义思想和党的二十大精神，做“两个维护”的坚定践行者，全面落实海关总署党委“12个必”的工作要求，以“三实”海关文化建设为引领，把文化建设与作风建设结合，与推动机场海关高质量发展结合起来，对标对表铸忠诚、担使命、守国门、促发展、齐奋斗工作要求，转作风、树新风，真正让求实、扎实、朴实成为价值规范和行为准则，深入落实响应、呼应、反应运行机制，始终强监管、优服务，切实履行海关工作职责，统筹推进疫情防控和促进外贸保稳提质，各项工作有序推进。

【党建工作】2022年，石家庄机场海关建立制度化建设、清单化管理、常态化检查党建工作机制，每两月召开党建工作例会、每季度开展党建基础工作检查、每半年开展支部书记述职会及时督促检查，制作党员发展工作手册，进一步规范党费收缴，对照新修订的“四强”党支部建设4个清单开展自查。年内发展预备党员6人，党员发展对象5人，入党积极分子4人，3名同志提交入党申请。充分发挥党建品牌示范引领作用，旅检一科党支部通过石家庄海关品牌复核，旅检二科党支部通过海关总署党建示范品牌复核并多次参加石家庄海关和石家庄机场海关党建品牌交流活动。在封闭管理人员中成立临时党支部，13人主动申请支援口岸海关疫情防控工作，1人被评为河北省省直优秀共产党员，1人获评河北省优秀共青团员，1人被评为石家庄海关关区优秀共产党员，2个支部被评为石家庄海关关区“四强”党支部和先进基层党组织，7名优秀共产党员、1名优秀党务工作者和1个先进基层党组织获石家庄海关机关党委表彰。全年召开党委会36次。完善党委工作制度，石家庄机场海关修订贯彻落实“三重一大”决策制度的实施办法，梳理各条线制度机制，进一步夯实工作基础和实操遵循，确保党委工作规范有序开展。党委理论学习中心组开展理论学习39次，持续推动习近平新时代中国特色社会主义思想入脑入心。制订党委理论学习中心组学习计划和党员学习计划，贯通学习

▲2022 年 6 月 20 日，石家庄机场海关到河北航空有限公司开展党建共建活动（刘静怡　摄）

《习近平谈治国理政》等重点书目，发布学习提示 20 条，开展线上理论知识测试 5 次，发放 14 种学习书籍 292 册。

【纪检监察】2022 年，石家庄机场海关做好“海关重点项目和财物管理以权谋私”工作，成立专项整治工作领导小组，由关党委书记任组长，成员涵盖各科室。召开动员部署会、党委扩大会等专题会议 13 次，制发专项整治工作方案及重点问题参考提纲，组织全体人员学习海关总署、石家庄海关动员会讲话精神和工作方案，发放专项整治纪法教育学习资料，制订专项整治政治教育、纪法教育学习计划。组织专题学习 6 次，关领导带头和 4 个重点科室人员开展集体座谈，党委理论学习中心组及支部共开展研讨 11 次。观看系列警示教育片，全员通过“钉钉”平台专项整治教育测试，促进廉洁从政入脑入心。组织实施违规事项个人申报 34 人，上报审核 15 个重点项目清单，排查风险 11 条，制定风险防范措施 15 条。

【干部队伍建设】2022 年，石家庄机场海关制定全面从严治党重点任务分工表、开展“一把手”和领导班子其他成员重点事项监督自查报告工作，开展干部配偶及其子女从业行为检查。紧盯重要时间节点，开展廉政警示教育和廉政提醒，发布严禁酒驾醉驾等通知 10 余次，加强对 8 小时以外的监督，定期组织观看廉洁家风等纪录片，经常性开展廉政党课集中宣讲，扎牢思想根基。开展内务规范强化月活动，集中开展队列训练及会操考核 4 次，组织内务规范检查 12 次，提振队伍精气神。组织制作《清廉青年，有为青春》廉政演讲视频并获优秀奖。运用监督执纪“四种形态”，抓早抓小，找准问题隐患，2022 年运用“第一种形态”14 次和集体廉政谈话 1 次，防范小问题演变为大事故。

【促进外贸保稳提质】2022 年，石家庄机场海关推动外贸保稳提质，开展政策宣讲和企业调研工作，制发石家庄机场海关促进外贸保稳提质的 10 条具体措施，利用关企微信群等多种渠道，向关区重点行业及进出口相关企业宣讲措施，赴企业专题调研 11 次，收集并解决企业问题 3 个。密切与正定自由贸易试验区、综合保税区、正定县联系配合，就发挥口岸功能和区位叠加优势措施开展座谈交流，支持跨境电商等新兴贸易业态发展。

【优化口岸营商环境】2022 年，石家庄机场海关持续优化口岸营商环境，明确“一个窗口”行政审批流程，压缩行政审批时间。结合航空口岸实际，对照石家庄海关《“打造一流口岸营商环境服务河北高水平对外开放”十条措施》逐条进行细化，成立以关长为组长的“打造一流口岸营商环境”工作专班，明确工作机制，研究制定41项具体落实举措，形成落实举措情况表，明确职责分工，不折不扣执行到位。科学推进“放管服”改革，推进“互联网+海关”建设，让“数据多跑路、企业少跑腿”，出口通关时间0.89小时、进口通关时间2.86小时，相比2017年压缩通关时间83%。全面推广电子报关委托，实现通关业务全流程网上办理，实现网上申报、自助打印，减少企业申报随附单据，通关作业无纸化申报率达到100%。进一步精简需在进出口环节验核的监管证件和单证数量，通关环节需验核从86种减少到44种，持续推进联网核查。拓展“单一窗口”功能，实现“单一窗口”主要业务应用率100%，有效降低企业成本，口岸营商环境建设得到提升。

【执法一线监管】2022年，石家庄机场海关加强口岸监管执法，严格落实上级部署，开展清风行动，“国门利剑2022”“蓝天2022”等专项行动，聚焦“洋垃圾”走私、象牙等濒危物种及其制品走私、防疫物资和疫苗非法出境，“水客”走私、反恐处突、“扫黄打非”等工作重点，紧盯走私新特点新形势。强化口岸卫生监督，以口岸食品生产经营、公共场所、固液体废弃物处置单位为重点单位开展监管，督促企业严格落实属地化疫情防控措施及海关总署、石家庄海关疫情防控要求。

【口岸疫情防控】2022年，石家庄机场海关完善制度规范基础，实时跟进海关总署疫情防控的工作要求，结合石家庄机场海关实际，持续更新石家庄机场海关关于新冠病毒航空口岸疫情防控技术、国际货运航班卫生检疫监管工作、入境航空器现场监督工作、突发卫生事件现场应急处置工作的相关制度方案，确保疫情防控工作符合国家政策要求。完善培训演练基础，对全部一线人员开展线上线下的业务培训，培训内容包括个人安全防护、工作流程、设施设备的使用、旅客通关系统的操作等，同步开展桌面推演和实战演练。全年开展业务培训16次、294人次参加，开展全流程航班保障和突发公共卫生事件应急演练14次、156人次参加，真正为复航做到培训不断、演练不断、能力提升不断。结合旅客通关管理子系统卫生处置应用平台及健康申报平台的升级更新，推进“一码通关”。推动T1航站楼通关现场全方位升级改

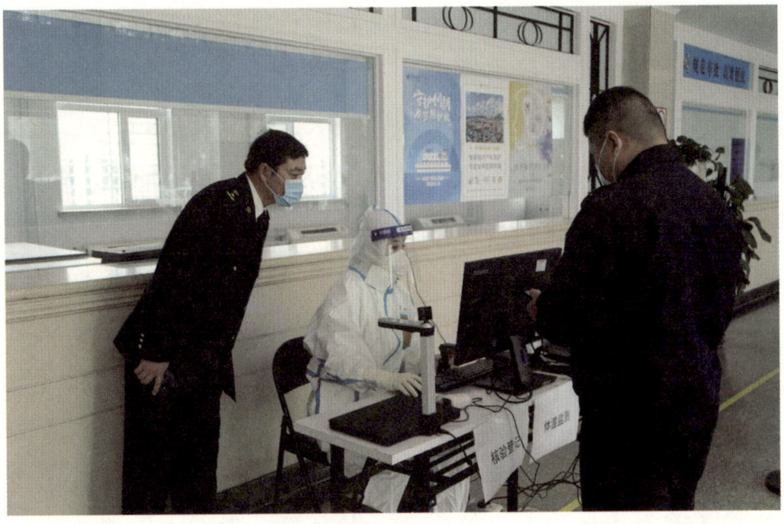

▲2022年10月14日，石家庄机场海关关员开展疫情期间入境航班保障演练（王亚兴　摄）

▲2022 年 7 月 28 日，石家庄机场海关关员开展生物涉恐突发事件应急处置演练（白晨阳　摄）

造，完善通关监管设施，建有负压室 2 个，负压隔离单元 5 台，负压轮椅 1 台，负压担架 2 台，远程自助核验一体机 1 台，红外测温仪 6 台，闸机式智慧卫生检疫通道 4 条，远程核验设备 10 套，空气消毒机 28 台，宣传用 LED 显示屏 2 台、电视屏 2 台，极大满足海关出入境航班保障的卫生检疫工作需求，提升智能化监管水平，科学防范疫情叠加扩散传播风险，完善科技保障基础。制定安全防护风险点汇总以及一线工作人员安全防护工作纪律，针对可能出现的职业暴露、人员晕倒、防护装备破损等多种突发情况制订处置预案并开展演练，选派 5 人参与北京首都机场海关对口帮扶支援，保障出入境特殊客运航班 4 架次，卫生检疫进出境人员 762 人。年内共开展 8 轮次、300 余人次的安全防护考核，全部达标。

【口岸卫生监督】2022 年，石家庄机场海关口岸卫生监督落实食品安全“四个最严”要求，组织开展口岸卫生监督和食品“双抽”（国境口岸食品安全抽检现场快速检测、国境口岸食品安全抽检实验室检测）送检工作，重点时间期间开展食品卫生安全专项排查，要求口岸运营者和生产经营单位作为公共卫生安全第一责任人，严格落实食品卫生安全各项管理制度，督促企业严格落实属地化疫情防控措施及海关总署、石家庄海关疫情防控要求。加强食品卫生管理，做好公共场所消毒处理，防范杜绝食品安全事故发生，开展食品双抽 251 批次，检出不合格 4 批次，均落实企业整改，开展口岸公共场所微小气候监测 16 次。开展口岸冷链食品专项督导检查，完成关区 10 家食品生产经营单位共 37 个冷藏冷冻库使用情况及 1 家使用进口冷链食品餐饮单位 22 名相关从业人员风险排查工作。组织开展进口非冷链物品排查，对关区 65 家生产经营单位使用、销售进口非冷链物品情况进行摸底，最大限度阻击疫情风险通过口岸传播。完成 21 家单位卫生许可证现场考核工作。持续开展口岸病媒生物监测，鼠类监测次数 4 次，捕获鼠类生物 1 批次，鉴定类别褐家鼠；伊蚊监测 6 次、游离蜱监测 6 次、蠓类监测 6 次、蝇类监测 7 次、蜚蠊监测 12 次，捕获成蝇 7 批次 395 只，捕获成蚊 12 批次 556 只，有效维护国门生物安全和国家生物安全。论文《河北省某地鼠类及其携带病原体初探》发表在《中国口岸科学技术》，为指导开展灭鼠和防控鼠传疾病发生提供了科学依据。

【航空口岸货运航线复航】 2022年，石家庄机场海关成立货运保障专班，统筹负责出入境国际货运航班的卫生检疫监管、进口非冷链物品口岸环节新冠疫情防控措施等各项工作。货运保障专班下设4个货机专项工作组，选派人员赴首都机场海关跟班学习，提高业务素养，保障业务运行。持续关注海关总署、石家庄海关关于国际货运业务通关保障、入境航空器疫情防控等文件要求，及时梳理更新，动态完善制度建设，夯实制度基础，制订关于国际货运业务工作和货运机组通关保障工作等10余个工作方案及应急预案，保障货运通关业务顺利高效开展。加强与机场集团沟通，协调完成货运机组通道建设、货运场所改造工作，有序推进监管场地区域划分、功能区改造、完善视频监控、监管设备需求等工作，推动货运航线顺利复航并开辟新航线。持续开展监管场所现场巡查，现场沟通解决问题，主动研究石家庄市疫情防控总指挥部交通检疫分指挥部提出的复航保障方案，提出15条意见建议，抓实航班保障各项细节工作，助推机场快速实现复飞复航。10月25日，首架捷克俄斯特拉发—中国石家庄货运航班进境，标志着中国河北石家庄—捷克俄斯特拉发国际货运航线正式开通，也标志着石家庄国际机场货运航线顺利复航。

▲2022年6月30日，石家庄机场海关、河北机场集团联合开展国际货运航班保障座谈会（李晗　摄）

▲2022年10月25日，石家庄机场海关关员实地调研保障国际货运航班顺利复航（王亚兴　摄）

【药品进口口岸建设】 2022年，石家庄机场海关与河北省药品监督管理局、石家庄市市场监督管理局、河北省药品医疗器械检验研究院三方沟

▲2022年10月25日，石家庄正定国际机场国际货运航线开通暨药品进口口岸首单通关仪式（龚文超　摄）

通协调，助力石家庄药品进口口岸于2022年9月1日申报成功。石家庄机场海关为药品进口口岸运营开辟绿色通道，加强政策研究和业务培训，提升一线业务人员业务能力，与药监部门建立联系协调机制，保障药品通关业务无缝衔接，确保石家庄药品进口口岸有序开展申报作业。10月25日，15.5千克进口药品入境，这是河北省药品进口口岸首票监管货物。

【互换局封关运行】2022年，石家庄机场海关支持河北扩大对外开放和高质量发展，全力推进石家庄国际邮件互换局业务开办，石家庄国际邮件互换局（交换站）由石家庄市政府投资建设，为石家庄海关和石家庄市政府合作备忘录重点推进项目。石家庄机场海关主要领导带队开展5次实地调研，成立"一把手"任组长的筹备工作专班，与企业人员开展座谈，了解企业运营诉求和业务需求，有针对性开展业务指导和对口帮扶。科学规划场地设置，对通道建设、设备运行、区域设置进行现场规划指导，完善基础设施建设，对基础设施和电子信息系统进行全面升级改造，对互换局现场增设功能设施和服务用房部署，实现高效服务、便捷通关。加大人力资源支持力度，优化配备4名科级干部统筹协调推进，配备12名监管通关、卫检、动植检等领域业务骨干，提前进入工作场景，为国际邮件业务开展储备好专家队伍，提高工作效能和高质量发展水平。

撰稿人

王　英　王　京　刘静怡　杨新会　张　皓
崔一帆

鹿泉海关

【概况】2022年，鹿泉海关在石家庄海关党委正确领导下，以习近平新时代中国特色社会主义思想为指导，深入学习贯彻党的十九大精神和党的二十大精神，全面落实上级安排部署，统筹推进疫情防控和促外贸稳增长工作。全年实现税收入库30.42亿元，受理报关单18826票，其中进口967票，出口17859票。受理检验检疫出入境货物申报8547批次，签发各类检验检疫单证7907份。签发各类原产地证书21420份、同比增长123%，签证金额11.4亿美元、同比增长129%。受理报关单位注册1306家，变更995家，注销531家，办理出口食品生产企业备案21家。实施核查作业291起，其中定期管理类249起，风险类42起。办理关区内留学人员购买国产免税车手续94票，复核全关区业务156票。

【党建工作】2022年，鹿泉海关深入学习贯彻习近平新时代中国特色社会主义思想，坚决落实习近平总书记重要指示批示精神和党中央重大决策部署，认真落实打击“洋垃圾”、濒危物种及其制品走私工作要求，全面做好疫情防控、压缩通关时间等工作。发挥党委理论学习中心组示范引领作用，组织党委中心组（扩大）学习25次，利用“第一议题”学习12次，制订学习宣传贯彻党的二十大精神工作方案，明确时间节点和工作任务，加强宣传阵地建设，制作展板条幅12块。关党委围绕海关总署党委提出的“12个必”工作要求，聚焦38个“深入思考”课题，通过线下学习座谈、线上视频交流等方式开展专项研讨9次。积极发挥党建引领作用，以“集中＋自学”“线上＋线下”方

▲2022年7月1日，鹿泉海关组织党员干部到河北博物院开展主题党日活动（张超洋　摄）

式，全体党员干部结合个人岗位谈体会谈感悟，将学习党的二十大精神激发的政治热情转化为把守国门安全、服务经济发展的实际行动。各支部及时学习传达习近平总书记重要指示批示精神，贯彻落实党中央决策部署。持续夯实基层党组织建设，落实“三会一课”、主题党日等组织生活制度，各支部累计开展活动200余次。按季度开展党建考核，对于发现的问题立行立改，各支部建设制度化、规范化水平逐步提高。1个党支部升级为石家庄关区党建示范品牌，3个党支部被评为关区“四强”党支部。

【清廉海关建设】2022年，鹿泉海关以“严”的基调强化正风肃纪，深入开展中央八项规定精神落实情况自查，未发现不良情况。与党委派驻纪检组开展会商、风险联合研判2次，采纳工作建议2条。践行监督执纪“四种形态”特别是“第一种形态”，对苗头性、倾向性问题开展提醒谈话6次。深化纪法教育和警示教育，组织全员认真学习海关工作人员廉洁从政法律制度汇编，观看警示教育片2次，学习反面典型案例14个。开展捍卫“两个确立”、做到“两个维护”、强化政治机关建设专项教育活动及“学查改”专项工作。组织全员开展学习测试，撰写研讨材料72份。对照“没有离开政治的业务，也没有离开业务的政治”要求，围绕岗位职责，梳理出44个岗位92项政治要求、工作执行不到位产生的政治危害52项。对照“四个是否”全面排查短板和弱项，查摆原始问题17条。制定相应整改措施20项。对问题查摆和整改措施动态完善，边查边改、实时跟踪，逐一销号管理。

【干部队伍建设】2022年，鹿泉海关树立注重基层和实践的导向，大力选拔敢于负责、勇于担当、善于作为、实绩突出的干部。严格贯彻执行《党政领导干部选拔任用条例》，切实做到严格按原则办事、按制度办事、按程序办事。6月，鹿泉海关党委严格按照海关领导干部选拔任用工作实施细则、海关领导干部选拔任用纪实工作办法规定的原则、标准、程序选拔1名副科级领导干部。落实职务职级并行，用足用好政策，在职数范围内，及时开展职级晋升工作。年内开展2次职级晋升工作，晋升三级主办4名。开展“海关重点项目和财物管理以权谋私”专项整治等重点工作，注重完善工作机制、堵塞管理漏洞。组织涉及重点项目和财物管理领域的33名人员开展个人违规事项申报、逐一谈话、撰写专项整治个人剖析材料。结合巡察发现的问题，加强综合分析，举一反三，切实做到堵塞漏洞。加强窗口作风建设，用好海关政府服务“好差评”系统，主动评价率和好评率均达100%。认真落实石家庄海关教育培训工作部署，全员实现年度学时、学分达标。坚持严管与厚爱并重，督促干部职工严格遵守着装、考勤、外勤执法等工作纪律规定，未发生酒驾醉驾情事。强化出差出行管理，严格日常管理制度、会议制度、请销假制度等，深化准军事化纪律部队建设，开展内务规范强化月活动，全年内务规范突击检查12次。

【安全生产】2022年，鹿泉海关以“时时放心不下”的责任感和紧迫感，不折不扣抓好当前安全生产和风险防范工作，建立安全隐患排查和

▲2022 年 5 月 5 日，鹿泉海关组织升国旗仪式（张超洋 摄）

安全预防控制长效机制，严防各类生产安全事故发生。持续开展关区大检查和重点领域专项检查工作，建立安全生产内部管理制度。落实石家庄海关安全生产专项整治三年行动实施方案要求，以“安全生产月”为契机，落实“七个一”具体要求，加强对 9 个安全生产整治领域的自查检查工作，推动安全生产水平全面提升。重点做好石家庄国际陆港监管场所安全监管，加强与铁路等部门相互配合，严禁危险品、化工品等进入监管区域。每天进行视频监控检查，每周进行实地巡查，通过视频监控和实地巡查，确保监管场所内的各项经营活动平稳有序。实时监控终端设备安全运行状况，确保党的二十大召开期间等重要敏感时期网络安全运行。做好海关业务数据安全管理，利用 360 天擎系统对内网客户端进行扫描，确保业务网计算机操作系统安全。组织开展微信泄密专项整顿行动，全员签订保密承诺书，做好舆情监测。加强办公场所安全管理，法定节假日前开展安全大检查，及时消除安全隐患。严格进出境货物查验，规范工作流程，严守国门安全。合理依据岗位专业“双随机”安排查验人员，提高查验不合格检出率。按照相关文件要求完成外来有害生物监测工作、外来入侵物种普查工作、国门生物安全监测、出口动物源性食品安全风险监测、出口饲料和饲料添加剂安全风险监控及出境食品化妆品安全抽样检验和风险监测。全年，在 1 批次出口俄罗斯鲜梨中发现死虫，已按照规定要求企业返工整理；1 批次进境明胶标签不合格，已移交综合处置；2批进境皮张涉嫌擅自卸货，1批次红酒未经查验擅自销售，均已移交法制部门。

【营商环境】2022年，鹿泉海关将优化营商环境作为核心工作，进行专题研究部署6次。成立工作专班，主要负责人挂帅推动，根据石家庄海关发布的优化口岸营商环境10条措施和提升通关便利化水平18条措施任务清单，逐项细化分解，制定时间表、路线图，检查督导、定期反馈、分析研判，再部署、再落实，推动落地见效。保障产业链供应链畅通，建立科室联动配合机制，全面推广查验便利化措施，将海关查验作业嵌入到通关链条中，实现查验零延误，确保“一次申报、一次查验、一次放行”。对白名单企业开展“一对一”辅导，告知保通保畅举措及联系方式，协调解决企业通关问题3次。合理调配使用人员，主动与相关企业进行沟通，及时了解企业诉求，积极回应解决问题。落实减税降费措施，全年减免税款4836万元。推进便利化改革，充分利用智能化手段，实现“7×24小时”证书审签，保证企业产品在国外第一时间清关。签发RCEP原产地证1264份，享受进口国关税减免约70万美元。主动对接关区AEO企业，6家企业获得AEO认证证书。压缩整体通关时效，针对进口大宗散货通关时长问题，广泛深入调研，通过“一企一策”“一单一策”方式进行解决，12月份进口通关时长约为4.44小时。加强联系配合，积极对接地方政府部门，对照石家庄海关和石家庄市人民政府合作备忘录，拟订并落实4方面13条具体措施。开展调研与政策宣讲，与多个部门建立联席会议机制，加大海关外贸优惠政策宣导，推进保税监管场所设立，指导进境粮食指定口岸建设、扶持“一带一路”班列和地方重点行业。加强与石家庄市商务局、发改委、市场监管局等有关部门及区（县）政府协同配合，合力扶持重点项目和中小企业，营造良好营商环境。

▲2022年10月17日，鹿泉海关关员在报关大厅为企业签发原产地证书（戚仰来 摄）

【农食产品查验】2022年，鹿泉海关推进农食产品进出口，开通绿色通道，针对鲜活易腐农食产品，开展优先查检和“5+2”预约查检，为企业纾困解难。全年完成出口鲜梨业务2595批，货值11204.11万美元。严格控制检疫审批时长，保证2个工作日内完成，共完成进境动植物检疫许可证申请受理和初审1607票，开展出口鲜梨果园、加工厂换证、注册审核111次。严格进境皮张查验，规范工作流程，严守安全底线，采用“线上跟踪+线下快验”方式，全年共查验2025批次，货值6018.15万美元。

【**中欧班列业务**】2022年，鹿泉海关保障中欧班列业务，结合关区出台的关于促外贸保稳提质15条具体措施，主动对接地方政府、铁路部门和石家庄国际陆港进出口企业，积极发挥监管职能，优化监管作业流程，全天候、零等待预约查验。研究制定内陆铁路监管场所海关监管制度，完善监管模式，探索“铁路快通”通关新模式，实施通关模式自主选择，转关申报自动核放等便利化措施，提升通关效率。协助班列运营企业与国内产业区加强业务合作，有效促进产业和贸易互利，开辟14条国际线路，“京石欧”等中欧班列陆续首发。全年监管班列307列、集装箱25503标箱，同比分别增长44.81%、22.59%。

【**加工贸易集中审核**】2022年，鹿泉海关强化加工贸易集中审核，发挥服务保障作用，掌握企业困难需求，共解决疑难问题10起。强化业务法规学习、加大风险防控力度、规范执法操作。提出保税核查需求80次，制定完善加工贸易风险规则管理制度等文件，设立复核工作台账等规范，促进加工贸易产业健康发展。全年设立加工贸易手册898本，变更2129本，核销864本，征收保证

▲2022年6月11日，鹿泉海关关员在企业现场查验进口腰果仁（司云利　摄）

▲2022年9月26日，鹿泉海关关员查验出境班列货物（高文尧　摄）

金10740.23万元。电子化账册设立3家，变更211次，周期核销28次。

【综合治税】2022年，鹿泉海关加强海关税管政策宣传，将国家降低关税、进口环节增值税等惠企政策落实到位。深化综合治税，做到提前布局、定制服务、应收尽收，全面推广应用自报自缴、电子支付、汇总征税、关税保证保险等新型纳税方式，实现纳税无纸化，便利企业纳税。针对主要税源商品需要二次结算的情况，建立二次结算电子台账，对申报及结算及时催报、及时督促、补征税款及时入库。全年实现税收入库30.42亿元。

【商品检验】2022年，鹿泉海关完成进出境工业品属地查验436批，其中出口147批，进口289批。进口工业品主要为医疗器械、旧机电、农机、家具等；出口工业品主要为种子清洗生产线、钢铁粉末、高岭土、羽绒服等。开展出境特殊物品监管403批，货值5892.6万美元，主要商品为体外诊断试剂盒，人促红素注射液等产品，其中查验52批。完成7家生产销售出口特殊物品企业现场日常检查工作。

【法治建设】2022年，鹿泉海关落实普法责任制，开展“国家宪法日暨宪法宣传周”集中宣传活动，面向广大进出口企业宣传与海关工作密切相关的法律法规。组织全体关员参加全省干部宪法法律知识考试，参加石家庄海关首届“模拟法庭”展演活动，并参与钉钉“石关讲堂—石家庄海关‘模拟法庭’庭审”课程录制，以案释法，通过再现法庭审理过程，剖析海关行政诉讼案件。深入推进法治政府建设。执行海关总署、石家庄海关关于行政执法“三项制度”的操作指引，做好行政执法公示、行政执法全过程记录、重大执法决定法制审核等工作。落实海关总署、石家庄海关关于“国门利剑2022”“龙腾行动2022”等方面的部署，以食品、服饰、药品、皮革制品等为重点监管商品，加强对生产企业和出口区域、集散地日常监管。全年办理“两简”案件3起。与石家庄市市场监督管理局、石家庄市司法局、石家庄市行政审批制度改革工作领导小组办公室等部门密切配合，助力石家庄市国家知识产权强市建设示范城市建设等工作，获评河北省2022年度知识产权保护优秀集体。

【风险防范】2022年，鹿泉海关制定防范重大、系统性风险工作机制和任务分工，推动风险防控工作责任落实到位，做到“早发现、早报告、早处置”。针对涉税涉证、单证修撤等重点部位进行风险分析与防范，先后对禁限管理事项、归类合规申报等近40项内容进行清理自查，调阅核对5500余条业务数据并及时反馈情况。针对羊绒行业、水产行业等重点敏感行业企业进行风险分析与防范，并将科学分类分级结果应用于金关二期风险规则，进一步加强风险分析的实际应用。强化减免税业务后续管理，建立申请材料定期复查、疑难材料重点复查的减免税自查机制，杜绝多、漏、少征税款及单证缺失等情况。

【内控机制建设】2022年，鹿泉海关利用HLS 2017平台对相关业务领域进行核查并制发联系单62份，均已处置完毕。定期对“提示警示”“监控分析”模块开展排查，防范业务风险，应用“查验结果逻辑一致性分析、查验结果异常但查验处理意见放行警示”功能开展监控分析，提出改善相关操作建议。对执法科室内控工作成效开展调研，按照百名科长百日查制发问题整改要求，督促相关科室对疫情防控外勤人员个人防护情况开展月度自查。对3家企业的核查作业开展廉政回访工作，对业务科室外出执法就餐审批和票据情况进行检查，有效防范廉政风险发生。发挥专项督察作用，对“国门绿盾2022”行动落实情况等3项重点工作进行督察，推进各项重大决策部署落实。

撰稿人

王悦明

正定海关

【概况】2022年，正定海关坚决贯彻落实“疫情要防住、经济要稳住、发展要安全”的总要求，持续加强政治机关建设，强化政治理论武装，高标准、严要求开展捍卫“两个确立”、做到“两个维护”、强化政治机关建设专项教育活动，坚定不移走好“两个维护”第一方阵；持续强化全链条监管，全面贯彻落实总体国家安全观，落实安全生产各项措施，防范化解重大风险，严格进出口检验监管，切实提高海关监管效能，坚决守好国门安全；持续优化营商环境，主动对接地方政府，立足本职，从关区特色产业、重点业务和海关特殊监管区域入手，精准服务地方外向型经济发展；持续推进全面从严治党，强化作风纪律、党风廉政和干部队伍建设，深化“四强”党支部和党建品牌创建，提高基层党组织三化（标准化、规模化、科学化）水平，促进党建和业务深度融合；持续聚焦规范高效，建立健全内控机制，发挥技术支撑作用，提升机关运转效能，做好事业发展综合保障。

【党建工作】2022年，正定海关把学习贯彻习近平新时代中国特色社会主义思想和党的二十大精神作为首要政治任务，坚决落实“第一议题”制度和“第一时间”要求，充分发挥关党委的“头雁效应”、党总支的“聚合效应”和党支部的“带动效应”，组织党委理论学习中心组学习15次，全文学习党的二十大报告，学习习近平总书记重要讲话和重要指示批示精神80余篇，形成理论成果24篇。全关围绕“12个必”和“38个深入思考”开展专题大讨论，形成并提交理论文章10篇。开展捍卫“两个确立”、做到“两个维护”、强化政治机关建设专项教育活动，结合“学查改”专项工作，成立领导小组，建立报告总结、工作提示、阶段推进、定期督查4项机制，梳理政治要求54项，查摆问题15个，制定措施16条，全部完成整改。落实习近平总书记重要指示批示精神，全力服务京津冀协同发展，支持共建“一带一路”高质量发展，深入开展“国门利剑2022”“龙腾行动2022”“蓝天2022”等专项行动，开展进口再生金属专项稽查行动和“‘专精特新’企业知识产权海关保护宣传贯彻”等活动，推进各项专项行动落实落地，荣获河北省知识产权保护优秀集体荣誉称号。推进党建品牌创建，深化“强基提质工程”，全面打造“党建+”工作模式，创新形成“三四五”（以思想、目标、行动三统一为基础，聚焦政治建设、责任落实、业务融合、改革突破四个方面，全面提升政治意识、理想信念、履职能力、担当本领和准军建设五方面水平）、“三同步”（支部建设与业务管理同步、品牌建设与服务品质同步、廉政教育与监督管理同步）、“七・一”（业务发展改革以讲政治、聚热源、强队伍、炼作风、重关怀、树文化、守底线七个“融入式”理念，引领“业务发展改革”一个目标，实现党建与业务“双轮驱动”）等特色党建工作法，综合业务科党支部被石家庄海关授予党建示范品牌，综合保税区监管科技术科党支部、查检一科党支部、综合业务科党支部3个党支部被石家庄海关授予“四强”党支部荣誉称号。党委书记项目“‘12345’工作法探索加强基层党支部建设新路径”获评石家庄海关关区展示推广项目，支部书记讲党课获评石家庄海关“走好第一方阵，我为二十大作贡献”主题党课二等奖。完成党总支和9个支部换届选举，按季度开展评估考核，梳理整改问题18项。强化作风纪律建设、党风廉政建设和反腐败工作，抓好纠治“四风”和作风纪律专项整治，开展网络行为自查和窗口作风检查，严禁酒驾醉驾。开展网络行为自查和窗口作风检查，落实首问责任制、服务承诺制、一次性告知制、限时办结制，切实为企业解决问题。签订规范网络行为承诺书100份。落实中央八项规定，运用监督执纪“四种形态”，特别是“第一种形态”，开展提醒谈话4次。开展“海关重点项目和财物管理以权谋私”专项整治，组织31人开展个人违规事项申报，组织专项整治学习教育知识测试，高分通过率达100%，形成重点项目清单，排查问题及廉政风险3个。开展警示教育月活动，开展“五个一”系列活动，设立廉政知识讲堂和廉洁文化走廊，利用“冀语关情”微信公众号、党建专栏开展廉政宣传，营造浓厚廉政文化氛围，推动全面从严治党、从严治关向纵深发展。

【干部队伍建设】2022年，正定海关树立正确选人用人导向，选拔任用科级领导干部2人，晋升三级主办1人，配合石家庄海关晋升四级高级主办1人，调整交流科级领导干部9人，调整交流职级干部2人。持续推进青年文明号创建，组织青年理论学习小组集体学习16次，参加石家庄海关扣好廉洁从政

▲2022年4月26日，正定海关关员在报关现场宣讲知识产权相关政策（周俊伟　摄）

▲2022 年 4 月 25 日，正定海关组织全体关员开展队列训练，展现准军风采（张鹏举 摄）

“第一粒扣子”青年干部演讲比赛，并荣获优秀奖。以党建引领工建、以工建服务党建，关心关爱干部职工，组织全体关员参加“云上”运动会，被中共河北省直属机关工作委员会评为新时代职工之家建设表现突出单位。强化准军事化纪律部队建设，成立准军建设领导小组及内务督察小组，建立常态化内务督察机制，每月至少开展 2 次不定期内务规范检查，建立督察台账和问题清单，针对发现的问题完善制度规定，制定宿舍管理办法等规章制度，强化纪律约束，抓好日常作风养成。扎实开展内务规范强化月活动，组织全体干部职工观看海关内务规范示范片、对新版海关内务规范手册进行再学习，参加海关内务规范知识测试，集中开展队列训练，锻造“政治坚定、业务精通、令行禁止、担当奉献”的准军部队。

【风险防范】2022 年，正定海关聚焦防范和化解“7+21”项重大、系统性风险，制定防范化解海关重大、系统性风险任务分工，形成“主要领导亲自部署、分管领导阶段推进、各科室协调联动”工作模式，建立防范化解重大风险分析研判及防控协同机制和防范化解重大风险防控责任机制，明确关注重点，定期开展联合研判和防范化解重大风险防控情况自查，精准查找风险隐患和管理漏洞，细化处置措施，狠抓制度落实，坚决杜绝小事拖大、大事拖炸。

【安全生产】2022 年，正定海关制定安全生产工作要点，印发安全生产风险隐患信息“吹哨人”预警试行办法，组织全体干部职工（包括聘用人员、协管员）签订安全生产责任书98份，拟定安全生产大检查清单，开展全领域风险排查和“回头看”，动态更新“两个清单”，有效防范化解安全隐患，筑牢安全防线。落实“五级安全责任”，实行“五个四”工作法，严把进出口危险品检验关。开展暑期液体危险品安全风险排查、企业留样情况检查、危险货物包装“末端”抽查等一系列行动，形成“三位一体”全覆盖式的安全隐患排查长效机制，扎实开展“口岸危险品综合治理”百日专项行动，加大不合格查处及后续处置力度，约谈不合格企业15家，相关经验做法形成工作机制在全关区推广。对已取得资质人员25人次开展内部集中轮训，补充进出口危险品检验监管力量。全年共完成出境危险品及其包装检验11419批，查发不合格32批，全部按要求处置。

【国门生物安全】2022年，正定海关组织全体干部职工学习《中华人民共和国生物安全法》，成立生物安全工作领导小组，开展口岸外来入侵物种普查，制订普查实施方案和“国门绿盾2022”行动方案，全面开展动植物疫情和外来入侵物种普查4次，上报入侵物种5种，严密防范疫病疫情传入传出和外来物种入侵。组织召开宣讲座谈会，加大出口化肥标识、标签查验力度，加强对出口化肥不实申报的案件线索处置，不合格信息被海关总署进出口商品质量安全信息相关载体采用。对关区进出口食品、食用农产品、化妆品进行安全监督抽检和风险监测，严格进境生皮等非食用动物产品的检疫查验。

▲2022年10月21日，正定海关组织出口危险化学品现场检验突发事件应急演练（韩威　摄）

【强化后续监管】2022年，正定海关规范稽查工作流程，拓展贸易调查领域，自主办理“一简一快”案件15起；开展涉检涉危领域专项稽查，重点关注特殊业态，加强数据分析研判，充分利用主动披露，释放政策红利。共开展稽查作业29家，接受3家企业申请的主动披露作业。高质量做好报关单位备案工作，共完成报关单位备案263家，“多证合一”备案比率提升至98%。严格落实核查作业标准化要求，形成下厂前风险分析、下厂时精准核查、下厂后总结提炼“三步法”，加强与市场监管部门、现场监管科室的左右呼应，办结核查作业41家。

【综合治税】2022年，正定海关开展年度税收摸底调研，落实海关总署、石家庄海关属地纳税人管理工作部署，推进属地纳税人管理工作，建立属地企业管理底账和“双特”价格台账。每月编报统计月报，强化海关风险管理的子系统（以下简称“HF2020系统”）风险预警模块应用，开展技术性贸易措施调查，强化进出口监测预警信息报送，多维度分析关区“一带一路”进出口贸易动态，提交监测预警信息12篇。

【优化营商环境】2022年，正定海关立足本职、服务大局、靠前思考、主动作为，制定促进外贸保稳提质18条措施，关领导亲自带队下沉一线调研30余次，召开关政企座谈会10余次、政策宣讲会30余次，收集并解决问题12项。深化通关便利化改革，持续压缩通关时长，充分利用“提前申报”“两步申报”等措施，货到即查，有效降低企业成本。加大AEO认证培育力度，培育片区企业34家，关区拥有AEO认证企业2家。落实减税降费措施，联合石家庄市商务局开展“百场千企”RCEP宣介活动，共签发各类原产地证书1738份，签发RCEP证书175份，各类优惠原产地证书共为企业优惠关税608.41万美元。扶持特色产业发展，设立进出口鲜活易腐农食产品查检绿色通道，指导关区预制菜产品首次走出国门，助力河北省首批冰淇淋粉顺利出口牙买加。提供“一对一”精准帮扶，指导关区企业益生菌胶囊首次出口加拿大，助力化工品生产企业重回埃塞俄比亚市场。监管货物境内运输企业及车辆备案实现零的突破。

【内陆开放新高地】2022年，正定海关推动石家庄综合保税区高质量发展和辛集保税物流中心（B型）升级发展，制定石家庄综合保税区对外开放新目标，与石家庄市商务局、正定片区建立常态化协调联动工作机制。探索“生物医药知识产权全链条保护服务”创新举措，助推一般纳税人试点落地。帮助跨境电商企业及时完成产业园入驻和平台搭建，指导企业开展跨境电商9710业务，并依托综合保税区开展跨境电商网购保税业务，以9710业务模式出口货物累计3414票，货值超2亿美元。支持“一带一路”共建，探索落实京津冀国际海铁联运“一单到底”创新模式，保障石家庄综合保税区首趟陆空联运跨境卡车班列首发，共受理申报班列货物318箱次。石家庄综合保税区受理报关单总数4237票，征收税款1.07亿元。做好辛集进境肉类指定监管场地运营前准备工作，通过技术指导、现场指导、业务培训等方式，助推辛集进境肉类指定监管场地具备运营条件。辛集保税物流中心（B型）受理进出口报关483单票，征收税款2067万元。

▲2022年8月5日，正定海关关员参加石家庄外贸大讲堂活动（张垚　摄）

【信息宣传】2022年，正定海

▲2022 年 10 月 26 日，正定海关关员在石家庄综合保税区监管出区车辆（刘昆璟　摄）

关秉持“信息促工作，工作出信息”的工作理念，重视信息宣传工作，守牢舆论宣传主阵地。落实“主要负责人、分管关领导、各科室负责人”三级领导责任，形成“年初明确任务、月度进行通报、季度检查督促、年末考核总评”的动态管控、闭环管理体系，建立“信息联络员、三级审批、奖惩激励”三项制度，抓好“党建业务结合点、工作重点、时事热点、特色亮点”四个要点，深入挖掘素材，及时提炼总结，用足用好政务信息、新闻宣传、石家庄海关 12360 等多个平台，做好信息宣传工作，并在关区信息宣传交流会上做交流发言。注重政策研究，全年共发表政策研究文章 9 篇，其中《石家庄海关关于优化监管模式破解出口危险品属地安全监管难题的调研报告》获署长批示。

【科技支撑】2022 年，正定海关落实“技术人员实时紧盯、科长每日检查、关领导每周巡查”工作机制，做好四级网络安全事件演练，做好北京冬奥会、党的二十大等重要时间节点网络安全保障工作，确保各类网络及信息系统全年零事故。组织开展网络安全知识答题，做好四级网络安全事件演练，定期更换关键区域网络设备，强化对第三方运维公司运维人员管理，更新签订保密安全协议和安全保密承诺书。完成正定海关视频平台升级改造，降低视频监管故障发生率，有效提高监管效能。

【督察内控】2022 年，正定海关进一步完善内控工作领导机制，加强 HLS 2017 系统应用，制发监控核查联系单 61 份。创设“内控示范科室”，技术科被石家庄海关关评定为内控示范科室重点培育对象。根据石家庄海关督察项

▲2022年4月8日，正定海关关员开展穿脱防护服培训（谷君毅　摄）

目清单开展业务督察，主要涉及“国门绿盾2022”行动落实情况、进出口食品安全“四个最严”要求落实情况、税收政策及税收风险防控落实情况，深入开展审计自查自纠和迎审自查工作，并将督察和自查作为一种检验工作、提升自我的有效方式，不断完善制度体系、规范工作程序、提高工作效能。

【疫情防控】2022年，正定海关全面落实“外防输入、内防反弹”总策略，做好内部疫情防控和外勤安全防护，建立“三位一体”安全防护体系，制定“三个清单”，成立“挑毛病”专家组，形成排查整改闭环管理链条；落实“四早”要求，强化出差出行管理，建立健全各类台账，定期开展应急演练，严格落实各项制度规定，圆满完成了“百名科长百日督查”检查和海关总署、石家庄海关的各项检查。严格遵守封闭期间各项工作纪律，统筹抓好各项工作，保证业务正常开展。

撰稿人

郝皎洁

秦皇岛海关

【概况】2022年，秦皇岛海关深入学习贯彻党的十九大、十九届历次全会、党的二十大、二十届一中全会和习近平总书记系列重要讲话精神，全面贯彻落实海关总署、石家庄海关工作部署，强化监管优化服务，重点工作有序开展，改革任务稳步推进，促进了秦皇岛市外向型经济健康发展。全年，秦皇岛海关监管进出口总值65.22亿美元，监管货运量570.72万吨，共受理报关单28810份，税收入库32.04亿元；监管运输工具1047艘次，监管集装箱81647箱次，监管出入境人员15151人次，减免税款4328.1万元。1个党支部被授予全国海关党建培育品牌，2个党支部被授予关区党建培育品牌，5个党支部被评为关区“四强”党支部。

【党的建设】2022年，秦皇岛海关坚持政治引领，强化理论武装，把学习习近平新时代中国特色社会主义思想和党的十九大、二十大精神作为首要政治任务，坚持“第一议题”制度，自觉站在战略全局、政治大局上分析形势、推动工作。坚持党委理论学习中心组带头学系统学、党支部组织学深入学、党员干部自行学经常学。全年，党委理论学习中心组共开展集中学习24次，专题研讨4次。全年，各党支部通过“三会一课”、主题党日活动、“思想理论学用讲坛”、用好身边红色资源组织“体验式”参观、观看红色影片、组织红歌传唱等形式，引导全关党员干部以高度的政治自觉、思想自觉、行动自觉，开展集中学习400余次，主题党日活动300余次。

▲2022年7月13日，秦皇岛海关关员在堆场查验进口大豆（王立学　摄）

开展政治机关建设专项教育活动和“学查改”专项工作，制订专项教育活动实施方案，成立领导小组，明确任务清单15项，开展专题研讨24次。对照“四个是否存在”开展全员覆盖、全域查摆，梳理归纳后为4大类13条，制订整改方案，明确整改措施19条。各党支部围绕“疫情要防住、经济要稳住、发展要安全”组织开展专题研讨24次。举办“思想理论学用讲坛”专题研讨活动，引导干部职工正确认识“没有脱离业务的政治，也没有脱离政治的业务”这一辩证关系，切实把政治要求与岗位实际结合在一起。深化监督制约，推进“海关重点项目和财物管理以权谋私”专项整治工作，第一时间成立专项整治工作领导小组和综合组，明确职责分工，共组织召开调度会议8次，综合组专题会议11次，部署工作安排。集中观看警示教育片1次，开展知识测试1次、专题警示教育4次，讲授廉政党课26人次，形成专题调研报告1篇。梳理完善重点项目，形成5大类54项清单，整理8大类重点走访调研企业名单，排查填写问题和廉政风险清单；针对最终问题清单中涉及的13个问题，剖析原因，13个问题全部整改完成。

加强干部队伍建设，坚持好干部标准，强化重政治、重品行、重基层、重担当、重实绩的鲜明用人导向，注重从一线考察识别干部，为青年干部搭建成长平台。全年共提拔正科级领导干部5人，完成职级晋升13人次，推荐四级高级主办3人次。分批次完成35名高风险执法一线科长交流，有效防范廉政风险。做好处级领导干部个人有关事项报告填报工作和执法一线科长个人重大事项报告有关工作。注重运用监督执纪“四种形态”尤其是“第一种形态”，坚持问题导向，注重抓早抓小，全年开展提醒谈话6人次。坚持严管与厚爱结合，激励与约束并重，开展经常性谈心谈话，特别落实对封闭管理人员“五个一”，切实落实好关心关爱措施，巩固深化风清气正良好氛围。坚持“严”字当头，锻造准军事化纪律部队。扎实开展警示教育月活动，组织全体干部职工观看警示教育片，教育引导干部筑牢思想防线；制作树清廉家风创清廉家庭倡议书，推动家庭助廉。认真开展内务规范强化月活动，以“1+2+N”（1名关领导、2个牵头科室、其他科室）模式开展内务督察，突出随机看、重点查、互相比；发挥内务督察合力，坚持督察检查立行立改和通报挂账销号整改相结合，围绕准军建设开展课题研究，固化严禁酒驾醉驾、节前廉洁纪律提醒等制度，巩固深化准军建设长效机制。加强阵地建设，持续唱响红色主旋律。持续推进“强基提质工程”，开展“书记项目”研究，挖掘党建工作亮点，全年1个党支部被授予全国海关党建培育品牌，2个党支部经复核被授予为关区党建培育品牌，7个党支部获评关区“四强”党支部。组织开展“追寻革命烈士　弘扬民族精神”“弘扬伟大建党精神　坚定敢打必胜信念”主题党日活动，组织离退休干部代表完成“喜迎二十大　奋进新征程”海关总署线上文艺汇演节目录制。

【疫情防控】2022年，秦皇岛海关加强口岸卫生检疫，落实“三查三排一转运”，做好健康申明卡核验、体温监测、采样检测、移交转运、信息通报等工作，强化与地方相关部门的联防联控，做到无缝衔接、闭环管理。强化对出入境人员的传染病预防知识宣传和国际旅行健康咨询服务，监督做好运输工具生活垃圾、动植物性废弃物、泔水的无害化处理。做好“人、物、环境同防”，强化高风险非冷链集装箱货物、海关监管作业现场及人员封闭管理场所环境防控工作。全年，共检疫监管进出境船舶 669 艘次。完成进口高风险非冷链集装箱货物新冠病毒取样 6 批次，并按照布控指令对其中 5 票进行预防性消毒处理，检测结果均为阴性。按照布控指令和操作要求，做好高风险非冷链集装箱货物口岸环节新冠病毒检测和预防性消毒监督工作，制订环境防控监测方案，科学设置监测点位、调整监测频次、优化消毒措施、强化消毒工作，切实守住防控成果。动态调整内部防控管理制度，做好人员管理、出差出行审批、会议、办公场所、食堂就餐、日常监测、应急处置等各环节、各部位疫情防控工作，完善出差出行台账、核酸检测台账，建立会议信息台账、共同居住人台账、楼层分布和员工座位台账，确保各台账登记及时、清晰可查。

【口岸监管】2022 年，秦皇岛海关强化正面监管，推进风险信息管理，利用海风系统 HF2020 各个功能模块开展风险防控工作。规范开展先期机检和机检审图，强化 H986 智能审图应用。规范海关监管作业场所巡查及日常监督管理，防范场所违规存放危险化学品货物，督促场所经营人做好场所软硬件设施维护保养，推进完善场所信息化系统建设，提升视频监控、卡口等监管设施使用效能；完善场所堆存货物电子台账管理，加大货物进、出、转、存监管力度。强化现场物流监管，以船舶为条线建立货物装卸、堆存、运抵提离的监管台账，动态更新，确保底数清、状态明；常态化开展物流监控排查，根据物流节点现场查阅场所经营人调度日志、视频监控录像、结算单据信息，对比印证实货流转情况，强化实货监管。

【税收征管】2022 年，秦皇岛海关深化综合治税，做好税收调研工作，通过电话、微信与走访调研等多种形式，宣传海关各项业务改革的新举措、便捷通关的服务措施，挖掘税收潜力，加强审价补税工作，加大公式定价后期结算的审核力度，做好保证金征收退转工作，做到保证金应转尽转。妥善应对铜精矿“爆雷”事件，依法依规

▲2022 年 7 月 6 日，石家庄海关所属秦皇岛海关关员在新港湾集装箱堆场为集装箱施加封志（裴卫涛　摄）

催缴税款、处置货物，全面做好铜精矿价格结算、担保征收、税款催缴、税收保全和税收强制等工作，防范税收和监管风险。

【安全生产】2022 年，秦皇岛海关守住安全底线，发挥安全生产领导小组作用，督导全关安全生产工作的开展，坚持“逢会必谈安全”“管业务必须管安全”，全年共召开安全生产部署会议 10 次。严格落实安全生产“党政同责”“一岗双责”，层层落实责任。巩固提升安全生产专项整治三年行动，落实安全生产监督检查机制要求，查找各领域存在的安全生产工作制度漏洞和落实不到位的问题，发挥风险隐患信息“吹哨人”预警机制作用，建立问题清单，细化整改措施，明确整改时限，立账销号。强化重点业务环节、领域安全隐患排查。充分运用视频监控、联网核查、实地巡查、库存核对等方式，对海关监管作业场所实施有效监管。严格执行登临检疫安全防护和封闭管理各项规定，严格落实健康监测、两点一线、集中消毒等政策。强化办公场所安全管理，全面排查水、电，以及油、气等危险品的使用、保管，加强消防安全和车辆行驶安全管理，确保消防设备设施完备、车辆运行状况良好，防止安全事故发生。

【国门生物安全】2022 年，秦皇岛海关贯彻落实总体国家安全观，严守国门生物安全底线，开展“国门绿盾 2022”行动，制订国门生物安全监测方案，对关区检疫性实蝇、舞毒蛾、红火蚁外来杂草等外来有害生物开展监测工作。结合秦皇岛口岸进境粮谷接卸、运输、储存的实际情况和以往外来杂草监测结果，重点对港区、粮食运输铁路、公路沿线、关区进境粮谷加工厂、储存库及进口铁矿矿堆的周边地区进行监测，做好检查、鉴定、记录、诱剂更换等工作，防止外来有害生物传入及扩散，保护农业生产安全。做好口岸进境活牛的口岸查验及监督管理工作，全年共监管进境种牛 5 批次 10160 头、货值 2390.3 万美元。

【重要敏感产品检验监管】2022 年，秦皇岛海关落实食品安全“四个最严”，严把进口食品安全质量关。深入宣传贯彻进出口食品安全管理办法、进口食品境外生产企业注册管理规定，制定相关配套制度措施，加强进出口食品监督抽检、风险监测督导调研，督促食品企业严格落实食品安全主体责任，防范食品安全风险。全年安全监管进口食品及化妆品 91 批次，重量 72710 吨，货值 1.08 亿美元；监管出口食品 8118 批次，货重 38.16 万吨，货值 4.57 亿美元。加强对进出口危险品及其包装检验监管，提升一线监管人员业务能力，压紧压实危险品检验监管责任。全年共检验监管出口危险化学品（磷酸、煤油）12 批次、重量 4.04 万吨、货值 2982 万美元；进口 1 批（煤油）、重量 2.61 万吨、货值 2347.7 万美元，共计 13 批次、6.65 万吨、货值 5329.7 万美元；监管出口危险品（锂电池）包装使用鉴定 38 批次。

【卫生检疫】2022 年，秦皇岛海关加强对供船食品饮用水企业、公共场所、卫生处理企业的监督管理，推进口岸核心能力建设，完成体系文件更新，加强与地方卫生部门联动配合，巩固和提高口岸预防、控制以及应对公共卫生风险和突发公共卫生事件的能力。加强口岸及输入

▲2022 年 8 月 29 日，石家庄海关秦皇岛海关关员在关区开展外来入侵物种普查工作（王龙华　摄）

性病媒生物监测，共完成 53 次监测工作，捕获鼠、蚊、蝇、蜚蠊、蜱、蠓 6 类 14 种 6100 余只，首次在秦皇岛口岸采获长角血蜱，填补了秦皇岛口岸病媒生物的空白。牵头完成北京冬奥会张家口赛区场馆周边媒介监测任务。

【企业管理和稽查】2022 年，秦皇岛海关强化企业管理和后续监管，建立信用培育人员库，制订信用培育计划，选取关区 30 家企业，通过线上和线下多种方式开展守法规范性培育、普及性 AEO 认证培育 4 次，深入 2 家企业开展“一对一”重点 AEO 认证培育 2 次。执行核查作业“选、查、处”分离工作模式，明确“分类核查”管理模式和工作流程，统筹推进“多查合一”。疫情期间，采取远程视频连线、电子数据传输等形式完成远程验核检查、企业资料数据远程提交、法律文书网上送达等各作业环节的核查作业。全年核查作业查发数 64 起。

【查缉走私】2022 年，秦皇岛海关周密部署开展打击走私“国门利剑 2022”专项行动，加大对枪械、反宣品、黄赌毒等各类违禁物品的打击力度，分析走私的新形式、新手段，掌握情报线索，实施有效封堵，精准打击，将其拒之国门之外。全年共立案侦办刑事案件 10 起，行政立案 15 起、案值 1329.26 万元、涉税 24.28 万元，查获涉案枪支配件 50 件、猎枪子弹 6 发、步枪子弹 9 发、枪弹测速仪 1 个，铅弹模具 1 个、弩弓 1 把；查获溴替唑仑 18 粒（2.63 克）、羟基丁酸 3 瓶（6.6 克）、氯氮平 6 片（0.47 克）、助性药 2 瓶（无克数），联合地方公安机关查扣涉案冰毒 355.23 克；查证冰毒 537 克；查获淫秽书籍 74 本、反宣品 36418 册。

【促进外贸保稳提质】2022 年，秦皇岛海关落实石家庄海关关于促进外贸保稳提质的 15 条具体举措、石家庄海关《“打造一流口岸营商环境服务河北高水平对外开放”十条措施》，联合北戴河海关细化制定 16 条具体措施，建立服务企业长效机制，深入 16 家“中小微”“白名单”企业调研，搭建“企业直通车服务平台”，实现企业“问题清零”，实施“一企一策”帮扶。加快维持产业链运转关键物料的口岸通关速度，实施物流一体化监管，推进“联动接卸”监管模式，优化海关查验作业，提高非侵入式检查比例，扩大“智能审图”覆盖范围，缓解疏港压力，降低物流不畅对“双循环”的影响。以产业链龙头企业为重点，创新监管模式，对进境粮食、食品油、铜精矿、电子元件等企业生产急需的原料物资提前介入、随报随检、快验快放，实现货物进港、卸货、装运无缝衔接，确保产业链供应链稳定。开展促进跨境贸易便利化专项行动，巩固压缩整体通关时间、压减进出口环节单证工作成效，降低制度性交易成本。巩固完善口岸收费目录清单公示制度，强化口岸收费动态管理，做到清单之外无收费。推进“提前申报”“两步申报”“两段准入”等改革，探索进口货物“船边直提”、出口货物“抵港直装”作业模式。“7×24小时”预约通关，实时解答业务难题，确保企业“一次办理、一次办成”。加强进出口商品分类监管，完善“主动披露”制度和容错机制，推进港航物流单证无纸化电子化，节约企业时间成本。

▲2022年6月20日，秦皇岛海关关员在秦皇岛金海粮油工业有限公司调研（李鹏　摄）

【综合保障】2022年，秦皇岛海关强化重要事项、重大决策督查督办工作，将作决策、抓督查、保落实一体部署一体推进，形成决策、督办、落实的工作闭环。做好信息宣传工作，定期制定信息报送要点，严格信息报送纪律，发挥信息参谋辅政作用。抓好机关效能建设，提高办文办会办事水平，做好文电运转、值班值守、机要保密、信访维稳、政务公开等工作，做到文不过夜、事不隔天。做好财务保障工作，规范预算执行，加强预算绩效管理，严格执行“三公”经费预算，提高资金使用效益；严肃财经纪律，规范日常报销管理，排除财务管理风险隐患；建立防疫物资动态预警机制，强化防疫物资质量标准验收，确保物资充足、安全可靠；加强政府采购管理，建立招标代理、工程造价咨询、涉案财物拍卖代理单位资料库，认真履行政府采购程序。强化企事业单位管理，拓展企事业单位社会委托性服务，提高财务保障能力，参与秦皇岛口岸煤炭检测招投标工作，进一步稳定市场份额，鼓励秦皇岛海关煤炭检测技术中心开拓国内煤炭检测市场。推进内控机制建设，配合做好各类审计工作，落实各类专项督察，制发内部控制与监督子系统绩效考核管理办法，发挥内控平台的科技监控职能，开展数据监控分析。加强煤炭检测能力建设，深度参与煤炭检测国家标准和行业标准的制修订工作，强化国家标准物质研制，组织开展煤炭检测能力验证活动，涵盖13个检测项目，构建煤炭产供销全流程的技术交流平台，为国家煤炭检测事业发展提供技术支持。完成2021年度海关总署首批“揭榜挂帅”科研项目，联合相关单位研发船舶熏蒸处理智能可视化控制系统软件V1.0等3项软件系统，完善卫生检疫行业标准送审稿2项，在核心期刊发表论文3篇。

撰稿人

刘　雅

北戴河海关

【概况】2022年，北戴河海关深入学习贯彻落实党的十九届历次全会精神和党的二十大精神，不折不扣落实上级党委的重要部署和工作要求，对于石家庄海关布置的加强疫情防控、落实安全生产责任、推动综合保税区高质量发展、落实石家庄海关《“打造一流口岸营商环境服务河北高水平对外开放”十条措施》等重点工作，主动发力，推动各项工作见行动、出成效。全年，北戴河海关放行进出口报关单25812票；实征入库税款10348.8万元；受理进出口检验检疫业务3386票，出具检验检疫证书2373份、各类原产地证书3268份。秦皇岛综合保税区开展卡口核查21次，监管审批卡口核放单44723条。开展“3·15消费者权益日”“8·8海关法治宣传日”“蜂产品和葡萄酒安全周”“12·1世界艾滋病宣传日”“宪法宣传周”“国门生物安全进校园”等一系列科普活动，申报海关总署科研项目2项，发布国家标准1项、行业标准1项，在研标准制修订工作8项，授权发明专利6项，申请发明专利6项，发表科研论文23篇，SCI收录5篇，核心期刊收录11篇。顺利通过“实验室CNAS复评+扩项评审”以及检验检测机构资质认定（CMA）复查换证“二合一”质量管理体系评审，CNAS确认食品、食品添加剂、食品接触材料等15大类90个检测对象9466个参数的检测能力；CMA确认10大类77个检测对象9186个参数的检测能力。

【党建工作】2022年，北戴河海关深入开展捍卫“两个确立”、做到“两个维护”、强化政治机关建设专项教育活动，掀起学习贯彻党的二十大精神热潮，关党委指导制订并带头推进学习宣传贯彻实施方案，建立三级宣讲体系，关党委开展5次集中学习，84人次参加；组织党委理论学习中心组集中专题学习研讨10次；发布党支部学习重点9期，开展学习200余次，各党支部共组织集中学习研讨48次，406人次参加；以线上线下相结合的方式开展集中学习培训，组织临聘人员参加学习培训，向驻村干部发布学习提示6次；党委书记、机关党委书记、支部书记开展党课宣讲10次，149人次参加。结合属地疫情防控封闭或居家的情况，灵活开展其他形式的学习答题活动25次，249人次参加。列出各项业务、各个岗位的具体政治要求89项，查找政治机关建议专项教育4个方面12项问题，制定12条对

▲2022年6月29日，北戴河海关关员在秦皇岛市昌黎县李大钊革命活动纪念馆开展迎“七一”主题党日活动（王思骢 摄）

应的整改措施，并按期完成整改。

坚持民主集中制，落实“三重一大”事项集体决策制度。提高“三会一课”质量，抓实谈心谈话、民主评议党员，重温入党誓词，推动党员过“政治生日”工作。

【疫情防控】2022年，北戴河海关完善疫情常态化防控机制，及时调整相关疫情防控管理制度，融入属地疫情防控“一盘棋”，及时制订并启动应急处置预案，保障机关政务业务工作有序开展。统筹推进新冠病毒疫苗常态化健康有序接种。树立“停航不停学、停航不停练”的理念，做好一线关员的培训和学习，锚准关键环节、关键岗位，开展月度安全防护自查，不定期开展安全防护自查督查，组织开展各类督察7次、累计发现问题22个，提出建议1条，不断严措施、找差距、补短板，顺利通过海关总署两轮的疫情防控督察。

【党风廉政建设】2022年，北戴河海关党委会与石家庄海关党委第三派驻纪检组联合订立会商通报试行办法，每半年就本关全面从严治党主体责任落实情况进行会商。签订党风廉政建设责任书，领导班子落实重点事项监督自查报告制度，严格执行海关工作人员外出执法廉政监督办法。严格执行9个“一律不准”，组织开展典型案例学习，建立常态化廉政教育机制，发布关于中秋国庆节点纠“四风”树新风工作的通知及家庭助廉倡议书，组织8名新提任领导干部参加领导干部任职前廉政法规制度考试，按要求开展任前集体谈话。狠抓纪律作风建设，发布北戴河海关整治突出问题强化纪律作风建设细化措施，开展“两个自查”，签署规范网络行为承诺书151份。开展“海关重点项目和财物管理以权谋私”专项整治工作，开展个人违规事项申报62人，组织撰写专项整治个人剖析材料62份；配合派驻纪检组调研企业9家，引导离退休干部参与填写问卷51份；梳理北戴河海关专项整治问题及廉政风险清单30项；梳理完善财务管理、采购、固定资产管理、内务督察相关制度6项。

【队伍管理】2022年，北戴河海关坚持正确用人导向，严格执行《党政领导干部选拔任用工作条例》及各项配套制度和措施，在干部选拔任用上坚持贯彻民主集中制，按照德才兼备的标准培养、选拔、使用干部，全面准确地按照革命化、年轻化、知识化、专业化的要求，建设高素质海关干部队伍。年内提拔副科级领导干部8人，晋升职级10人。严格执行北戴河海关内务督查细则，建立纪律作风建设长效机制，每月开展内务督察，从着装、考勤、办公环境、请销假管理等各方面不断加强日常纪律作风养成，让铁的纪律和良好作风成为日常习惯和自觉遵循。

【“强基提质工程”】2022年，北戴河海关全面加强基层支部党建工作，关党委定期听取基层党支部汇报，注重统筹推进，将重点工作主动融入“双提升”行动，突出强化党支部的政治功能和组织功能，持续推进“强基提质工程”。18个党支部按期完成换届选举，1个党支部通过石家庄海关培育品牌复核，5个党支部获评关区“四强”党支部，2个党支部、1名党员、1名党务工作者获关区“两优一先”表彰，向石家庄海关推报“书记项目”2个。扎实开展支部书记抓党建述职评议考核工作，抓实抓细党支部党建考核工作，召开专题会议研究部署，成立4个考核组，定期开展考核，抓实问题整改。

【严守国门安全】2022年，北戴河海关开展“国门绿盾2022”“国门守护”等专项行动，顺利完成外来有害生物监测、出口动物源性食品安全风险监测等工作。开展国门生物安全监测，完成35个监测点监测工作，组织国门生物安全实践活动61次，249人次参与。做好重大动物传染病防控工作，全年检疫进口澳大利亚和新西兰2批次共10329头种牛，货值2390万美元，对实验室检出阳性牛依法监督实施扑杀和无害化处理。强化进出口农食品、进口冷链食品监管、出口危险化学品等重点敏感商品检验监管，依布控指令现场查验289次。

【企业管理】2022年，北戴河海关简化出口食品原料种植场和出口食品生产企业备案手续，压缩出口食品生产企业备案办理时限。对32家出口水产品备案企业（养殖场）开展安全生产检查。筛选信用培育对象27家，举办信用宣讲会及线上宣讲11次，成功培育1家企业成为高级认证企业。帮扶企业信用修复、规范内部管理。推进合作共治，与地方相关部门建立食品安全、动植物疫情疫病、危险化学品安全的联防联控机制，实现“海关+地方”双联防控的有效监管防控网。统筹规范完成稽（核）查工作及全员打私工作，接收核查指令104起，作业按时办结率为100%，规范整

▲2022年9月13日，北戴河海关关员在秦皇岛市青龙县对板栗出口货物基地开展普查调查（李阳　摄）

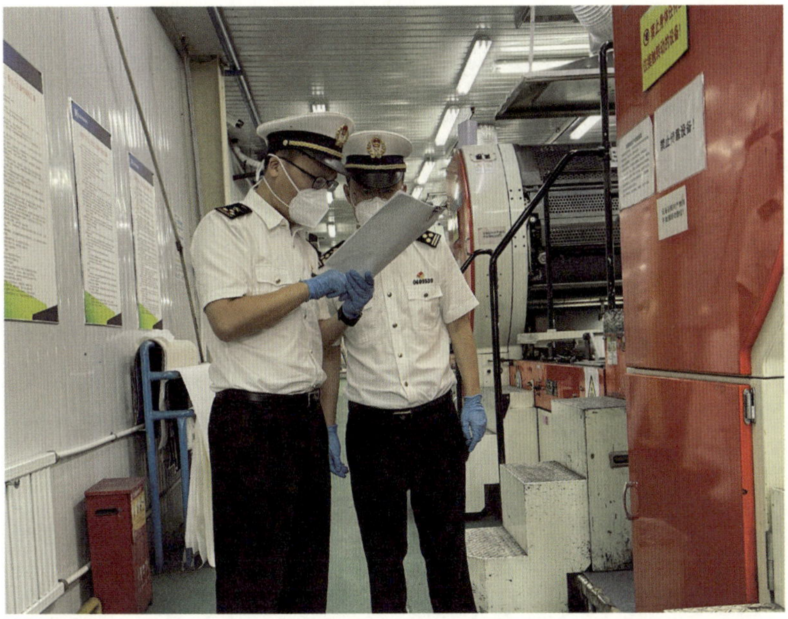
▲2022 年 7 月 21 日，北戴河海关关员在粤海中粤（秦皇岛）马口铁工业有限公司加工车间稽查该企业减免税设备（李晓春　摄）

改 79 起。完成石家庄关区首家法检目录外抽样核查工作，对发现的问题责令整改。办结稽查作业 25 起。向秦皇岛海关缉私分局移交 1 起涉及漏报特许权使用费案件，追征税款及滞纳金共 252.25 万元。全年立案 3 条，办理简易程序和快办案件 15 件。

【安全生产】2022 年，北戴河海关深入贯彻习近平总书记关于“管行业必须管安全、管业务必须管安全、管生产经营必须管安全”等一系列重要指示批示精神，落实党中央、国务院关于“疫情要防住、经济要稳住、发展要安全”的明确要求和关于安全生产决策部署，结合石家庄海关安全生产专项整治三年行动实施方案要求，扎实推进北戴河海关安全生产工作。开展安全生产大检查和“危险品口岸综合治理”百日专项行动，紧紧围绕海关在安全生产方面的 4 项职责，精准拆弹。聚焦 10 个重点领域发现的突出问题、薄弱环节、明显短板，有针对性开展“回头看”工作。根据工作需要及时调整安全生产工作领导小组和专项工作组成员，确保不发生重大、系统性风险，坚决守住守牢安全底线。

【综合保税区管理】2022 年，北戴河海关助推秦皇岛综合保税区的建设和发展，加强与地方政府协作，助力地方外向型经济发展，围绕秦皇岛综合保税区建设与发展，推进与秦皇岛经济技术开发区管理委员会签订合作备忘录。配合地方政府招商引资，稳步推进跨境电商业务发展，推动委托加工、仓储分类监管、一般纳税人资格等新业态推广应用，就推进秦皇岛综合保税区在高水平开放中充分发挥开放高地作用进行分析研究并呈报秦皇岛市地方政府，得到地方政府高度重视与肯定。

【优化营商环境】2022 年，北戴河海关巩固压缩整体通关时间工作成效，优化进出口货物通关模式，充分尊重企业意愿，进一步推广“提前申报”“两步申报”通关模式，完善通关配套系统，指导企业灵活叠加运用“两段准入”等便利化通关模式。帮助企业全面掌握并充分利用 RCEP 原产地规则及关税减让成果，组织召开北戴河海关关区“助企促贸”座谈会 3 场次，开展线上宣讲参加企业人数共 81 人次，指导企业充分享受政策红利。加大对新兴业态、县域经济和中小企业的帮扶力度，持续推动促外贸保稳提质各项工

▲2022年7月4日，北戴河海关关员在秦皇岛综合保税区现场查验铝合金汽车轮毂（王刚　摄）

作措施落到实处。

【科技引领支撑】2022年，北戴河海关围绕智慧海关建设，联合相关单位共同开展“进口散装粮食智能查验和智慧检疫创新方法研究”，解决进口粮食查检工作人员安全风险高、检测时效低、通关时间长的缺点，提升海关监管效能，促进大宗散粮快速通关，帮助企业实现提质增效。

为多地输欧水产品、蜂产品、肠衣等样品进行硝呋索尔代谢物检测，为动物源性食品生产加工企业快速、顺利通关保驾护航。

【督察内控】2022年，北戴河海关聚焦重大决策部署落实开展跟踪督察，开展署级、关区级、本级督察项目7项。组织开展海关事业单位所属企业脱钩和转让产权专项审计工作及督察审计自查工作。开展领导干部经济责任审计决定中发现问题的整改工作。深化内控机制建设，推进新海廉内控平台的应用，筑牢海关“三大风险”防火墙。

撰稿人

王思骢　田　宇　刘淑平　李　波　宋英俊
张　滨　张　璐　张建江　颜　利

唐山海关

【概况】2022年，唐山海关以习近平新时代中国特色社会主义思想为指导，全面贯彻落实党的二十大精神，在石家庄海关党委的领导下，扎实有效开展各项工作。年内接受企业申报报关单395票，通关作业无纸化率为100%；征收税款0.63亿元，进出口贸易总值1.64亿元。签发原产地证9125份，金额8.05亿美元。办理减免税证明48份，减免税款1392万元。开展“一个窗口”审批事项12项，办理留学生回国购车21人次。办理企业备案309家、变更309家、注销120家。开展核查作业169次，常规稽查28家。截至2022年年底，关区企业备案总数3650家，其中高级认证企业11家，一般认证企业23家，失信企业4家。

【党建工作】2022年，唐山海关讲政治铸忠诚，坚定拥护“两个确立”，坚决做到“两个维护”，落实全面从严治党各项部署。加强党建基础性建设，以“四强”党支部为抓手，推进模范机关创建工作，对在党建工作中表现突出的2个基层党支部和13名党员进行表彰；以落实“三会一课”等基本组织制度为抓手，推动全面从严治党覆盖每个支部、每名党员；推进支部品牌创建工作，1个支部通过石家庄海关党建示范品牌复核，1个支部被石家庄海关评为党建培育品牌。学习宣传贯彻党的二十大精神，制发唐山海关党的二十大精神学习专刊4期，组织党委理论学习中心组集中学习党的二十大精神6次。开展捍卫“两个确立”、做到“两个维护”、强化政治机关建设专项教育活动，领会梳理政治内涵和要求，梳理列

▲2022年8月24日，唐山海关在唐山市廉政展馆开展警示教育活动（赵延宗 摄）

明28项业务、32个岗位具体政治要求51条，对照“四个是否”全面排查短板和弱项，结合巡视巡察、审计、年度组织生活会整改内容横向梳理，采取“自下而上”和“自上而下”相结合方式纵向排查，为整改找准发力点。巩固拓展党史学习教育成果，制定推动党史学习教育常态化长效化工作安排，确定具体任务28项，把党史作为必修课、常修课，不断提升政治能力。全年，唐山海关全面推进政治建设、思想建设、作风建设、纪律建设、廉政建设，深入推进反腐败斗争。强化对“一把手”和领导班子监督，落实全面从严治党主体责任清单，开展提醒谈话17人次。做好“现场监管与外勤执法权力寻租”专项整治“回头看”，做到执法领域和非执法领域全覆盖，自查阶段发现的问题和对照自查问题全部整改完成。开展“海关重点项目和财物管理以权谋私”专项整治工作，制订专项整治工作方案，细化责任分工，明确监督检查重点及方式步骤。组织43名相关人员撰写个人剖析材料，召开逐一谈话工作研讨会，对43名个人事项申报人员开展逐一谈话。引导离退休干部参与专项整治工作，23名老干部参与问卷调查。

【干部队伍建设】2022年，唐山海关以培训为抓手推动全员素质提升，大力加强准军事化纪律部队建设，不断推动精神文明创建工作，提升队伍的凝聚力和战斗力。围绕安全生产和业务能力提升两个重点开展教育培训工作。强化人员资质管理和培训，组织危险化学品包装查验资质培训和考核工作。开展党务干部岗位练兵活动，通过“三会一课”、主题党日、个人自学、“钉钉”平台考试等方式，实时检验学习效果。推动精神文明创建，开展常态化志愿服务活动，探望唐山市截瘫疗养院结对帮扶老人，开展卫生清扫志愿服务、网络文明宣传员、疫情防控志愿服务等活动；做好驻村帮扶，选派“第一书记”到张家口驻村帮扶，签订联学共建协议。唐山海关学雷锋志愿服务队被共青团河北省委授予河北省青年志愿者“优秀组织奖”荣誉称号。抓好纪律作风建设，强化内务规范和纪律作风养成，开展现场突击检查8次、视频监控检查24次，实施“见人见事见责任”通报。加强和改进思想政治工作，开展经常性纪律教育，通过跟班作业、谈心谈话、工作提示提醒等方式，做到严在平常、抓在日常。开展处级领导干部、科级领导干部及相应职级干部配偶、子女及其配偶从业情况自查，未发现问题。做好领导干部个人有关事项工作集中填报、执法一线科长个人有关事项报告工作。分类落实老干部健康体检政策，合理优化体检项目；建立异地干部慰问机制，同秦皇岛海关沟通联系建立配合机制，在传统节假日做好帮扶慰问工作。加强同老干部居住社区的沟通联系，号召老干部参与社区精神文化生活，为退休老干部订购书籍、报刊、杂志等，丰富老干部精神食粮。

【法治建设】2022年，唐山海关持续推进法治建设，打造特色法治文化阵地，为事业发展提供法治保障。开展《中华人民共和国宪法》《中华人民共和国民法典》《中华人民共和国海关法》宣传日、“全国知识产权宣传周”等活动，推动落实“谁执法谁普法”责任制，将执法与普法紧密联系在一起，对企业进行“一对一”精准普法，与惠达、松下等知名企业联系，引导企业开展知识产权海关备案，增强企业的知识产权创造、保护能力。开展查验送法、报关送法、下厂送法的知识产权“三送法”活动，向企业分发宣传材料200余份。组织执法人员、公职律师观看网上庭审活动，通过“模拟法庭”再现海关行政诉讼案件。

【业务改革与发展】2022年，唐山海关深化业务改革创新，优化口岸营商环境，推进各项贸易便利化措施，全力落实海关惠企政策，激发外贸活力。优化通关流程，提升通关效率；加强通关时效监控，将压缩整体通关时间成效稳固在合理区间；聚焦重点商品的进出口合规时间，做好指导、通报工作。全年，进口通关时长保持在6小时左右，优于关区和京津平均水平。推广深化“两步申报”改革，继续提高应用比率，推动“两步申报”上量，注重跟踪问效，及时跟踪“两步申报”改革应用情况。落实RCEP原产地规则和关税减让措施，对关区内企业开展精准帮扶工作，引导进出口企业应享尽享RCEP关税减让政策红利；推广原产地证书自助打印和智能审核模式，实现企业“足不出户”“秒签”出证，降低企业签证成本。推动钢材类加工贸易发展，向企业宣传加工贸易禁止类目录调整政策；做好与集中审核中心的联系配合，快速办理风险保证金收取等工作，助力钢材类加工贸易开展。全年，为关区17家加工贸易企业提供30多次业务咨询和指导，及时办理集中审核外的各项业务工作。其中，新增钢材类加工贸易企业3家，新增备案手册7本，办理手册保证金9票，备案进口料件总值6523.91万美元，备案出口成品总值7124.10万美元。

【税收征管】2022年，唐山海关提升税收征管工作质量，组织开展关区重点税源企业税收摸底调研工作，税收入库0.58亿。加强属地纳税人管理，强化属地企业自报自缴、合规申报管理。扩大属地纳税人底账适用范围，开展属地企业规范申报审核，推动高级认证企业“两步申报”免担保落地实施。强化主要税源商品价格管理，担保处置及时率、验估指令反馈及时率、减免税审核确认结果正确率、原产地证签证准确率力争达到100%。办理减免税项目4个，出具减免税审核确认通知书41份，审批货值17130.7万元，减免税款1265.6万元。

【国门安全】2022年，唐山海关履行把好国门职责，强化监管优化服务，维护国门安全。设置检疫性实蝇监测点6个，对关区内4家粮库及2

▲2022年6月9日，唐山海关关员对钢产品样品进行封装（孟祥飞　摄）

家进境粮食加工厂周边及运输路线附近开展外来杂草普查工作。开展进出口食品化妆品监督监测计划，共抽批抽中73批次，其中取样送检食品27批次，未发现异常。完成2批共11197头进境新西兰种牛的隔离检疫工作任务，检出国家二类传染病牛副结核病5头，阳性检出率为0.045%，阳性动物按照要求进行无害化处理。完成出口食用农产品安全风险监测工作，抽取水生动物风险监测样品14个，抽取动物源性食品残留监控样品31个，按照国门生物安全监督抽检计划抽取水生动物疫病监测样本7个，按照出口禽肉备案养殖场监督管理要求采集7个备案养殖场210个样品开展禽流感和新城疫检测，按照出口禽肉微生物企业监控计划抽取7份35个样品开展微生物检测，均未检出不合格项。

▲2022年11月3日，唐山海关关员开展活河鲀鱼出口查检工作 （郭凯 摄）

【安全生产】2022年，唐山海关强化安全生产工作，制定年度安全生产工作要点和责任分工，组织全员签订安全生产责任书162份。开展“安全生产月活指定动”，制定安全生产风险隐患信息“吹哨人”预警办法。经过多轮次、全方位的自查、抽查、督查，共发现问题5类、12条，年内整改完成11条，制定防范、完善类措施4条。加强危险化学品监管工作，对关区所有出口危险化学品及危险货物的生产企业进行资质验证，提醒证件将到期的企业及时更换；规范企业档案管理，建立“一企一档”。与唐山市应急管理局建立联络机制，及时通报重大安全隐患及企业资质问题；严格落实出口危险化学品及其包装“产地检验、口岸查验”检验监管模式要求。建立应急预案并进行演练，定期开展内部管理、企业安全隐患、样品留存等检查；建立“操作细则—业务速查单—业务流程纸”相配合的工作机制。

【政策研究与统计】2022年，唐山海关完成海关总署跨境电商统计试点调查等6项调研工作，协助石家庄海关开展数据研究工作，撰写河北对美贸易监测分析报告1篇，调整并确认6家企业入选中国出口先导指数企业。优化技术性贸易措施影响调查和信息咨询服务工作，指导帮助企业有效应对国外限制性措施、及时调整经营策略。加强信息预警，定期汇总发布境外技术性贸易政策信息；根据石家庄海关下发的抽样调查对象，对关区涉及的49家企业开展国外技术型贸易措施影响调查统计。

【企业管理与稽查】2022年，唐山海关牢固树立稽查“以查发问题为导向”的新理念，进一步优化稽查工作机制。全年新开稽查作业27起，新开主动披露作业14起，新开贸易调查作业13起。建立与缉私部门的常态化沟通协调机制，提前介入重大复杂稽查事项，联合开展行动，提高稽查部门移交立案率，提升全员打私合力，与缉私局提前介入联合办案2家，1家已移交。稳步推进核查工作，强化海关后续监管，共开展风险类核查6家，实施定期管理类核查39家。开展AEO企业认证精准培育，推进落实信用差别化管理措施，共有重点认证培育企业5家，认证员2人。按照培育计划，对其中2家企业开展线下信用培育。审核3家出口竹木草企业、2家出口木包装企业、3家进口粮食仓储库，发现不符合项9个，监督企业整改。进口粮食储备品种在大豆的基础上增加了玉米，储存能力由9.01万吨扩容到19.06万吨，提高了111.5%。助推市场采购贸易发展，协助唐山市商务局、开平区政府开展唐山国际商贸交易中心申报工作，为唐山国际商贸交易中心前期海关监管场所规划建设等提供政策咨询服务支持。10月28日，该中心发往韩国的卫生陶瓷产品顺利通关，标志着以市场采购贸易方式出口的外贸新业态在唐山正式启动。

▲2022年6月24日，唐山海关关员在唐山中红三融畜禽有限公司进行动物源性食品安全监控抽检（邹宏 摄）

【查缉走私】2022年，唐山海关严厉打击“洋垃圾”走私，象牙等濒危物种及其制品走私，防疫物资、疫苗非法出境，“水客”走私，重点涉税商品、涉枪涉毒、农产品等走私。打私与业务工作同部署，加强涉税、涉证风险分析工作，密切关注涉税、涉证、涉原产地等走私违法线索。行政立案21起，案值1058.56万元，行政结案22起，行政结案涉税49.72万元；刑事立案5起，移送审查起诉案件3起，完成协查23起。破获多起涉枪涉弹案件，查获疑似仿美国“秃鹰”气步枪一支、铅弹980余发、制铅弹模具3套，疑似枪支配件66件，协助二连浩特海关缉私分局查获疑似枪支8支。查扣国家第二类精神管制药品氯巴占100粒，查获疑似含有唑吡坦成分的精神药品19.5片。查获疑似淫秽书籍723本。查获1起某公司涉嫌以伪报跨境电商虚假刷单方式走私奶粉 13800 罐，涉嫌偷逃税款 26.3 万元；集中销毁涉案淫秽漫画书 2218 本、画册 16 本、光盘 6 张。

【综合保障】2022 年，唐山海关狠抓机关作风建设，提高办文办会办事水平。加强调查研究，提升信息报送质效，加大新闻正面宣传力度，树立海关良好形象。做好值班应急、机要保密、档案管理、政务公开等工作。累计收发各类文件 5000 余件，在石家庄海关关于公文错情的通报中，未发生错情情事。全年共报送政务信息 232 条，被石家庄海关采用 83 条。收发密文 690 件，未发生问题。完成督办提醒台账 495 项，制发本关督查单 21 个，做到关领导批示、会议提出的重点工作及要求 100% 转督查，100% 办结。实施统分结合、分类保障预算机制，加快预算执行。推动事业单位合法合规经营，明确收入目标增强创收能力。健全“过紧日子”长效机制，提升各类资产使用效率，进一步规范政府采购、公务用车、涉案财物等领域管理，大力创建绿色机关和“节约型机关”。

【科技发展】2022 年，唐山海关提升网络安全水平，提升科技工作水平，接受 CNAS 委派评审组的远程评审，评审专家组对实验室 9 个领域 63 类项目的 1083 个项目进行评审和考核，最终评审专家组认为实验室质量管理体系运行有效，人员能力、资源配置、实验室能力确认等方面均符合认可准则的要求，对实验室 1030 个检测参数予以认可，推荐 7 名授权签字人。制订实验室能力验证计划、内部质控计划、仪器设备期间核查计划、仪器设备检定校准等工作，参加能力验证 36 次。

【内控审计】2022 年，唐山海关加强内控审计工作，依托新海廉系统，完成 2021 年第四季度和 2022 年第一季度的自查自控，核查范围覆盖监控分析模块项下的疫情防控、通关及监管证件管理、税收征管、检验和检疫、监管、行邮、保税业务、企业管理、缉私、进出口食品安全、商品检验、跨境电商、统计分析 13 个大项，共计 188 个小项。新海廉系统警示风险移出率、警示风险审核率均为 100%，处置联系单 40 个，处置异常数据量 370，有处置异常数据效数 282，处置异常数据有效率为 76.22%。开展督审自查工作，制订专项审计自查自纠工作方案，成立专项审计检查小组，通过新海廉系统数据筛选、查询查检部门的查管系统、稽核查业务相关系

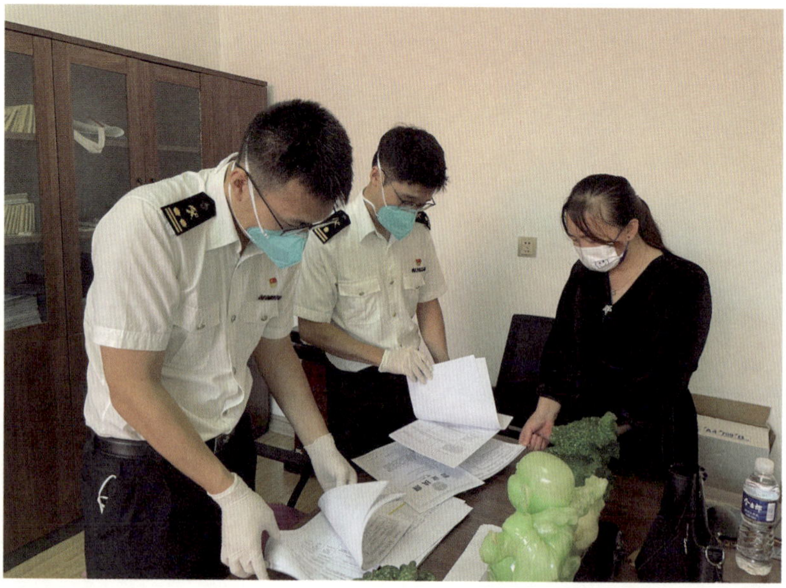

▲2022 年 9 月 15 日，唐山海关关员在玉田县柏宏床垫制造有限公司进行贸易调查（薛凯文 摄）

统、翻阅相关单证及现场核查等方式，提取稽（核）查业务记录430条、报关单数据62份、查验派单记录179条、查验布控指令21批，实地核实稽（核）查档案资料15组、翻阅财务凭单68份，查阅文件、会议资料等若干份。经过两轮自查，提出需进一步规范的细节问题两大项、五小点。

撰稿人

赵延宗　郭璐妍　潘　静

曹妃甸海关

【概况】2022年，曹妃甸海关以党的政治建设为统领，以习近平总书记重要指示批示精神为行动号令，聚焦“铸忠诚、担使命、守国门、促发展、齐奋斗”方针，锚定“政治强、业务精、作风优”目标，统筹发展和安全，强化监管优化服务，巩固拓展口岸疫情防控和促进外贸稳增长成效。全年，税收入库227.39亿元、代征船舶吨税1.83亿元，进出口报关单5210票；监管进出境船舶2994艘次，监管货运量1.4亿吨，其中进口铁矿8887.03万吨、煤炭1423.08万吨、原油1072万吨、天然气402.94万吨、木材62.27万方；监管集装箱1286标箱、货运量1.21万吨；备案企业1013家、新增备案企业217家；规范办理“两简”案件18起、移交3起案件线索。

【党的建设】2022年，曹妃甸海关将学习宣传贯彻党的二十大精神作为首要政治任务，坚持“线上线下发力学、多元形式广泛讲、拓宽平台载体践、强化政治意识悟”协同推进，设置学习展板、编印学习活页、发布学习提示，迅速掀起学习热潮。构建党委、机关党委、支部“三位一体”学习机制，在坚持党委“第一议题”基础上，建立理论学习中心组（扩大）学习常态化、机关党委委员分包业务相近支部联合学习常态化、支部（科室）“第一题”常态化三项机制，形成“抓龙头”“纵到底”“横到边”“广托底”学习体系，推动“第一议题”制度在基层全面扎根。立足“12个必”“38个深入思考”，围绕“六个带头”“六讲六重”，大兴调研之风，以统筹正面监管和防范风险为主线，党委班子成员牵头成立6个工作组和2个工作专班，形成高质量调研报告20篇。

倡导“一支部、一品牌”理念，构建以党委为轴心，全国、石家庄关区党建品牌为动轮，全关21个党建品牌为传送带的品牌矩阵，持续建强堡垒、做强功能。以实训教学点建设为契机，建强机关党员活动室，挖掘党建师资队伍，创新实训形式载体，打造党建工作特色样板。落地3个“书记项目”，联系业务实际调研攻坚，破解改革发展难题。开展联创共建，与海事、首钢等单位签订7份共建协议，促进内外资源共享、优势互补。完善先进典型推报、复核、评选制度，1人获评全国海关系统“党务之星”，实现石家庄海关关区在该项荣誉上零的突破；2个集体、2个人获评关区“两优一先”。

开展“海关重点项目和

财物管理以权谋私”专项整治行动，在2个办公现场、4个业务现场张贴举报信息海报12张、放置举报箱7个，组织9名退休老干部填写问卷调查，构建“横向到边、纵向到底、全域覆盖”监督网络。抓实个人申报、谈心谈话、项目自查等“规定动作”，上报个人申报材料63份、重点项目60个；与63名同志开展“二对一”谈心谈话，抽取14家重点项目清单企业进行调研；查找风险项7个，形成一级抓一级、层层抓落实的压力传导局面。坚持以准军建设为依托，落实中央八项规定精神一以贯之，纠治“四风”较真碰硬，涵养生态久久为功，树正气、遏邪气、易俗气，队伍整体精神面貌、政治生态明显好转。

【疫情防控】2022年，曹妃甸海关坚持“多病共防”“人、物、环境同防”，落实风险预警动态评估机制，防范疫情叠加输入风险，全年编发预警评估报告、专项风险评估报告15期（篇）。创新实施“检疫鉴定初筛一体化”一次登临模式。协调配备12个检疫方舱，“智慧赋能”解决口岸检疫环境恶劣、防护屏障不足难题。用好“外勤组、隔离组、调休组”3张明白卡，建立“指挥部+专家组+监督员”三级监督机制，完善“现场巡查+远程督查+重点检查”立体监督模式，发挥本级监控指挥中心远程督导作用，延伸对个人防护、医废处置等的“抵近”督导全覆盖。持续推进培训演练，健全“岗前、随机、班组”培训制度，创新开展“盲式演练+考核”。全年组织培训演练48次、考核15次，共计609人次。优化调整疫情内部防控措施，细化办公场所、会议培训、食堂就餐等常态化防控措施，完善内部人员感染应急处置预案，开展应急处置演练，储备、发放口罩等应急物资。

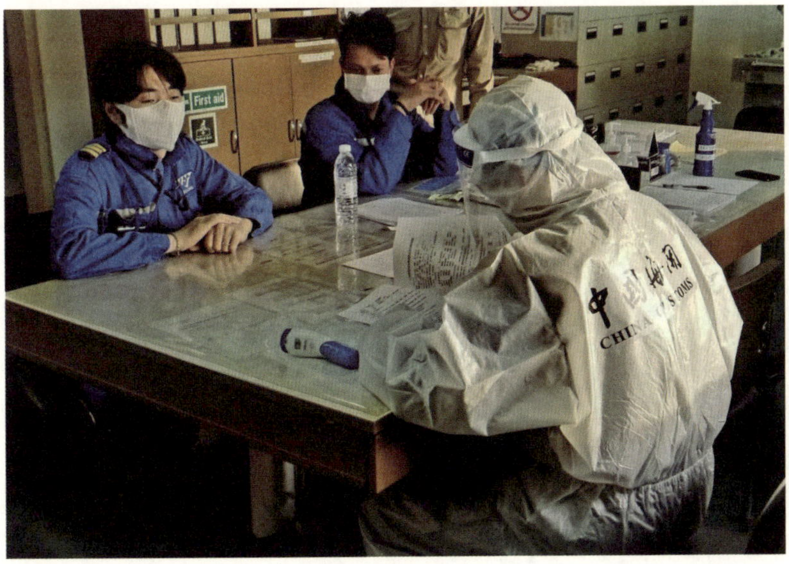

▲2022年3月12日，曹妃甸海关关员开展登临检疫工作　（李开国　摄）

【口岸监管】2022年，曹妃甸海关加强生物安全防范，推进“国门绿盾2022”行动、国门生物安全监测及外来入侵物种普查工作及“跨境电商寄递‘异宠’综合治理”专项行动，全年截获检疫性有害生物5种、58种次，开展实地踏查13次。强化固体废物长效监管，组建固体废物监管专班，完善“风险研判、精准布控、严格查验、及时检测、常态打击、综合整治”链条，叠加固体废物排查仪、实验室技术手段，靶向提升固体废物监管效能。严格危险品综合治理，编制进出口危险品及其包装检验监管制度汇编，采取鼓励提前申报、快验快放快提、优化检测流程等措施，减少危险品口岸聚集风险、提升危险品分类鉴别质效。全年，监管进出口危险品1327批、1744.87万吨；出口危险货物包装使用鉴定923批、74.84万件，查验不合格4批、255件；监管移离某海关监管作业场所堆存疑似危险品650吨。推进智慧监管，研究形成“领导小组顶层设计+工作专班集中攻关”推进思路，探索建立进口大宗散商品全景可视化平台和海关智慧物流监管体系，推动“三智”项目先行先试。依托三级监控指挥中心平台，开展技术攻关及科技创新，提出“一个平台、三个智慧”改革创新项目集的建设思路，推动构建“智慧全景”“智慧物流”“智慧分析”3个先期项目。

▲2022年10月11日，曹妃甸海关关员查验木材（孙世康　摄）

▲2022年10月13日，曹妃甸海关关员在中石化LNG公司进行安全生产检查（孙世康　摄）

【优化营商环境】2022年，曹妃甸海关凝聚保稳提质之力，打好政策“组合拳”，出台“16+6+18”措施，建立关领导下沉一线服务机制，开展各类调研31次、“助企促贸”座谈会19场次，协助企业解决滞港、标准更新、场地设立等问题79个。深化“放管服”改革，推动“抵港直装”“船边直提”业务落地，完成“抵港直装”20票、“船边直提”63票。服务保障重点大宗商品稳定进口、支持首列直达中欧班列顺利开行，助力中物港务有限公司4个通用泊位对外开放，指导企业抢抓RCEP机遇享惠861.98万元，办理减免税款1020万元，进口天然气“先征后返”退税13余亿元。巩固压缩整体通关时间成效，落实煤炭“零关税”进口政策，降低进口煤炭、原油抽样送检比例，叠加“先放后检”“两步申报”等便利举措，实现矿石、煤炭等大宗商品进口提速。全年进、出

▲2022年5月25日，曹妃甸海关关员保障中欧班列顺利开行（孙世康　摄）

▲2022年10月13日，曹妃甸海关关员监管抵港直装货物（孙世康　摄）

口整体通关时长较2017年分别压缩75.2%和93.28%。

【综合治税】2022年，曹妃甸海关开展税收形势、税收政策深度调研和分析研究，推广关税保证保险、汇总征税、银行保函等多元税收担保方式，推进征管方式改革和“两步申报”“两段准入”改革举措，促进企业纳税便利。科学研判税收风险，主动关注、及时掌握涉税风险特点和易发高发环节，全力保障税收安全稳定。

【“三区”协同发展】2022年，曹妃甸海关加强中国（河北）自由贸易试验区曹妃甸片区海关监管制度集成创新和复制推广，口岸物流车辆服务平台创新举措通过海关总署备案。发挥“自贸试验区＋跨境电商综试区＋综合保税区”政策叠加效应，推动跨境电商快速发展，6月首票跨境电商出口9810业务落地，实现跨境电商业务模式全覆盖。助推平行车进口试点落地，推进整车交易中心建设，协助“保税＋检测＋展示＋销售”企业贸易一体化平台搭建，全年监管一线进口整车399辆、摩托车326辆。

【政务管理】2022年，曹妃甸海关严守精文减会红线，开展微信等网络工作群排查整治工作，持续提升公文办理质效，规范微信群使用管理。做好舆情处置、政务公开、督查督办、机要档案、信访工作，政务运行高效顺畅。全年妥善处置5起信访案件，统一规划修缮档案室、值班室。紧扣工作热点焦点，深挖工作重点亮点，提升信息宣传广度深度，做强做优信息宣传阵地，全年政务信息被海关总署采编6篇、石家庄海关采编286条，发布新闻稿件34篇、微博微信42

篇，信息宣传工作在石家庄关区排名第一。

【财务管理】2022 年，曹妃甸海关落实“过紧日子”要求，推进“节约型机关”建设，优化支出结构，统筹各类资金优先保障疫情防控工作。拓展资金来源，加大存量资源盘活及内部挖掘力度，争取地方财政支持，集中财力优先保民生、重点保运转、精准保发展。完成涉案走私船舶公开拍卖工作。注销河北瑞海检疫技术服务有限公司曹妃甸分公司。

【科技发展】2022 年，曹妃甸海关依托全国科技活动周，开展“国门科技科普”等系列活动。实验室通过 17020 体系首次监督评审和 17025 体系复评审，完成涉及矿石、煤炭、原油、植物检疫等领域能力验证，结果均为满意。申请海关总署科技计划项目 1 项；1 人参与 ISO 6331 国际标准国内工作组工作，在核心期刊发表化矿领域文章 2 篇；1 人参与河北入境口岸外来入侵物种普查方法系列授课。

【督察内审】2022 年，曹妃甸海关推进迎审自查，对照 702 项问题清单查摆问题 29 项、风险 1 项。完成海关事业单位所属企业脱钩专项审计自查。利用 HLS 2017 平台开展全覆盖式监控分析，制发处置联系单 113 条、处置异常数据 117 条，纠正业务差错 2 次、补征税款 2 次。深化内控机制建设，推报 2 个示范科室。

【关心关爱】2022 年，曹妃甸海关聚焦关区“急难愁盼”问题，抓实关心关爱工作，协调解决关员家属驻岛就业、优质小学入学名额。聚焦封闭管理人员身心健康，建立专家“一对一”心理测评、每半月思想动态调研分析、每轮次政工专岗心理问需全覆盖工作机制。节日期间向封闭管理人员家属送上致奋战在疫情防控一线人员家属的慰问信。在常规体检基础上，安排疫情防控人员专项健康体检并购买人身意外伤害保险。

【安全生产】2022 年，曹妃甸海关压实安全生产责任，成立专项工作领导小组，建立“吹哨人”预警机制及“科室自查、专项整治工作组督查、领导小组办公室抽查”监督检查机制，结合“安全生产月”活动，紧盯办公室场所、实验室、涉案财物仓库、机房、厨房等重点领域，开展“拉网式”风险隐患排查，共梳理安全生产检查清单 185 项，制作安全生产上墙须知 21 份，签订个人安全生产责任书 203 份，年内未发生安全生产事故。

撰稿人

马有权　李　仙　杨晓丽　杨梦恩　张琳娜　胡钦亮

京唐港海关

【概况】2022年，京唐港海关认真贯彻落实党中央、国务院关于“疫情要防住、经济要稳住、发展要安全”要求，紧密围绕海关总署、石家庄海关2022年工作会议要求和全面从严治党工作任务目标，以党的二十大精神为指引，着力优化监管和服务，统筹推进常态化疫情防控、促进外贸稳增长等各项工作。全年受理报关单12982票、两税收入95.03亿、船舶吨税1.13亿，监管进口煤炭464.55万吨、进口铁矿8912.36万吨、进口再生钢铁原料2.86万吨，监管进口危险化学品12821.96吨、出口危险化学品374.97吨，监管进境种牛13159头，检疫进口大豆93.8万吨、截获检疫性有害生物42种次、一般有害生物145种次，监管进境集装箱5681自然箱，监管保税混矿158.3万吨，监管出区跨境电商包裹31038单，办理行政处罚案件11起。

▲2022年6月27日，京唐港海关关员开展外来有害入侵物种普查工作（赵丹 摄）

【党建工作】2022年，京唐港海关深化学习教育，以习近平新时代中国特色社会主义思想为指导，严格落实“第一议题”制度，采用党委理论学习中心组学习、重点业务工作推进及风险防范例会、支部大会等多种学习形式，营造“全面学习、全面把握、全面落实”良好氛围。党委理论学习中心组围绕党的二十大精神、党的十九届六中全会精神、总体国家安全观等内容进行交流研讨。全年，开展党委理论学习中心组集中学习20次，其中专题学习党的二十大精神5次，召开重点业务工作推进及风险防范例会10次。全体党员干部在认真落实“三会一

▲2022年7月28日，京唐港海关组织疫情防控一线人员赴西柏坡开展主题党日活动（赵丹 摄）

课”、主题党日等组织生活制度基础上，依托“钉钉”“学习强国”等线上学习平台，建立完善干部培训制度，将习近平新时代中国特色社会主义思想作为首课、主课、必修课，创新开展“革命先烈之我说”“身边有榜样”主题党日，在办公楼大厅及时制作、定期更换学习橱窗中的学习内容，打造文化学习阵地，教育引导党员干部进一步认识科学体系、精神实质，持续提升党员干部党性修养和道德情操，铸造忠诚的“国门卫士”，各支部组织支部大会集中学习，撰写学习心得54篇。党委班子带头深入企业学习宣传贯彻党的二十大精神，调研企业发展痛点堵点，制定解决问题对策办法，以“制度+科技”方式深化“放管服”改革，融入地方互联互通，推动企业“零接触、零距离、一站式”办理海关业务。全年组织研讨交流14次，持续提升党员干部政治能力。制作更换党的二十大精神学习橱窗内容，在全关范围内营造浓厚的学习氛围，激发全体在职人员学习热情。制发学习宣传贯彻党的二十大精神工作安排表，部署学习任务，明确学习效果及时限，解决好工学矛盾，保证学习效果。组织党委委员和党员代表参加海关总署、石家庄海关的视频培训会，组织全体在职人员围绕“12个必”“38个深入思考”开展交流研讨，党委委员带头在党委理论学习中心组学习时进行研讨交流，并以普通党员身份参加所在支部学习研讨。组织全体在职人员参加党的二十大精神答题活动，利用本关管理网门户网站宣传各支部党的二十大精神学习最新进展，营造浓厚学习氛围。扎实开展捍卫“两个确立”、做到“两个维护”、强化政治机关建设专项教育活动，抓好政治理论学习，印发学习资料25册，配发学习资料188本，确保全体在职人员政治理论素养逐步提升。组织党建工作推进会，由品牌支部书记交流分享党建工作经验，持续发挥品牌支部示范引领作用。对照“四个是否存在”自查内容，自下而上共查摆出33条问题，合并归纳为7条问题。按照“没有离开政治的业务，也没有离开业务的政治”总要求，督促各科室以科室为单位，梳理岗位和政治要求，共计梳理出57个岗位，111条政治要求。

强化对“一把手”和领导班子监督，严格落实全面从严治党主体责任清单。常态化运用“第一种形态”，教育引导党员干部知敬畏、存戒惧、守底线，开展干部配偶、子女及其配偶从业情况检查。深入开展作风纪律专项整治，开展警示教育月和酒驾醉驾警示教育活动，建立典型案例分析通报制度。开展“海关重点项目和财物管理以权谋私”专项整治，将47名人员纳入专项整治工作范畴，组织撰写个人剖析材料；开展自查，梳理重点项目清单14项，组织开展纪法教育216次，形成防范化解腐败风险长效机制。完成巡察工作整改“后半篇文章”，对照巡察反馈意见指出的11个问题，研究制定36项整改措施，做到“一问题一措施”全覆盖，切实以政治巡察整改为契机，不断推动各项工作高质量发展。深化拓展“强基提质工程”，召开党建工作交流推进会，党委成员带头参加党支部各种活动和双重组织生活。强化“四强”党支部建设不放松，持续发挥好“阳光党支部”全国海关基层党建示范品牌、“启明星党支部”石家庄海关基层党建示范品牌、“萤火虫党支部”石家庄海关基层党建培育品牌的示范引领作用，以优带新、以优促优，不断提升所有党支部建设水平，激发党员先进性和战斗堡垒作用。发挥“全国百名优秀执法科长”榜样模范作用，总结提炼先进事迹中的工作方法，用身边事教育身边人，努力打造一批讲政治、业务精、敢担当、重品行的“忠诚卫士”。年内，京唐港海关获评全国海关先进集体荣誉。

【队伍建设】2022年，京唐港海关根据《党政领导干部选拔任用工作条例》规定，选拔任用3名正科级领导干部，晋升三级高级主办1人、一级主办1人、二级主办2人、三级主办8人、四级主办6人。根据工作需要，为3名调出人员办理调出手续。以干部人事管理系统数据为基础，按照依规摸底测算、落实培训要求、按期开展公示、按期规范申报等步骤，开展关衔晋升工作，全年共晋升关衔28人次。结合内务规范强化月活动，组织开展队列训练和内务督察，从人员着装、内务摆放、大厅秩序等着手，不断规范办公秩序，提振全体在职人员精神面貌，提高准军事化建设水平。加强关心关爱，为封闭管理人员送上纸质慰问信和鲜花，配备医疗器材、个人防护用品和消毒用品，采购生活用品，完善健身器材，为其家庭提供跑腿采买、上门看护等志愿服务。对节日期间执行封闭管理任务的人员通过购买花卉绿植、节日布置用品等形式进行慰问。组织一线人员参加线上心理健康专题网络培训班，发放心理健康咨询卡。组织66名参赛队员参加河北省职工“云”上运动会，其中12人坚持每日打卡50天以上。

【卫生检疫】2022年，京唐港海关严格外防输入，强化组织保障和机制建设，及时更新方案，完成现场操作规范的执行与监督。加强与口岸部门、地方疾控沟通联系，强化联防联控，确保闭环管理。高度关注埃博拉、疟疾等其他传染病，防范疫情叠加。探索精准布控和“多查合一”监管模式。撰写水运口岸电子化健康申报指导手册并推广使用，推动实现四海口岸健康申报卡电子申报。严格卫生检疫封闭管理，每批进驻封闭管理人员成立临时党小组，发挥党建引领，深入推进“关长走进口岸封管区”，3名党委委员参加封闭管理，严格按照海关总署、石家庄海关要求，及时调整封闭管理模式，落实岗前集中封闭培训要求。充分发挥“挑毛病”专家组安全防护监督作用，强化培训，开展应急演练，完善梯队运行机制。全年监管进出境船舶1773艘次，检疫发现有症状人员3人次，监管上下船员换班2648人次。

【商品检验】2022年，京唐港海关全面落实总体国家安全观，持续抓好安全生产。严把进出口商品检验关，重点关注危险化学品、再生金属等敏感货物，加大对新来源国（地区）货物的分析研判，全年检出出口危险品包装使用鉴定不合格情况1批次、540箱。落实卸货全过程监管，防范“洋垃圾”入境，按要求实施放射性检测、夹杂物检测、固体废物属性100%初筛，开展固体废物属性筛查1109次，未发现异常。强化便携式固体废物排查仪使用，进行进口铁矿初筛994批次，未发现异常。开展“国门绿盾2022”“跨境电商‘异宠’综合治理”专项行动，设置监测点31个，检出检疫性有害生物33种次、非检疫性有害生物145种次。加强进口大豆、进境种牛监管，强化外来入侵物种防控及进境动植物疫情截获，全年检出阳性牛10头，均已捕杀并做无害化处理。规范开展机检审图，强化H986智能审图应用，开展先期机检5223自然箱。

【查缉走私】2022年，京唐港海关加强异常舱单、报关单的跟踪监控，应用“影子商

▲2022年5月26日，京唐港海关关员对进境铁矿开展固体废物排查（孙超强 摄）

▲2022年1月1日，京唐港海关关员在矿石码头对进境铁矿进行现场查验（骈小铭　摄）

品库”，重点审核原产国（地区）、运输路线、装运前检验证书等信息，从单据层面排查固体废物风险。加强船舶登临检查，密切关注货物夹藏情况，严防涉恐物品进出境、涉恐人员藏匿进出境。严格落实进口大宗散装工业品安全准入要求，开展“国门利剑2022”专项行动，保持打私高压态势。灵活运用金关二期物流底账数据子系统、物流链可视化子系统和海廉系统，利用全覆盖视频监控平台、金关二期智能卡口系统，结合实地巡查，构建全流程物流监控体系，建立实货复核与日常监督、视频监控相结合的监督管理机制。5月28日依法退运放射性超标货物30.93吨。

【口岸监管】2022年，京唐港海关持续压缩整体通关时间，每周通报整体情况，通过专用工作群，逐票提醒相关科室加强关注，盯紧每一票报关单。针对进口整体通关时间较长的大宗散货，实施预申报制度，克服恶劣天气、疫情影响、特殊商品等客观困难，全年平均进口时长71.09小时、出口0.65小时，完成较2017年压缩50%的既定目标。压缩检疫审批和出口食品生产企业备案时限，加快出口农食企业注册备案，确保3个工作日办结。设立进出口鲜活易腐农食产品绿色通道，公布服务电话，全年受理电话咨询20余次。落实RCEP原产地规则和关税减让措施，帮扶企业开拓国际市场。加力帮扶中小企业纾困解难，宣讲海

▲2022年7月12日，京唐港海关关员对进境船舶开展“无人机＋无接触式”水尺计重（于亮　摄）

关最新便利化政策，鼓励企业采取“提前申报”“两步申报”“两段准入”“担保放行”“汇总征税”等一系列便捷通关举措。严格落实“即到即检”“先放后检”。依托无人机、音视频监控设备等信息化技术手段，探索实施“无接触式水尺计重”“多查合一”等监管模式，优化人力资源配置的同时节省通关时间。

【对外贸易便利化】2022年，京唐港海关加强“互联网+海关”应用，设置出口查检“绿色通道”，实现冷冻蔬菜、笤帚等特色农产品出口。全年，助力速冻蔬菜、笤帚等出口1293吨、货值1.26亿元。5月完成京唐港口岸首批集装箱粮食进口检验检疫工作，55.82吨木薯干入境。为河钢浦项公司提供政策建议，进口设备采取“船边直提”模式办理，加快项目建设速度，培育“蓝色”增长极。探索扩大“抵港直装”“船边直提”实施范围。全年，验放进口粗苯12821.96吨、出口硫酸铵化肥34.07万吨，监管出口集装箱货物100标箱。8月，国内出口化肥单船装载量最大船舶得以靠泊装卸。与海事、边检、港务公司等部门联合制定重点物资和重点船舶安全保障措施，共同签订京唐港区海运物流保通保畅联动协议，为促进外贸保稳提质再添新动能。与地方政府加强联系配合，为河钢乐亭钢铁公司汽车板项目办理减免税设备税款担保29票，预计减免关税1600余万元，提前介入帮扶该公司谋划设立海关监管作业场所，使进口原料能够通过传送带直接入厂，降低企业堆存成本。

▲2022年5月26日，京唐港海关关员对高粱笤帚实施查验（孙超强 摄）

【政务管理】2022年，京唐港海关进一步加强公文办理工作质效，压紧压实发文办理各环节责任，进一步规范办文程序，实行办文限时制度和公文处理全程跟踪服务制度，做到急件急办、特件特办、密件专办。对收发的文件及时登记、分开保管。全年共收文5737件，其中机要文件176件，发文142件。严格按照海关总署、石家庄海关的值班要求，配备值班设施，做好每月值班表、法定节假日政务值班表、业务值班表的发布工作及突发情况值班信息的报送工作，同时要求值班员遵循“快速、准确、礼貌、有始有终”的服务准则，完成电话值班工作，全年共报送值班信息42条。发挥新媒体工作小组的力量，完成《我的闭环管理日记》《党建铸魂　监管护航》《保密故事大家讲》等微视频拍摄剪辑工作。全年，政务信息石家庄海关关区排名第二，其中互联网信息关区排名第一；新闻宣传关区排名第三。提高档案管理工作规范化，完成文书档案、照片、录音、录像等归档工作；加强档案用房管理，严格执行档案查阅、借阅制度，无泄密及损害单位利益事件发生；组织“国家档案宣传日”相关活动，宣传档案法及相关规章制度，提高全员档案意识。严格落实海关总署、石家庄海关新冠疫情内部防控要求，修订内部防控工作方案，制订机关封闭管理方案，全体干部职工切实履行健康管理第一责任人义务。

【后勤管理】2022年，京唐港海关完成节能减排半年报、年报的编报工作，完成节约型机关水、电、暖、办公用品的管理，完善相关工作台账，发布京唐港海关节能减排倡议书，利用易企秀、秀米等新媒体，完成“节能宣传周”的宣传工作。年内，获得国家机关事务管理局、中共中央直属机关事务管理局、国家发展和改革委员会、财政部4部门授予的“节约型机关”称号。广泛征求关员意见建议，进一步优化菜品质量，丰富菜品及主食样式。根据工作需要，完成封闭管理人员及其家属送餐保障工作。按照疫情防控要求，完善食堂消毒工作制度，严谨细致完成食堂相关工作。

撰稿人

李玉乔

廊坊海关

【概况】2022年，廊坊海关以习近平新时代中国特色社会主义思想为指导，深入学习宣传贯彻党的二十大精神，认真落实海关总署、石家庄海关各项政策措施，坚持稳中求进的工作总基调，深入学习贯彻新发展理念，积极推动海关各项改革举措落地，加强监管、优化服务，努力提升监管效能，推进海关工作提质增效；主动融入地方经济发展大局，深化“放管服”改革，不断优化区域营商环境，促进关区外向型经济高质量发展。在海关总署党委、石家庄海关党委的正确领导下，认真落实各项工作要求，组织“贯彻落实党的二十大精神，以实际行动履行海关职责”专题研讨、紧盯年中重点工作任务梳理查漏补缺、聚焦“12个必”“38个深入思考”开展“头脑风暴”进行前瞻式思考，提升学习成果转化能力，完成全年工作任务。关区业务类型主要有综合业务、廊坊综合保税区监管、属地查验、企业管理、稽（核）查。稽查片区包含保定海关关区、雄安海关关区。关区内主要有固安新型显示、霸州胜芳家具和三河汽车零配件3个特色产业集群。

2022年，廊坊海关接收进出口货物报关单2483份，征收税款1.5亿元，签发各类原产地证书8754份，货值3.5亿美元。出具征免税证明1251份，为企业减免税款0.6亿元。实施货物查验397批，完成危险货物包装性能检验192批次、使用鉴定347批次。监管进境种牛1批次、9840头。办理报关单位备案374家、变更142家、注销59家。办结核查作业131起，其中风险类核查14起，管理类117起。办结稽查作业27起。出口食品生产企业备案及扩项4家。出境木质包装标识加施企业换证检查3家。出境竹木草制品生产企业备案1家。进境粮食加工存放单位备案2家。完成关区进境粮食调运及后续监管52批、162万吨，其中，大豆37批、159.7万吨，小麦10批、2.6万吨，大麦4批、3040吨，玉米1批，86.9吨。

【党建工作】2022年，廊坊海关把学习好宣传好贯彻好党的二十大精神作为当前和今后一个时期的重点任务，认真落实学习宣传贯彻党的二十大精神工作实施方案。关党委班子带头开展学习宣传和贯彻落实，迅速制订计划“先学一步”，在廊坊海关持续掀起学习贯彻党的二十大精神热潮。坚持贯通党委理论学习中心组学习、党委会学习及每周中心组扩大学习，抓好“三会一课”等学习研讨实效，组织好学习成果转化和宣传展示工作，通过开辟线上“党的二十大精神”学习专栏，灵活用好微信群等载体，形成“处处是课堂、时时能学习”的浓厚氛围；充分发挥基层党支部战斗堡垒作用，确保每一名党员干部全面深刻准确领会党的二十大精神，确保每一名党员干部更加深刻领悟“两个确立”的决定性意义，不断用习近平新时代中国特色社会主义思想武装头脑、凝心铸魂、指导实践、推动工作，铸牢忠诚信仰、做到绝对忠诚。以党的二十大精神为指引，紧盯年中重点工作任务，组织开展全面梳理、查漏补缺，抓好落实；聚焦“12 个必”“38 个深入思考”，组织开展“头脑风暴”进行前瞻式思考，不断提升课题研究理论水平，切实把学习成果转化到理清思路、破解难题、推动创新上来。以学习教育指导实践、推动工作，以实际行动走好“两个维护”第一方阵。

2022 年，廊坊海关开展专项教育活动，制订专项工作方案，对照“没有离开政治的业务，也没有离开业务的政治”的要求，形成岗位政治要求专项清单，全面梳理政治要求 90 项，实现岗位全覆盖；对照“四个是否”深入开展排查，梳理归纳问题 7 条；明确整改措施 13 项，明确整改目标、责任部门和完成时间，扎实做好整改“后半篇文章”；开展“海关重点项目和财物管理以权谋私”专项整治工作，组织 45 人开展个人违规申报并撰写个人剖析材料，自查出问题线索 2 条，梳理石家庄海关问题清单中涉及廊坊海关的 4 条问题，认真完成分析研判和整改；开展警示教育月活动，充分利用“三会一课”平台，开展常态化党委理论学习中心组学习和每周专题研讨，围绕 8 个重点方向开展廉政课题研究；创新工作方法，通过组织观看警示教育片、收听廉政专题讲座、参观廉政教育基地、年轻干部谈廉洁等活动厚植廉

▲2022 年 9 月 4 日，廊坊海关开展学思讲坛讨论活动（杨菲菲 摄）

政文化氛围；树立选拔任用干部实干导向。

【队伍建设】2022年，廊坊海关开展“强基提质工程”，优化机关党委设置，完善修订工作职责，增设退休干部党支部，组织换届改选支部书记12名。民主评议党员、基层党组织书记述职评议考核实现全覆盖，组织15名党务干部开展岗位练兵。充分发挥基层党组织战斗堡垒作用，疫情封控期间组成党员先锋队，累计驻守单位30余天。年内新增石家庄关区“四强”党支部1个、党建培育品牌1个，石家庄海关先进基层党组织1个、优秀共产党员1名，1名党支部书记在石家庄海关党课评比中获优秀奖；树立选拔任用干部实干导向，坚持“一把尺”“一张单”“一盘棋”，选拔任用1名科级领导干部，晋升3名干部职级，对6名高风险执法一线科级领导干部开展岗位交流；强化作风建设，开展作风纪律专项整治、内务规范强化月、“学军铸魂，喜迎二十大”活动，使雷厉风行、令行禁止要求内化于心。组织“三实”文化见行动、“六讲六重”作表率专项活动，全员覆盖对标对表找差距、补短板、转作风，营造干事创业氛围。

【日常监管】2022年，廊坊海关深入落实京津冀三关保通保畅各项工作措施，扎实做好属地查检工作，全年查验出入境货物1363批次。强化生物安全监管，开展国门生物安全监测工作，设置33个监测点位，完成监测调查40余次；开展外来入侵物种普查，全年检查5个点位，未发现外来入侵物种。严格做好危险化学品检验监管工作，开展“口岸危险品综合治理”百日专项行动，全年完成危险货物包装性能检验192批次、使用鉴定347批次，开展危险化学品应急演练1次，开展危险货物包装末端抽查，查处样品不合格企业。强化进境粮食日常监管，保障粮食产业链供应链安全，落实粮食安全责任制考核工作，检疫监管进境粮食52调运批次、162万吨。提高加工贸易监管能力，落实加工贸易监管改革各项措施，严格履行属地海关职责，复核加工贸易保证金6份，销毁边角料、不良品6份。持续开展监管一线涉枪监管和“扫黄打非”工作，开展应急处置桌面推演，年内未发现违规事项。

▲2022年7月22日，廊坊海关开展队列考核（杨菲菲　摄）

【后续监管】2022年，廊坊海关发挥属地海关后续监管优势，做好“多查合一”核查工作，办结核查作业131起，核查作业查发数100起。聚焦以查发为导向的稽查业务改革，分析研判关区稽查重大风险，做到“管精、管准”，办结稽查作业27起；

严查涉税商品违法违规，重点打击涉毒、涉枪违法犯罪，扎实推动反走私综合治理，与属地有关部门密切工作交流，建立长效协作机制，强化信息资源共享，加强反走私宣传工作，全年开展主题宣传活动5次。年内，行政立案11起，案值214.49万元，涉税29.25万元；刑事立案4起，均为涉枪涉毒案件；行政案件调查终结9起，行政结案8起。

【实验室检测】2022年，廊坊海关聚焦人员技术水平提升，不断提高实验室检测水平。8月，通过了CNAS的复评审和扩项评审，检测对象认证涉及54类、716个检测项目；实验室参加能力验证及测量审核活动10项次，8项次已获满意结果；法检及进出口免费检验业务共69批次，免费检测共计9.4万元。社会委托检测业务4095批次，同比增加39.9%。

【融入地方发展】2022年，廊坊海关积极做好海关政策扶持工作，助力廊坊综合保税区优化布局、拓展承载功能，推动廊坊综合保税区在2022年绩效评估东部地区“退C升B”。配合举办2023年中国廊坊国际经济贸易洽谈会，除派员参与地方专班工作外，成立廊坊海关廊坊经洽会专班，谋划举办跨境电商领域国际论坛、对接跨境电商等展览展示活动。积极进行政策指导，推动永清保税物流中心进一步夯实申建基础，助力廊坊建设现代商贸物流发展高地；主动关注地方发展热点，做到靠前服务、精准对接，向廊坊市政府报送了廊坊海关“打造一流营商口岸　服务廊坊高水平对外开放”8项措施、廊坊海关关于促进廊坊综合保税区发展的建议、廊坊海关关于跨境电商综合试验区相关支持举措的专报等一系列海关政策举措，深度解读海关政策，务实管用服务地方决策发展。持续开展对廊坊市外贸发展的监测与分析，为廊坊市政府和相关职能部门提供及时、准确的海关统计数据，向廊坊市政府报送统计分析专报4篇。推动廊坊进境种牛隔离建设验收并提供技术支持和指导，促进和扩大国外优质种用肉牛、奶牛进口，为引进优质种用资源保驾护航。深入调研、响应诉求，支持文安冷链保税仓库建设。

【对企服务】2022年，廊坊海关持续提升通关便利化水平，优化通关模式，推进“提前申报＋两步申报＋两段准入”等措施，保障京津冀地区产业链供应链重点企业货物快速通关，审结进出口报关单2483票，监管进出口货物总值8.5亿元，征收税款1.5亿元。联合地方商务等部门

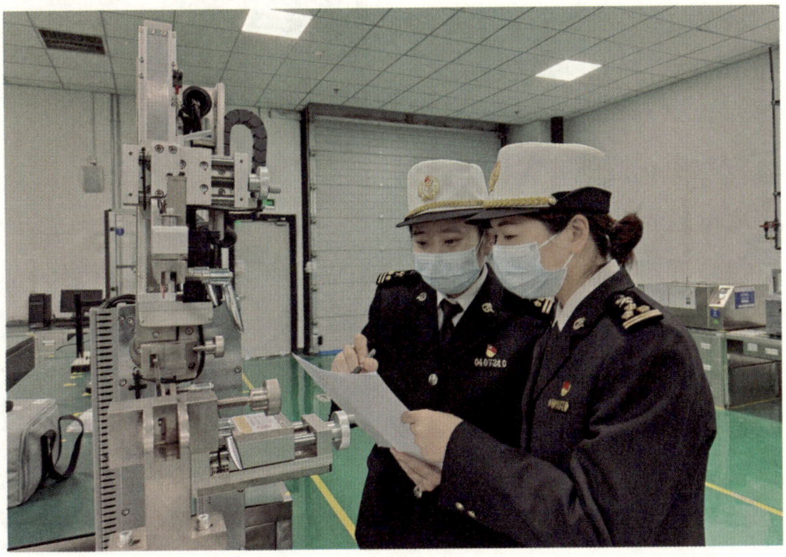

▲2022年9月4日，廊坊海关关员在关区重点企业开展调研（杨菲菲　摄）

对外贸企业进行培训，帮助企业用足用好 RCEP 等政策红利，签发各类原产地证书 8754 份，货值 3.5 亿美元。充分释放减免税政策红利，年内共出具进出口货物征免税确认通知书 1251 份，为企业减免税款 0.6 亿元。不断深化“放管服”改革，持续推进“多证合一”和企业备案全网办举措落地见效，强化与属地有关部门信息共享、执法互助。扎实推进 AEO 信用培育工作，聚焦骨干外贸企业实施“一企一策”帮扶，明确牵头科室和责任单位逐项推进落实打造一流口岸营商环境 10 条措施和促进外贸助企纾困“15+6+7”措施；加强政策宣讲，发挥企业协调员作用，实现“问题清零”。

【综合保税区发展】2022 年，廊坊海关充分发挥综合保税区开放平台作用，坚持创新监管与优化服务并重，扩大跨境电商保税进口模式，廊坊综合保税区受理跨境电商一二线申报入区货物 77 票，合计 43.3 万件；受理小包裹出区清单 15 万单，货值 1762.8 万元。协助做好北京大兴机场临空经济区建设、北京大兴机场综合保税区验收，配合石家庄海关探索与北京海关建立协调配合工作机制。对标北京海关监管制度创新清单，补齐差距，达到同步落地标准。结合廊坊片区定位和企业需求，研究自由贸易试验区海关监管创新举措，率先在廊坊片区复制推广。

【综合保障】2022 年，廊坊海关政务保障能力进一步提高，不断改善值班室、带班室、机要室、档案室、信访接待室硬件条件，推动五室建设标准化、规范化。从增强意识、完善机制、提升能力 3 方面推动信息宣传工作上台阶、求突破，海关总署相关信息载体采用 5 篇，新闻宣传稿件在《中国国门时报》等多个平台刊发。做好重要敏感时期网络安全保障，定期开展设备、服务器、信息系统的运行情况自查，做好重点信息化项目建设和应用，对综合保税区金关二期智能卡口管理系统和口岸物流车辆服务平台运行提供技术支持。后勤保障精细化水平进一步提升，完善机关事务管理制度建设，推动机关事务理制度化、规范化、标准化进程。加强预算资金使用管理，优化资金支出结构，重点聚焦保障民生、安全生产、一线业务改革等重点项目和领域支出，不断提高资金使用效率，加强自查排查，提高资金管理使用规范性，降低财务管理风险。牢固树

▲2022 年 3 月 9 日，廊坊海关关员开展进口汽车配件查验（沈浮　摄）

立“过紧日子”思想，节能工作成效显著，年内被国家机关事务管理局等4家单位授予“节约型机关”称号。

【防范化解风险】2022年，廊坊海关坚持底线思维，注重发挥廊坊海关防范化解重大风险分析研判和协同机制作用，聚焦“7+21”项重大、系统性风险落实专项工作方案，明确责任分工，层层传导压力，定期开展对7类“重大风险”和5类“政治、管理风险”分析研判处置，加强整体防控工作的监督检查，各项工作落实到位。贯彻“疫情要防住、经济要稳住、发展要安全”总要求，做好疫情防控工作，不断健全应急指挥体系，完善内部疫情防控管理制度，做好健康监测、核酸检测、疫苗接种、消毒消杀、门禁管理、防疫物资储备等基础性工作，开展应急演练2次，针对海关总署督查检查提出的建议进行整改，全面补齐问题短板。从严落实安全生产是“国之大者”的要求，实行安全生产月度检查通报制度并开展“回头看”，建立健全安全生产风险隐患大排查清单，动态更新“两个清单”，持续推进问题隐患和制度措施“两个清单”的细化落地，确保问题见底销号、对账清零。开展安全生产宣传月活动，加强安全生产政策法规宣传力度，年内未发生安全生产事故。做好执法领域和非执法领域内部控制工作。配合审计署兰州特派办完成关区5家企业的现场延伸审计，同时做好问题整改。完成大金额差错报关单、海关事业单位所属企业脱钩专项审计2项，对执法业务领域和内部管理的8方面、702项进行审计自查；完成“国门绿盾2022”行动落实等5项专项督察。新海廉系统警示风险移出率、警示风险审核率、处置异常数据有效率均为100%。

撰稿人

龚　彬

保定海关

【概况】2022 年，保定海关以习近平新时代中国特色社会主义思想为指导，全面贯彻落实中央和省委要求，按照市委十二届三次全会的工作部署，围绕全会确定“十个主动仗”和“六个方面”聚焦聚力的工作部署，以支持区域经济发展为己任，落实稳增长、调结构、防风险、促改革、惠民生各项措施，切实发挥海关职能作用，持续为企业营造法治化、国际化营商环境，为保定市外向型经济发展做贡献。

【党的建设】2022 年，保定海关加强理论学习，以党委理论学习中心组为龙头，发挥示范带动作用，学习贯彻全国海关加强新时代廉洁文化建设暨警示教育大会和关区贯彻落实推进会会议精神，各支部组织全体党员干部及时跟进学习。召开全面从严治党工作会议 2 次，听取班子成员“一岗双责”和各支部落实主体责任情况，党委委员结合工作分工指导分管科室党支部开展组织生活会。严格落实民主集中制、“三重一大”集体决策、请示报告制度等相关要求，召开 33 次党委会，确保各项重点工作落到实处。完成 11 名高风险执法一线科级领导干部的岗位调整工作，开展普通干部交流 12 人次。开展警示教育月活动，强化新时代海关廉洁文化建设，进一步增强全关党员干部纪法意识、底线思维。全年，召开 2 次党委会研究部署相关工作，组织学习测试 1 次，党委书记带头讲授专题廉政党课 1 次，支部书记讲授党课 12 次，11 名青年关员围绕扣好廉洁从政的“第一粒扣子”谈认识；班子成员按照研讨题目分别参加各支部研讨交流，各支部开展研讨交流 13 次。专项教育学习研讨期间，班子成员以普通党员身份分别参加 11 个支部的交流研讨，围绕科室业务工作查找各项业务的政治要求。在节假日前夕，制发严格落实中央八项规定精神及其实施细则、严守海关廉政工作纪律、纠治酒驾醉驾等方面的通知。开展提醒谈话 5 次，抓早抓小、防微杜渐。将重点项目清单的梳理作为专项整治开展的工作重点，按照金额标准开展摸排自查，共梳理重点项目工程建设类 12 个，实验室建设类 10 个；对照重点项目清单分析指引，对梳理出的重点项目清单全面分析排查，发现廉政风险 16 项并制定有效防控措施。组织全体人员观看警示教育片，一把手开展主题廉政教育专题党课。落实巡视整改和巡察反馈问题整改工作，25 个巡察整改问题中，12 个已完成并将长期坚持，6个已完成并将持续推进，7个需要长期推进。

【安全生产】2022年，保定海关学习贯彻习近平总书记关于安全生产的重要指示批示精神，把安全生产作为工作的重中之重，以“时时放心不下”的责任感，将各项安全防范责任措施落实到位，坚决遏制重特大安全事故，开展党委会7次、党委理论学习中心组13次、安全生产领导小组会议2次、形势分析及工作督查例会7次、促进外贸保稳提质暨安全生产工作会议1次、防范化解重大风险分析研判工作会议1次、重点业务工作推进及风险防范会议3次，研究部署安全生产重点工作，建立保定海关全员安全生产责任制，制定保定海关“吹哨人”预警办法、安全生产大检查方案清单，定期开展自查。动态更新“两个清单”。按照安全生产监督检查机制要求，各专项工作组深入排查整治重点领域风险隐患，动态更新保定海关安全生产突出问题隐患、制度措施“两个清单”，共梳理7个专项工作领域“问题隐患”34条、整改措施55条，建立完善制度措施31项，并逐项对照整改落实，确保安全生产整改工作取得实效。常态化推进口岸危险品综合治理工作，充分总结、固化“口岸危险品综合治理”百日专项行动经验成果，防范化解危险品“滞”的风险隐患，严厉打击危险品“瞒”的违法行为，落实进出口危险品检验监管“五级安全责任”，确保标准要求不降，对本关区进出危险品依海关职责开展有效监管工作。强化海关监管作业场所安全生产工作，通过每日视频监控、每周“双随机”实地巡查等方式对关区监管作业场所实施检查，重点做好消防设施和危险品排查，防范安全生产隐患。深刻认识做好反恐怖工作的极端重要性和现实紧迫性，组织开展口岸监管环节涉恐突发事件应急处置桌面推演，提升一线关员现场反恐怖应急处置能力。

▲2022年10月1日，保定海关关员在铁路运输类海关监管作业场所进行实地巡查（张立波 摄）

【国门安全】2022年，保定海关严防进境动物疫病传入，全年共隔离检疫进境活动物（种鸡）1批次，进口未梳的含脂剪羊毛6批次。进境种鸡共检测重点疫病2项（禽流感、禽白血病）、一般疫病1项（鸡白痢和禽伤寒），未梳的含脂剪羊毛检测潜在风险疫病5项（布氏杆菌病、绵羊痘和山羊痘、小反刍兽疫、口蹄疫、炭疽杆菌）。送检样品检测结果均为阴性，进境种鸡隔离检疫期间未发现动物感染传染病。严防进境植物疫病传入并开展外来入侵物种普查，成立以主管关长为组长的外来入侵物种普查工作组，按照科学分工、密切协作的原则，从监测布控、定期检查、药剂补充、数据汇总等环节入手，确保监测工作落到实处。年内，在进境储备粮企业厂区内发现长芒苋1株，在水果批发市场发现橘小实蝇12只。做好粮食进境检疫监管，服务国家粮食安全战略，组织关区进境粮企业开展进境粮检验检疫监管业务培训，督促企业严格落实主体责任，完善基础设施和疫情管控体系，严密管控进境粮食疫情风险。对筛下物和下脚料处理是否符合除害要求、疫情监测体系是否有效运行等环节进行严密监管。根据进境粮食检验检疫、外来有害生物监测等情况，及时向当地粮食管理部门通报重要安全风险、疫情风险信息。全年监管进口大麦、燕麦等加工粮共计8.64万吨。

▲2022年8月1日，保定海关关员开展进口羊毛查验工作（马樱 摄）

【打击走私】2022年，保定海关深化全员打私理念，持续保持打私高压态势。明确一把手履行打私“第一责任人”职责，各业务科室加强与缉私部门在“风险共同研判、信息资源共享、缉私提前介入、案件联合办理”等方面的协作配合。组织开展“国门利剑2022”等打击走私联合专项行动。全年办理快速办理案件5起。

【统计监测】2022年，保定海关做好统计工作，维护数据的准确性。协调企业单位完成各项各类型调研问卷，督促7家企业完成外贸先导指数调研报告，2家企业完成景气指数调研；加强监测分析，协同完成22篇河北省专项商品统计专报；核查处置数据质量异常报关单，发现企业申报不实影响统计准确性情事，涉及货值9.97万美元；移交“两简”案件，对涉事企业作出罚款处理；每月维护统计数据，依申请按照政务公开程序，向申请人反馈海关统计数据查询途径和结果1次。

【知识产权海关保护】2022年，保定海关制发年度知识产权保护专项行动方案，明确知识产权保护工作任务和职责分工，按期完成年度知识产权考核工作。1名关员获得河北省2022年度知识产权保护优秀个人荣誉。围绕“全面开启知识产权强国建设新征程”主题开展宣传活动，在业务现场张贴海报、发放知识产权海关保护相关资料，解答企业疑问；通过微信推送知识产权海关保护相关政策法规，知识产权海关保护备案方式和流程，强化企业知识产权保护意识。加强与地方政府部门的联系配合，与保定市市场监督管理局等部门联合开展海外知识产权保护应对实务培训班，宣讲海关知识产权海关保护各项政策，联合制定市级知识产权合作框架协议。

【优化营商环境】 2022年，保定海关持续推进“提前申报”“两步申报”等改革举措，“两步申报”模式进口报关单占比超过80%，提升“汇总征税”“关税保证保险”推广力度，纳税额超千万的重点税源企业全部享受到了纳税便利，全年税收入库6989.15万元。巩固压缩整体通关时间成果，进口通关时长为16.44小时，优于石家庄海关关区和京津平均水平；出口通关时长为0.57小时，优于全国平均水平。贯彻落实“证照分离”改革措施，简化出口食品生产企业备案流程，全年共办理出口食品生产企业备案12家。持续推进报关单位案无纸化作业，指导企业通过“多报合一”“单一窗口”报送报关单位备案信息，办理报关单位备案543家，变更351家，注销267家。

【市场采购贸易】 2022年，保定海关开展专题调研，报送专题报告，梳理拟定支持市场采购贸易发展的14条具体措施。向50余家试点内各类市场主体发放调查问卷，加强问题研究，响应小微企业关于进一步放开通关一体化模式适用商品和口岸限制的诉求，进一步扩大市场采购贸易出口商品备案品类至595项。拓展出境口岸，及时与口岸海关建立工作联系，协同处置跨关区通关业务。通过高效快捷通关监管模式加速落地助企纾困，促进市场采购贸易出口回升，自下半年开始白沟试点报关单量逐月回升，呈恢复向好态势。全年白沟市场采购贸易申报出口8313票，出口额45.54亿元，同比降幅收窄至22.43%、21.68%。落实口岸货物检查制度，提高作业规范性水平和查发能力，严格按照口岸事中布控查验指令实施查验。市场采购贸易出口转关申报14票，监管集装箱19个标箱，主要商品为箱包配件、服装、钢铁制品及农机配件等。全年共布控

▲2022年2月24日，保定海关关员对市场采购贸易模式下的出口货物进行查验（马岚 摄）

查验3票报关单，其中2票服装在现场查验环节发现其规格型号与申报不符，涉嫌税号申报不实影响海关统计的准确性，共3.97万件货值29.59万美元。

【RCEP宣传推广】2022年，保定海关推广原产地证书自助打印和智能审核模式，真正实现原产地证书即报即审即打，企业“足不出户”可“秒签”出证，大大降低企业签证成本；落实RCEP原产地规则和关税减让措施，通过线上宣讲、“一对一”等多种方式开展RCEP政策辅导，对关区内企业开展精准帮扶工作，指导企业用足用好RCEP各项优惠举措。聚焦保定市汽车生产制造这一支柱产业，助力企业利用原产地证书这个“产品身份证”保客户拓市场。全年，共办理原产地证书签证10781份，签证金额15.52亿美元，同比增长46.55%。

【服务重点项目建设】2022年，保定海关持续关注列入河北省重点建设项目的华北铝业新能源电池箔项目，通过前期介入、全程跟办、高效审批，强化对高端设备装备的进口支持，全年为该项目价值403.3万美元的进口设备减免税款333.2万元。通过开展提升精准服务、提升贴心服务、提升高效服务的“服务三提升”行动，落实好进口税收优惠政策。全年，共为关区高等院校、科研机构及企业单位办理征免税证明114份，审批货值1462.33万美元，减免税款1624.93万元。完成“发挥口岸联动优势，促进中欧班列通关便利化及其更好发展”的专题调研和报告撰写，了解企业存在问题并给出意见建议。落实支持中欧班列发展相关政策措施，指导企业进行报关，第一时间实施查验和施封监管，保障中欧班列顺利开行。全年，共监管放行中欧班列1列，搭载集装箱50个，主要搭载医用病床、自行车、汽车配件等商品共738.3吨，货值2080.4万元。

【实验室管理】2022年，保定海关业务部加强自身检测能力，开拓委托检测市场，细化中药材检测各项环节，建立“检测技术+”的业务服务模式，发挥科技优势，助力地方创建食品安全城市。保定海关业务部共接收样品7538批次，同比下降19.5%。其中，社会委托业务样品3398批，涉及19582个检测项目，同比下降26.0%；接收政府委托样品4109批，涉及15110个检测项目，同比下降13.9%。

【办公质效】2022年，保定海关严格落实保密工作要求，将党中央关于保密工作的方针、政策、党的保密纪律和保密法律法规列入党委理论学习中心组和各党支部学习内容，加强保密工作日常管理，切实维护国家秘密安全。以“马上就办、真抓实干”的工作作风，做好各类文件、重要资料的收发、登记、传阅、归档工作。改造升级政务值班室，配备录音电话、办公网电脑等，并定期查看通信设备运转情况，保障政务值班工作顺畅。提升预算执行水平，牢固树立“过紧日子”思想，提高资金使用效益。全面开展专项审计自查，实现内部管理及业务条块自查全覆盖。扎实开展固定资产清查工作，成立专项工作小组，制订推进实施计划，将固定资产分为办公家具、空调电器、技术设备等类别，分门别类有针对性开展清查，同时通过“小步快走”方式加快固定资产报废进度，切实做到账实相符。注重建章立制，对差旅费报销规定等多项制度进行修订完善，切实形成“靠制度办事、靠制度管人”的良好局面。履行财务本职本责，赴保定市财政局协调推进综合办公费立项进度，争取资金支持尽快落地。完成单位银行账户基本户更改工作，提高资金管理质效。

【督察审计】2022 年，保定海关对照 2022 年度重大政策措施落实情况跟踪督察重点项目内容和石家庄海关专项督察工作安排，开展“国门绿盾 2022”行动落实情况、进出口食品安全“四个最严”要求落实情况、税收政策及税收风险防控落实情况等 7 项海关总署、石家庄海关专项督察开展自查，对海关总署督察审计自查要点及风险清单涉及的 446 个项目按照工作职责分类开展自查，配合完成国家审计工作，共向石家庄海关提供审计相关资料及反馈材料 26 项，切实推动重大政策措施在基层落地生根。

【内控建设】2022 年，保定海关加强 HLS 2017 内控平台应用，扎实开展内控监督，将外勤执法业务执行岗位和内控节点纳入内控评价重点分析内容，以评促建推动风险日常防控，查管并举有效发挥内控机制“免疫系统”功能。全年，共制发处置联系单 72 份，处置异常数据 95 个、有效数 58 个，处置异常数据有效率为 61.05%，补税 1 次，发布新海廉应用信息平台风险信息 5 条。

撰稿人

马 岚 王 卓 王建华 刘伟京 刘晓慧
李宗奇 张洤赫 陈聿德 赵鹏程 贾伟杰
高 鑫 部 骞 鹿 宁

雄安海关

【概况】2022年，雄安海关坚持以习近平新时代中国特色社会主义思想为指导，深入学习党的二十大精神，深刻领悟“两个确立”的决定性意义，增强“四个意识”、坚定“四个自信”、做到“两个维护”。聚焦海关总署党委“铸忠诚、担使命、守国门、促发展、齐奋斗”工作方针和石家庄海关党委“六讲六重”工作要求，围绕政治建设、支持雄安新区建设等重点工作，扎实开展专项教育活动，稳步推进专项整治工作，扶持外贸新兴业态，不断优化区域营商环境，促进关区外向型经济高质量发展。

【党建工作】2022年，雄安海关坚持以习近平新时代中国特色社会主义思想为指导，将党的二十大精神同党的十八大、十九大精神结合起来学、贯通起来学、全面系统学，全面落实石家庄海关工作部署。严格落实党委“第一议题”制度，第一时间学习宣传贯彻习近平总书记重要讲话和重要指示批示精神。加强党组织自身建设，建立健全各项工作制度，推进落实民主集中制，全面加强党的领导。扎实开展“两个专项”整治工作，进一步强化政治机关建设。全年，关领导讲党课5次，开展中心组（扩大）学习15次、支部集中学习23次，通过学习，引导全体党员干部深刻认识“两个确立”的决定性意义，进一步增强做到“两个维护”的政治自觉。

2022年，雄安海关聚焦党建“双提升”行动，对标“四强”党支部建设标准，严肃党内组织生活，强化基层党组织建设，按照年初制订的支部工作计划，抓好“三会一课”落实。雄安海关党支部党建品牌“雄关漫道党旗扬”是石家庄关区党建示范培育品牌，雄安海关制定雄安海关党支部“1+3+5+6”工作法，设计雄安海关党支部品牌LOGO，深化支部品牌的含义。年度雄安海关党支部季度考核均在80分以上，获评关区先进基层党组织、“四强”党支部，在关区组织的“走好第一方阵　我为党的二十大做贡献”主题党课评选中获关区一等奖。结合基层党建“双提升”行动组织开展题为“‘雄安海关主动融入，服务雄安综合保税区规划建设’书记项目”，推动党建业务深度融合。组织开展“送党的二十大精神进跨境电商产业园区”“我的海关故事”“我看雄安新区的新”“新区启动区这样建”等主题活动，组织开展“思想理论学用讲坛”2次，提高理论实践成果转化水平。积极开展与外单位联学共建，

▲2022 年 11 月 4 日，雄安海关开展“我看雄安新区的新”主题党日活动　（王玉宝　摄）

与雄安新区党政办、雄安新区改革发展局、中国（河北）自由贸易试验区雄安片区管委会、河北省人民检察院雄安新区分院、雄安新区生态环境局、中国银行河北雄安分行等单位共享党建资源，交流党建经验，联合开展联合共建活动，涉及理论同学、组织共建、服务同行、品牌共筑、成效共享等方面，提升支部品牌的影响力和感召力。

【队伍建设】2022 年，雄安海关严格按照习近平总书记提出的“树立正确选人用人正确导向，选拔忠诚干净担当的高素质专业化干部”用人要求，牢牢把握海关政治机关属性，坚持以正确的选人用人导向引导广大干部职工忠诚履职、勇于担当、积极作为。全年开展科级领导职务晋升干部 1 人次，职级晋 2 批次 4 人次，调入人员 4 人，新招录公务员 2 人；1 名同志获得石家庄海关优秀共产党员，1 名同志获得石家庄海关 2022 年度“青年理论学习标兵”，2 名同志获得石家庄海关 2022 年度“学习达人”。

2022 年，雄安海关坚定不移深化“三不腐”一体推进，持续深入推进清廉海关建设。经多次对新时代廉洁文化建设主题的研讨形成题目为“充分运用‘全周期管理’方式健全海关系统‘不敢腐、不能腐、不想腐’一体推进机制 ”的课题。持续巩固“海关重点项目和财物管理以权谋私”专项整治工作成果，牢牢把握“惩、治、防”辩证统一关系，构建有效防范和治理非执法领域腐败问题的长效机制。召开雄安海关廉洁文化建设暨警示教育大会，全体党员干部就如何在新时代开展廉洁文化建设谈做法，谈感想，并撰写心得体会11篇。认真开展警示教育月活动，组织全体党员干部参观“雄安新区‘庆七一’廉政教育展”。扎实开展内务规范强化月活动，成立内务督察小组，按照石家庄海关内务督察实施细则定期或不定期进行考勤纪律、内务卫生、关容风纪检查，通过强化日常养成，提升队伍的精气神、战斗力。

【出口危险货物包装检验监管】2022年，雄安海关多举措提升危险化学品及包装检验监管能力，不断夯实专业知识基础，定期组织一线查验人员对有关危险品国际规章、国家法律法规和操作规范等进行学习，强化知识储备，不断提升现场实际操作能力。补齐人员资质短板，针对人员资质不足的问题，积极组织关员参加海关总署、石家庄海关组织的培训和考试，新增2人获得危险品及其包装检验监管资质。加大定期自查力度，按照制定的进出口危险化学品及包装检验监管内部工作质量自查机制，每季度开展一次自查，并保留自查档案。及时排查风险隐患，全面梳理查验场所途经厂区、仓储安全要求、企业生产情况及产品特性、主要原料、工艺流程等情况，分析可能存在的风险，正确穿戴防护装备，防止出现职业暴露风险，保护人身安全。年内，出具出入境货物包装性能检验结果单11份、出境危险货物运输包装使用鉴定结果单1份。

【场所监管】2022年，雄安海关加强日常巡查保障跨境电商监管场所安全运营，将每周例行巡查与安全生产检查结合起来，重点加强CT机、卡口、视频监控等重点领域检查，确保相关设备运行正常，要求场所运营企业加强设备维护，并将相关设备操作指南汇编成册，方便第一时间排查解决设备异常。加大货物存储区域实地巡查频率，加强高温大雨等极端天气下视频检查，重点检查场所内是否有堆放易燃物品和危险货物、房屋主体结构是否漏雨，及时排除安全隐患。加强对场所运营企业的法规宣讲，帮助企业充分认识安全生产工作极端重要性，公开“吹哨预警电话”，畅通场所运工作人员反馈安全隐患问题渠道，年内开展巡查37次。

【安全生产】2022年，雄安海关扎实筑牢安全生产防线，深入学习贯彻习近平总书记关于安全生产的重要指示精神，认真贯彻落实安全生产

▲2022年11月29日，雄安海关关员开展跨境电商场所监管工作（吕震 摄）

15 条措施。建立安全生产量化考核机制，积极发挥“吹哨人”作用，深入推动安全生产大检查工作。及时发现和消除监管场所汛期安全事故隐患 1 起并监督整改，有效遏制和预防安全事故的发生。

2022 年，雄安海关有效构建国门生物安全防线，积极落实《中华人民共和国生物安全法》，以实际行动支持雄安新区白洋淀生态环境的治理，组织相关人员赴雄安新区生态环境局交流工作经验，制作发放宣传页 1000 余份。邀请系统内外相关领域专家赴雄安海关实地踏勘、评估、授课，提高雄安海关生物安全治理能力。结合关区业务特点制订关区国门生物安全监测方案，积极开展外来有害生物踏查工作，采集有害入侵植物样本 5 份。

▲2022 年 7 月 20 日，雄安海关关员开展野外踏查工作（贺旭　摄）

【企业备案】2022 年，雄安海关多措并举加强企业资质管理，加强与市场监管部门日常沟通联系，强化信息共享与问题反馈，共同推动“多证合一”改革提质增效，不断提升市场主体办事便利程度。主动服务企业，将申请方式、申请流程及注意事项等内容一次性告知企业，确保企业填报申请信息的完整性和准确性，有效提高申请通过率。每日查询系统接收的申请数据，做到有问题当日告知，没问题当日审核办结，全面提高审批时效。年内，共办理报关单位备案 99 家，同比增长 47.76%；信息变更 48 家，注销 13 家。

【核查作业】2022 年，雄安海关科学制订全年核查工作计划表，按序时进度组织开展核查作业，风险类核查提前对核查指令中描述的风险指向进行研判、重点分析，主动借智借力，确保核查作业程序合规、证据齐全、定性准确、档案完善。认真落实海关核查操作规范，坚持“选、查、处”分离、随机派单、规范使用单兵设备和执法记录仪、人员资质和核查事项匹配原则，严格依照核查项目标准化作业单实施核查作业。及时将核查结果反馈指令来源部门，形成以查促管、查管互动的良性循环，全面提升海关治理效能。全年完成定期管理类核查 11 家，风险类核查 2 家。

【优化营商环境】2022 年，雄安海关深入贯彻落实海关总署促进外贸保稳提质 10 项措施和石家庄海关促进外贸保稳提质 15 条具体措施，结合雄安新区建设发展实际，以北京非首都功能疏解、跨境电商新业态发展和雄安新区综合保税区规划申建等重点领域为切入点，深入开展促进外贸保稳提质工作。全

▲2022 年 4 月 23 日，雄安海关关员在关区企业开展核查作业 （马建明　摄）

年雄安新区外贸进出口总值29.98亿元，同比增长42.03%。

【开放平台建设】2022年，雄安海关全力支持雄安新区综合保税区规划建设，成立工作专班，持续做好与雄安新区管理委员会的对接，从综合保税区选址、规划到开工建设、招商引资，全过程深度参与，积极主动做好验收标准解读、入区项目指引等政策指导和咨询服务。就综合保税区验收及后续发展等重点问题向雄安新区领导提出意见建议，为综合保税区申建工作做好支持工作。立足雄安新区优势，加强招商引资。结合雄安新区定位，积极为地方政府建言献策，力求出台更优惠的招商引资政策。同时积极配合中国（河北）自由贸易试验区雄安片区管理委员会加大全产业链招商力度，围绕疏解企业做好产业链布局招商工作，协助地方政府做好海关政策宣传解读。

【外贸新兴业态发展】2022年，雄安海关积极扶持外贸新业态，助力新区发展开放型经济新产业，深入推进跨境电商产业发展，联合跨境电商综合试验区办公室组织召开多场培训会，宣传贯彻海关总署跨境电商政策，根据企业需求进行帮扶指导。雄安海关主动作为推进跨境电商监管场所规范设立，5月首票跨境电商出口海外仓（9810）业务顺利通关放行。年内，雄安新区跨境电商进出口4.04亿元，同比增加3.67亿元，增长了近11倍，雄安跨境电商产业生态体系初步形成。

【区域海关协作】2022年，雄安海关积极深化区域海关协作，助力新区构建开放型经济新机制，推动北京海关、天津海关、石家庄海关支持河北雄安新区全面深化改革和扩大开放合作备忘录，围绕疏解北京非首都功能这个“牛鼻子”开展调查研究和海关政策研究，加强与雄安新区的对接，强化前瞻性思考，做好政策储备。以京津冀物流一体化为切入点，以深化新一轮区域海关合作为依托，派员到北京海关、天津海关交流学习，进一步理顺属地、口岸海关通关业务协调配合，协调天津海关设立通关绿色通道，打造雄安新区便捷出海口，加强“提前申报”“船边直提”“两步申报”等便捷通关措施落地实施，整体通关时间同比缩短 12%。

【税收征管】2022 年，雄安海关持续推广关税保证保险、自报自缴、汇总征税和电子支付，积极宣讲有关政策，鼓励企业根据自身情况选择最便捷方便的支付方式。精心选取关区重点企业，进行“一对一”走访指导，引导关区重点税源企业回流，同时，积极协调相关部门掌握北京疏解企业名单，积极做好调研走访，掌握企业诉求。雄安海关全年征税税款 199.36 万元。

撰稿人

迈俊强　杨　悦

沧州海关

【概况】2022年，沧州海关以习近平新时代中国特色社会主义思想为指导，深入学习宣传贯彻党的二十大精神，聚焦“铸忠诚、担使命、守国门、促发展、齐奋斗”要求，恪守“六个带头”，落实“六讲六重”，强化监管优化服务，各项工作取得新的进展。全年，接受企业申报报关单597票，征收税款入库合计10.10亿元；监管出入境货物9056批，实施查验3541批；办理报关单位备案535家；办结核查作业244起；办结稽查作业33起，稽查查发数26起；开展企业信用培育22次，帮扶关区6家企业获得AEO认证。

【党建工作】2022年，沧州海关突出政治建设，落实“第一议题”制度，同时党委理论学习中心组通过“每周一学”，及时跟进学习习近平总书记重要讲话和重要指示批示精神。全年，党委理论学习中心组（扩大）学习46次，集中学习研讨7次，班子成员讲专题党课3次。细化全面从严治党年度重点工作6方面43项举措，并定期研究全面从严治党工作。召开3次专题会议落实石家庄海关党委巡察工作要求，再次全面梳理21个长期整改事项，42条长效整改措施，常态化做好巡视巡察“后半篇文章”。统筹推进“学查改”专项工作和捍卫“两个确立”、做到“两个维护”、强化政治机关建设专项教育。组织相关专题学习研讨18次，按照“没有离开政治的业务，也没有离开业务的政治”要求，梳理出岗位政治要求39项86条。聚焦问题查摆，结合“四个是否”“六对照六看六查”，查摆出4方面12个问题，制定整改措施31条，并推动问题整改见底清零。

深化“强基提质工程”，以党建工作考评为抓手提升支部标准化建设，并推进支部品牌创建，培育创建关区“四强”党支部3个，1个支部通过石家庄海关党建培育品牌复核。巩固党史学习教育成果，推进党建和业务融合，以支部为单位开展“习声回响”读书活动，支部学习活动由支部党员轮流领学一篇原文，同时分享一段学习感悟，推动政治理论学习走深走实。大力推行党建成果转化，推动基层党支部相互借鉴有益经验，精准把握岗位职责与“38个深入思考”的切入点、结合点，申报“书记项目”1项、调研课题2项。

从严抓好党风廉政建设，加强日常干部监督管理，树牢“严管就是厚爱，放任就是加害”意识，全年运用监

▲2022年9月16日，沧州海关举办“关徽在我心，清风伴我行”廉政主题辩论赛活动（李畅 摄）

督执纪第一种形态开展提醒谈话9人次，排查干部亲属从业情况61人次。扎实开展“海关重点项目和财物管理以权谋私”专项整治工作，建立领导机制，研究制订工作方案，畅通举报渠道；强化学习教育，关党委带头，以科室为单位组织学习相关文件规定；抓好问题查摆，完成26人次个人申报、19个重点项目清单梳理，排查廉政风险4条，制定防范措施11条，推动专项整治工作走深走实。推进廉洁文化建设，通过观看警示教育片、廉政党课等形式开展廉政教育，拍摄“饭局”反围猎警示教育短视频、“年轻干部谈廉洁”微视频等系列宣传短片；以“廉政靠自律还是他律”为辩题，开展“关徽在我心，清风伴我行”廉政主题辩论赛；加强政风建设，落实窗口“首问负责制”，强化政务服务“好差评”管理，打造人民满意服务型海关。

【队伍管理】2022年，沧州海关贯彻新时代党的组织路线，努力建设高素质专业化干部队伍。全年，晋升科长1人、副科长2人，晋升三级主办1人。加强执法一线科长队伍建设，分3批次完成14名科级领导干部交流工作。细化内务规范20条考核指标，开展内务检查评比11次，并及时通报，对表现突出的科室发放内务规范流动红旗，进一步锤炼了队伍令行禁止的良好精神风貌。结合沧州海关“跨越发展年”建设，组织“好书荐读”品书荐书活动10期，开展为期2个月的志愿交通服务活动，在文明城市、文明单位创建中评优争先。进一步丰富干部职工业余文化生活，开设瑜伽、气排球等兴趣小组，组织参加河北省职工“云上”运动会，开展妇女节烘焙、红色“剧本杀”等活动，进一步增强凝聚力，形成积极向上的氛围。年内获评2017—2021

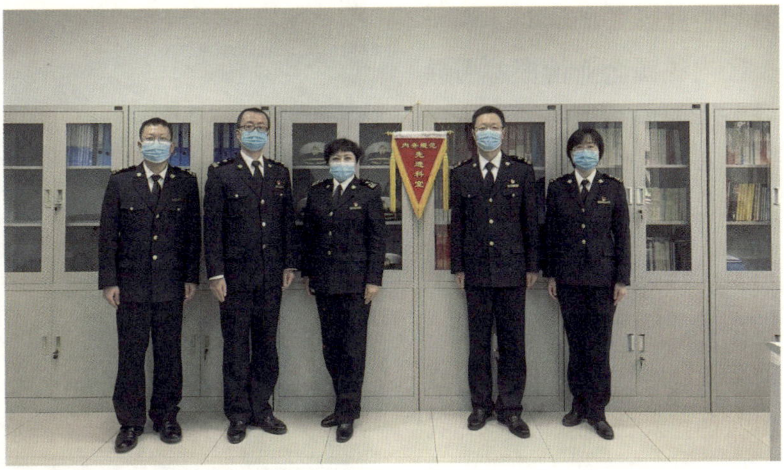

▲2022年4月22日，沧州海关进行内务规范检查并评选“内务规范先进科室”（李文文 摄）

年度河北省共建文明口岸先进单位。

【疫情防控】2022年，沧州海关全面贯彻党中央决策部署，毫不动摇坚持“三个坚定不移”，落实海关总署、石家庄海关和地方各项防控举措，科学精准扎实推进疫情防控各项工作，并统筹做好疫情防控和促进外贸保稳提质。开展外勤执法人员安全防护培训，讲解个人安全防护有关内容，现场演示穿脱防护装备、手消毒等。开展办公楼内发现核酸初筛阳性人员转运处置、内部防控流调等应急演练。全面落实落细各项内部防护措施，强化公共区域管理，落实属地重点人群核酸检测要求，加强物资储备，做好应急准备。

【税收征管】2022年，沧州海关做到把关与服务并重，在便利企业通关的同时，调研关区内税源企业情况，引导属地企业回流申报，保障税款应收尽收。规范公式定价备案工作，加强公式定价备案中特殊关系影响成交价格的审核，全年审批公式定价备案20余份。与稽查部门密切配合，发挥税款计核功能。全年，计核15票，其中，缉私案件税款计核1票，稽查计核税款14票；接受企业申报报关单597票，其中，进口报关单587票，出口报关单10票，征收税款入库合计10.10亿元。同时，帮助企业用足用好减免税政策，为重大科技研发项目、高端设备装备进口减免税款520.6万元。

【海关监管】2022年，沧州海关切实履行监管职责，严格落实货物现场查验要求，快速准确查验出入境动植物产品、食品农产品、危险化学品及其包装等。全年，监管出入境货物9056批，实施查验3541批，其中，出口查验3427批，不合格25批；进口查验114批，异常、不合格2批。参加沧州市食品安全宣传周启动活动，向群众普及进出口食品安全相关法律法规等，发放宣传单120余份，接受咨询24次，进一步提升公众对食品安全的关注度。扎实推进“国门利剑2022”等专项行动，持续保持打击走私高压态势，重点关注再生金属进口风险，堵塞和防范“洋垃圾”走私风险。不断提升实验室把关检测能力，全年实验室新增扩项477项，完成委托检测8274批次，其中，社会委

▲2022年8月30日，沧州海关关员开展食品安全宣传活动（李立涛　摄）

托检验7954批次、法定检验320批次。强化后续监管，全年，办结核查作业244起，制发核查建议书21份；办结稽查作业33起，稽查查发数26起。

【检验检疫】2022年，沧州海关坚决筑牢国门安全防线，按照统一部署，组织开展严防动植物疫情疫病传入和外来物种入侵“国门绿盾2022”行动。结合关区实际，科学分析外来有害生物传入、扩散和定殖的高风险区域，合理制订外来有害生物监测方案，设置42个监测点，对检疫性实蝇、有害杂草等开展相关监测工作。加强外来动物疫病防控，顺利完成2批次16808头进境种牛隔离检疫任务，同时完成24批次34000余尾观赏鱼的进口隔离检疫任务。加强进境粮食调运监管，严格规范审批手续，对企业资质、单证及运输计划等进行审核；强化监督检查，重点监管粮食运输、出入库装卸、下脚料收集等过程；加强政策宣传，督促企业落实厂区及周边环境疫情防控的主体责任。完成进口小麦调运加工453.44吨，进口大豆调运加工8批次34763.52吨，进口大豆调运国储1批次14395.43吨，进口玉米调运国储1批次8002.54吨。

▲2022年7月8日，沧州海关关员在业务大厅指导企业自助打印原产地证书（严家庆　摄）

【业务改革与发展】2022年，沧州海关推进“提前申报”“两步申报”等改革举措，“两步申报”模式进口报关单占比26.4%，“两步申报”影响度为15.25%，均排石家庄海关关区第三。推广“无纸化申报+智能审核+自助打印”的关企“零见面”原产地证审签模式，引导企业采用自助打印方式，大幅压缩办理时间，实现企业在线申领证书。巩固压缩整体货物通关时间成果，实行节假日预约通关制度，加强与口岸海关沟通协调，全年进口平均整体通关时间23.17小时，优于全国平均水平。利用RCEP，推动关区企业调结构、塑优势、享红利，关区工业品、化工品和纺织品等出口份额不断增加。结合关区化工、管道、纺织等重点行业、优势产品，多次开展RCEP政策讲解；建立RCEP宣介工作联席机制，与地方商务局共同开展RCEP宣介活动，通过新闻媒体宣介RCEP推进情况15次。全年，签发各类原产地证16034份，同比增长3.59%，签证金额79044.42万美元，同比增长23.08%。其中，RCEP原产地证书630份，占全省签证总量的13%，涉及出口金额达 1.92 亿元，为企业减免进口关税约 200 万元。

【优化营商环境】2022 年，沧州海关细化落实促外贸保稳提质各项措施，开展实地调研，发放调查问卷广征意见，全力促进各项措施落实落细。全年，召开“助企促贸”座谈会 7 场次，开展调研 21 次，开展线上企业宣讲，收集并解决相关业务问题，打通企业“堵点”。保障进出口农食产品等有效供给，促进沧州市鲜梨等特色农产品走出去，助力鲜梨重启对俄出口，全年检验检疫出口美国、加拿大、俄罗斯、东南亚、欧盟等国家（地区）鲜梨 2640 批、68030 吨，货值 8178 万美元。加大对关区进出口重点企业 AEO 认证精准培育力度，构建“培育—认证—规范—帮扶”的全链条服务机制。全年，对 7 家申请认证企业开展线上线下培训 22 次，实现“一对一”培育的全覆盖，其中关区 6 家企业通过认证，通过率为 100%。作为关区 AEO 认证培育第三片区的牵头单位，与黄骅港、保定、雄安等海关加强联系配合，在片区 12 家申请认证企业中，11 家通过认证，通过率 91.7%。支持地方外贸新业态发展，在沧州跨境电商综合服务平台设计、数据对接、日常运营等方面进行答疑指导，助力平台建设运营并投入使用。中国（沧州）跨境电子商务综合试验区获批后，第一时间撰写政研报告，为地方政府献言献策。推进肃宁保税物流中心（A 型）发展，全年境外货物入库 335.92 吨，货值 354.13 万美元；出库货物内销 282.19 吨，货值 250.53 万美元，内销征税 447.99 万元。支持申建沧州（肃宁）保税物流中心。

【安全生产】2022 年，沧州海关深入贯彻落实习近平总书记关于安全生产工作的重要指示批示精神，严格落实海关总署、石家庄海关工作部署和要求，组织安全生产专题会议 4 次，开展安全生产风险排查 11 次，进行节假日前突击检查 3 次。逐级签订安全生产责任书 87 份，实现人员、职责 100% 覆盖，压实安全生产责任。加强日常管理，制订完善关于安全生产方案、预警办法、处置预案等内容的 8 项制度，并与地方应急管理部门建立沟通协调机制。落实“吹哨人”预警机制并开展安全大检查，全年发现安全隐患 17 个并全部整改完毕。强化行业安全管理，协调解决相关企业安全生产许可证过期、安全管理资格证书不完备 2 个事项。扎实开展“口岸危险品综合

▲2022 年 4 月 25 日，沧州海关关员对出口危险货物包装进行使用鉴定（张杨 摄）

治理”百日专项行动，建立完善关区出口危险化学品及危险包装企业画像手册，对关区13家企业、29种产品定期更新资质、产品特性、检验和防护要求等信息。全年，开展危险货物包装性能鉴定299批，危险货物包装使用鉴定602批，发现出口危险货物包装使用不合格8批次，不合格率为1.32%；查发危险化学品监管领域判定不合格产品9批次，约谈企业负责人3人次，作出暂不受理检验检疫业务处理决定2家，并将相关情况通报地方应急部门，扎实有效推动安全生产工作和“口岸危险品综合治理”百日专项行动的开展。

【内控监督】2022年，沧州海关加强内部控制机制建设，以内控节点为基础，以HLS内控平台为抓手，监控业务运行情况，对异常数据早发现、早提醒、早处置，深究异常数据产生原因，厘清科室权责划分，及时反馈上级职能部门，提出改进建议。HLS内控平台授权人数12人，全年人均使用天数146天，活动账号比例为100%，警示风险移出率为100%，警示风险审核率为100%。处理异常数据有效数62条，处置异常数据有效率为82.25%。纠正业务差错24次，补证2次，补税8次。

【综合保障】2022年，沧州海关加强统筹协调，提升综合保障能力，提高机关工作质效。强化文件审核，提升公文质量。加强新闻宣传和舆情应对，突出宣传重点，做好正面舆论引导。加强机要保密、档案管理等工作，推进政务公开标准化规范化建设，规范做好信访工作。做好值班应急工作，做到反应迅速、处置高效。发挥科技支撑作用，强化网络运行保障和网络安全管理，确保办公场所网络、电视电话、监控平台、邮件系统等设施设备正常运转，为机关业务办公做好保障。落实“过紧日子”要求，压缩经费支出，开展节能宣传周活动，持续关注每月水、电、油、气等能耗支出，按季度公示油耗及公车使用情况，全年压缩食堂、维修、车辆、办公等费用，被国家机关事务管理局等4部门授予“节约型机关”称号。

撰稿人

霍文欣

黄骅港海关

【概况】2022年，黄骅港海关深入学习贯彻落实党的十九届历次全会精神和党的二十大精神，严格执行海关总署和石家庄海关出台的各项规定，聚焦海关总署党委“铸忠诚、担使命、守国门、促发展、齐奋斗”和石家庄海关党委“六讲六重”工作要求，大力弘扬“求实、扎实、朴实”海关文化。全年，监管货物稳中有升，进出口货物7082.52万吨，同比增长26.48%，其中，进口货物6902.99万吨、同比增长24.31%，出口货物179.52万吨、同比增长285.79%。税收征管任务圆满完成，征收关税和增值税合计55.45亿，同比增长13.16%。科学精准防控，保障一方平安，妥善处置聚集性疫情。

【政治机关建设】2022年，黄骅港海关党委全面学习党的二十大精神。结合黄骅港海关自身发展特点，深入挖掘和充分发扬“事敢”精神，印发黄骅港海关“四五六”目标导向工作法，定蓝图、激活力、促发展，不断强化政治机关意识。充分发挥党委领导“头雁效应”，共召开党委会、“第一议题”学习、党委理论学习中心组学习、专题研讨等会议40余次，严格落实“第一议题”制度，深入开展政治机关建设专项教育活动，强化责任担当，着力构建“三应”运行机制。开展基层党建“双提升”行动，组织党务干部参与岗位练兵活动，全面提升党务业务能力素质。全面压实从严治党责任，坚持“第一责任人”率先垂范、“一岗双责”自觉夯实，把全面从严治党当作分内之事、应尽之责。推动党史学习教育常态化、长效化，抓牢“七步工作法”，开展捍卫“两个确立”、做到“两个维护”，强化政治机关建设专项教育活动，确保各项工作按要求逐一落实，引导全体关员时刻把政治要求和政治规矩挺在前面，做到对党忠诚、全心向党。

【落实改革措施】2022年，黄骅港海关持续落实“三智”海关建设，推进海关特殊监管区域建设，促进沧州企业通过跨境电商渠道扩大出口，助力传统产业转型升级。深化“放管服”改革，全面推行报关单位备案电子化。持续落实落细石家庄海关服务河北高水平对外开放10条措施，持续推进“提前申报”“两步申报”等改革措施，推进进口货物“船边直提”和出口货物“抵港直装”改革。大力推进RCEP落地实施，持续释放政策红利。推进“单一窗口”建设，提升跨境贸易便利化水平。黄骅港海关持续落实通关便利化改革措施，保障产业链供应链安全稳定，实行“一企一策”，帮助企业充分惠享RCEP政策，涉及签证金额392.66万美元。优化减免税办理流程，出具进口货物减免税税款担保3单，出具征免税确认通知书6份，审批减免税货物货值2315.2万美元，为沧州大化股份有限公司办理减免税1000余万元。用好促进外商投资服务举措工具箱，帮扶全国重点外资项目——总投资2.35亿美元的嘉好粮油有限公司二期项目顺利投产。

【强化监管】2022年，黄骅港海关持续加强危险化学品监管，落实食品监管“四个最严”要求，保障进口粮食安全，全面筑牢国门安全防线。持续巩固“口岸危险品综合治理”百日专项行动成果，落实安全责任，检出出口危险品及其包装不合格8批，有效化解风险隐患。始终保持打击走私的高压态势，深入学习并严格执行海关办理检验检疫行政处罚案件操作规程，全面提升执法能力。深入推进“蓝天2022”和“国门利剑2022”专项行动，加大固体废物初筛、放射性检测、外来夹杂物检疫等检查力度，对进口铁矿100%实施现场固体废物属性现场初筛，对疑似固体废物货物进行固体废物属性鉴别，有效维护口岸国门安全。

【科技创新】2022年，黄骅港海关完成实验室CNAS复评审和扩项评审，获推荐认可涉及玉米、小麦、原糖、生活饮用水等检测对象，实验室检测项目参数增加至295个。主持完成沧州市科技计划项目“鹿流行性出血热检测试剂盒的比较研究”的验收，助力沧州市科研项目“危险化学品运输企业提升管理水平和应急能力的对策研究”的顺利结题。通过科技赋能实施无人机水尺鉴重应用，提升效率，提高安全。

▲2022年11月8日，黄骅港海关关员查验进口铁矿（陈现尧 摄）

【疫情防控】2022年，黄骅港海关严守疫情防控第一关口，坚决贯彻总体国家安全观，慎终如始抓好疫情防控工作。关领导深入一线参与集中封闭管理工作。青年干部主动请缨，组建了38人三级梯队，缓解了一线人员压力。坚持“人民至上、生命至上”政治立场，及时处置船员聚集性疫情等各类突发情况，千方百计落实海关总署、石家庄海关各项疫情防控要求，坚决防止传染病经口岸传播。规定动作100%做到位，持续强化防护培训不放松、物资保障不断档、防控监督检查不缺位、落实封闭管理要求不打折、应对阳性个案不慌乱、开展疫苗接种不松懈，保障了口岸一方平安。精准科学做好疫情内部防控，及时修订内部防控工作方案，保障工作不断、

▲2022年10月30日，黄骅港海关关员对染疫船舶进行登临检疫 （杨霖 摄）

队伍不乱。全员签订疫情防控责任书，坚持不懈落实门卫测温扫码、机关公共场所消毒、定期核酸检测等工作。落实关心关爱疫情防控一线关员长效机制，及时按要求发放临时补助，为封闭场所配备医疗器械、防疫物资等，做好封闭场所监控和行车轨迹抽查工作。加强沟通，对封闭人员定期进行心理测评，发放心理疏导书籍，与一线工作人员开展谈心谈话166人次，主要领导进行视频连线11次。定期慰问，对封闭人员家属进行实地走访慰问12次，解决实际困难15个，诚送《致一线登轮检疫人员家属的一封信》，表达对家属的关心与敬意。

【国门生物安全】2022年，黄骅港海关坚持“多病同防”，防范疫情叠加输入，密切关注全球传染病疫情流行趋势和国内疫情防控形势，精准研判，对其他各国暴发流行的霍乱、黄热病等传染病保持高度警惕，紧跟疫情防控工作新部署、新要求，保障政策落实不掉队、不跑偏、不打折。全年，监管国际航行船舶899艘次，检疫入出境人员18391人次。严防外来物种入侵和动植物疫情跨境传播，加强与农业等部门的协作配合，强化“关地合作”，形成监管合力。截获有害生物918种次，其中检疫性有害生物111种次。加强口岸病媒生物监测。持续开展国门生物安全监测及外来物种普查工作，实验室共采集鉴定出6种外来物种。以实际行动深入贯彻“以人民为中心的发展思想”，提升应对重大疫情和处置突发公共卫生事件的能力和水平。

【服务地方发展】2022年，黄骅港海关牢固树立人人都是营商环境的意识，支持冬枣等地方特色农食产品扩大出口。推动中国—中东欧（沧州）中小企业合作园区第一家保税仓库的建设，支持企业参加第四届中国—中东欧国家（沧州）中小企业合作论坛。助力黄骅市共建“一带一路”国际大通道取得新突破，中捷运营的“沧石欧”班列首发，港口首条外贸集装箱航线顺利开通，河钢监管作业场所完成扩容升级，沧州黄骅港矿石港务有限公司一期续建工程3号、4号泊位及其配套口岸查验设施完成市级预验收，黄骅港泰地石油化工有限公司码头开放稳步推进。推动县域特色产业发展和乡村振兴，助力企业“走出国门”。新增进境动物指定隔离场2家，与地方签署进境动物隔离期间相关工作备忘录，力促沧州乳业基地发展。新增出口化工

▲2022年8月21日，黄骅港海关关员在码头对进境粮食进行表层检疫（黄克迈 摄）

知识为“掌中宝”，方便全员及时学习掌握。深入推进政研练兵，明确提出“十四个部门要每年完成一篇政研文章”的工作目标，并定期进行通报进展，跟踪督导，奖优罚劣。通过抓好“一篇政研文章”，引导各部门全体人员深入思考业务工作，及时总结工作中的经验教训，推动各项工作提质升级。

企业5家，新增产品21种，助力甲基叔丁基醚、PU树脂等产品首次走出国门。支持中国—中东欧（沧州）中小企业合作园区发展，加快推进港口转型升级，促进临港产业发展，强化港口资源聚集和辐射带动能力。用好政策优势，支持共建“一带一路”国际大通道和实施“走出去”发展战略，融入国内国际双循环新发展格局，进一步提升口岸种质资源引进能力，打造进境种牛第一港。

【信息宣传】2022年，黄骅港海关高质量撰写信息，风险信息关区排名第一，新闻宣传和政务信息工作位居前列，自制短视频《闭环　循环》在海关总署微信公众号发布，视频短片《撸起袖子加油干　风雨无阻向前行》在河北新闻联播播出。

【理论学习】2022年，黄骅港海关全面推进新青年干部理论学习，着力开展新青年干部集体理论学习活动、访谈交流活动，青年理论学习小组获评石家庄海关2022年度青年理论学习示范小组。以“云模式”为抓手推动理论学习全覆盖，指导党员干部包括退休老干部和参加封闭管理人员利用“学习强国”“钉钉”等线上平台深入开展学习。

【业务能力提升】2022年，黄骅港海关开展培训练兵，参与系统各类培训，并自主组织开展党员干部岗位练兵、危险化学品监管工作培训等内容，统一印制海关总署、石家庄海关要求及部分业务

【队伍建设】2022年，黄骅港海关深入开展新时代全民阅读活动，加强阅读引领，引导全体关员养成爱读书、读好书、善读书、擅用书良好习惯。不断丰富阅读资源，充分利用现有的图书书屋资源，及时补充新书品种和数量，实行“送书上一线”活动，让参与疫情防控的一线关员也能享受阅读的快乐。开展读书分享会，打造“读书角”、一线视频连线、红色电影分享日等多种方式，让阅读“润物细无声”，全面提升了黄骅港海关关员综合素质。同时以“四结合四建设”大讨论活动为契机，以文明单位建设为抓手，以群团工作为基础，以气排球比赛、趣味足球比赛、演讲比赛、集体合唱、阳光晨跑、观看教育影片等活动为载体，

大力推进机关文化建设，打造人文情怀深、比学赶帮超的优质平台。树立注重实绩、倾斜疫情防控一线、建设年轻活力干部队伍等鲜明用人导向，完成3批次科级领导干部选拔，提任正科级领导干部2人、副科级领导干部8人，进一步激发青年干部激扬青春梦、扎根渤海湾、建功新时代的热情。

【党建工作】2022年，黄骅港海关深入推动“强基提质工程”，深化党史学习教育，加强“四强”党支部建设，精心培育特色党建品牌，对14个支部品牌进行完善，推动示范品牌申报，完成支部换届、选举新一届团支部，党建基础不断夯实。把推动党支部书记党建主体责任落实作为落脚点，坚持突出问题导向、突出工作实际、突出整改落实，抓好半年一次的党支部书记述职评议工作，确保各党支部交出合格答卷。查验一科党支部复核通过海关总署党建培育品牌，技术科党支部复核通过关区党建培育品牌，综合业务一科党支部获评关区先进基层党组织。

【督察审计】2022年，黄骅港海关党委全面履行主体责任，坚持全面从严治党，与第七派驻纪检组建立会商机制，从严开展“海关重点项目和财务管理以权谋私”专项整治工作，不断巩固党风廉政建设成效。规范财务管理，贯彻落实“过紧日子”要求，从严控制“三公”经费，不断完善预算保障机制，提升预算执行效能，加强税费财务管理，按要求完成资产划转工作。配合完成审计署对石家庄海关履行监管职责和税收征管情况的外部审计及石家庄海关对个别同志任职期间经济责任履行情况审计工作，科学精准完成口岸疫情防控落实情况等7个项目督察工作。

【内控建设】2022年，黄骅港海关加强关员思想道德教育，开展专题学习讲座、警示教育活动、个人违规事项申报及撰写剖析材料等活动，不断强化廉洁意识，持续加强对全体关员日常执法与非执法过程监督。狠抓内控落实，将内控管理理念深入镶嵌日常工作之中，压实内控主体责任，规范执行控制实现方式，丰富日常业务复核和定期自查自纠内容，以问题查发为导向，加强利用清单提升基层自控能力作用，防范化解风险，牢牢守住系统性和区域性风险的底线。

撰稿人

王丽昊　王雪娇　陈嘉诚

衡水海关

【概况】2022年，衡水海关坚持以习近平新时代中国特色社会主义思想为指导，深入学习贯彻党的二十大精神，以习近平总书记重要指示批示精神和党中央决策部署为号令，认真落实党中央、国务院重大决策部署，把握发展与安全工作基调，统筹把关与服务工作平衡，不断深化政治机关建设，有力服务地方外贸经济高质量发展。全年，衡水市外贸进出口值263.6亿元，居全省第八位，同比增长10%，增速居全省第五；其中，出口249.7亿元，居全省第七位，同比增长15%，增速居全省第六位；进口13.9亿元，居全省第九位，同比下降38.5%，增速居全省第十二位。

【党建工作】2022年，衡水海关压实党建主体责任落实，结合实际制定落实党建主体责任提高基层党建质量的实施意见、党建工作要点等制度文件，制定全年20项党建重点工作，明确五级党建责任体系。进一步完善基层组织建设，顺利完成党总支换届，党支部设置更加科学，基本实现“支部建在科上”全覆盖；持续推进合格党支部建设，2个党支部被评为关区“四强”党支部、先进基层党组织，1个支部品牌复审通过关区党建示范品牌。扎实开展警示教育，认真落实对“一把手”和领导班子监督有关措施，灵活运用监督执纪“第一种形态”，全年运用“第一种形态”5次，其中，提醒谈话4人次、诫勉1人次。组织全体党员干部到廉政警示教育基地实地参观学习，“零距离”接受现场教育；积极开展廉洁文化探索活动，灵活推进廉政家风建设，组织党员干部与家属共读廉政家书、亲子共办廉政手抄报、共写廉政语录等活动，推动廉洁教育融入家庭日常生活。持续加强政治理论学习，严格落实“第一议题”制度，全年学习习近平总书记重要讲话和重要指示批示精神12次，严格开展交流研讨，合计梳理出55个岗位的具体政治要求；紧紧围绕“四个是否”，查摆出问题15个，制定整改措施35条，召开2次党委会专题研究积极推动整改，有关问题全部整改到位。

【队伍建设】2022年，衡水海关党委班子坚持集体领导，不折不扣地贯彻执行民主集中制；各级领导干部互相配合，形成工作合力，有效提升全关管理水平。坚持“好干部”标准，突出业绩导向，树立鲜明选人用人导向，注重培养选拔优秀年轻干部。全年，开展科级领导干部选拔任用2人次、职级晋升8

人次、岗位交流调整13人次。注重发挥各类表彰奖励激励作用，积极营造比学赶超的浓厚氛围。

【实际监管】2022年，衡水海关努力提高监管能力素质，大力加强风险研判，对疑似固体废物和濒危野生动植物等高风险商品加大风险分析力度；通过风险作业系统、查验管理系统等多种渠道和方式，不断提高监管能力。全年，接受进出口报关单申报4059票，监管货运量19.68万吨，监管货物总值5.48亿美元；完成出口属地查检9394批，查发不合格4批；完成进口属地查检354批，查发不合格17批。

【国门安全】2022年，衡水海关坚决守牢危险化学品监管底线，严格落实“五级安全责任”，扎实开展“口岸危险品综合治理”百日专项行动。全年，共完成出口危险化学品查验2454批、检出不合格4批，完成出口危险货物包装使用鉴定2766批、检出不合格4批；完成出口包装性能检验460批，约谈4家不合格企业负责人，查发的6项安全隐患已全部整改到位。切实守牢国门生物安全，认真落实重大疫情防控工作，有效阻截非洲猪瘟等重大动植物疫情疫病传入传出和外来物种入侵。完成外来有害生物监测工作，监管木质包装热处理272批次。严把进口商品安全关，强化旧机电、医疗器械等进口商品检验监管，查发并销毁1批进口设备附带未取得特种设备生产许可的压力容器。确保进境粮食安全，保障16批次共计13.91万吨进境粮食顺利入库，监管5批次3465吨储备粮完成出库。

【税收征管】2022年，衡水海关全面推进落实属地纳税人管理，加强税收形势分析研判，做好关区主要税源企业

▲2022年2月25日，衡水海关关员开展出口危险化学品属地查检（丁媛媛　摄）

▲2022年7月11日，衡水海关关员开展外来生物普查（丁媛媛　摄）

数据跟踪，科学开展税收预测，强化涉税要素监控与风险信息共享，形成税收征管合力，提升综合治税水平，全年税收逆势增长，入库1.36亿元，增幅居关区前列。持续释放减免税红利，培育产业优势，全年出具减免税审核确认通知书22份，减免税款251.34万元。全年累计签发各类原产地证书9261份，签证金额6.69亿美元，企业货物获国外关税减免约2008万美元。

【后续监管】2022年，衡水海关强化风险管理类核查，加大对风险线索的分析研判，认真分析辖区进出口业务特点，完善对重大敏感线索的快速反应、处置规程，着力提升线索移交与税款追补能力和水平。全年共计完成"风险管理类"核查作业19起，按时办结率100%，其中，移交缉私部门线索3起，缉私立案处理2起，移交缉私货值9123.43万元，涉税722.3万元，关区排名第一。全年完成定期管理类核查作业90起，通报企管部门22起，规范整改65起，各项指标均排在关区前列。

【促进外贸保稳提质】2022年，衡水海关扎实推进外贸保稳提质。聚焦企业痛点、难点、堵点问题，坚持"建账立册、挂单销号"，重点问题实行"专人负责、全程服务"，切实为企业办实事、解难题，全年累计收集解决企业各类问题7个。积极释放RCEP政策红利，全省首家"经核准出口商"落户衡水，并出具全省首票原产地声明。设立进出口鲜活易腐农食产品属地查检绿色通道，全年累计查验放行鲜梨479批，货值近1800万美元。协助地方政府加快推进保税物流中心项目的建设，打造高水平对外开放平台。强化海关信用培育，新增AEO企业2家。

【优化口岸营商环境】2022年，衡水海关持续推动"两步申报""提前申报"应用，应用比例分别为85.4%、41.2%。巩固通关时间压缩成效，全年货物进、出口整体通关时

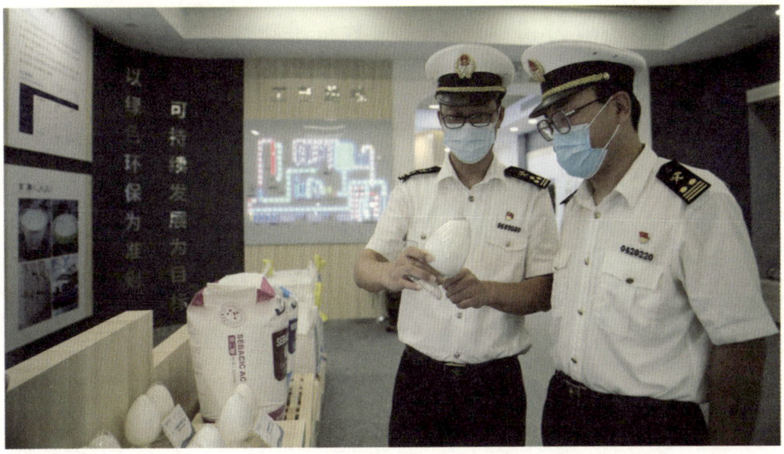

▲2022年9月2日，河北省首家出口企业通过RCEP"经核准出口商"资格认定（丁媛媛　摄）

▲2022年11月8日，衡水海关关员开展核查作业前风险分析研判（丁媛媛　摄）

▲2022 年 4 月 17 日，衡水海关关员对关区企业开展政策上门宣讲 （丁媛媛 摄）

间分别为 8.02 小时、0.71 小时，居关区前列。“单一窗口”功能应用成效进一步凸显，大力推进原产地证书“智能审核 + 自助打印”，近 90% 证书实现自助打印。扎实开展调查研究，发挥统计优势向地方政府报送了衡水市外贸经济形势分析及建议、加强对优势外贸企业培育扶持的建议，得到市政府肯定。服务县域特色经济发展，靠前服务、精准服务，探索设置海关服务延伸点，与安平县政府签署合作备忘录，助力召开中国·安平国际丝网博览会。

【内控审计】2022 年，衡水海关以抓落实、提效力、促整改为重点，通过“坚持打牢事前风险防范、坚持构建事中风险防控、坚持提升风险处置水平”，结合内控示范单位创建和“现场监管与权力寻租”专项整治工作，着力推进内控工作标准化规范化建设，实现自上而下、由内至外的基层自控体系，切实防范“三大风险”。全年，相继开展了支持外贸促稳提质措施落实情况、税收政策及税收风险防控落实情况、“国门绿盾 2022”行动落实情况等专项跟踪督察，有力推动重大决策部署的全面落实。新海廉系统制发处置联系单 12 份，处置异常有效数据 47 个。

【技术保障】2022 年，衡水海关加强信息化运维保障，严格落实信息化设备及安全介质管理和维护措施，保障日常办公和业务需要。加强网络安全管理，定期开展网络安全隐患自查，紧盯网络设备、计算机及软件应用系统的安全防护，开展网络安全宣传周活动，提高全员网络安全意识。石家庄海关技术中心衡水业务部顺利通过 CNAS 复审，中标地方食品安全抽检任务，有效发挥实验室技术支撑作用。

【办公综合】2022 年，衡水海关严格执行“三公”有关规定，加强办公用房和车辆管理，定期公示接受监督。认真贯彻落实“过紧日子”的要求，全力降低机关运行成本，机关用水量、用电量、食堂支出同比下降明显，被评为国家节约型示范单位。严格办文，文稿质量进一步提高，全年无退文。信息宣传取得新亮点，新闻宣传首次登上《河北日报》、河北新闻联播等媒体平台，工作简报刊发量同比增长明显，新闻首次登上《河北日报》、河北卫视等媒体平台。严格落实保密从严要求，严守国家秘密安全，顺利通过地方保密局年度检查验收。

撰稿人

张 浩

邢台海关

【概况】2022年，邢台海关以习近平新时代中国特色社会主义思想为指导，以迎接、学习、宣传、贯彻党的二十大为主线，落实海关总署和石家庄海关工作会议和全面从严治党工作会议部署，统筹做好疫情防控和外贸保稳提质工作，发挥职能作用，强化监管、优化服务，推动地方开放型经济高质量发展。全年邢台市外贸进出口总值222.6亿元，同比增长8%，增速高于全省4.1个百分点、居全省第八位。其中，出口201.5亿元，同比增长10%，首次突破200亿元，外贸发展呈现企稳向好、韧性强劲的良好发展态势。

【党建工作】2022年，邢台海关聚焦政治引领，推进捍卫“两个确立”、做到“两个维护”、强化政治机关建设专项教育活动，梳理政治要求53条，查找4方面问题16条，明确整改措施28项，按规定时限全部完成整改。将学习宣传贯彻党的二十大精神作为首要政治任务，围绕“12个必”“38个深入思考”和“铸忠诚、担使命、守国门、促发展、齐奋斗”15字要求开展大讨论，组织集体学习研讨26次，撰写学习心得56篇，形成理论文章8篇，推动党的二十大精神落地生根。坚持“第一议题”制度，通过党委理论学习中心组（扩大）学习、形势分析及工作督查例会及时跟进学习习近平总书记重要讲话精神和党中央重要会议、文件部署。制订重点任务分工方案，明确51项重点工作，建立督办制度，明确专门科室督办党委议定事项，推动工作落地落细。扛起政治责任，压茬推进巡视、巡察、审计整改工作。

制订全面从严治党重点任务分工方案，明确49项具体工作举措。加强党支部书记队伍和“四强”党支部建设，完成党总支及11个党支部换届选举，1个党支部获评石家庄海关关区先进基层党组织，2个党支部继续保留石家庄海关关区党建培育品牌，“四强”党支部数量增至3个。用好“学习强国”、“钉钉”、智慧党建等学习教育平台，落实“三会一课”、主题党日等组织生活制度，开展线上线下学习研讨等活动360次，开展12期党建与业务知识闭卷测试，推动党建与业务深度融合。选派1名同志参加石家庄海关服务保障北京冬奥会专项集中工作，圆满完成工作任务并获石家庄海关嘉奖。

加强清廉海关建设，落实中央八项规定精神，深入纠治“四风”，综合运用监督执纪“四种形态”，特别是“第一种形态”，对苗头性、倾向性问题开展提醒谈话7人次。开展“关长接待日”活动4次，对7家企业开展稽（核）查廉政回访，未发现违反廉洁纪律行为。开展“海关重点项目和财物管理以权谋私”专项整治工作，加强窗口作风建设，用好海关政务服务“好差评”系统，主动评价率和好评率均达100%。开展警示教育月活动，组织全体干部职工分3批共54人观看警示教育片，各党支部书记讲廉政党课。主动加强与派驻纪检组沟通，自觉接受监督指导。

【疫情防控】2022年，邢台海关落实疫情防控部署，优化调整常态化疫情防控措施，完善应急处置预案等管理制度7项，组织开展应急处置演练4次。落实安全防护管理主体责任，加强教育培训考核，严防职业暴露感染。接受海关总署“百名科长百日督查”督查组现场检查，整改问题8项。每月开展疫情防控工作自查，发现问题立行立改。疫情管控期间设立快速通关绿色通道，落实预约通关查检等便民惠企政策，推广“无接触、云审核”监管服务模式，为企业提供邮寄代办、不见面审批等专项服务，实现海关工作不断档，获赠锦旗3面。

【国门安全】2022年，邢台海关落实监管职能，筑牢国门安全防线。加强后续监管，落实稽查改革工作要求，办结稽查作业14起。推进核查作业标准化，共接收各类核查指令137条，办结140起。办理“两简”案件9起。开展“国门利剑2022”专项行动，保持打击走私高压态势，牵头完成地方打击治理冻品走私工作，联合地方6部门印发工作意见，形成执法合力。严把进出口商品安全关，受理检验检疫申请8231单，检出不合格产品9批。制订隔离检疫监管方案，督促企业修订完善疫情疫病防控制度，结合现场检查和视频监控织密监管链条，全年监管进境种鸡2.6万只。综合运用实地监管、调取视频、粮食系统在线监管3种方式，做到颗粒归仓，保证国家粮食安全，防止植物疫情随进境粮食传入。全年，完成进境粮食调运流向监管27.2万吨，同比增长55.4%，其中，加工粮19批，全部为小麦，共计18.41万吨；储备粮6批，全部为玉米，共计8.79万吨。推进外来入侵物种普查工作，发现检疫性有害生物3种。

【危险化学品监管】2022年，邢台海关树牢安全发展理念，做好进出口危险化学品及其包装检验监管，开展“口岸危险品综合治理”百日专项

▲2022年8月29日，邢台海关关员对进境粮食指定存放单位开展核查（李菲　摄）

行动，实施相关企业资质验证以及安全隐患排查，在日常检验监管中做到双人持证上岗，按检验规程做好进出口危险化学品的检验监管和危险货物包装的性能检验和使用鉴定。全年，检验出口危险化学品 1021 批、同比增长 52.4%，检验危险货物包装 2065 批、同比增长 12.7%，检出危险化学品包装不合格 8 批；约谈相关企业 4 家、6 次，督促企业制订整改方案，落实整改措施，确保进出口危险化学品及其包装安全。

【税收征管】2022 年，邢台海关实施综合治税，加强税收征管政策宣讲，推广应用自报自缴、电子支付、汇总征税、关税保证保险等新型纳税方式，实现纳税全流程无纸化，便利企业申报缴税，税收入库 2974 万元。做好减免税政策宣传，落实国家降低关税、进口环节增值税和暂缓征税等税收惠企政策，提高减免税管理新系统应用水平，配合开展减免税抽样复核，及时为鼓励项目、科技创新和种子种源等办理减免税审批手续，帮助企业单位享受税收优惠，助力国家种业振兴和创新战略，为 75 套进口设备办理减免税审核

▲2022 年 10 月 18 日，邢台海关关员指导企业办理 RCEP 原产地证书（董利华 摄）

确认手续，减免关税和增值税共计 252 万元。

【营商环境建设】2022 年，邢台海关推进跨境贸易便利化，巩固压缩整体通关时间成果，在业务大厅设立咨询专窗，落实“一口受理”“首问负责”“首办负责”制度，利用对企“网格员”“联络员”等途径，及时解决企业在通关过程中遇到的疑难问题。全年，邢台市进口整体通关时间为 20.58 小时，较 2017 年压缩 87.6%；出口整体通关时间为 0.75 小时，较 2017 年压缩 96.9%。落实“7×24 小时”预约通关、应急值班、收发货人免于到场查验等机制，实现“一次申报、一次查验、一次放行”，为 50 余家企业的 500 余批货物提供节假日零障碍通关服务。“一业一策”“一企一策”开展 RCEP 原产地规则和关税减让政策宣讲，综合运用“智能审核 + 自助打印”智慧审签模式，针对重点行业企业开展政策培训 10 次，收集解决企业享惠问题 15 条，年内新增原产地备案企业 809 家，签发原产地证书 4750 份、2.47 亿美元，其中，RCEP 原产地证书 53 份、396.2 万美元。落实取消报关企业注册行政许可审批事项，深化“证照分离”改革，指导食品行业企业完善食品卫生体系，推进备案管理全程网上办理，实现“流程再造”，压缩办理时限。年内，新增报关单

▲2022年11月3日，邢台海关关员赴出口光伏产品企业开展调研（王文亮　摄）

位、出口食品生产企业、食品进口商备案分别为618家、8家、3家，其中，以“多证合一”方式办理报关单位备案183家，邢台市报关企业备案达4960家。推进法治海关建设，落实“谁执法谁普法”普法责任制，通过关企座谈、下厂监管等宣传法律法规，联合地方市场监管部门组织海关知识产权“云宣讲”，吸引冀南地区企业500人参加。指导重点企业通过知识产权海关保护备案，邢台市知识产权海关保护备案企业增至15家、50个商标，同比分别增长114.3%、28.2%。年内，1名同志荣获河北省知识产权保护先进个人。

【县域特色经济发展】2022年，邢台海关助推企业提档升级，规范加工贸易业务健康发展。组建工作专班，针对重点行业企业开展“一对一”信用培育指导，打造“诚信守法便利”市场环境，帮扶河北三厦厨具科技有限公司、玉星生物（集团）股份有限公司2家企业通过海关AEO认证，邢台市AEO企业增至5家。组织33家羊绒加工贸易企业开展政策宣讲，规范羊绒行业加工贸易，新增加工贸易企业22家，邢台市加工贸易企业增至62家，数量居石家庄海关第二位。服务保税监管业务发展，发挥保税仓库“保税+仓储+物流”等政策优势，帮扶特色产业发展壮大。全年，保税仓库进口货物共计7141吨、货值1.55亿美元，同比分别增长285.3%、166.4%。落实保稳

▲2022年9月22日，邢台海关关员赴重点行业企业开展贸易调查（侯朝晖　摄）

提质一揽子措施，助力邢台市柑橘纤维、麦芽糖浆、冷冻水果新品种（冷冻葡萄、冷冻苹果丁、冷冻李子、冷冻黑加仑、冷冻猕猴桃片、冷冻橘子瓣）等特色产品首次出口，其中柑橘纤维为河北省首次出口。开展统计研究分析，向邢台市委、市政府报送进出口专报11期，获市领导批示1次，以务实举措推动邢台市县域特色经济高质量发展。

【干部队伍建设】2022年，邢台海关加强领导班子建设。完善党委理论学习工作制度，组织31次党委理论学习中心组学习。召开党委会议6次，研究党建、纪律作风建设等重点工作，召开2次专题党委会研究布置意识形态工作。做实调查研究，领导班子成员深入企业调研40次，及时解决外贸企业难点、痛点、堵点问题。4名党委委员如实填报重点事项监督自查报告表。推进准军事化纪律部队建设，结合疫情防控形势灵活开展队列训练，深入开展内务规范强化月活动，人均训练时长达15小时，开展内务规范突击检查12次，及时通报检查情况，组织关员收看海关内务规范示范片12次，督促干部严格遵守着装、考勤、外勤执法等工作要求和纪律规定。做好酒驾醉驾监督提醒，全年邢台海关未发生酒驾醉驾情事。抓好一线科长队伍建设和优秀年轻干部培养，按照轮岗交流计划，多岗位锻炼中层干部尤其是年轻干部，对7名科长、4名副科长进行轮岗交流，推动年轻干部成长进步。

【内控监督】2022年，邢台海关开展报关单修改、查验时间、多份查验记录单录入情况等10次专项检查，下发工作联系单24份。加强新海廉系统应用，全年邢台海关HLS 2017内控平台授权人数14人，人均平均使用105天，警示风险数据移出率达到100%，2篇信息被HLS 2017内控平台采用。加强专项督察，开展加工贸易业务、口岸检查作业规范、“国门绿盾2022”行动落实、进出口食品安全“四个最严”要求落实情况等7个督察项目，推动重点工作落实。高质量完成事业单位所属企业脱钩专项审计、大金额差错报关单专项审计调研、石家庄海关迎审3项自查，发现问题13项，督促全部整改完成。开展审计整改“回头看”，对以往2次审计发现问题进行梳理，确保整改效果扎实有效。

【科技发展】2022年，邢台海关推进科技和实验室建设。加强网络安全管理，制修订网络安全管理制度3项，及时进行电源、网络线路等老旧设备更换，安装门禁系统、视频监控等设施，确保机房运行环境安全。每月开展网络安全自查和视频监控日常巡视，落实应急值班和零报告制度，及时消除网络安全漏洞，筑牢网络安全防火墙。组织开展免费食品安全知识培训，提升地方影响力和知名度。加强国外技术性贸易措施应对工作，建立关级技术性贸易措施工作专家组，走访调研摸清企业底数，推进贸易关注、课题研究、咨询应对等工作，对邢台市43家企业开展国外技术性贸易措施影响调查，为企业有效应对技术性贸易措施提供专业指导。跟踪受影响的2家企业，开展输美木制品认证要求政策宣讲。帮扶4家羊绒生产企业获得欧盟TRACES系统注册，对欧盟SPS通报提出2条评议意见，撰写年度贸易调查工作调研报告1篇，在石家庄海关技术性贸易措施工作评比中名列第二。

【综合保障】2022年，邢台海关规范保密、值班、档案和政务公开等工作，修订完善管理制度2项，完成政务信息依申请公开1次。落实值班值守和请示报告制度，坚持节假日三级值带班制度，时刻保持通信畅通，做到紧急情况第一时间发现、第一时间报告、第一时间处置。做好保密文件传输管理和档案室出入管理，全年邢台海关未发生失泄密情事。落实安全生产责任制，坚持“两个至上”，做到“三个必须”，制定印发各类管理规定20项，紧盯办公场所、网络机房、实验室、保税仓库和重点业务领域等关键部位，开展常态化安全生产自查排查和重要时间节点安全生产大检查，发现并整改安全隐患24个。做好财务报销和物品采购管理，规范审批流程，提高工作效率。执行“三公”有关规定，加强办公用房和车辆管理，落实“过紧日子”要求，降低机关运行成本，年内邢台海关获评“节约型机关”称号。加强政务信息、新闻宣传工作，向海关总署报送选报信息3篇，在《经济参考报》《中国国门时报》分别刊登新闻宣传1篇、3篇，采用稿件1篇，“石家庄海关12360”微信公众号采用稿件7篇，系统内外影响力进一步提升。做好工会服务保障，为4名工会会员办理“互助一日捐”救助申请，改善室内外活动场地条件，营造良好办公生活环境。

撰稿人

王文亮　陈培刚

邯郸海关

【概况】2022年，邯郸海关着力推进政治建关，强化监管优化服务，筑牢国门安全防线，优化口岸营商环境，服务地方经济发展，建立健全内部管理制度，各项工作稳步开展、稳中有进。全年，共计审核报关单908份，税收入库1.72亿元，同比增长24.6%；审核受理出入境检验检疫货物5318批次、同比增长0.8%，货值51702.02万美元、同比增长59%；危险货物包装性能和使用鉴定866批，同比增长16.5%；检验出口危险化学品重量828.03吨，货值16415.83万美元；开展核查作业102家。

【党建工作】2022年，邯郸海关深入学习宣传贯彻党的二十大精神，开展捍卫“两个确立”、做到“两个维护”、强化政治机关建设专项教育活动和“学查改”专项工作。按照全国海关部署要求开展谋划，发挥党委理论学习中心组学习带动作用，深学细研，先学一步，学深一层；以“晨读一刻钟”“三会一课”为平台，各科制订晨读周计划，围绕党的二十大精神及推动海关全面发展的“12个必”课题开展“三会一课”“主题党日”活动，深化对党的二十大精神的研究思考；组织全体干部职工撰写学习党的二十大精神心得体会，组织全体干部职工参加党的二十大精神网络答题，做到全员覆盖。全面加强党的领导，落实意识形态等领域工作责任制，严格执行“三重一大”事项集体决策制度，加强重大部署、重要任务、重点工作组织领导，充分发挥党委把方向、管大局、保落实的作用。以党支部季度考核为契机，全面深化“强基提质工程”，对照基层党建各项具体要求，按照“学习交流、贯彻落实、监督检查、评估问效”闭环流程完善党组织标准化规范化建设、指导“四强”党支部高质量创建、发挥党建品牌作用，不断提高基层党建质量。

强化标本兼治，一体推进“三不腐”机制建设。通过“六必谈”、重大节假日前廉政提醒、廉政回访、受处分人员跟踪回访等方式，持续推进“海关重点项目和财物管理以权谋私”专项整治工作，保持惩治腐败高压态势不放松，强化不敢腐的震慑。发挥纪律监督、巡察监督、派驻监督、审计监督的监督合力，严格落实规范领导干部配偶、子女及其配偶从业行为等规定。持续开展政务服务“好差评”系统建设应用，深化“制度+科技”风险防控，依托新海廉系统对一线关员执法行为开展常态化监控，促行风转作风，

▲2022年7月1日，邯郸海关参观晋冀鲁豫烈士陵园，开展主题党日活动（李聪聪　摄）

▲2022年5月18日，邯郸海关参观廉政文化馆，进行廉政警示教育（李聪聪　摄）

扎紧不能腐的笼子。加强廉政文化建设，通过警示教育月活动、讲廉政专题党课、开展廉政主题党日、开展家庭助廉活动、警示案例教育学习、组织青年干部参加扣好廉洁从政“第一粒扣子”主题演讲比赛等活动，教育引导干部职工从思想深处明法纪、知敬畏、存戒惧、守底线，增强不想腐的自觉。

【队伍建设】2022年，邯郸海关严管厚爱带队伍，加强海关准军事化纪律部队建设。严管厚爱、以人为本，通过狠抓“三个一”（树立一种导向、深耕一种文化、完善一套机制），打造一支高素质准军干部队伍。树立正确用人导向，落实新时代好干部标准和忠诚干净担当要求，选优配强科级领导班子，特别是科级正职和一线执法科长，树立重政治、重品行、重基层、重担当、重实绩的鲜明用人导向，大力推荐重用优秀年轻干部，给想干事、能干事、干成事的干部以舞台，形成良好的作风导向。深耕“三实”海关文化，加强海关“三实”文化建设，引导党员干部正心修身，永葆共产党人的政治本色，不断提升海关履职能力、践行为民服务宗旨，培树海关可亲、可敬、可靠的形象，使“求实的态度、扎实的作风、朴实的品格”成为邯郸海关干部队伍的一张亮丽的名片。完善管理机制，“严管”与“厚爱”相结合，压紧压实党委委员和科级干部责任，加强人员管理，严厉打击匿名诬告、推诿扯皮、不担当不作为等各种不良风气；坚持廉政回访、阳光采购、节假日重要

▲2022 年 9 月 21 日，邯郸海关举办“喜迎二十大　文明健步行”活动（牛平生　摄）

时间节点提醒、政务公开等机制，通过廉政提醒、案例警示等方式，教育引导关员守好廉政底线；优先保障民生，建设完善设施硬件、制度软件、情感紧固件“三位一体”的综合性暖心工程。

【信息宣传】2022 年，邯郸海关信息宣传工作以习近平新时代中国特色社会主义思想为指导，以迎接、学习、宣传、贯彻党的二十大精神为主线，客观反映各项工作开展情况，展示蓬勃昂扬良好风貌。全年，被上级部门采用发布稿件 135 篇。政务信息方面，被每日快报采用 80 篇，工作简报、交流、选报信息被采用 17 篇，参与撰写的关区统计分析信息多次被海关总署、石家庄海关，以及河北省委、省政府采用编发，其中 1 篇被国务院办公厅采用；新闻宣传方面，被石家庄海关管理网网站新闻宣传、图片库采用 16 期，“石家庄海关 12360”微信公众号采用 10 期，“冀语关情”微信公众号采用 8 期，《河北日报》采用 3 篇，“海关发布”微信公众号采用 1 篇。

【优化服务】2022 年，邯郸海关多措并举，在加强监管的前提下，提高服务效能。持续压缩整体通关时间，推进“提前申报”“两步申报”“两段准入”“关税保证保险”“汇总征税”等便利措施，提高贸易便利化。全年，进口整体通关时间 12.33 小时，出口通关时间 0.93 小时，较 2017 年分别压缩 91.57% 和 92%，优于全国平均水平。提高查验质效，助力企业保市场保订单，发挥“查检 +”优势，充分利用外勤“窗口”时间，调研了解企业生产和物流情况，收集反馈外贸问题诉求，设立邯郸海关进出口鲜活易腐农食产品查检绿色通道，严格落实“5+2”预约查检，公布属地查检预约电话，一次下厂多头作业，提高查验质效，有效解决企业出口库存积压、船期紧张、订单延误等突出问题。落实减税降费各项措施，通过线上线下方式，面向重点行业和重点企业开展政策培训和宣讲，收集解决企业享惠问题，指导企业用好原产地优惠政策。在业务现场设立“RCEP 服务专岗”，公布解答热线，为企业量身定制应用 RCEP 优惠政策的最优方案，及时解决企业在申报过程中遇到的问题，让企业充分享受 RCEP 政策红利。推行 RCEP 等自由贸易协定原产地证书申领智能审核、自助打印、邮寄办理等便利化措施，实现企业申报、审核、领证零等待。落实简政放权改革事项要求，推进“证照分离”改革，取消报关企业注册登记和出口食品生产企业备案的行政许可事项，实施报关单位备案

▲2022年6月1日，邯郸海关关员在北方奥钛纳米科技有限公司开展出口锂电池查验作业（武鹏　摄）

强化保通畅、提效能、强监管、优服务等多项举措，主动对接服务地方产业发展需求，落实海关总署、石家庄海关促外贸保稳提质措施，以问题为导向，推出“海关政策包”，让惠企政策红利进企业、进仓库，收集解决钢企问题7个，实施动态清零。针对保税物流中心进口铁矿石分送集报二次结算报关单修改难和二线出区系统重复布控查验等问题，深入企业调研8次，召开现场办公会12次，专题研讨会16次，帮助企业解决问题。

【动植物检疫】2022年，邯郸海关制订生物安全体系建设方案，成立国门生物安全工作领导小组，统筹开展国门生物安全监测工作。根据实蝇生物学特性关区实际情况，在涉县、武安、磁县等地设置24个实蝇诱捕点，其中地中海实蝇5个、橘小实蝇16个、瓜实蝇1个、蛋白诱饵2个，严格按规定收集和替换不同类别诱捕器的饵料、标本，规范填写有害生物的监测和调查记录表格，未发现有害生物。开展出境水生动物疫病监测，采集西伯利亚鲟鱼样品1个，未检出传染性造血器官坏死病。落实

管理，推进海关注册注销便利化改革，实现所有企业备案业务全程无纸化网上办理，落实申请人“一地受理，一次办理”工作要求。优化出口食品生产企业及出口食品原料种植、养殖场等食品特定资质备案流程，探索运用“互联网＋专家线上评审”等非现场的方式开展供港蔬菜基地验核作业。

【助力地方】2022年，邯郸海关主动对接政府部门，广泛开展调研，回应地方政府和企业诉求。针对河北武安保税物流中心（B型）提出投资建设发展跨境电商网购保税1210和中欧班列外贸新业态需求，做到先学一步、掌握政策；开展政策宣讲和业务指导，成立专项工作组，定期现场办公，深入企业摸底调研，提供个性化服务，开展“面对面”政策辅导，实行“项目化推进＋清单式管理”，做到“一方案一专班”，分类施策，助企用足用好保税平台政策优势。

▲2022 年 3 月 16 日，邯郸海关关员到企业调研，送政策上门 （李聪聪 摄）

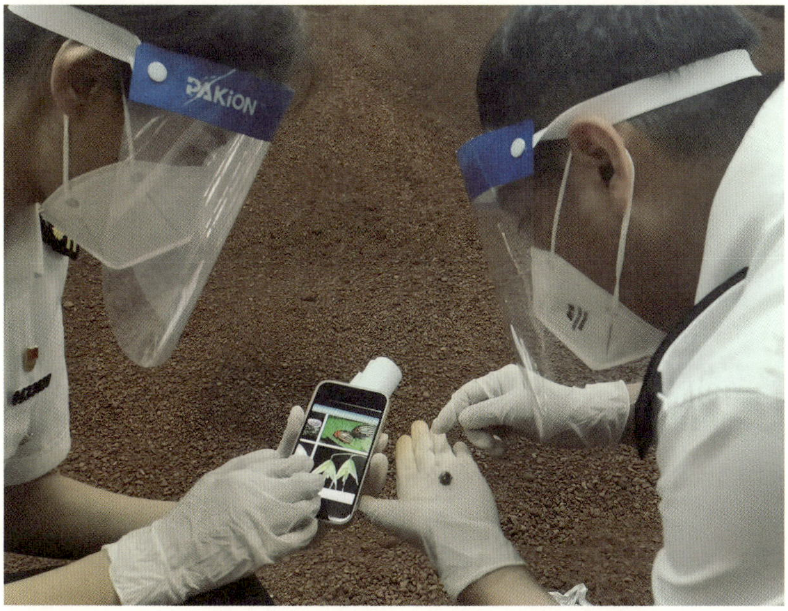

▲2022 年 8 月 25 日，邯郸海关关员在河北武安保税物流中心（B 型）大宗商品库开展国门生物安全监测和口岸外来入侵物种普查 （张丽粉 摄）

饲料监控计划，对出口饲料肉类宠物食品进行抽样送检，药残及菌落等 21 个监测项目均合格。开展主要入境口岸外来入侵物种普查工作，全年对粮库、河北武安保税物流中心（B 型）、进出口企业货物存放场所及运输路线开展踏查 30 余次，严格按照规范报送普查和监测数据，参考指南图片采集疑似小蓬草、藜、苋草等外来入侵物种样品 6 种，送石家庄海关技术中心检测鉴定。落实“国门绿盾 2022”专项行动要求，参加邯郸市生物多样性工作联席会议机制，宣传介绍海关国门生物安全工作成果，提高海关工作影响力。

【商品检验】2022 年，邯郸海关落实进出口危险品检验监管“五级安全责任”要求，关领导跟班作业 4 次，从严从细执行石家庄海关出口危险化学品检验监管操作规范等 5 项制度规定，梳理主要产品的现场检验要点，规范填制查验记录、鉴定证书等单证，加强留样监督、作业复核和档案管理。组织参加海关总署危险品监管业务培训考试，确保查验及梯队人员符合资质及人数比例要求。结合实际完善关区出口危险品监管工作制度，制定邯郸海关出口特种气体检验监管工作办法，修订出口危险化学品合格评定管理办法，根据关区 9 家危险品企业及其 17 种危险产品的特性分析和评估情况，在定期风险排查和企业信用等级的基础上，确定合格评定方式和对应抽样频次。落实联防联控工作要求，与邯郸市应急管理局建立危险品安全监管系配合机制，确定联络人员和问题协调工作方式，通报函询发

▲2022年7月8日，邯郸海关关员对河北中化鑫宝有限公司出口的异喹啉等危险化学品及其包装实施现场检验（李聪聪 摄）

现的问题3项，形成监管执法合力。开展不合格后续处置工作，及时上报不合格案例情况，对不合格的企业负责人进行约谈，提高检验监管工作有效性。

【政策研究与统计】2022年，邯郸海关强化政策研究与统计分析，发挥海关统计监测预警效能。做好数据质量控制工作，以海关日报子系统和报关单数据质量监控分析系统为依托，专人负责每日报关单数据质量监控。做实做细统计数据基础工作，每月初上报业务统计数据并编辑本关业务统计月报，每月定期督导国家先导指数样本企业及时上报基层行业调查情况，加大统计调查的对企宣传力度，提升企业填报问卷质量，确保填报率和及时率达到100%。发挥调查平台作用，参与关区出口先导指数调查、跨境电商调查，中小微、“专精特新”企业，中欧班列等一系列专题调研工作，了解企业的实际困难、难点堵点、合理诉求，立足贴近企业优势，梳理企业提出的问题，撰写调查调研报告，发挥统计调查“直通车”“信息源”作用。参与政策研究工作，发挥海关统计监测预警效能，推动统计工作高质量开展，紧紧围绕稳外贸稳外资工作以及河北省开放型经济发展需要，关注中长期趋势性变化，开展钢材、铁矿等重点商品和重点国别、区域的进出口监测分析，撰写全省钢材出口、铁矿沙进口情况及对欧盟贸易进出口等专题分析9篇，其中3篇选报省政府，为地方行业形势研判、经济调控提供强有力数据支撑。

撰稿人

闫晓星

张家口海关

【概况】2022年，张家口海关以习近平新时代中国特色社会主义思想为指导，学习宣传贯彻党的十九届历次全会、党的二十大精神，全面落实海关总署党委、石家庄海关党委和张家口市委、市政府要求。加强政治机关建设，高标准、严要求开展捍卫“两个确立”、做到“两个维护”、强化政治机关建设专项教育活动；完善服务保障机制，强化现场监管力量，圆满完成了北京冬奥会筹办举办期间海关服务保障各项工作任务；强化全链条监管，防范化解重大风险，切实提高海关监管效能，坚决守好国门安全；优化营商环境，主动对接地方政府，立足本职，从关区特色产业、重点业务入手，精准服务地方外向型经济发展；推进全面从严治党，强化作风纪律、党风廉政和干部队伍建设，深化“四强”党支部和党建品牌创建，持续创造干事创业良好工作环境、营造风清气正良好政治生态。

▲2022年3月13日，2022年北京冬季残奥会运动员代表团点赞石家庄海关驻崇礼赛区工作人员（尚明广　摄）

【北京冬奥会服务保障】2022年，张家口海关在石家庄海关的指导帮助下，建立北京冬奥会服务保障梯队。举行“相约冬奥——扛红旗、当先锋”专项行动誓师大会。选派7名关员参加北京冬奥会驻场监管工作。编发18期张家口海关服务和保障北京冬奥会综合信息呈报；制发两版北京冬奥会张家口海关服务保障工作手册。建设监控指挥中心，与驻冬奥村工作队实现及时沟通。严格做好涉奥疫情防控工作，先后组织内部应急处置演练4次，防护服穿脱演练6次，应急救援培训1次。与石家庄海

▲2022年9月2日，张家口海关与张家口外汇局、崇礼人行、崇礼中行联合开展“砥砺奋进新征程　喜迎党的二十大”党建联学联建活动（尹志玲　摄）

关关区病媒监测专家组共同完成赛区赛前、赛后病媒生物监测，共捕获鼠、蚊、蝇等5类9种500余只病媒生物。对来自56个国家和地区代表团暂时进境的118批次奥运物资开展中后期监管。赛事期间为巴西等18个奥运代表团、75名出境旅客办理海关值机柜台前移业务。张家口海关集体、12名个人获张家口市委、张家口市政府、北京2022年冬奥会和冬残奥会城市运行和环境建设管理指挥部通报表扬。

【党建工作】2022年，张家口海关第一时间研究部署党的二十大报告学习宣传贯彻方案。通过党委理论学习中心组开展“第一议题”导读学习和心得分享6次，组织各支部以主题党日活动、集中学习等形式开展学习62次，组织青年理论学习小组跟进学习4次。聚焦“12个必”和“38个深入思考”，组织开展“头脑风暴”进行前瞻式思考，不断提升课题研究理论水平，5篇理论成果被石家庄海关相关信息载体采录。始终坚持将习近平总书记系列讲话和重要指示批示精神作为“第一议题”，确保第一时间传达学习、研究部署、推动落实，建立党委理论学习中心组系统学，形势分析及工作督查例会、重点业务工作推进及风险防范例会结合实际学的学习贯彻机制。全年开展党委理论学习中心组（扩大）集中学习21次，重点业务工作推进及风险防范例会学习12次。成立强化政治机关建设专项教育活动领导小组，制订专项工作方案，对照“没有离开政治的业务，也没有离开业务的政治”要求，查找业务领域可能存在的政治风险隐患，梳理业务岗位49个，列明具体政治要求88项，查摆问题15项，制定整改措施41条并全部完成整改；党委班子成员调研企业25家，召开关企座谈会7次，开展“思想理论学用讲坛”4期。深化监督制约，扎实推进“海关重点项目和财物管理以权谋私”专项整治。组织开展个人违规事项申报工作，申报人员27人；梳理2012年以来巡视巡察、督察审计发现的重点问题10项，梳理重点项目清单7项，涉及工程建设类等5类重点项目；对申报人员开展“二对一”谈话26人次。严格执行民主集中制，在重要工作部署、经费使用等重大问题上，通过集思广益、有效沟通，形成集体决策，提升了依法决策、科学决策水平。抓好纠治“四风”和作风纪律专项整治，开展网络行为自查和窗口作风检查，严禁酒驾醉驾。扎实开展警示教育月活动，组织全体干部职工观看警示教育片。规范监督执纪“四种形态”

▲2022年4月24日，张家口海关组织开展队列训练（尹志玲　摄）

特别是“第一种形态”的运用，及时发现苗头性、倾向性问题，抓早抓小，防微杜渐，年度开展提醒谈话2人次。加强党总支和支部班子建设，按程序完成党总支和9个党支部换届选举。持续推进“四强”党支部建设和党建品牌培树工作。年内，张家口海关3个党支部被授予石家庄海关关区“四强”党支部。完善支部党建品牌、LOGO设计、品牌释义，创建党总支“国门骆驼”、办公室“金色绣花针”等10个支部品牌。综合业务科党支部“心服务·新速度”党建品牌被评为石家庄海关关区党建示范品牌。开展“书记项目”研究，研究探索形成党委“书记项目”——浅谈如何发挥党支部书记在基层党建工作中的‘头雁’效应，获评关区“十佳书记项目”。加强对外党建交流，组织相关党支部与怀安县王龙庄村、张家口市金融系统单位开展“联学共建”活动2次。

【队伍建设】2022年，张家口海关选拔任用正科级领导干部2名，均为执法一线科长，选拔任用副科级领导干部2名，开展一级主办职级晋升2人、岗位交流6人。1名企业管理和稽查科科长获评司法部全国行政执法先进个人表彰。持续推进精神文明创建，张家口海关顺利通过省级文明单位复审。严格落实“政治坚定、业务精通、令行禁止、担当奉献”的准军事化纪律部队建设要求，进一步严肃工作纪律、整顿工作作风、规范日常养成、强化队伍管理，展现良好准军形象。落实好关心关爱措施，推动解决3名同志异地工作问题，开展工间健步走、民族舞蹈教学等文体活动，探望慰问生病住院干部职工及其直系亲属9人次，组织召开退休干部座谈会3次。优选干部参与乡村振兴工作，选派1名经验丰富的老党员到张家口市宣化区江家屯村接续开展乡村振兴对口帮扶工作。

【促外贸稳增长】2022年，张家口海关引导属地企业本地报关，宣讲全国海关通关一体化便利化措施，吸引本地企业回流，同时强化海关执法专业性、规范性、统一性建设，提升关员业务水平，拓展业务类别和业务量。全年张家口市进出口贸易总额54.9亿元，进出口贸易总额同比增长6.8%，高于全省3.9%平均增长值，增长率排名全省第十位。其中，出口46.1亿元，同比增长5.1%，增速排名全省第十位；进口8.9亿元，同比增长16.6%，增速排名全省第三位。全年检验监管进出口货物4235批次，货值7.05亿元；审核进出口报关单2191票。全年，张家口关区进、出口通关时间分别为7.66小时、0.88小时，均低于全省平均通关时间。全年，办理减免税备案5件，其中5000万以上内资鼓励项目备案1件；办理征免税证明62份、货值5424.75万美元、减免税款3060.99万元，同比分别增长9.3倍、9.6倍和12.4倍，涉及高等学校及内外资鼓励项目等类型；审批留学生购车辆10辆。

【综合治税】2022年，张家口海关组织开展税收摸底调研，了解重点税源企业、商品进口变动情况。推进税收征管方式改革，开展属地纳税人管理，建立重点企业底账，进行纳税遵从度评估，制订“一企一策”差别化合规管理服务方案。加强价格管理，规范现场海关估价操作，有效防范超期未结算风险，落实多元化担保方式，推进“关税保证保险”，加大“自报自缴”“汇总征税”推广力度，助力降低企业纳税通关成本，全年征收税款4956.28万元。

【企业管理】2022年，张家口海关全年办理新增进出口收发货人备案企业56家、信息变更47家、注销19家；办理各类新增资质备案企业11家、信息变更18家、注销4家。办结定期管理类核查作业94起，核查有效率位居关区首位。开展“诚信兴商宣传月”活动，加大AEO认证培育力度，挖掘潜在可培育企业，11月助力雪川食品股份有限公司获得AEO认证。

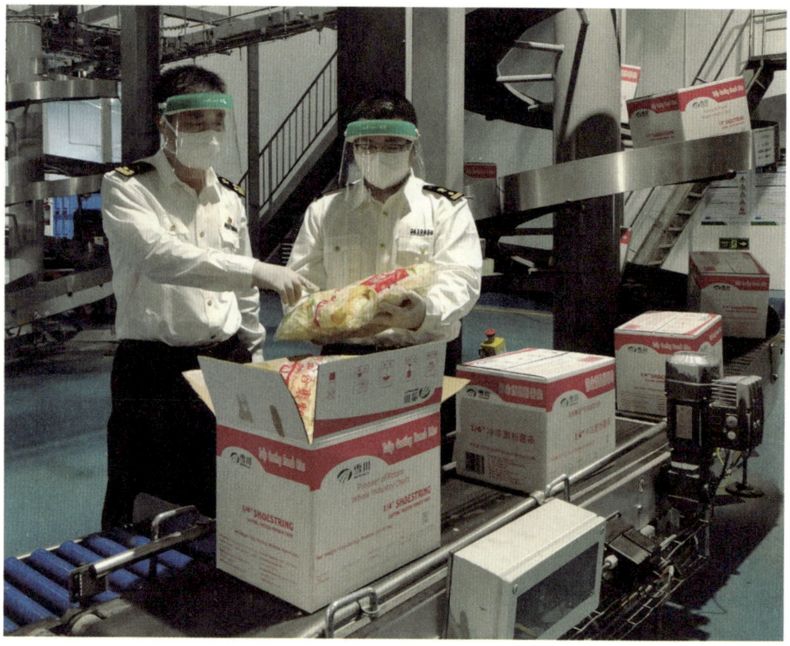

▲2022年6月14日，张家口海关关员在雪川食品河北有限公司查验出口马铃薯条（李晓敏 摄）

【农食产品出口】2022年，张家口海关通过主动服务、建档立卡、源头把控等多项举措助企纾困解难，促进关区特色农产品食品扩大出口，为乡村振兴注入海关力量。全年，张家口关区农产品出口4.2亿元，同比增长29.1%；食品出口4.1亿元，同比增长29.7%。出具各类证书6568余份，现场布控查验出口货物207批次，现场查验未发现出口不合格情况。石家庄海关技术中心张家口业务部为全市82家农食产品出口企业、12家原料种植场、4家供港澳蔬菜种植基地免费提供检测服务1292批次，检验检测项目21022项。

【国门安全】2022年，张家口海关实施现场查验监管273批次，查发进口货物不合格和危险货物包装使用鉴定不合格情况5批次。监测进口粮食企业周边外来杂草8次，布控出口水果备案果园检疫性实蝇监测点29个，未发现检疫性危害。监管进境种鸡1批次33280只，隔离检疫期间未发现有其他传染病临床症状。向进境粮食加工企业宣传贯彻植物检疫安全知识，安排专人开展“一对一”服务，帮助河北泥河湾农业发展股份有限公司顺利申领粮食进口检疫许可证。

【综合保障】2022年，张家口海关以“马上就办、真抓实干”的工作作风，全关各类文件、重要资料的收发、登记、传阅、归档工作做到上传下达，政令畅通，不出差错。以北京冬奥会筹办举办为契机，加强调查研究，提升信息报送质效，加大新闻正面宣传力度，树立海关良好形象。持续做好值班应急、机要保密、政务公开等工作。注重建章立制，建立张家口海关外贸形势分析会议制度等多项制度，切实形成“靠制度办事、靠制度管人”的良好局面。健全“过紧日子”长效机制，提升各类资产使用效率，进一步规范政府采购、公务用车等领域管理，创建绿色机关和“节约型机关”。提高资金管理使用规范性，对两个50万元（含）以上工程项目均严格执行公开招标采购程序，成立项目工作专班，通过立项审批、决议签报、专班评议、联合验收等方式，实现公开、透明、规范操作，降低财务管理风险。持续推进内控工作标准化建设，强化内部控制与监督子系统应用，全年授权人数12人，人均使用天数166.3天，制发监控核查联系单25条，分析、处置、监控56条异常数据，处置异常数据有效率100%，补征税款17次，警示风险移出率、审核率均为100%，“系统内风险参考”成果被海关总署督审司采用2项。在疫情防控期间，加强对全体干部职工的教育管理，严格落实机关内部管理、个人防护、“两点一线”、居家办公等防控要求，保障各项政务工作顺利推进。妥善解决遗留问题，完成机构改革遗留的1栋办公楼和2套交流干部房不动产证明的权属变更、机构改革后档案归整工作。完善基础设施建设，完成办公区院落道路及停车位的全面维修工程和石家庄海关技术中心张家口业务部实验室升级改造工程。

撰稿人

尹志玲

承德海关

【概况】2022年，承德海关坚持以党的二十大精神为指导，深入学习贯彻习近平新时代中国特色社会主义思想，认真落实海关总署和石家庄海关重点工作部署，履职尽责，各项工作取得新发展。全年，关区有进出口实绩企业105家，进出口总值22.2亿元，同比增长8.9%。其中，进口总值4.6亿元，同比增长14.9%；出口总值17.6亿元，同比增长7.5%。主要进出口商品包括铁矿砂、煤、五氧化二钒、机电产品、钒铁产品、农食产品等。

【党建工作】2022年，承德海关强化政治建设统领，树牢政治机关意识。学习贯彻落实党的十九大历次会议、党的二十大精神和习近平总书记重要指示批示精神，党委发挥“头雁”效应，各支部运用“三会一课”、晨读半小时等形式跟进，组织开展大学习大研讨，结合实际工作推动学习研讨转化为工作思路。持续深化党支部建设，严格落实全面从严治党。压紧压实各支部书记责任，巩固拓展“强基提质工程”，专

▲2022年3月21日，承德海关综合业务科党支部组织集中学习（王强　摄）

▲2022年5月19日，承德海关党建品牌创建工作推进会（王强　摄）

▲2022 年 6 月 14 日，承德海关举办国门安全进校园活动（王强　摄）

题召开党建品牌创建工作推进会，补齐支部品牌创建的薄弱环节。加强日常监督，把常态化运用监督执纪“第一种形态”作为重点，发现倾向性问题及时提醒；开展党风廉政建设学习，通过正反典型案例警示教育，引导党员干部知敬畏、存戒惧、守底线。推进精神文明创建，成立精神文明建设专班，制订实施方案，培育海关文明新风尚，开展“三八”茶文化讲座、“五四”青春献礼、国门安全进校园等活动。常态化志愿服务活动，在结对帮建社区进行疫情防控值班并配置微型消防站、防疫取暖设备等，组织开展“志愿服务学雷锋、义诊活动暖人心”等主题志愿活动，获评地方结对帮建先进单位。

【专项教育】2022 年，承德海关深入开展专项教育活动和“学查改”专项行动。党委带头深入开展学习研讨，组织“习近平总书记在历次中央经济工作会议上的重要讲话精神”“没有离开政治的业务，也没有离开业务的政治”“疫情要防住、经济要稳住、发展要安全”等专题学习研讨 12 次。紧扣“四个是否存在”“六对照六看六查”，党委、支部及广大党员从政治层面检视业务工作，找准找实自身不足与短板，深刻剖析思想根源，梳理形成政治要求专项清单 75 项，自查形成问题 12 个，制定整改措施 34 条。

【疫情防控】2022 年，承德海关严密细致精准做好内部疫情防控，修订疫情防控工作方案、内部工作人员新冠感染应急处置预案，规范做好人员健康管理、出差出行管理、办公场所管理、会议管理、定期核酸检测等。根据疫情形势变化，采取轮值办公、居家办公、取消堂食等方式减少人员交流，做好采

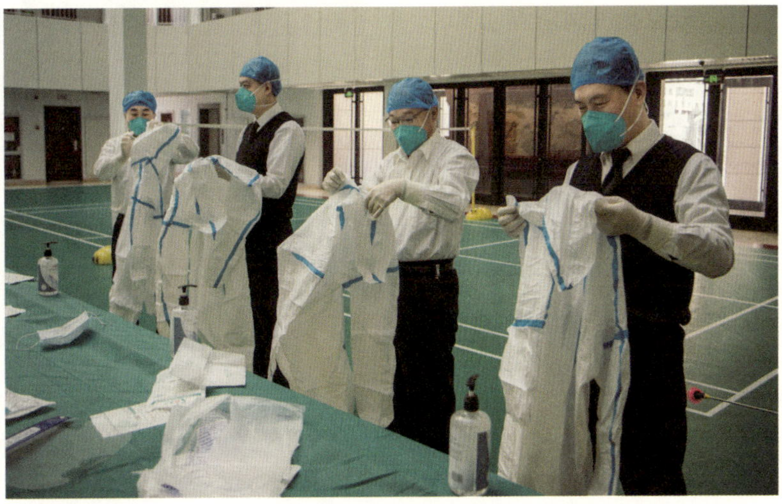

▲2022 年 4 月 1 日，承德海关关员进行防护服穿脱演练（王强　摄）

购发放防疫物资、动态调节消毒处理频次等服务保障工作，组织进行消毒培训和应急演练6次。结合业务工作实际，严格执行企管外勤和查检外勤安全防护操作指南和作业指引，落实岗前检查、双人作业、互相监督等安全防护工作要求，切实防止暴露感染。组建下沉工作队、志愿服务队，常态化支援属地所在社区疫情防控工作。

【进出口商品监管】2022年，承德海关严格检验监管出口危险化学品及包装、出口化肥、出口农食产品、进口医疗器材等重点进出口商品。全年现场查验出境货物492批、入境货物6批，检出不合格产品5批次，其中，出口危险货物包装实施使用鉴定286批，出具出境货物不合格通知单3份。

【食品安全及疫病监测】2022年，承德海关组织开展出口食品安全风险监控和疫病监测，全年抽检出口动物源性食品49批，监测农兽药、污染物等28个合集169个项目。对关区3家出口禽肉企业开展微生物常规监控，抽检195个批次；对关区5个养殖场进行新城疫和禽流感监测，抽取25份样本。重点实施供港澳活牛疫病监测，全年检验检疫供港澳活牛70批，2715头，货值1150.3万美元。开展活牛口蹄疫、布鲁氏菌病、牛结核病、牛副结核病、牛结节性皮肤病（牛结节疹）、蓝舌病6类疫病监测2次，采取血液样品40份，做皮试20头次。在下半年开展的口蹄疫监测中20个样品初筛阳性，经中国海关科学研究技术中心复核其中19份为阳性，承德海关与石家庄海关动植检处组建小组立即开展流行病学调查并及时将相关情况通报承德市政府，经妥善处理和多次复查，排除大范围传播风险，相关出口企业恢复正常业务。

【外来生物监测】2022年，承德海关组织开展外来有害生物监测，积极配合石家庄海关关级课题“筑牢外来入侵物种防线保护塞罕坝林场生物多样性和生态安全”的落实工作。在塞罕坝林场4个分场设置9个监测点、悬挂64个诱捕器，在关区其他3个县区设置20个监测点，并邀请关区专家赴进口粮加工厂和储备库运输沿线开展野外探查，识别入侵物种和检疫性杂草，现场采集制作标本并送实验室鉴定。

【企业管理和核查】2022年，承德海关提升企业监管效能，加强企业资质管理，优化企业退出机制，全年新增备案企业63家，信息变更和注销43家。加强出境动植物产品企业资质管理，完成出境竹木草制品、出境货物木

▲2022年8月9日，承德海关关员开展外来生物监测（王强　摄）

质包装除害处理标识加施企业资质核定2家。运用数据分析梳理疑点线索、把控核查事项全流程重要节点等提升核查效能，办结核查作业81起。

【安全生产】2022年，承德海关紧抓安全生产工作，切实防范化解重大、系统性风险。研究制定安全生产工作要点和责任分工，每月按要求开展安全检查并动态更新制度措施“两个清单”。坚决树牢底线思维，召开3次重点业务工作推进及风险防范例会，听取各科室开展风险梳理、研判、处置工作汇报，并开展专项督导检查1次。建立健全“吹哨人”制度，紧盯危险化学品监管、网络信息安全、信访事件处置、执法作业安全、办公住宿场所安全等重点领域，组织开展隐患排查，发现问题3个，“吹哨人”提醒6次并全部完成整改。

【打击走私】2022年，承德海关保持打私高压态势，压实属地政府主体责任和反走私成员单位执法责任，健全打私成员单位联席会议制度，组织重点成员单位定期会商、研讨工作，不断提高打私工作常态化、规范化水平。深入开展“国门利剑2022”联合专项行动，移交问题线索并成案1起；深化政策宣讲，通过业务大厅张贴打私海报画册、显示屏播放打私法规和典型案例、户外向群众派发反走私宣传册等多种方式广泛宣传海关反走私工作，提升群众反走私意识。

【服务外贸发展】2022年，承德海关落实稳外贸各项措施，推动海关惠企政策落地见效。持续深化原产地政策服务，推进实施RCEP，指导企业做好企业享惠落实。全年，出具原产地证书717份，涉及货值8873.3万美元，其中RCEP证书61份，货值113.1万美元。积极推进国家鼓励项目、科研院校等进口税收优惠政策，全年出具减免税审核确认书7份，减免税款58.9万元。支持开展外贸新业态，指导帮扶地方政府引进企业开展跨境电商，指导企业办理海关具体业务，关区企业首次以跨境电商9710方式出口货物450.22万美元。加快推进企业信用培育，指导帮扶企业掌握AEO标准、认证流程及认证准备条件，累计参与企业236家，1家企业已完成认证培育并通过AEO认证，关区AEO企业增至3家。

【督察审计】2022年，承德海关围绕海关总署、石家庄海关重点工作，开展加工贸易监管、口岸检查作业规范、“国门绿盾2022”行动、进出口食品安全“四个最严”要求、税收政策及税收风险防控、支持外贸促稳提质6项落实情况督察。开展企业

▲2022年8月10日，承德海关关员赴企进行AEO认证实地辅导（王强　摄）

脱钩和产权转让专项审计，对照国家审计发现问题整改清单开展风险排查和国家审计结果转化应用调研。推进内控机制建设，应用好HLS 2017平台制发联系单3个、上报应用信息2条。组织开展季度内控节点考评自查，推报查检科为内控示范科室，有效提升内控管理水平。

撰稿人

王　驰

第八篇

事业单位

石家庄海关后勤管理中心

【概况】2022年，石家庄海关后勤管理中心全面学习习近平总书记在党的二十大上所作的报告，认真领悟党的二十大提出的新思想新论断、作出的新部署新要求，明确工作重点，将习近平总书记关于机关事务工作的重要指示精神，贯彻到后勤日常管理、保障、服务的每个细节工作中，打造科学高效、勤俭节约、安全规范、精益求精、廉洁幸福的新时代后勤管理中心。石家庄海关后勤管理中心主要承担石家庄海关本级的安全保卫、防灾减灾、环境卫生、物业管理、设备维护、食堂管理、固定资产、房产管理、办公用品、公车管理、会议服务等后勤服务保障工作，在保障机关正常运转、控制机关运行成本、提升社会治理效能等方面发挥着重要作用。石家庄海关后勤管理中心围绕“一事三企、七部九区”的管理范围，不断强化安全底线管理、科学规范管理、节约低碳管理。

【疫情防控】2022年，石家庄海关后勤管理中心履行疫情防控“四方责任”，完善制度机制措施，从严自查检查督查。密切关注年内疫情多点散发、局部暴发情况和新病株特征，动态梳理国务院、石家庄市联防联控机制和防疫部门通知要求，会同石家庄海关办公室及时调整优化石家庄海关防疫举措。加强与隶属海关工作联系，完善应急预案，组织三针疫苗接种。细化公有住房管理、公务用车保障以及服务外包人员一体化管理等疫情防控管

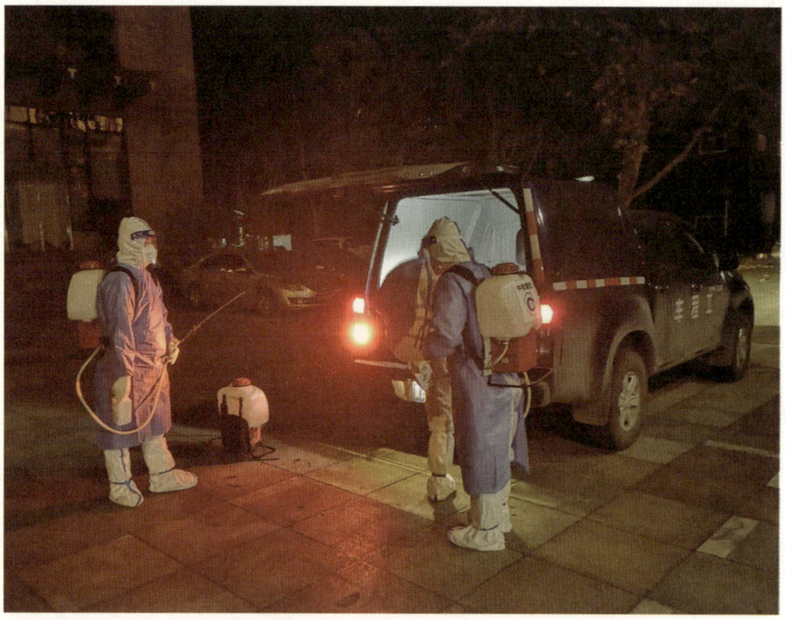

▲2022年10月30日，石家庄海关后勤管理中心工作人员在封闭式管理期间对公共区域进行消毒（刘志强　摄）

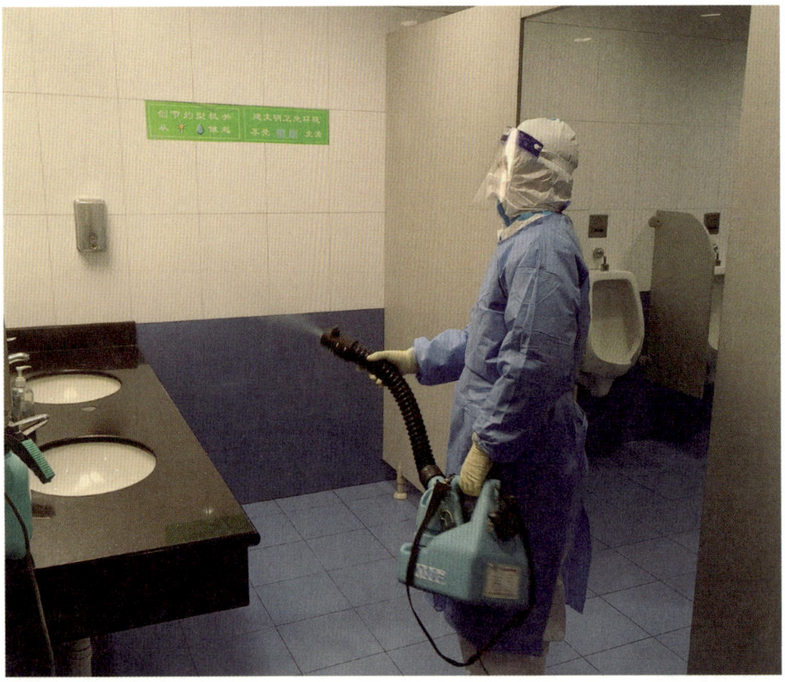

▲2022年12月1日，石家庄海关后勤管理中心工作人员对石家庄海关大楼洗手间进行消杀处理 （郅长胜　摄）

理措施。健全防疫物资“采、储、发”保障措施。根据疫情变化情况及时调整人车进出、环境消杀、就餐方式。深入开展疫情防控督查，传导压力，查漏补缺，闭环防控。做好封闭管理人员后勤保障工作，对封闭管理场所根据需要合理设置三区两通道，加强防疫工作人员岗前培训，明确职责分工，建立相关工作制度和台账。

【党的建设】2022年，石家庄海关后勤管理中心有在编党员14名，内设党支部2个。严格落实“三会一课”、主题党日活动、党员集体“政治生日”、民主生活会、“第一议题”等组织生活制度，提升支部组织生活质量。建设党员活动室，开辟党的二十大学习专栏，设立图书角，定期开展党课学习，利用参观红色教育基地、重温入党誓词、书记带头讲党课、普通党员上讲台等活动形式，强化使命意识，履行主体责任。坚持党建引领、群团共建，打造“厚情（后勤）有爱”的组织文化，先后开展了健步走、花馍大赛等集体活动。培育“三精三心”（坚持精心、精细、精准的工作理念，努力提供舒心、贴心、暖心的服务体验）党建品牌，建立健全党群联系制度，通过业务会议、谈心沟通及时解决工作中的难点堵点，及时化解工作中的误解矛盾；通过网络调查、谈心谈话等方式，适时了解职工思想、心理动态，对困难职工予以照顾和救助；通过开展喜闻乐见的文体活动，增进交流、凝心聚力；通过强化培训、考取专业证书等方式，提升职工专业化水平，为打造专业化队伍奠定人才基础。

【内部管理】2022年，石家庄海关后勤管理中心完成“一事三企”［一个事业单位即石家庄海关后勤管理中心；三个下属企业即河北瑞通科技开发服务有限公司、河北科通服务有限公司、石家庄美裕大酒店（有限合伙）］的整合、管理工作。办公室下设人力资源管理员，整合东、西办公室人员，专人负责人力资源管理，统一管理合同签订、绩效考核、五险一金、人事档案等工作。制定石家庄海关后勤管理中心编外人员管理办法、考勤管理办法，与石家庄海关后勤管理中心聘用人员签订劳动合同和岗位说明书，完成编外人员的人事档案收集整理。完成中国检验认证集团河北有限公司（以下简称“中检公司”）

的脱钩和股权转让。完成河北科通服务中心（集体所有制）的公司制改革，成立河北科通服务有限公司（以下简称“科通公司”），下设11家分公司（除唐山、京唐港、北戴河外）。完成河北瑞通科技开发服务有限公司（以下简称“瑞通公司”）的地址、法人、营业范围等变更。明确科通公司和瑞通公司的主营范围和管理权限，扩展了营业范围，其中科通公司增加人力资源管理、健康咨询、普通库房仓储服务等项目，瑞通公司增加汽车租赁项目。

【后勤服务保障】2022年，石家庄海关后勤管理中心为石家庄海关提供服务类项目包括餐饮、保安、保洁、物业、住宿、干洗、制水7大项。开展“五节一分”活动，宣传垃圾分类，及时对能耗数据尤其是水耗进行同比、环比分析，发现异常第一时间安排人员排查原因，及时消除安全隐患。开展“周五清扫日”活动，督促保洁人员对办公区的重点区域和卫生死角开展环境卫生清扫、消毒工作，为交流干部宿舍保洁45次。配合完成石家庄海关公务员招录面试、关区内部遴选笔试等住宿、餐饮、接待保障工作。为石家庄海关职工提供干洗服务。严格执行公务用车管理规章制度，如实填写公务用车审批单，节假日、双休日非值班车辆定点存放。定期对公务用车安全检查，发现问题及时维修，按车辆要求定期进行维护保养。厘清关区涉案精品库、涉案普通库、防疫物资库、办公用品库、办公家具库、采购档案库等各类库房的管理权限和分布，配合做好涉案财务转交工作。制定石家庄海关后勤管理中心固定资产管理办法，设立资产管理员，按职责对下属“一事三企”的资产进行梳理并处置。

【财务管理】2022年，石家庄海关后勤管理中心完成2021年度财务决算编制上报以及固定资产决算编制上报、2022年度财政拨款用款计划编报以及公积金基数测算及缴费、2023年预算“一上”“二上”编报等工作。经评估鉴定，将43台（件）废弃电器电子类资产交再生资源公司回收处置。协助做好审计署兰州特派办对石家庄海关后勤管理中心的财务审计工作。组织完成涉案财物精品库物品的称重、计量、建账工作，全年完成涉案物品入库1批次，涉案物品出库移交5批次。按照海关总署海关事业单位集中转让脱钩企业产权工作方案的相关要求，有序推进所持中检公司49%股权转让工作，该项工作于12月底完成相关资料递交。制定石家庄海关后勤管理中心财务支出审批管理办法、石家庄海关后勤管理中心财务管理办法等，整合东、西办公区财务人员，配合完成各类审计工作。

【安全保卫】2022年，石家庄海关后勤管理中心通过召开安全生产会、采取“四不两直”勤检查等方式，将安全生产要求贯彻到每一个岗位。建立健全规章制度，补充完善岗位责任制，每名职工签署岗位责任书，确保熟知本岗位每个操作细节的风险点。完善监督检查机制，排查安全隐患，及时处理工农路、机关大楼地下管网漏水，及时更换老旧变电设备。完善应急管理预案，对消防安全、电梯安全、用电安全等有预案、有演练。完成石家庄海关正定技术业务用房项目工程移交、石家庄海关疫情防控实行封闭式管理后勤保障安全保卫等工作。北京冬奥

▲2022 年 6 月 10 日，石家庄海关后勤管理中心检查石家庄海关大楼供水系统（刘志强 摄）

▲2022 年 6 月 15 日，石家庄海关后勤管理中心工作人员检查正定技术业务用房消防栓和消防喷淋系统（刘志强 摄）

会期间，完成济南海关支援石家庄海关 P2 移动实验室安全保卫和后勤保障工作。完成正定技术业务用房地下车库出入口安装车辆识别系统、人防平时使用证办理等申请项目。规范石家庄海关办公区出入管理，在石家庄海关大门安装门禁人脸识别系统，采集人脸图像照片 1000 余张。绘制石家庄海关综合实验楼消防安全疏散逃生通道指示图。西办公区按照石家庄海关要求采取封闭管理，石家庄海关后勤管理中心严格落实封闭管理有关工作要求，为封闭管理人员提供后勤保障工作。

【物业管理】2022 年，石家庄海关后勤管理中心建立健全线下不定期巡检和线上实时动态监管相结合的工作机制。节假日及疫情防控时期，24 小时专人值班不间断保障供水供电的连续性，保障在最短时间内恢复送电，实现水电、空调一般消缺维修不过夜。每日组织人员巡视检查办公大楼内的设备设施，保障所管辖区域的水电设备设施安全使用。完成空调风机机房及三楼档案室防漏水报警装置安装布置、翔翼路 2 号院与 4 号院自来水主管道分离等工作。按照政府采购有关要求，完成电梯维保、用房维修改造、车棚修缮、楼顶平台防水、空调冷水机组保养等工作。收取 2021 年公有住房租金，完成 2022 年固定资产（工农路 515 号原海关大楼、西二环商铺）出租相关事宜。加强公有住房日常管理，安排交流干部用房、集体宿舍及临时周转用房相关事宜。建立定期巡检

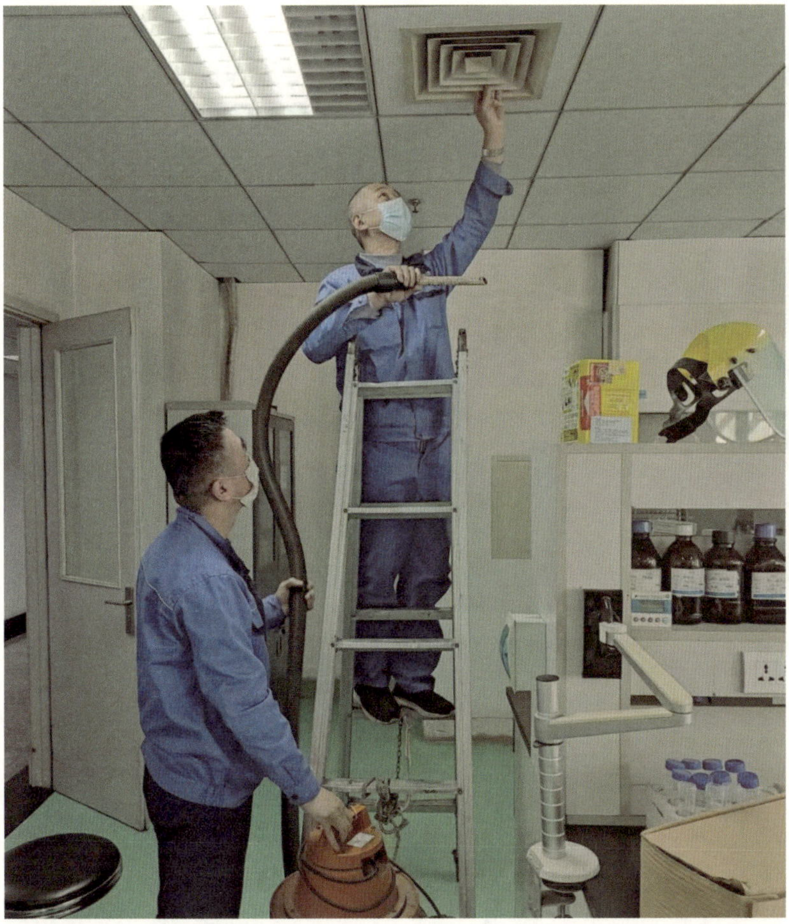

▲2022年10月19日，石家庄海关后勤管理中心工作人员在清理技术中心实验室的中央空调（郅长胜　摄）

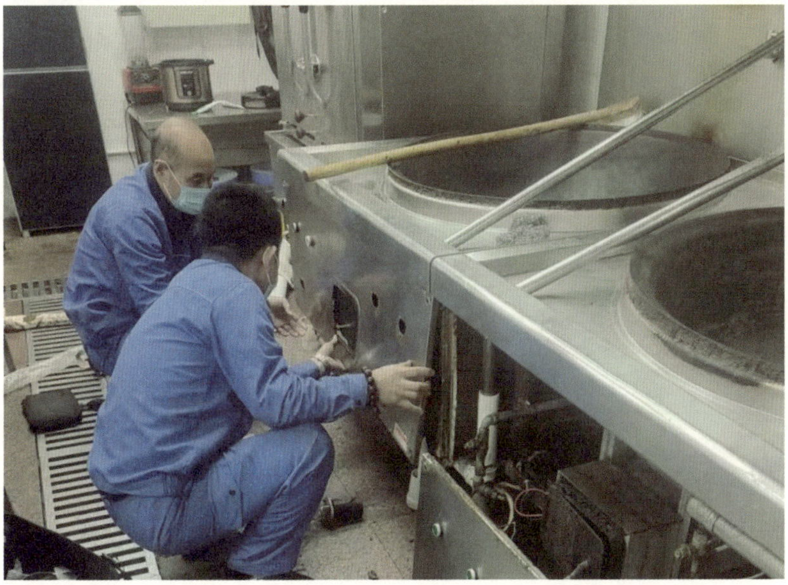

▲2022年10月31日，石家庄海关后勤管理中心工作人员在更换石家庄海关食堂大灶的下水管（郅长胜　摄）

制度，排查集体宿舍各类安全隐患，对不符合入住要求的人员及时办理清退手续，进一步规范入住申请手续，签订安全责任书，为创建“节约型机关”工作提供水、电、气等数据支持，为石家庄海关党建实训基地建设做好保障工作。

【生活服务】2022年，石家庄海关后勤管理中心继续深入贯彻落实习近平总书记关于“厉行节约，反对浪费”的指示精神，加强文明用餐宣传，餐厅设置宣传标语，引导干部职工树立节俭理念。通过更换节能产品、实施限时制冷、限温供暖，坚持每日巡查，杜绝长明灯、长流水等具体工作，践行勤俭过日子理念。对东、西办公区食堂进行改造并办理食品经营许可证，食堂供货商合同于9月底到期的，按政府采购要求委托招标代理机构对供货商进行公开招标，并启用新供货商。完成正定技术业务用房的食堂设备招标和采购工作。修订石家庄海关食堂采购管理办法、食堂卫生管理制度、食堂食品留样制度等11项管理制度。制定24节气养生食谱，做到菜品荤素搭配、营养均衡，进一

▲2022 年 9 月 6 日，石家庄海关后勤管理中心食堂工作人员在准备午餐（贾晓勇 摄）

步加强食堂管理，转变服务态度，提高服务质量，为干部职工提供更好的服务。疫情期间按要求做好疫情防控工作，食堂每日对员工进行上岗前体温测量，对食堂操作间、餐厅等场所进行消毒并做好记录。为防止就餐时出现疫情传播、扩散，采取分批就餐方式，有效控制就餐人员数量和就餐时间。完成脱贫地区农副产品采购工作。东、南、西办公区全年共保障就餐约 27.4 万人次。

【物资采购】2022 年，石家庄海关后勤管理中心进一步规范申领、审核、采购、发放程序，落实关党委倡导的“过紧日子”的要求。制定石家庄海关后勤管理中心政府采购实施细则，规范内部采购流程。按办公用品包干规定发放办公用品。完成石家庄海关大项采购任务 40 批次，指导和协助旅保中心、唐山海关等 5 个事业单位和隶属海关完成招投标 10 余次，维修、更换办公电脑、打印机、复印机耗材，调拨、维修新旧办公家具用具。按疫情防控领导小组要求，采购防疫物资 15 个品种 12 批次，接收海关总署调拨防控物资 5 批次，为各隶属海关、石家庄海关及其后勤保障所有岗位人员发放防疫物资 160 批次，共计发放口罩 15 万只，手套 2 万只。封闭管理期间采购防疫物资 9 批，药品 6 批，生活物资 19 批，发放医用防护口罩 1.37 万只，75% 酒精 330 升，84 消毒液 900 升等。完善关区采购档案的归档要求，设专区保管采购档案，完成石家庄海关政府采购档案的归档工作。

撰稿人

亓恒来　叶　兵　刘志强　刘映彤　张亦琴
郅长胜　段玉杰　段永强　施静媛　贾晓勇
曹彦强　魏　立

石家庄海关技术中心

【概况】2022年，石家庄海关技术中心坚持以习近平新时代中国特色社会主义思想和党的二十大精神为指导，落实全国海关工作会议、石家庄关区工作会议部署，促进党建工作与业务工作深度融合。开展调查研究、推进检验检测业务提质增效，为法定检验检测、检疫、鉴定业务提供技术保障。开拓社会委托检验检测市场，提升技术水平和服务水平，为石家庄海关“强关建设”贡献力量。

【党的建设】2022年，石家庄海关技术中心坚持政治理论武装，将学习贯彻习近平总书记重要指示批示精神和中央重大决策部署作为“第一议题”，第一时间组织领导班子、党支部全体党员干部学习党的二十大精神，围绕主题开展宣讲、参加研讨，掀起学习热潮，支部书记带头开展党课宣讲5次，通过例会组织开展集中学习10次，组织支部、党小组开展集中学习70次。坚持党建品牌引领，建立支部党建“五引领”工作法、“四落实”工作模式，结合业务特点，设计党支部党建品牌、党小组子品牌，丰富品牌内涵，制作党建展板、文化宣传展板、电子宣传挂屏，拍摄学习贯彻落实党的二十大精神视频。加强党风廉政建设，严格落实中央八项规定精神，纠治“四风”，深入开展警示教育月系列活动，开展廉政党课宣讲，组稿拍摄扣好廉洁从政“第一粒扣子”主题演讲视频。推进准军建设及内务规范检查，开展准军及内务

▲2022年5月5日，石家庄海关技术中心开展准军队列训练（韩孟迪 摄）

规范检查11次，发布内务规范检查通报3份，严整队伍风貌。将“学查改”专项工作相关学习内容纳入政治机关建设专项教育活动学习，特别是落实好《习近平经济思想学习纲要》的学习，通过主任办公会、“三会一课”制度、集中学习等形式开展学习4次，梳理问题25项并制定整改措施，引导党员、干部提高政治判断力、政治领悟力、政治执行力，自觉从政治角度看待经济社会发展问题，完整、准确、全面贯彻新发展理念，推动石家庄海关技术中心各项业务开展。石家庄海关技术中心被石家庄海关机关委员会评为2022年度先进基层党组织、“四强”党支部，被中共河北省直属机关工作委员会选树为“五好红旗”党支部和标准化规范化示范点。

【服务地方经济】2022年，石家庄海关技术中心做好法检保障任务，新拓展肥料、油漆检测领域，完成关区出口鲜梨、进境种牛疫情疫病检测、进出口重点商品质量检测与风险监测、固体废物筛查等重点工作。各实验室根据业务特色主动加强宣传，结合实验室特色制作微信宣传册并广泛转发。发挥在农食产品检测、危险化学品领域领先技术能力，参与市场竞争，关注地方政府职能部门检测需求，提高标书制作质量，提升服务水平。

年内，石家庄海关技术中心张家口业务部对接地方相关部门，摸清企业生产情况底数，上门走访企业了解检测需求，宣传实验室检测技术和服务能力，为地方内贸农食产品生产加工企业提供生产原料质量监测、生产过程工艺改进、产品质量风险控制等服务内容。对接地方市场监管、公安、农业等职能部门，拓宽业务合作渠道。

年内，石家庄海关技术中心京唐港业务部开拓市场委托业务，扩大市场占有率，为多家公司提供煤炭、矿产品、有害生物鉴定等检测服务，为港口经营单位外来有害生物监测提供技术支持。不断优化实验室检测业务流程，缩短通关检测时长，配合唐山市政府完成煤炭、铁矿等大宗散货商品的检测，助力地方经济发展。

年内，石家庄海关技术中心曹妃甸业务部利用公共服务技术平台，不断扩大检测能力覆盖范围，确保检测工作准确、高效。配合智慧海关项目实施，压缩通关时限，支持铁矿、煤炭、原油和原木等大宗商品快速通关，减少企业堆存费、船舶滞期费等物流成本，持续优化港口营商环境，助力曹妃甸地方经济发展。

年内，石家庄海关技术中心保定业务部承接保定市市场监督管理局各类应急专项抽检任务，为保定人民的食品安全保驾护航。参加河北省科技周实践活动，利用自身优势，面向大众普及专业知识。参加由河北省科技厅主办、河北省微生物所承办的“科学面对面”科普活动，带领团队走进校园，为青少年带去丰富多彩的科普盛宴。

年内，石家庄海关技术中心沧州业务部紧盯当地政府有关食品质量安全的检测需求，参与沧州市市本级、泊头、盐山、献县等各层级市场监管部门，及公安系统、农业农村局系统的食品安全抽检工作，保障人民群众舌尖上的安全。

年内，石家庄海关技术中心黄骅港业务部强化风险防控意识，采取内部质量控制和监督的方式加强管理和风险评估，保证检测结果的公平性和准确性。在维系委托煤炭、委托矿石和委托铝矾土原客户的基础上，开拓新客户和进境种牛委托业务，为客户提供“菜单式”服务。撰写《严守国门生物安全防线 助力乳业项目落地发展——黄骅港海关进境种牛检验检疫工作报告》，得到沧州市政府批复。

年内，石家庄海关技术中心衡水业务部进行检测项目扩项，检测能力基本覆盖出口企业的产品检测需求，助力出口企业产品品质提升。接待企业来访30次，就国外产品质量标准、检测方法选择、法律法规等内容，为企业答疑解惑。

【科研制标】2022年，石家庄海关技术中心主持立项河北省科技计划项目1项，参与海关总署标法中心项目1项，主持完成海关总署省部级科研课题1项，主持完成河北省科技厅省部级科研课题1项，参与完成河北省科技厅省部级科研课题1项，参与完成国家级科技冬奥专项科研课题1项。年内，获得授权发明专利6项，实用新型专利3项，发表科技论文9篇，主持立项行标3项，获得海关总署评定的三级科技成果2项。京唐港业务部参与制定《出口梨园有害生物监测调查技术规范》。

年内，石家庄海关技术中心曹妃甸业务部申报“3种检疫性小蠹虫在中国的潜在适生区分析及重组酶聚合酶（RPA）快速检测技术研究”海关总署科技计划项目，修订入侵害虫棕榈象甲检疫鉴定方法，参加海关总署动植检专业委组织的动植物检疫科技论文征集交流活动；做好外来入侵物种港口调查工作，协助制订石家庄海关普查方案1次，参加普查方案（昆虫、螨类和线虫）的关区PPT讲解授课2次；加入ISO 6331国际标准国内工作组，撰写科技论文2篇并发表于国内核心期刊。

年内，石家庄海关技术中心黄骅港业务部主持完成沧州市科技计划项目《鹿流行性出血热检测试剂盒的比较研究》的结题验收工作，发表科技论文6篇。

2022年，石家庄海关技术中心申报科研课题、授权专利、标准立项、论文专著发表、成果获奖情况分别见表1至表5。

表1　2022年石家庄海关技术中心申报科研课题情况一览表

序号	项目名称	项目编号	项目负责人	申报单位	起始年月	项目来源	主持（参与）	级别	项目进度
1	牛羊重要疫病重组酶聚合酶扩增快速检测技术研究与应用	19226636D	王建昌	石家庄海关技术中心	2019.07—2022.03	河北省科技厅	主持	省部级	已结项
2	猪新发与再现重要疫病病原学快速检测与鉴别诊断技术研究与应用	19226612D	王建昌	河北省动物疫病预防控制中心	2019.07—2022.06	河北省科技厅	参与	省部级	已结项

续表

序号	项目名称	项目编号	项目负责人	申报单位	起始年月	项目来源	主持（参与）	级别	项目进度
3	牛羊新发及再现重要疫病病原快速精准检测技术研究	2020HK170	刘立兵	石家庄海关技术中心	2020.07—2022.12	海关总署	主持	省部级	已结项
4	违背民族饮食习惯及有毒鱼类源性食品的掺假甄别技术研究	2020YFF0305004	王建昌	石家庄海关技术中心	2021.01—2022.12	科技冬奥专项	参与	国家级	已结项
5	主要贸易国家棉花质量标准及检测方法研究	—	连素梅	石家庄海关技术中心	2022.07.01	海关总署标法中心	参与	省部级	已立项
6	冷链食品储运过程中关键裂变化学标志物和菌群多样性变化的研究	22375504D	张海超	石家庄海关技术中心、石家庄市惠康食品有限公司、上海微谱检测科技集团股份有限公司	2022.07—2025.06	河北省科技厅	主持	省部级	已立项

表 2　2022 年石家庄海关技术中心授权专利情况一览表

序号	专利名称	专利号	单位名称	类别	申请人	授权时间	授权国别（组织）	国内（国际）
1	一种乳制品中多种元素的分析装置	ZL202122744873.1	石家庄海关技术中心	实用新型	于趁、艾连峰、张海超、刘蓓蕾、窦彩云	2022.04.05	中国	国内
2	一种李小食心虫的实时荧光 PCR 检测方法	ZL201910073771.6	河北出入境检验检疫局检验检疫技术中心	发明专利	娄巧哲、王建昌、孙晓霞、任荔荔、王金凤、胡连霞、姜彦芬	2022.04.19	中国	国内
3	交联型莱赛尔纤维与粘胶纤维的定量分析方法	ZL2020107139754	石家庄海关技术中心	发明专利	张向丽、刘锦瑞、高友军、孙丽霞、王文丽、袁园园、赵素敏	2022.08.19	中国	国内
4	一种物质水反应性分析测试装置	ZL202220765240.0	石家庄海关技术中心	实用新型	刘蓓蕾	2022.08.30	中国	国内
5	一种固态物质燃烧时间测试装置	ZL202220765242.X	石家庄海关技术中心	实用新型	刘蓓蕾	2022.08.30	中国	国内

续表

序号	专利名称	专利号	单位名称	类别	申请人	授权时间	授权国别（组织）	国内（国际）
6	一种快速分析动物源性食品中利尿剂残留量的方法	ZL202110097747.3	石家庄海关技术中心	发明专利	张海超、艾连峰、王敬等	2022.10.04	中国	国内
7	一种具有增塑剂迁移值的聚丙烯膜标准样品及其制备方法	ZL202010929216.1	石家庄海关技术中心	发明专利	张海超、艾连峰、王敬等	2022.11.11	中国	国内
8	一种用于检测日本鲭的实时荧光PCR引物和探针以及试剂盒	ZL202110784627.0	石家庄海关技术中心	发明专利	刘立兵	2022.11.22	中国	国内
9	一种用于蓝圆鲹源性成分检测的引物和探针组合	ZL202110785623.4	石家庄海关技术中心	发明专利	刘立兵	2022.12.02	中国	国内

表 3　2022 年石家庄海关技术中心标准立项情况一览表

序号	标准类别	标准名称	计划编号	申请人	申请单位	合作单位	技术规范	主持（参与）
1	方法类	Q 热检疫技术规范	2021B066	王建昌	石家庄海关技术中心	天津海关、太原海关	行标	主持
2	方法类	非洲黑甲虫检疫鉴定方法	2021B104	娄巧哲	石家庄海关技术中心	海口海关	行标	主持
3	规程类	出口梨园有害生物监测调查技术规范	2021B133	娄巧哲	石家庄海关技术中心	乌鲁木齐海关、太原海关、海关总署标法中心、西安海关	行标	主持

表 4　2022 年石家庄海关技术中心论文专著发表情况一览表

序号	论文专著名称	发表刊物	主要作者	核心期刊	SCI 收录
1	基于辅助激光解吸电离飞行时间质谱对 1 株羊源多杀性巴氏杆菌的快速鉴定	中国兽医杂志	姜彦芬、王金凤、孙晓霞等	是	否
2	微波消解电感耦合等离子体质谱法测定辣椒提取物中五种有害元素	中国食品添加剂	于趁、窦彩云、侯兰静、姚春毅、马育松、艾连峰	是	否
3	超高效液相色谱－串联质谱法测定动物源食品中肾上腺素和去甲肾上腺素的残留	食品安全质量检测学报	张海超、魏欣欣、王敬等	是	否

续表

序号	论文专著名称	发表刊物	主要作者	核心期刊	SCI 收录
4	超高效液相色谱－串联质谱法同时测定动物源性食品中 46 种食源性兴奋剂残留量	食品科学	张海超、王敬、洪灯等	是	否
5	QuEChERS/ 高效液相色谱－串联质谱法测定动物源性食品中 14 种蛋白同化激素残留	食品工业科技	王敬、张海超、贾海涛等	是	否
6	固相萃取－超高效液相色谱－串联质谱法测定兽药制剂中巴比妥类药物	分析科学学报	张海超、高美华、刘蓓蕾等	是	否
7	*Development of a new TaqMan-based real-time RT-PCR assay for the specific detection of bovine kobuvirus*	*Frontiers in Veterinary Science*	刘岳林、刘立兵、王金凤等	否	是
8	牛支原体微滴式数字 PCR 检测方法的建立及应用	中国预防兽医学报	刘立兵、史云鹏、高雅欣等	是	否
9	PCV2、PCV3 和 PCV4 三重荧光 PCR 鉴别检测方法的建立及应用	中国兽医学报	高艺祥、王金凤、张倩等	是	否
10	牛结节性皮肤病防控关键因素分析	畜牧兽医科技信息	林萍萍、安鹏天、史云鹏	否	否
11	流行性出血热及其检测技术的研究进展	黑龙江畜牧兽医	林萍萍、史云鹏、安鹏天	是	否
12	动物源性食品中喹诺酮类药物残留检测方法研究进展	中国口岸科学技术	林萍萍、史云鹏、安鹏天	否	否
13	牛白血病现状及防控措施	中国口岸科学技术	林萍萍、史云鹏、安鹏天、张鹏翔	否	否
14	我国濒危野生动物及其鉴定技术研究现状	中国口岸科学技术	林萍萍、史云鹏、安鹏天	否	否
15	影响实时荧光 PCR 检测转基因作物的因素分析	植物检疫	林萍萍、史云鹏、安鹏天、雷早娟	否	否
16	粉末压片制样－波长色散 X 射线荧光光谱法测定直接还原铁中 6 种组分	冶金分析	付亚凤、赵超、刘双龙	是	否
17	X 射线荧光光谱法测定铁矿石中 SiO_2 含量的校准曲线的评估	理化检验化学分册	赵超、王钊、刘双龙	是	否

表 5　2022 年石家庄海关技术中心成果获奖情况一览表

序号	成果 / 项目名称	奖励等级	获奖单位名称	级别	成果评定单位	主持（参与）
1	纺织品和棉花检验关键技术研发与应用	海关科技成果评定三级	石家庄海关技术中心	省部级	海关总署	参与
2	关键食品中多种质量风险因子的高通量快速检测技术研究与应用	海关科技成果评定三级	石家庄海关技术中心	省部级	海关总署	主持

【实验室能力】2022年，石家庄海关技术中心完成CMA和CNAS二合一评审，完成非食品检测能力扩项221个参数、食品检测能力扩项640个参数。完成标准变更1次，涉及131个项目；完成能力验证提供者换证评审；组织完成检测实验室和能力验证提供者两个管理体系的内审及管理评审。

年内，石家庄海关技术中心张家口业务部通过CMA和CNAS复评审，认可检测参数661个，认可检验标准209个，获得34项食源性兴奋剂物质及相关参数的检测资质认可，成为张家口地区首家检测领域覆盖普通食品、食用农产品、乳制品、水、土及食源性兴奋剂的检测机构，服务保障北京冬奥会张家口赛区的食品安全。

年内，石家庄海关技术中心京唐港业务部组织完成检测实验室内审和管理评审工作。参加能力验证活动4次，项目37项。完成CMA和CNAS网站信息变更，配合石家庄海关技术中心开展CMA体系合并工作。重新设置技术负责人、质量负责人、药品管理员、设备管理员和安全管理员等岗位，根据职能划分进行管理。

年内，石家庄海关技术中心曹妃甸业务部组织完成年度实验室内审和管理评审工作，全年组织能力验证计划6类12项。部门内实验室具备涉及矿产品、原油及其产品、煤炭、危险化学品、植物及植物产品等领域的检测能力12类111项。参与有害生物检疫鉴定标准修订1次。完成矿产品、原油、煤炭以及植物农产品复评审工作，推进进口废弃医疗物属性鉴定区域中心实验室署级重点实验室筹建工作。

年内，石家庄海关技术中心保定业务部完成CNAS复评审兼扩项评审及变更工作，涉及食品、食品添加剂、食品接触材料、包装饮用水、天然饮用矿泉水、生活饮用水、中药材及其饮片、饲料微生物、理化检测及动检领域共9个方面66个大类。新增项目169个，新增检测标准80个，新增2名授权签字人，对13个不符合项进行整改。

年内，石家庄海关技术中心廊坊业务部完成检测能力扩项33项，完成标准变更1次，涉及86个项目，扩项后检测能力项目649项。组织完成实验室的内审和管理评审，参加能力验证计划7项。

年内，石家庄海关技术中心沧州业务部完成CNAS复评审和食品领域的扩项工作，扩项477项。参加能力验证19次，涉及24个项目和参数（其中，食品领域21个、电缆领域3个），测量审核3次，涉及3个项目和参数（其中，食品领域2个、动物检疫领域1个）。

年内，石家庄海关技术中心黄骅港业务部完成能力扩项62项，涉及41个标准，完成标准变更7项，涉及7个标准。开展国门生物安全监测及外来物种普查工作，实验室共采集鉴定6种外来物种。整理实验室截获的有害生物样本，制作标本27个，完成植物检疫标本室筹建。按照海关总署有害生物和外来物种初筛鉴定室通用规范要求，协助黄骅港海关筹建初筛鉴定室。推进油品和工业品实验室筹建工作。

年内，石家庄海关技术中心衡水业务部通过CNAS复评审工作，综合实验室完成食品类阿维菌素等6个项目扩项，可开展9大类518个项目的检测，涵盖农药残留、金属元素、微生物、食品添加剂。裘皮检测中心完成纺织品裘皮服装色牢度2个项目扩项，可开展2大类17个项目的检测，涵盖甲醛、偶氮等。

年内，石家庄海关技术中心邢台业务部通过CNAS复评审工作，获得认可范围包括食品、生活饮用水、卫生用品等的微生物、理化项目检测，共有检测参数25个、检测标准26个。参加食品中菌落总数、灰分及苯甲酸等项目的能力验证或测量审核活动。

【检测业务】2022年，石家庄海关技术中心（含业务部）检测样品96090批次，涵盖食品、农产品、饲料、纺织品、裘皮、化工品、危险品及包装、矿产品、原油、煤炭、电缆、金属产品等领域。开展进出境产品法定检验70758批次，根据法检商品检测需求，拓展危险化学品、肥料产品检测领域，提高服务执法把关能力。严把国门安全，提高检出率，检测进境种牛疫情疫病样本39386头份，检出阳性78头份；鉴别固体废物属性100批，协助查检部门排除4批快筛仪器异常样品的固体废物风险；检出外来有害生物1719种次，其中检疫性有害生物270种次；开通“口岸危险品综合治理”百日专项行动，绿色通道检测周期由原来的7天缩短到3天，检测周期缩短57%。开展委托检测25332批次，且未收到客户投诉。继续与石家庄市市场监督管理局合作，参与食品抽检和复检工作，首次与河北省质检研究院和河北省卫生健康委员会开展合作，承担消费品领域市场抽检和卫生用品及涉水产品检测业务，开展进口棉花入储检验业务；

▲2022年4月21日，石家庄海关技术中心与河北省国际投资促进会签订战略合作协议（项佳林　摄）

▲2022年10月10日，石家庄海关技术中心检验人员对进口棉花入储进行检验（项佳林　摄）

▲2022年12月5日，石家庄海关技术中心检测人员保障疫情期间法检任务（项佳林 摄）

同时，加强交流合作，石家庄海关技术中心与中检公司、河北省国际投资促进会、河北省应急管理科学研究院签订战略合作协议；石家庄海关技术中心黄骅港业务部与力鸿检验集团有限公司沧州渤海新区分公司签订煤灰成分检验项目合作协议，与中检公司签订委托物种鉴定和委托铝矾土的合作协议、达成委托铁矿石检测业务合作。

【内部管理】2022年，石家庄海关技术中心强化制度建设，制发工作评价与绩效发放管理办法、员工奖罚管理办法，建立起以“奖勤罚懒”为导向的制度机制，将准军建设、工作完成量化考核、业务开拓纳入绩效考核指标，作为绩效工资奖励分配的重要依据，引导广大干部职工形成干事创业合力。加强制度管理，严格执行制修订的19项规章制度并制发制度汇编，提升管理效能、助力事业发展。落实石家庄海关技术中心议事决策制度，坚持民主集中制，优势互补，不断提高决策科学性、民主性，召开主任办公会24次，形势分析及工作督查例会7次，业务专题例会6次。强化警示教育，加强对纪律法规和海关总署、石家庄海关相关制度的学习，用好警示案例开展警示教育，组织开展专项教育学习7次，开展警示案例通报学习2次，开展支部书记廉政党课1次。

【安全生产】2022年，石家庄海关技术中心制定安全生产工作要点、安全生产大检查方案，制定石家庄海关技术中心安全生产风险隐患信息“吹哨人”预警办法，鼓励中心全体干部职工吹哨预警，全年吹哨3次。开展党支部书记讲安全生产主题党课，对习近平总书记关于安全生产重要论述等进行专题学习，对实验室配电、用电进行全面检查，新进人员签订安全责任书，确保安全生产责任到岗、到人。开展危险化学品专项行动检查，对照《危险化学品目录》《易制爆危险化学品名录》《易制毒化学品的分类和品种目录》等文件，对实验室开展危险化学品专项检查。按年度工作计划开展安全培训、应急处置培训、消防演练等，增强实验室工作人员安全意识。

撰稿人

王　静　王首忠　勾金玉　任园园　刘晓慧
安鹏天　孙　雷　孙　键　李瑞法　余　涛
张　琳　甄建辉

河北国际旅行卫生保健中心（石家庄海关口岸门诊部）

【概况】2022年，河北国际旅行卫生保健中心（石家庄海关口岸门诊部）（简称“旅保中心”）严格落实党建主体责任，扎实学习贯彻党的十九届六中全会和党的二十大精神，深化全面从严治党，巩固“‘五心’耀医路”党建品牌创建成果，营造创先争优氛围，切实提高党支部推动发展、凝聚人心的能力和实效。紧紧围绕“为执法提供可靠的技术保障、为客户提供优质的保健服务”的质量目标，做好出入境人员传染病监测职能和口岸卫生技术支撑工作。严格落实新冠疫情内部防控措施，统筹做好日常业务工作、安全生产工作和内部防控工作，全面压实口岸防控责任，充实口岸防控力量，健全常态化防控机制，补齐短板弱项，加强监督检查，筑牢疫情防控安全防线。开展社会人群核酸检测，为出国人员开设便捷服务，开展传染病防控特色宣传教育活动，向群众征求意见建议，不断提升社会服务水平。学习海关系统和各级卫生健康部门新冠疫情防控指导政策和技术方案，根据新冠病毒变异情况完善新冠疫情防控安全防护制度，增强预检分诊、流行病学调查、实验室检测与生物安全管理能力，持续加强内部医务技能培训，增强业务知识水平，打造一流管理、一流队伍、一流环境、一流技术和一流服务。年内，获选“全国三八红旗集体”荣誉称号。

【传染病监测与预防】2022年，旅保中心开展出入境人员传染病监测体检12143人次，共检出传染病25例，包括肺结核3例、病毒性肝炎14例（乙肝11例、丙肝3例）、HIV抗体阳性2例、梅毒6例。出境人员体检11446人次，占出入境体检总数的94.3%，其中以劳务和船员为主，合计8296人次，占出境总人数的72.5%；其他类型出境人员3150人次，留学人员居多。入境外籍人员体检697人次，其中以劳务和留学人员为主，合计519人次，占比为74.5%。完成自非洲归国人员体检2人次。艾滋病监测10546人次。出境人员接种疫苗16926人次。为留学人员进行结核菌素试验（PPD）182人次。签发国际旅行健康证明书10032本，签发艾滋病证明1043份，签发疫苗接种或预防措施国际证书6148本，完成外籍人员健康证明验证718份。开展社会人群健康体检3890人次，其中办理食品药品从业人员健康证605份。

年内，旅保中心开展内容丰富、形式多样的传染病防治宣讲活动，通过现场科普视频展播、有奖问答、微信公众号文章推送、开通爱心咨询电话等形式，向出境人员宣传艾滋病、黄热病、霍乱、猴痘等主要流行传染病防治知识。4月26日，旅保中心联合省寄生虫病研究所和桥西区疾控中心开展“全国疟疾日”疟疾防治公益宣传活动，向出入境体检人员展示了疟疾的传播途径和防治措施，取得了良好的社会效益。参加石家庄市商务局组织的对外投资合作国别（地区）指南分享会，为劳务外派机构工作人员进行国际旅行健康宣教和传染病防控宣讲，有针对性地向外派劳务人员宣讲目的地国家危害健康的环境因素、潜在的传染病感染风险和预防措施。为涉外单位、出国劳务组织及人员、国际航行交通工具员工、留学生等建立公益宣传咨询用微信群，每日推送全球传染病信息通报、传染病预防科普文章和视频，并在线解疑，引导公众特别是出入境人员树立预防传染病和健康生活的观念，保障出入境人员生命安全和身体健康，助力“多病同防”。

【口岸卫生技术支撑】2022年，旅保中心全年累计对1架次入境货机物表新冠病毒核酸检测8份，未检出阳性；2架次入境航空器新冠病毒核酸检测381人和5个航班环境。口岸病媒携带病原体监测共计70项次，其中，媒介生物检测蚊子3组、鼠类4只、禽类1只，未检出携带传染病；蝇类3组，检出普通变形杆菌1组。便培养1114份，未检出阳性。在室间质评方面，持续提升分子生物学和临床检验检测能力，继续加强对实验室人员、设备、耗材、环境及室间质评能力的管理，实验室通过国家临检中心感染A、C类、生化、尿液、病毒学PCR、血细胞分析、血型、新冠病毒核酸检测等室间质评活动；参加河北省临检中心新冠病毒核酸检测室间质评2次，结果均合格。在应急演练方面，进行4次新冠病毒核酸检测实验的演练，2次北京冬奥会入境航班大批量检测演练、进口商品样本疑似阳性应急演练、入境人员阳性样本测序演练。在科研建设方面，与中国海关科学技术研究中心、北京海关、宁波海关、海关总署广东分署、中国检验检疫研究科学院、河北医科大学、承德医学院等海关、高校、研究机构开展交流合作，共同研究中华人民共和国科学技术部（以下简称“科技部”）项目1项、河北省科技厅项目1项；发表《保健中心检测设备全生命周期风险管理体系的探索》《外界因素对TRUST测定结果的影响》《抗体联合

▲2022年8月8日，旅保中心开展生物安全知识宣教活动（张倩 摄）

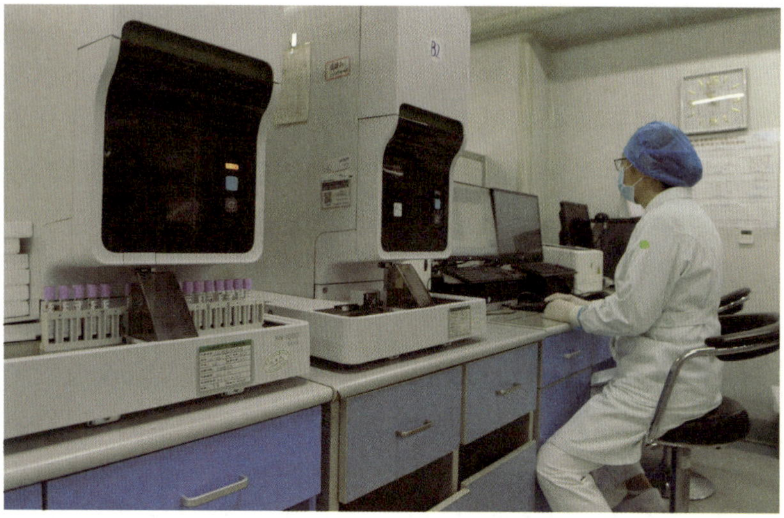

▲2022 年 8 月 24 日，旅保中心实验室检测人员进行血常规检测 （董海军 摄）

T-SPOT 检测对肺结核的诊断价值》《7 种新发传染病高通量悬浮芯片检测方法的建立》和《HBV 感染孕妇总胆汁酸升高的临床特点和危险因素分析》文章 5 篇；获得《一种鉴定趋黄库蠓的试剂盒及方法》发明专利权 1 项；获得《一种海关口岸卫生检疫排查箱》和《一种环境生物因子采样装置》实用新型专利权 2 项；参与研究的科技部项目《冬奥会口岸传染病监测预警与快速检测技术研究》《冬奥会口岸综合风险应急处置技术及装备》《冬奥会口岸快速通关智能监管技术及装备示范应用》高分通过科技部科研绩效评价，成功开发 10 种病媒生物携带传染病的病原体 RPA 检测试剂盒，研制集消毒、熏蒸、喷淋、检测为一体的多功能生物生化污染因子检测处置车。在体系建设方面，修改完善实验室 ISO 17025 体系文件、生物安全手册、新冠体系文件，完成并顺利通过实验室 ISO 17025 复评审、实验室 ISO 17025 内审和管理评审工作。完成猴痘检测实验室项目增项备案工作。

【疫情防控】2022 年，旅保中心强化底线思维，从坚决捍卫“两个确立”、坚决做到“两个维护”的政治高度审视增强疫情防控安全防护意识的重要性，严格贯彻落实海关总署、石家庄海关疫情防控工作要求，引导全体干部职工充分认识新冠疫情的持久性和安全防护的严肃性，坚决克服麻痹思想、厌战情绪、侥幸心理、松劲心态，切实增强疫情防控意识，并将做到“两个维护”的政治自觉转化为做好安全防护的行动自觉，全力打好疫情防控“阻击战”和安全防护“攻坚战”。根据新冠病毒变异情况和海关总署、石家庄海关、属地疫情防控指挥部的各项会议精神与文件要求，制定并动态更新中心疫情防控体系文件，逐步完善预检分诊、消毒、监督检查、实验室生物安全、内部防控、应急处置、闭环管理等各项工作要求，共计 50 余项。通过加强预检分诊处的分诊能力和工作职能，在大厅和门卫粘贴一米间隔线，加大体检者的安全距离，按照属地疫情防控要求采取测温，查验场所码、行程卡、核酸检测结果阴性报告等手段确保公共体检区域安全，增加科室公共区域消毒频次，使用紫外线灯照射消毒等手段开展院感防控，防止院感情况在旅保中心发生。开展人员防护技能培训、应急演练和比武练兵，共计组织培训 190 次，演练 15 次，通过不定期抽查和每日例行巡查的方式进行内部疫情防控工作监督检查，并分别建立问题整改台账。做好疫情防控

▲2022年11月19日，旅保中心为石家庄海关关员开展新冠病毒核酸采样工作（许瑞峰 摄）

物资储备，建立健全疫情防控物资库房管理台账登记制度；按照属地和石家庄海关要求，全年开展石家庄海关、鹿泉海关、石家庄机场海关和旅保中心人员核酸检测保障工作，完成新冠病毒核酸检测83823人次，环境样本检测783份。为接种新冠疫苗的海关工作人员开展抗体水平监测90人次，开展海关工作人员流感疫苗接种工作271人次。年内，石家庄市多轮疫情封控期间，旅保中心人员克服困难，参与单位封闭管理，坚守岗位，保障石家庄海关封闭管理期间核酸采样检测工作正常开展。

【安全生产工作】2022年，旅保中心贯彻落实国务院、海关总署和石家庄海关有关安全生产的指示精神及部署，结合安全生产专项整治三年行动，对照相关法律法规及相关文件要求，根据上级指示批示精神，扎实推进安全生产专项整治工作。重点排查实验室的试剂、样品、压力容器、病原微生物、废弃物的使用、储存、处置、管理以及电器设备、电源等安全管理等是否符合要求；在口岸卫生检疫安全、办公场所安全、实验室安全组织进行安全生产培训及应急处置演练，对在各类检查中发现问题的整改情况建立台账并不定期开展“回头看”督导，进一步严格规范旅保中心安全生产各项工作。在春节、劳动节、国庆节等重要时间节点前开展专项安全检查，每月排查办公领域安全隐患，确保在检查中发现的各类安全隐患能够按期动态清零。落实旅保中心各房间安全责任人，组织各办公室、实验室负责人签订安全生产责任书，实行旅保中心楼内公共体检和预防接种业务区域、办公区域和实验室每日安全巡查，确保不发生安全生产事故。旅保中心除进行安全生产隐患排查整治外，还检测维修了办公楼内的消防栓、灭火器、报警器等消防应急设备，完成楼内喷淋系统管网打压加水测试，更换部分损坏的喷淋装置和室内供水系统配件；探查室外地下消防管网，更换部分地埋管及水泵接合器，做到消防水管网供水通畅、随时可以投入使用；联系消防部门检测并更换救援用水泵接合器，并制作消防栓和消防井上墙标识，开展消防应急设备操作技能的培训，确保在意外情况发生时旅保中心工作人员能够及时处置险情。

【党的建设】2022年，旅保中心党支部“‘五心’耀医路”党建品牌通过全国海关党建品牌复评审。学习贯彻《中共中央关于党的百年奋斗重大成就和历史经验的决议》，在“钉钉”云课堂制作捍卫“两个确立”、做到“两个维

▲2022 年 5 月 31 日，旅保工作人员开展消防栓使用培训 （任亚东 摄）

护”、强化政治机关建设专项教育和“学查改”专项工作学习培训，引导各岗位人员利用好党史学习教育官网和习近平总书记系列重要讲话数据库，学懂学透党的百年奋斗历史和习近平总书记重要指示批示精神，梳理各自岗位的政治要求，在工作岗位上践行“两个维护”。以主题党日活动形式开展新冠疫情防控个人防护技能比武、生物安全法普法宣传、护士节护理技术能手评选、中国医师节先进医师表彰等一系列活动，充分发挥党支部政治引领和党员干部先锋模范作用。同时，旅保中心支部通过与联防联控单位合作面向社会开展全国疟疾日防治宣讲、线上艾滋病防治宣讲等卫生健康宣教活动，前往偏远乡村地区针对农民群众开展扶贫义诊活动，承担事业单位所应承担的社会责任，为人民群众办实事。通过开展违纪违法典型案例警示教育和廉政专题党课，教育引导党员干部把握正确的政治方向，严格言行自律，遵守法律法规和党章党规，筑牢廉洁守纪的思想防线。通过向海关总署报送“书记项目”研究报告“以‘五带头’工作法推进党建与业务深度融合的实践路径探析”和党建品牌创建案例持续加固“‘五心’耀医路”党建品牌，助推业务工作高质量发展，探索党建与中心业务深度融合的实践路径，不断增强支部发展的内生动力，激发业务工作的创新能力。在党的二十大胜利闭幕后，持续做好学习贯彻党的二十大精神的相关工作，并通过“三会一课”等途径在旅保中心内外宣讲党的二十大精神，激励旅保中心干部职工为实现全面建设社会主义现代化国家、以中国式现代化全面推进中华民族伟大复兴的新目标贡献旅保力量。

【助力冬奥保障】2022 年，旅保中心作为京津冀地区重要的口岸出入境人员传染病监测机构，按照海关总署、石家庄海关的工作部署，切实提高政治站位，圆满完成涉冬奥国际客运航班备降石家庄正定国际机场核酸采样检测保障工作及张家口海关卫生检疫支援工作，共组织 10 名实验室人员担负石家庄机场备降核酸检测备勤任务，11 名医护人员担负石家庄机场备降核酸采样备勤任务，5 名办公室人员担负后勤保障

▲2022 年 5 月 12 日，旅保中心开展庆祝“5·12 国际护士节”主题党日活动 （任亚东 摄）

▲2022 年 1 月 9 日，旅保中心进行冬奥保障比武演示（冯浩　摄）

任务，抽调 2 名医护人员支援张家口海关担负张家口赛区采样备勤任务。开展“笃学勤练保国门，比武专技迎冬奥”个人防护比武竞赛，提升个人防护水平。旅保中心领导班子发挥党员带头作用，1 月 1 日　至 3 月 13 日，包括春节期间全程无休，随时待命，带领办公室人员全程协调移动 P2+ 实验室安装、正定医废暂存点装修验收和处置协议签订、济南海关支援人员食宿交通手续办理等事宜；了解涉冬奥航班备降流程和要求，根据海关总署、石家庄海关冬奥卫生检疫工作相关文件组织开展相关培训，保证不折不扣贯彻执行相关制度流程。旅保中心成立核酸检测保障组，研究制订相关工作方案，严格推演预案，细化流程措施，周密部署相关准备工作：完善入境人员核酸检测方案，制订移动 P2+ 实验室保障工作方案，成立核酸检测四级梯队。通过前期周密准备并推演 5 次，旅保中心仅用一天半时间完成济南海关支援移动 P2+ 实验室的吊装、连电、设备调试、医废处置、设备校准工作，得到济南海关同仁的高度评价，使移动 P2+ 实验室能够如期正常开展核酸检测工作。协调办理济南海关、沈阳海关支援的移动 P2+ 实验室备案和新冠核酸检测资质备案 2 项工作，通过与河北省卫生健康委员会协商，采取将旅保中心作为济南海关、沈阳海关 2 台移动核酸检测实验室的靠挂单位，因冬奥赛事卫生保障需要向正定机场、张家口赛区派出移动 P2+ 实验室执行核酸检测任务的方式，由旅保中心统一完成对济南海关、沈阳海关支援移动 P2+ 实验室备案和新冠病毒核酸检测资质备案工作。北京冬奥会期间，2 个移动 P2+ 实验室统一由旅保中心管理，保证核酸检测质量和实验室生物安全。检测人员梳理工作问题，优化检测流程，并通过模拟实验演练，使用指定试剂进行预实验 2 次，顺利达到 4 小时内完成 360 人份的核酸检测初筛、复测的时限要求和质量标准。购置核酸扩增仪并进行操作培训，在提高核酸检测效率的同时确保涉冬奥航班备降保障期间操作人员能够熟练使用新设备。旅保中心实验室参加国家卫生健康委员会临检中心全国奥密克戎新冠变异株核酸检测室间质评活动，质评结果为满意。

撰稿人

付晓昀　冯　浩　闫冀焕　李　云　李　鹏
李　薇　李茹雪　吴行苇　张宏炜　甄若楠

中国电子口岸数据中心石家庄分中心

【概况】2022年，中国电子口岸数据中心石家庄分中心学习贯彻党的二十大精神，按照党中央、国务院决策部署，全面落实海关总署、石家庄关党委工作部署，以“智慧海关”理念为引领，不断优化窗口服务建设，强化电子口岸网络信息安全，有效提升技术保障能力和水平，各项工作有序开展，稳步推进。

【党建工作】2022年，中国电子口岸数据中心石家庄分中心深入学习党的二十大精神，充分发挥领学促学作用，支部书记带头宣讲党的二十大精神，带头谈学习体会，带动全体党员掀起学习宣传贯彻热潮。通过“三会一课”、专题讲座等多种形式全面开展党的二十大报告学习研讨交流活动，撰写学习心得12篇，“冀语关情”微信公众号发表1篇，党员干部的党性修养全面加强。开展捍卫“两个确立”、做到“两个维护”、强化政治机关建设专项教育活动，全力做好“海关重点项目和财物管理以权谋私”专项整治工作，深入查摆问题共计13条，制定整改措施和目标13项，学习专项整治学习资料11次，撰写专题研讨材料24篇。严密防范风险隐患，执行落实监督执纪“第一种形态”，通过典型案例的警示，教育引导党员干部立德修身、正风肃纪、慎独慎微，扎实推进作风纪律建设。

【信息系统建设推广】2022年，中国电子口岸数据中心石家庄分中心加强关区数据交换接入规范管理，安装操作系统5套、数据库1套、中间件及应用软件4套，部署MQ传输通道3条，配置统一管理平台参数并完成平台调试，搭建石家庄分中心电子口岸专网虚拟化应用平台，优化计算和存储资源分配，7月1日建成电子口岸专网数据交换平台二级节点建设，实现一点接入，满足了河北省内关区内跨境电商进出口统一版信息化系统对接需求。借助二级节点建成并开通雄安新区、沧州数据交换平台三级节点，顺利以跨境电商出口海外仓模式成功通关，满足当地企业需求，实现雄安新区、沧州跨境电商进口、出口统一版信息化系统与总署数据互联互通。

【安全运行保障】2022年，中国电子口岸数据中心石家庄分中心圆满完成春节假期、北京冬奥会、网络攻防演习任务、党的二十大召开期间的应急值守与网络安保工作。严格落实“7×24小时”在岗值班制度，对机房、监控指挥中心相关软硬件进行全面详细检查，确保监控指挥中心及关区电视电话会议系

▲2022年7月25日，中国电子口岸数据中心石家庄分中心工作人员在机房检查服务器运行情况（魏亚楠　摄）

统运行畅通和视频监控信号的正常传输，及时发现、处置异常网络攻击，保障电子口岸专网网络安全。年内，完成与海关总署的连线会商32次，配合点名26次，应急演练5次，各类会议保障319次，监控摄像头推送、调整848路。对终端防病毒软件安装率达到100%。修复高危漏洞5个，封禁6000多个恶意地址，增加、删除、调整策略50余次。

【疫情防控】2022年，中国电子口岸数据中心石家庄分中心加强新冠疫情风险排查，做好内部疫情防控。严格执行石家庄海关疫情期间封闭管理要求，安排技术骨干保障重点岗位，保障石家庄海关机关视频会议调试和前台设备运维工作运行正常。完成电脑客户端现场维护2次、云桌面远程维护3次，制作移动办公TF卡57张，安装移动办公笔记本18台，视频会议调试16次；热线接听300余次，办理业务40余家。

【"关银一KEY通"全面深化实施】2022年，中国电子口岸数据中心石家庄分中心持续推广"关银一KEY通"，重点宣传"关银一key通"共享盾的优势、业务办理的便捷性。参加中国建设银行河北省分行国际业务部召开的"关银一KEY通"合作制卡代理业务工作会议，总结合作制卡业务工作开展情况，分析当前形势，总结经验，查找不足，提出建议。截至2022年底，共在河北省内建立15家建设银行代办点，为企业提供便利化服务。

【电子口岸窗口服务建设】2022年，中国电子口岸数据中心石家庄分中心以便利企业通关为出发点，打造电子口岸服务文明窗口，强化窗口工作人员文明优质服务意识，加强专业能力培训，提升服务专业性和业务办理时效性。持续优化电子口岸"互联网＋网上制卡"服务，依托"电子口岸网上服务大厅"微信服务平台，实现电子口岸业务电脑端、手机端并行办理。全面梳理操作流程节点，在窗口列明办理业务所需材料清单和流程，实现企业流程可视、节点可控、期限可知。在电子口岸制卡大厅和电话咨询岗设立意见受理箱，指定专人跟进反馈，做好窗口服务回访，提升窗口服务质量。推行网上申请和邮寄办理服务，通过石家庄海关门户网站和制卡客服热线电话引导企业网上办理入网业务，减少企业运营成本，企业满意度持续提升。

年内办理新入网进出口企业制卡4862家、变更1507家，其中银行合作制卡代理点为1200家进出口企业办理了制卡业务；办理电子口岸卡延期1728张，解锁、增换卡、注销2918张，为934家企业提供了邮寄电子口岸卡服务。制卡客服热线接听来电1985个，热线接通率100%。

▲2022年7月4日，中国电子口岸数据中心工作人员在一线窗口与企业交流，为其答疑解惑（井祺　摄）

【助力跨境电商服务建设】2022年，中国电子口岸数据中心石家庄分中心做好“单一窗口”运维服务管理平台系统的进出口企业问题工单流转服务，及时将问题工单在河北省电子口岸公司与海关总署数据中心之间流转，发挥好桥梁枢纽作用。年内为126家企业提供问题工单流转服务，为河北省进出口企业的跨境电商服务发展提供了技术支撑。

撰稿人

李春梅

第九篇

荣誉·名录

2022 年获评全国三八红旗集体名单

河北国际旅行卫生保健中心（石家庄海关口岸门诊部）获评 2021 年度全国三八红旗集体

2022 年获评一星级全国青年文明号名单

秦皇岛海关报关大厅

石家庄海关技术中心食品理化实验室

获评 2022 年北京冬奥会、冬残奥会河北省先进个人名单

吕红英　　　石家庄海关进出口食品安全处食品安全二科科长

2022年获评全国行政执法先进个人名单

刘国伟　　张家口海关企业管理和稽查科副科长

2022 年获评全国消除疟疾先进个人名单

刘利辉	石家庄海关卫生检疫处四级高级主管

2022年石家庄海关获“光荣在党50年”纪念章名单

孙增华	石家庄海关直属机关党委离退休人员第一党支部
刘华威	石家庄海关直属机关党委离退休人员第一党支部
赵鲁林	石家庄海关直属机关党委离退休人员第一党支部
郭锡宝	秦皇岛海关离退休第二党支部
李　平	秦皇岛海关离退休第三党支部
张桂英	北戴河海关第一离退休党支部

第十篇

海关统计资料

2022 年石家庄关区进出口商品月度总值表

月份	进出口值（万元）	出口值（万元）	进口值（万元）
合计	44759552.4515	9345303.7702	35414248.6813
1 月	3920089.9615	585598.3858	3334491.5757
2 月	3033614.2027	474088.4985	2559525.7042
3 月	3498830.5078	559569.9291	2939260.5787
4 月	3956527.9641	835659.2641	3120868.7000
5 月	4434737.4653	1048618.3037	3386119.1616
6 月	3942584.6566	1172880.7450	2769703.9116
7 月	3595810.8634	763705.5618	2832105.3016
8 月	3692912.4357	826192.6793	2866719.7564
9 月	3559941.3948	718514.5812	2841426.8136
10 月	3346881.4716	814223.0873	2532658.3843
11 月	3680080.2452	610119.4251	3069960.8201
12 月	4097541.2828	936133.3093	3161407.9735

2022 年石家庄关区进出口商品国别（地区）前 30 位总值表

国别（地区）	进出口值（万元）	出口值（万元）	进口值（万元）
合计	44759552.4515	9345303.7702	35414248.6813
澳大利亚	11975705.2409	184292.9875	11791412.2534
俄罗斯	3740059.3916	459601.3995	3280457.9921
巴西	3592277.7901	288128.3488	3304149.4413
东盟（10 国）	3223928.2536	1809985.4922	1413942.7614
伊拉克	2909047.8471	18017.2978	2891030.5493
美国	2048958.9915	637550.7297	1411408.2618
韩国	1718810.7413	1313064.6348	405746.1065
秘鲁	1551207.7142	33995.4035	1517212.3107
欧盟（27 国，不含英国）	1533888.7214	1274014.2283	259874.4931
科威特	1527896.4851	3671.2859	1524225.1992
印度尼西亚	1276996.1375	261354.2069	1015641.9306
卡塔尔	1275989.8377	17609.1937	1258380.6440
智利	1115581.2789	31872.2195	1083709.0594
沙特阿拉伯	1035535.2681	76122.5710	959412.6971
越南	988715.1355	977181.5166	11533.6189
南非	729836.6414	48471.6178	681365.0236
印度	725401.6170	421559.3991	303842.2179
日本	643019.2168	423418.3407	219600.8761
哥伦比亚	581122.4848	21941.6562	559180.8286
加拿大	507090.1733	88618.2046	418471.9687

续表

国别（地区）	进出口值（万元）	出口值（万元）	进口值（万元）
几内亚	425487.2671	4292.6341	421194.6330
土耳其	378884.4316	365706.2609	13178.1707
马来西亚	368892.7560	136421.4971	232471.2589
荷兰	315470.4444	314172.8976	1297.5468
菲律宾	288841.7430	219198.4552	69643.2878
比利时	266603.9183	262867.7316	3736.1867
阿联酋	264729.2696	88366.8862	176362.3834
巴基斯坦	263431.1581	262583.6699	847.4882
中国台湾	258465.8994	188659.6029	69806.2965
意大利	236941.5632	221777.8810	15163.6822

2022年石家庄关区进出口商品贸易方式总值表

贸易方式	进出口值（万元）	出口值（万元）	进口值（万元）
合计	44759552.4515	9345303.7702	35414248.6813
一般贸易	39043765.2672	6515533.9136	32528231.3536
国家间、国际组织间无偿援助和赠送的物资	53.7376	53.7376	0.0000
其他捐赠物资	421.7000	421.7000	0.0000
加工贸易	2276979.1297	917640.8304	1359338.2993
来料加工贸易	884413.9538	57594.8464	826819.1074
进料加工贸易	1392565.1759	860045.9840	532519.1919
对外承包工程出口货物	78504.1192	78504.1192	0.0000
保税物流	2962113.4467	1436934.6420	1525178.8047
海关保税监管场所进出境货物	1725743.5983	455040.5655	1270703.0328
海关特殊监管区域物流货物	1236369.8484	981894.0765	254475.7719
海关特殊监管区域进口设备	15.0503	0.0000	15.0503
其他贸易	397700.0008	396214.8274	1485.1734

2022 年石家庄关区进出口企业性质总值表

企业性质	进出口值（万元）	出口值（万元）	进口值（万元）
合计	44759552.4515	9345303.7702	35414248.6813
国有企业	21698498.8745	2933548.5220	18764950.3525
外商投资企业	7301932.3144	1171219.8765	6130712.4379
中外合作企业	11524.0760	3995.1911	7528.8849
中外合资企业	2624511.7771	514048.0702	2110463.7069
外商独资企业	4665896.4613	653176.6152	4012719.8461
民营企业	15749746.1655	5231160.2746	10518585.8909
集体企业	510856.6948	36021.4207	474835.2741
私营企业	15237211.8257	5193461.2089	10043750.6168
个体工商户	1677.6450	1677.6450	0.0000
其他	9375.0971	9375.0971	0.0000

2022年石家庄关区进出口商品收发货人所在地总值表

收发货人所在地	进出口值（万元）	出口值（万元）	进口值（万元）
合计	16798035.1885	4530512.4961	12267522.6924
石家庄市	2689667.6173	630583.5500	2059084.0673
唐山市	9000846.1660	1074037.8089	7926808.3571
秦皇岛市	2407460.1808	1130004.9281	1277455.2527
邯郸市	267600.1494	53279.5948	214320.5546
邢台市	608367.8410	537172.5508	71195.2902
保定市	475539.3001	430299.0507	45240.2494
张家口市	227774.1252	201282.8852	26491.2400
承德市	34894.6999	8358.6104	26536.0895
沧州市	516756.3614	72701.1552	444055.2062
廊坊市	134285.2221	57618.1694	76667.0527
衡水市	432722.2246	333564.9744	99157.2502
雄安新区	2121.3007	1609.2182	512.0825

2022 年石家庄关区进出口商品关别总值表

关别	进出口值（万元）	出口值（万元）	进口值（万元）
合计	44759552.4515	9345303.7702	35414248.6813
鹿泉海关	2709851.2134	648001.6279	2061849.5855
秦皇岛海关	4139920.8610	1571231.4559	2568689.4051
唐山海关	16471.9095	1482.4938	14989.4157
廊坊海关	63971.7353	339.0350	63632.7003
保定海关	434868.0918	389487.9225	45380.1693
邯郸海关	143158.2053	25796.3490	117361.8563
秦皇岛综合保税区	653393.0837	521242.2728	132150.8109
沧州海关	615698.1420	1327.8601	614370.2819
廊坊综合保税区	25969.2541	16301.6018	9667.6523
石家庄机场海关	35.1817	35.1817	0.0000
张家口海关	232021.2515	205503.7841	26517.4674
曹妃甸海关	20112005.8253	1222679.2152	18889326.6101
邢台海关	552898.3178	545562.0005	7336.3173
曹妃甸综合保税区	369826.3743	240659.0307	129167.3436
衡水海关	362339.8453	263585.8116	98754.0337
石家庄综合保税区	374871.8776	314789.5479	60082.3297
武安保税物流中心	3038.8539	3038.8539	0.0000
京唐港保税物流中心	156338.3417	85781.8637	70556.4780
正定海关	140939.0684	140927.2622	11.8062
京唐港海关	9225270.4982	2680112.3238	6545158.1744
雄安海关	3583.8311	3071.7486	512.0825
黄骅港海关	4345725.0217	389682.6384	3956042.3833
辛集保税物流中心	20592.2296	17900.4518	2691.7778
北戴河海关	56763.4373	56763.4373	0.0000

2022 年石家庄关区进出口商品运输方式总值表

运输方式	进出口值（万元）	出口值（万元）	进口值（万元）
合计	44759552.4515	9345303.7702	35414248.6813
水路运输	43772335.8905	8554359.5261	35217976.3644
铁路运输	551211.3119	521435.8285	29775.4834
公路运输	23879.0638	23320.0928	558.9710
航空运输	271306.4972	105545.5592	165760.9380
邮件运输	4055.9858	4055.5534	0.4324
其他运输	136763.7023	136587.2102	176.4921

2022 年石家庄关区进出口商品章节总值表

商品章节	进出口值（万元）	出口值（万元）	进口值（万元）
合计	44759552.4515	9345303.7702	35414248.6813
第 1 章　活动物	97434.4563	0.0000	97434.4563
第 2 章　肉及食用杂碎	269.1780	269.1780	0.0000
第 3 章　鱼、甲壳动物、软体动物及其他水生无脊椎动物	13763.7277	13763.7277	0.0000
第 4 章　乳品；蛋品；天然蜂蜜；其他食用动物产品	1219.9139	0.0000	1219.9139
第 5 章　其他动物产品	799.0716	799.0716	0.0000
第 6 章　活树及其他活植物；鳞茎、根及类似品；插花及装饰用簇叶	1817.6228	1817.6228	0.0000
第 7 章　食用蔬菜、根及块茎	24469.0166	24458.5102	10.5064
第 8 章　食用水果及坚果；甜瓜或柑橘属水果的果皮	9844.7869	5850.5738	3994.2131
第 9 章　咖啡、茶、马黛茶及调味香料	1590.8427	1586.2378	4.6049
第 10 章　谷物	81984.1735	2177.9847	79806.1888
第 11 章　制粉工业产品；麦芽；淀粉；菊粉；面筋	40490.8076	25215.6611	15275.1465
第 12 章　含油子仁及果实；杂项子仁及果仁；工业用或药用植物；稻草、秸秆及饲料	1644284.8227	8852.5234	1635432.2993
第 13 章　虫胶；树胶、树脂及其他植物液、汁	3482.3228	3482.3228	0.0000
第 14 章　编结用植物材料；其他植物产品	604.0135	604.0135	0.0000
第 15 章　动、植物或微生物油、脂及其分解产品；精制的食用油脂；动、植物蜡	184687.4905	17241.7152	167445.7753

续表

商品章节	进出口值（万元）	出口值（万元）	进口值（万元）
第16章　肉、鱼、甲壳动物、软体动物及其他水生无脊椎动物、昆虫的制品	31801.1886	31801.1886	0.0000
第17章　糖及糖食	174239.8965	73447.2407	100792.6558
第19章　谷物、粮食粉、淀粉或乳的制品；糕饼点心	11695.1015	11694.0203	1.0812
第20章　蔬菜、水果、坚果或植物其他部分的制品	36180.9279	36164.4337	16.4942
第21章　杂项食品	54348.6909	53807.2103	541.4806
第22章　饮料、酒及醋	2362.4667	112.5094	2249.9573
第23章　食品工业的残渣及废料；配制的动物饲料	42389.5484	37998.0830	4391.4654
第24章　烟草、烟草及烟草代用品的制品；非经燃烧吸用的产品，不论是否含有尼古丁；其他供人体摄入尼古丁的含尼古丁的产品	27.9450	27.9450	0.0000
第25章　盐；硫磺；泥土及石料；石膏料、石灰及水泥	87080.3323	7573.0893	79507.2430
第26章　矿砂、矿渣及矿灰	18909687.5940	12620.5068	18897067.0872
第27章　矿物燃料、矿物油及其蒸馏产品；沥青物质；矿物蜡	12586830.9667	460843.2353	12125987.7314
第28章　无机化学品；贵金属、稀土金属、放射性元素及其同位素的有机及无机化合物	244495.1634	143609.9847	100885.1787
第29章　有机化学品	254050.7595	251274.3873	2776.3722
第30章　药品	70301.3983	70094.9640	206.4343
第31章　肥料	544955.8105	477425.5538	67530.2567
第32章　鞣料浸膏及染料浸膏；鞣酸及其衍生物；染料、颜料及其他着色料；油漆及清漆；油灰及其他类似胶粘剂；墨水、油墨	39399.1771	34843.7717	4555.4054
第33章　精油及香膏；芳香料制品及化妆盥洗品	8474.1813	3124.9121	5349.2692
第34章　肥皂、有机表面活性剂、洗涤剂、润滑剂、人造蜡、调制蜡、光洁剂、蜡烛及类似品、塑型用膏、“牙科用蜡”及牙科用熟石膏制剂	30623.1628	28796.1127	1827.0501

续表

商品章节	进出口值（万元）	出口值（万元）	进口值（万元）
第 35 章　蛋白类物质；改性淀粉；胶；酶	37164.6130	36538.7980	625.8150
第 37 章　照相及电影用品	6335.5448	809.3584	5526.1864
第 38 章　杂项化学产品	190474.6238	160610.9811	29863.6427
第 39 章　塑料及其制品	302744.5351	171574.0524	131170.4827
第 40 章　橡胶及其制品	82350.9430	70094.9749	12255.9681
第 41 章　生皮（毛皮除外）及皮革	3596.2036	190.0472	3406.1564
第 42 章　皮革制品；鞍具及挽具；旅行用品、手提包及类似容器；动物肠线（蚕胶丝除外）制品	49572.8760	49538.4175	34.4585
第 43 章　毛皮、人造毛皮及其制品	6389.2246	3555.1333	2834.0913
第 44 章　木及木制品；木炭	100237.1800	10822.5071	89414.6729
第 45 章　软木及软木制品	15.4808	15.4808	0.0000
第 46 章　稻草、秸秆、针茅或其他编结材料制品；篮筐及柳条编结品	916.4341	916.4341	0.0000
第 47 章　木浆及其他纤维状纤维素浆；回收（废碎）纸及纸板	67008.2475	150.5506	66857.6969
第 48 章　纸及纸板；纸浆、纸或纸板制品	32955.7556	31652.7506	1303.0050
第 49 章　书籍、报纸、印刷图画及其他印刷品；手稿、打字稿及设计图纸	592.2854	562.1774	30.1080
第 51 章　羊毛、动物细毛或粗毛；马毛纱线及其机织物	72283.6509	40794.8318	31488.8191
第 52 章　棉花	30732.0795	29864.7301	867.3494
第 53 章　其他植物纺织纤维；纸纱线及其机织物	71.3524	17.4994	53.8530
第 54 章　化学纤维长丝；化学纤维纺织材料制扁条及类似品	29106.0549	23739.1931	5366.8618
第 55 章　化学纤维短纤	36398.0829	34617.7699	1780.3130
第 56 章　絮胎、毡呢及无纺织物；特种纱线；线、绳、索、缆及其制品	6373.0791	6182.3323	190.7468
第 57 章　地毯及纺织材料的其他铺地制品	5173.6765	5173.6765	0.0000
第 58 章　特种机织物；簇绒织物；花边；装饰毯；装饰带；刺绣品	5074.9356	4752.9114	322.0242

续表

商品章节	进出口值（万元）	出口值（万元）	进口值（万元）
第59章　浸渍、涂布、包覆或层压的纺织物；工业用纺织制品	13172.4757	11205.3501	1967.1256
第60章　针织物及钩编织物	11809.2299	11642.7014	166.5285
第61章　针织或钩编的服装及衣着附件	22431.0228	22430.0852	0.9376
第62章　非针织或非钩编的服装及衣着附件	68613.8403	68536.7974	77.0429
第63章　其他纺织制成品；成套物品；旧衣着及旧纺织品；碎织物	38828.2544	38766.4222	61.8322
第64章　鞋靴、护腿和类似品及其零件	34396.7727	34396.7727	0.0000
第65章　帽类及其零件	3633.5262	3629.9135	3.6127
第66章　雨伞、阳伞、手杖、鞭子、马鞭及其零件	785.2384	785.2384	0.0000
第67章　已加工羽毛、羽绒及其制品；人造花；人发制品	3898.2128	3865.3150	32.8978
第68章　石料、石膏、水泥、石棉、云母及类似材料的制品	32739.2187	32226.7035	512.5152
第69章　陶瓷产品	33027.9105	33012.2977	15.6128
第70章　玻璃及其制品	163642.9708	148740.3812	14902.5896
第71章　天然或养殖珍珠、宝石或半宝石、贵金属、包贵金属及其制品；仿首饰；硬币	1764.6022	1437.5832	327.0190
第72章　钢铁	4066648.9617	3365280.1790	701368.7827
第73章　钢铁制品	416014.6476	411180.3569	4834.2907
第74章　铜及其制品	64098.8556	2354.5708	61744.2848
第75章　镍及其制品	301660.0081	18.9414	301641.0667
第76章　铝及其制品	124513.4881	62450.7217	62062.7664
第78章　铅及其制品	0.5555	0.5555	0.0000
第79章　锌及其制品	79.9955	39.5968	40.3987
第80章　锡及其制品	0.3229	0.3229	0.0000
第81章　其他贱金属、金属陶瓷及其制品	177.6677	43.3156	134.3521
第82章　贱金属工具、器具、利口器、餐匙、餐叉及其零件	20453.5766	19595.7343	857.8423
第83章　贱金属杂项制品	20783.8128	20489.0379	294.7749
第84章　核反应堆、锅炉、机器、机械器具及零件	656308.6400	489563.2319	166745.4081

续表

商品章节	进出口值（万元）	出口值（万元）	进口值（万元）
第85章　电机、电气设备及其零件；录音机及放声机、电视图像、声音的录制和重放设备及其零件、附件	1065199.4543	891787.9977	173411.4566
第86章　铁道及电车道机车、车辆及其零件；铁道及电车道轨道固定装置及其零件；附件；各种机械（包括电动机械）交通信号设备	13125.5791	13125.5791	0.0000
第87章　车辆及其零件、附件，但铁道及电车道车辆除外	688218.8811	635050.6145	53168.2666
第88章　航空器、航天器及其零件	400.6587	400.6587	0.0000
第89章　船舶及浮动结构体	330209.1870	330209.1870	0.0000
第90章　光学、照相、电影、计量、检验、医疗或外科用仪器及设备、精密仪器及设备；上述物品的零件、附件	119224.8356	29098.3587	90126.4769
第91章　钟表及其零件	516.9613	511.5205	5.4408
第92章　乐器及其零件、附件	700.1434	631.0083	69.1351
第94章　家具；寝具、褥垫、弹簧床垫、软坐垫及类似的填充制品；未列名灯具及照明装置；发光标志、发光铭牌及类似品；活动房屋	103469.1857	103343.8256	125.3601
第95章　玩具、游戏品、运动用品及其零件、附件	18799.5991	18748.0234	51.5757
第96章　杂项制品	14895.1877	13096.4179	1798.7698
第98章　特殊交易品及未分类商品	4055.5534	4055.5534	0.0000

附录

2022年石家庄海关令目录

石家庄海关各部门单位行政排序及规范化简称对照表

（2022年7月25日修订）

石家庄海关内设机构行政排序及规范化简称对照表

序号	名称	规范化简称
1	办公室（党委办公室）	办公室
2	法规和综合业务处	法综处
3	关税处	关税处
4	卫生检疫处	卫检处
5	动植物检疫处	动植检处
6	进出口食品安全处	食安处
7	商品检验处	商检处
8	口岸监管处	监管处
9	统计分析处	统计处
10	企业管理和稽查处	稽查处
11	缉私局	缉私局
12	财务处	财务处
13	科技处	科技处
14	督察内审处	督审处
15	人事处（党委组织部）	人事处
16	教育处	教育处
17	机关党委（思想政治工作办公室、党委宣传部）	机关党委（政工办）
18	监察室（党委纪检组）	监察室
19	离退休干部办公室	离退办
	党委巡察工作办公室	巡察办

石家庄海关所属各隶属海关单位行政排序及规范化简称对照表

序号	单位名称	规范化简称
1	中华人民共和国石家庄机场海关	机场海关
2	中华人民共和国鹿泉海关	鹿泉海关
3	中华人民共和国正定海关	正定海关
4	中华人民共和国秦皇岛海关	秦皇岛海关
5	中华人民共和国北戴河海关	北戴河海关
6	中华人民共和国唐山海关	唐山海关
7	中华人民共和国曹妃甸海关	曹妃甸海关
8	中华人民共和国京唐港海关	京唐港海关
9	中华人民共和国廊坊海关	廊坊海关
10	中华人民共和国保定海关	保定海关
11	中华人民共和国雄安海关	雄安海关
12	中华人民共和国沧州海关	沧州海关
13	中华人民共和国黄骅港海关	黄骅港海关
14	中华人民共和国衡水海关	衡水海关
15	中华人民共和国邢台海关	邢台海关
16	中华人民共和国邯郸海关	邯郸海关
17	中华人民共和国张家口海关	张家口海关
18	中华人民共和国承德海关	承德海关
19	石家庄海关风险防控分局	风控分局

名词解释

12360 海关热线： 中国海关于 2012 年 10 月 1 日对外公布的社会公益服务号码，用于受理海关业务咨询。

AEO： 经认证的经营者。在世界海关组织（WCO）制定的《全球贸易安全与便利标准框架》中将其定义为“以任何一种方式参与货物国际流通，并被海关当局认定符合世界海关组织或相应供应链安全标准的一方”。

B2B： 企业与企业之间通过专用网络或互联网进行数据信息的交换、传递，开展交易活动的商业模式。

B2C： 企业对个人的商务模式。

B 类快件： 境内收寄人（自然人）收取或者交寄的个人自用物品（旅客分离运输行李物品除外）。

CITES：《濒危野生动植物种国际贸易公约》。

CMA： 检验检测机构资质认定。

CNAS： 中国合格评定国家认可委员会。

CNCA： 中国国家认证认可监督管理委员会。

C 类快件： 价值在 5000 元（不包括运、保、杂费）及以下的货物（涉及许可证件管制的，需要办理出口退税、出口收汇或者进口付汇的除外）。

e-CIQ 系统： 中国电子检验检疫系统。

H2018： 新一代海关信息系统，是目前海关办理通关业务的主要应用系统。

HB2012： 中国海关办公平台。

HLS 2017： 海关内部控制与监督子系统。

IPPC：《国际植物保护公约》，是 1951 年联合国粮食农业组织通过的一个有关植物保护的多边国际协议，1952 年生效。中国于 2005 年加入该公约。

LNG： 液化天然气。

P2 实验室： 生物安全二级实验室。

P2+ 实验室： 加强型生物安全二级实验室。

RCEP：《区域全面经济伙伴关系协定》。

REACH 指令：《化学品的注册、评估、授权和限制》，是欧盟对进入其市场的所有化学品进行预防性管理的法规。

SCI： 科学引文索引。

SPS 协定：《实施卫生与植物卫生检疫措施协定》。

TBT 协定： 世界贸易组织（WTO）《技术性贸易壁垒协定》，由 15 个条款和 3 个附件组成。

TIR：《国际公路运输协定》。

WCO： 世界海关组织。

保密“两识”： 保密知识、保密意识。

便利货物流转： 运用智能监管手段，创新监管模式，简化业务流程，实行数据自动比对、卡口自动核放，实现保税货物点对点直接流转，降低运行成本，提升监管效能。

“单一窗口”： 参与国际贸易和运输的各方，通过单一的平台提交标准化的信息和单证以满足相关法律法规及管理的要求。

“关银一 KEY 通”： 中国电子口岸数据中心与中国建设银行合作推出的新型电子口岸客户端安全产品。

“互联网＋海关”： 在互联网上办理海关相关业务的一体化平台。

“汇总征税”： 海关对进出口纳税义务人在一定时期内多次进出口货物应纳税款实施汇总计征。

简化进出区管理： 允许对境内入区的不涉出口关税、不涉贸易管制证件、不要求退税且不纳入海关统计的货物、物品，实施便捷进出区管理模式。

“两步申报”： 企业无须一次性提交全部申报信息及单证，第一步凭提单概要申报即可提货，第二步在规定时间内完成完整申报。

“两单一书”： 监督工作任务提示单、监督工作问题清单、监督建议书。

“两段准入”： 将进口货物准予提离口岸监管作业场所视为口岸放行，以口岸放行为界根据“是否允许货物入境”和“是否允许货物进入国内市场销售或使用”，分段实施“准许入境”“合格入市”监管。

“两轮驱动”： 通过研究制订抽查方案、改进抽样标准及方法、建立科学随机抽查决策机制，推动实现科学随机抽查对安全风险防控整体面上的驱动；通过优化人工分析作业流程实现精细化管理、拓展信息来源，扩大风险分析视角、强化关联性分析能力，科学评定风险等级、建立“大数据＋智能分析”模式，用好智能分析手段等措施，提升精准布控对安全风险防控关键点上的驱动。

两用物项和技术进出口许可证： 商务部授权发证机关准予两用物项和技术进出口签发的许可证件。进口两用物项包括监控化学品、易制毒化学品和放射性同位素 3 大类。出口两用物项包括核、核两用品及相关技术、生物两用品及相关技术、监控化学品，有关化学品及相关技术，导弹及相关物项和技术，易制毒化学品等两用物项和技术。

“两优一先”： 在党的系列中，指“优秀共产党员”“优秀党务工作者”和“先进基层党组织”；在团的系列中，指“优秀共青团员”“优秀共青团干部”和“先进基层团组织”。

“六大纪律”： 政治纪律、组织纪律、廉洁纪律、群众纪律、工作纪律、生活纪律。

“六个带头”： 带头讲政治，做到“三个走在前列”；带头树新风，做到“三个勇于”；带头促实干，做到“三实”；带头抓统筹，做到“三应”；带头保安全，做到“四个保障”；带头谋发展，做到“四个推动”。

“六讲六重”： 讲政治，重担当；讲安全，重风险；讲发展，重成效；讲三实，重作风；讲准军，重执行；讲廉洁，重自律。

“六稳”“六保”： 稳就业、稳金融、稳外贸、稳外资、稳投资、稳预期工作；保居民就业、保基本民生、保市场主体、保粮食能源安全、保产业链供应链稳定、保基层运转。

内控机制建设宣传“四个一”专项工作： 通过“一本出版物、一部宣传片、一套节点库、一个宣讲团”，围绕“内控为什么、内控是什么、内控怎么办”，加强内控机制建设宣传力度，巩固内控机制建设成效。

“三公”经费：因公出国（境）费、公务接待费、公务用车运行维护费及购置费。

“三会一课”：定期召开支部党员大会、支部委员会、党小组会，按时上好党课。

“三实”：求实、扎实、朴实。

三项制度：行政执法公示制度、执法全过程记录制度、重大执法决定法制审核制度。

“三应”：下对上的响应，左和右的呼应，上对下的反应。

“三重一大”：重大事项决策、重要干部任免、重要项目安排，大额度资金的使用。

“三智”：智慧海关、智能边境、智享联通。

双报到：党员到所在社区和居住地区报到。

“双随机、一公开”：在监管过程中随机抽取检查对象，随机选派执法检查人员，抽查情况及查处结果及时向社会公开。

“四不两直”：不发通知、不打招呼、不听汇报、不用陪同接待，直奔基层、直插现场。

“四个最严”：最严谨的标准、最严格的监管、最严厉的处罚、最严肃的问责。

“四强”党支部：政治功能强、支部班子强、党员队伍强、发挥作用强党支部。

“四自一简”：综合保税区内企业可自主备案、合理自定核销周期、自主核报、自主补缴税款，海关简化业务核准手续。

“提前申报”：在进出口货物的品名、规格数量等已确定无误的情况下，经海关批准的企业可以在进口货物启运后、抵港前或出口货物运入海关监管场所前3日内，提前向海关办理报关手续，并按照海关的要求交验有关随附单证、进出口货物批准文件及其他需提供的证明文件。

“五关”建设：政治建关、改革强关、依法把关、科技兴关、从严治关。

先放后检：“先放”是指进口商品经海关现场检查（信息核查、取制样等）符合要求后，企业即可开展卸货、转运工作；“后检”是指对进口货物开展实验室检测并进行合格评定。

“一案双查”：外查走私案件与内查违纪违法问题同步进行。

“一岗双责”：对业务工作和党风廉政建设负双重责任。

中欧班列：按照固定车次、线路等条件开行，往来于中国、欧洲及“一带一路”共建国家（地区）的集装箱国际铁路联运班列。

主动披露：与进出口业务直接有关的企业、单位主动向海关报告其违反海关监管规定，并接受海关处理的行为。

“中国海关史料丛书”
编委会